Word 2024

Die Anleitung in Bildern

von

Christine Peyton

Vierfarben

Wir hoffen, dass Sie Freude an diesem Buch haben und sich Ihre Erwartungen erfüllen. Ihre Anregungen und Kommentare sind uns jederzeit willkommen. Bitte bewerten Sie doch das Buch auf unserer Website unter **www.rheinwerk-verlag.de/feedback**.

An diesem Buch haben viele mitgewirkt, insbesondere:

Lektorat Erik Lipperts
Korrektorat Friederike Daenecke, Zülpich
Herstellung Denis Schaal
Typografie und Layout Vera Brauner
Einbandgestaltung Silke Braun
Coverbilder AdobeStock: 306333533 © contrastwerkstatt; iStockphoto: 14690037 © Sara_Winter
Satz Denis Schaal
Druck mediaprint solutions, Paderborn

PEFC
PEFC/04-31-0810

Dieses Buch wurde gesetzt aus der Syntax Next LT Pro (10,25 pt/14,25 pt) in Adobe InDesign.

Gedruckt wurde es mit mineralölfreien Farben auf matt gestrichenem, PEFC®-zertifiziertem Bilderdruckpapier (115 g/m²).

Hergestellt in Deutschland.

Bibliografische Information der Deutschen Nationalbibliothek:
Die Deutsche Nationalbibliothek verzeichnet diese Publikation in der Deutschen Nationalbibliografie; detaillierte bibliografische Daten sind im Internet über *http://dnb.dnb.de* abrufbar.

ISBN 978-3-8421-1065-6

6., aktualisierte Auflage 2025, 2. Nachdruck 2026

Rheinwerk Verlag GmbH • Rheinwerkallee 4 • 53227 Bonn
service@rheinwerk-verlag.de

Vierfarben ist eine Marke des Rheinwerk Verlags. Der Name Vierfarben spielt an auf den Vierfarbdruck, eine Technik zur Erstellung farbiger Bücher. Der Name steht für die Kunst, die Dinge einfach zu machen, um aus dem Einfachen das Ganze lebendig zur Anschauung zu bringen.

Informationen zu unserem Verlag und Kontaktmöglichkeiten finden Sie auf unserer Verlagswebsite **www.rheinwerk-verlag.de**. Dort können Sie sich auch umfassend über unser aktuelles Programm informieren und unsere Bücher und E-Books bestellen.

Liebe Leserin, lieber Leser,

die Welt der Textverarbeitung hat sich in den letzten Jahren rasant weiterentwickelt. Microsoft Word gehört dabei zu den führenden Programmen und bietet Ihnen eine Vielzahl an Möglichkeiten, um Ihre Ideen und Texte professionell in Schriftform zu bringen. Mit Word 2024 haben Sie ein leistungsstarkes Werkzeug an der Hand, das Ihnen das Schreiben und Gestalten erleichtert und Freude bereitet.

Egal, ob Sie die Jahresversion von Word 2024 oder die Abonnement-Variante Microsoft 365 nutzen, Christine Peyton zeigt Ihnen, wie Sie Word optimal für Ihre Zwecke einsetzen können.

Mit leicht verständlichen Anleitungen und anschaulichen Beispielen werden Sie schnell vertraut mit den Möglichkeiten der Textverarbeitung. Entdecken Sie, wie einfach es ist, ansprechende Dokumente zu erstellen und Ihre Produktivität zu steigern. Lassen Sie sich von den zahlreichen Optionen inspirieren und gestalten Sie Ihre Schriftstücke nach Ihren Vorstellungen.

Dieses Buch wurde mit größter Sorgfalt geschrieben und hergestellt. Sollten Sie dennoch einmal Fehler finden oder inhaltliche Anregungen haben, freue ich mich, wenn Sie mit mir in Kontakt treten. Für konstruktive Kritik bin ich dabei ebenso offen wie für lobende Worte. Doch zunächst einmal wünsche ich Ihnen viel Freude beim Lesen und Ausprobieren!

Ihr Erik Lipperts
Lektorat Vierfarben

erik.lipperts@rheinwerk-verlag.de

Inhalt

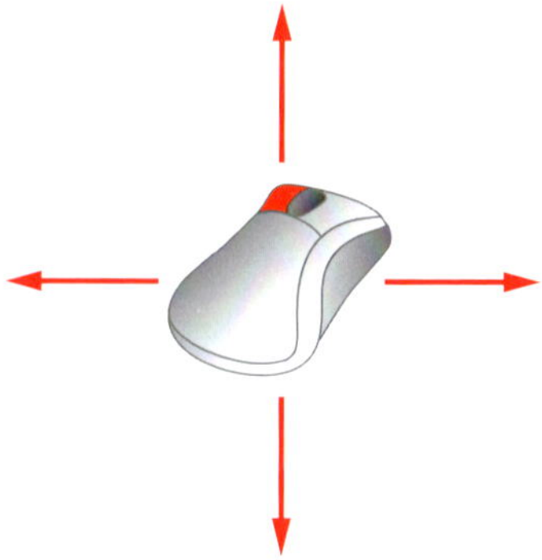

Datei
Start
Einfügen
Zeichnen
Lesemodus
Drucklayout
Weblayout
Entwurf
Ansichten
Fauna¶

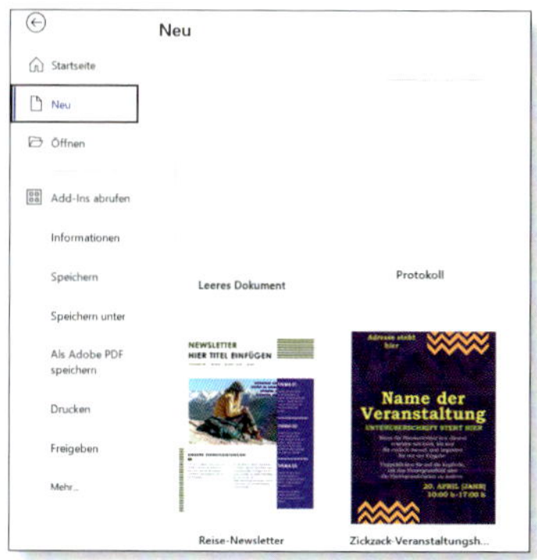

Neu
Startseite
Neu
Öffnen
Add-Ins abrufen
Informationen
Speichern
Speichern unter
Als Adobe PDF speichern
Drucken
Freigeben
Mehr...
Leeres Dokument
Protokoll
Name der Veranstaltung
Reise-Newsletter

Inhalt

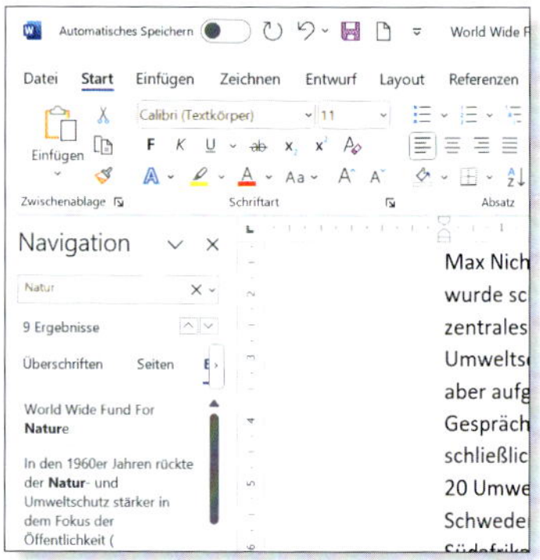
Automatisches Speichern
World Wide F
Datei
Start
Einfügen
Zeichnen
Entwurf
Layout
Referenzen
Calibri (Textkörper)
11
Einfügen
Zwischenablage
Schriftart
Absatz
Navigation
Natur
9 Ergebnisse
Überschriften
Seiten
World Wide Fund For
Nature
In den 1960er Jahren rückte
der Natur- und
Umweltschutz stärker in
dem Fokus der
Öffentlichkeit (
Max Nich
wurde sc
zentrales
Umwelts
aber aufg
Gespräch
schließlic
20 Umwe
Schwede

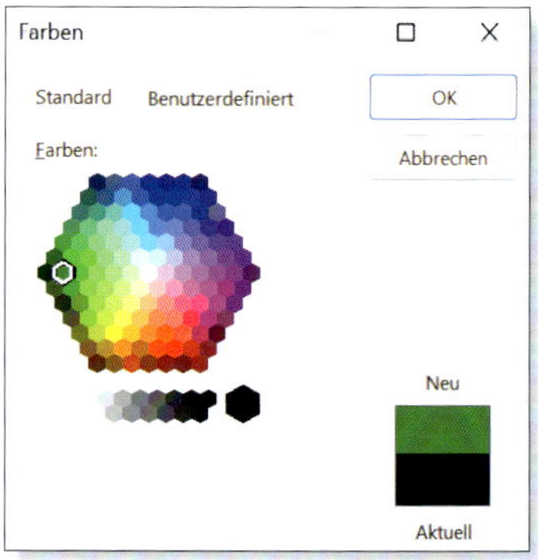
Farben
Standard
Benutzerdefiniert
OK
Farben:
Abbrechen
Neu
Aktuell

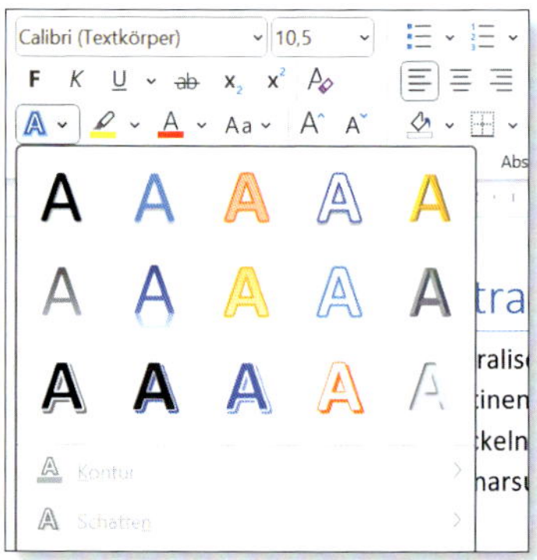
Calibri (Textkörper)
10,5
Kontur
Schatten

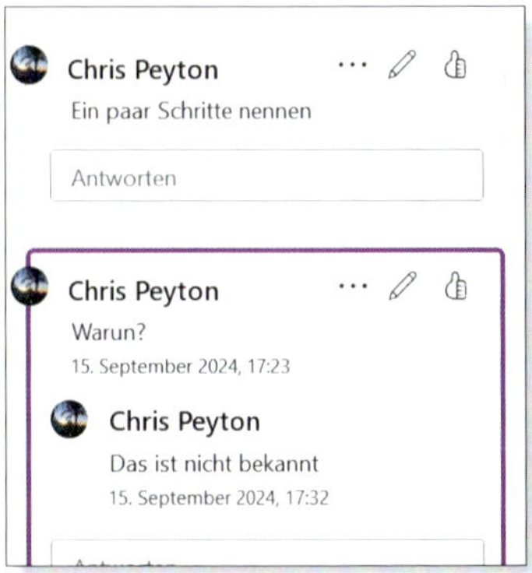
Chris Peyton
Ein paar Schritte nennen
Antworten
Chris Peyton
Warun?
15. September 2024, 17:23
Chris Peyton
Das ist nicht bekannt
15. September 2024, 17:32

Drucken
Exemplare:
3
Drucken
Drucker
Brother MFC-L2710DW se...
Offline
Druckereigenschaften

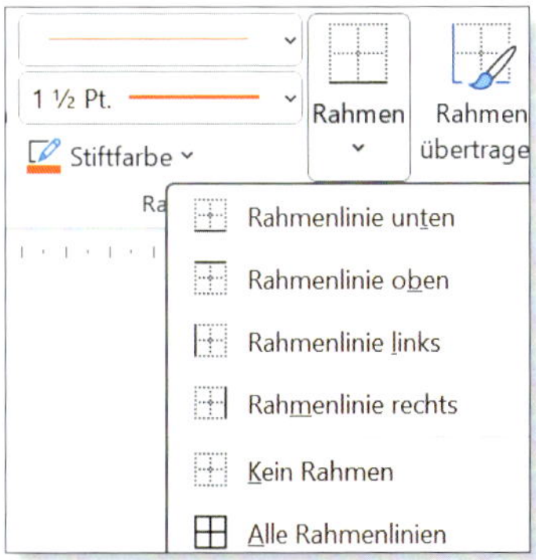
1 ½ Pt.
Stiftfarbe
Rahmen
Rahmen übertrage
Rahmenlinie unten
Rahmenlinie oben
Rahmenlinie links
Rahmenlinie rechts
Kein Rahmen
Alle Rahmenlinien

Inhalt

Einfache Tabellen
Rastertabellen

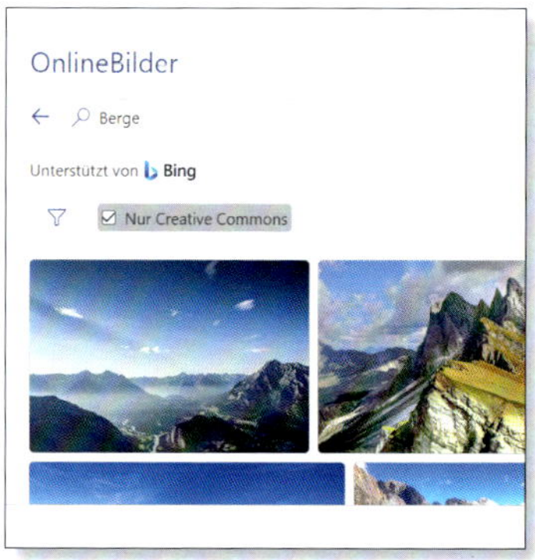

OnlineBilder
Berge
Unterstützt von Bing
Nur Creative Commons

Inhalt¶
Der·australische·Kontinent
Die·Tierwelt
Die·Vogelwelt
Reptilien
Amphibien
Fische
Süßwasserfische
Wirbellose
Das·Great·Barrier·Reef
Der·Royal·Nationalpark
Seitenumbruch ¶

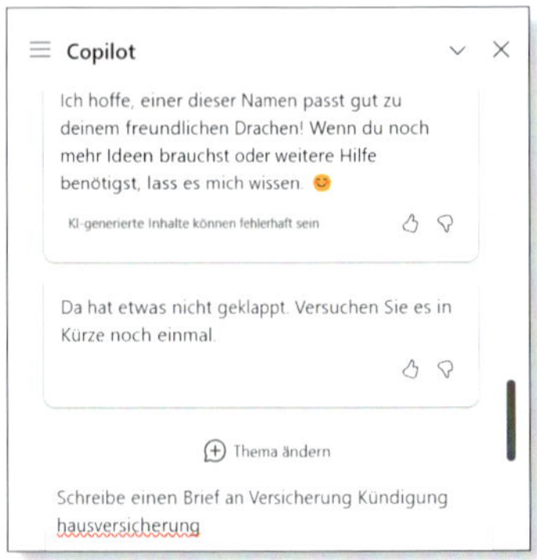

Copilot
Ich hoffe, einer dieser Namen passt gut zu deinem freundlichen Drachen! Wenn du noch mehr Ideen brauchst oder weitere Hilfe benötigst, lass es mich wissen.
KI-generierte Inhalte können fehlerhaft sein
Da hat etwas nicht geklappt. Versuchen Sie es in Kürze noch einmal.
Thema ändern
Schreibe einen Brief an Versicherung Kündigung hausversicherung

PARTY
time

Kapitel 1
Bevor es losgeht

Bevor wir in die Textverarbeitung mit Word einsteigen, beginnen wir erst einmal mit den Grundlagen. Wenn Sie sich mit diesen Arbeitstechniken auskennen, umso besser – ansonsten machen wir Sie nun mit der Bedienung des Computers und dem Start des Programms vertraut.

Tastatur, Maus, Touchpad und Touchscreen
Sowohl mit der Maus als auch mit der Tastatur können Sie das Programm steuern, durch Ihr Dokument navigieren oder Befehle ausführen. Das Touchpad ist dabei die moderne Form der Maus, direkt in den Laptop integriert. Bereits seit Windows 8 ersetzt der Touchscreen häufig Maus, Tastatur und Touchpad.

Erste Schritte
Dann geht es weiter mit Word selbst. Wie wird es geöffnet, und welche Einstellungen sollten Sie zuerst vornehmen, um sich die Arbeit zu erleichtern? Blenden Sie z. B. Formatierungszeichen ein, oder lernen Sie, wie Sie Änderungen zurücknehmen.

❶ Ob Tastatur, Maus oder Touchpad, Word lässt sich auf verschiedene Weisen steuern.

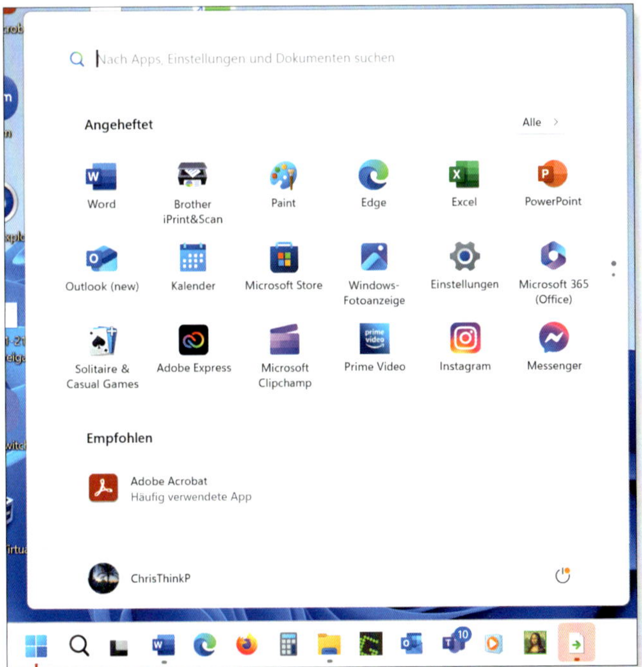

❷ Mit einem Klick auf das Windows-Symbol in der Taskleiste öffnen Sie das Startmenü. Im Startmenü gelangen Sie zu Word (Eintrag **Word**), das Ihnen nach dem Öffnen mit seinen vielen Möglichkeiten zur Verfügung steht.

So funktioniert die Tastatur

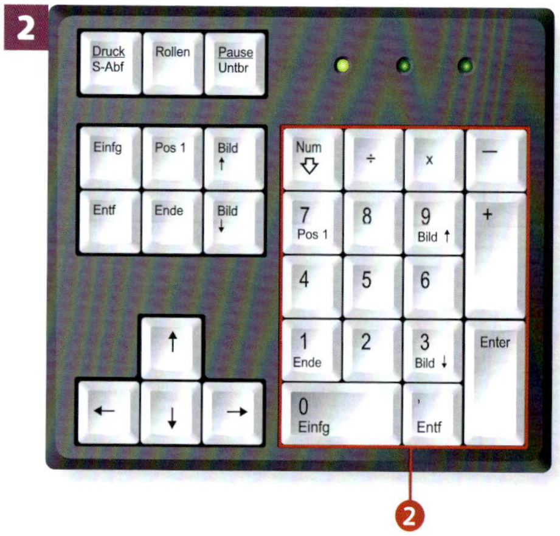

Wir möchten Ihnen zunächst zeigen, wie Sie die Tastatur am PC benutzen und welche Besonderheiten sie hat.

1 Großschreibung

Starten Sie Word, und schreiben Sie einfach mal drauflos! Die Anordnung der Zeichen entspricht mehr oder weniger der einer normalen Standardtastatur, z. B. der klassischen Tastatur einer Schreibmaschine aus früheren Zeiten. Für die Großschreibung eines Zeichens drücken Sie die [⇧]-Taste ❶.

2 Der Nummernblock

Rechts an der PC-Tastatur befindet sich der Nummernblock ❷ für die Eingabe von Zahlen und Rechenoperatoren. Den Block schalten Sie mit der [Num]-Taste an (eine LED leuchtet) oder aus; dann navigieren Sie mit den Tasten durch den Text.

3 Tastenbelegung

Die sogenannte *zweite Belegung* (z. B. das Prozentzeichen % auf der [5]) erzeugen Sie, indem Sie mit gedrückter [⇧]-Taste ❸ die jeweilige Taste drücken. Für die *dritte Belegung*, z. B. die geschweifte Klammer auf der [7], halten Sie die Taste [AltGr] ❹ gedrückt.

Kein Nummernblock

Auf einem kleinen Laptop suchen Sie einen Nummernblock vergeblich, dafür bietet die Tastatur keinen Platz.

4 Die Pfeiltasten

Durch einen Text wandern Sie mit den Pfeiltasten ❺: Sie gehen nach unten [↓], nach oben [↑], nach rechts [→] oder links [←]. Praktisch: Die [Ende]-Taste setzt den Cursor direkt auf das letzte Zeichen einer Zeile, die [Pos1]-Taste auf das erste Zeichen.

4

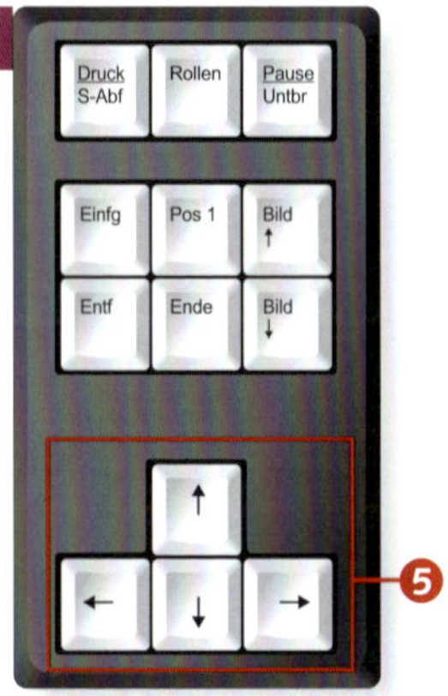

5 Die Escape-Taste

Die [Esc]-Taste ❻ ist oft von unschätzbarem Wert. *Esc* steht für »escape«, also »fliehen«. Mit dieser Taste können Sie geöffnete Dialoge wieder verlassen oder eine angefangene Aktion abbrechen.

5

6 Die Steuerungstaste

Die [Strg]-Taste ❼ löst in der Regel in Zusammenhang mit einem anderen Zeichen eine Aktion aus, z. B. wird durch Drücken von [Strg]+[C] ein markierter Text kopiert. Die Tastenkombination [Strg]+[V] fügt den kopierten Text an der Cursorposition ein.

6

Dauerhaftes Großschreiben

Drücken Sie einmal die [⇩]-Taste ❽, um durchweg großzuschreiben. Durch erneutes Drücken lösen Sie die [⇩]-Taste wieder.

So funktioniert die Maus

1
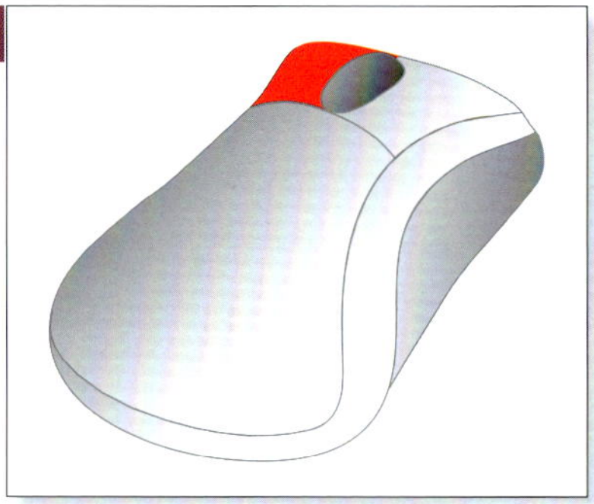

Mit der Maus bewegen Sie den Mauszeiger über den Monitor; per Mausklick werden die meisten Befehle und Aktionen ausgelöst.

1 Linksklick

In einem Word-Dokument setzen Sie mit einem Klick auf die linke Maustaste den Cursor an eine andere Stelle. Außerdem starten Sie per Linksklick Befehle, öffnen Auswahllisten und Dialoge etc. – je nachdem, wo Sie klicken.

2
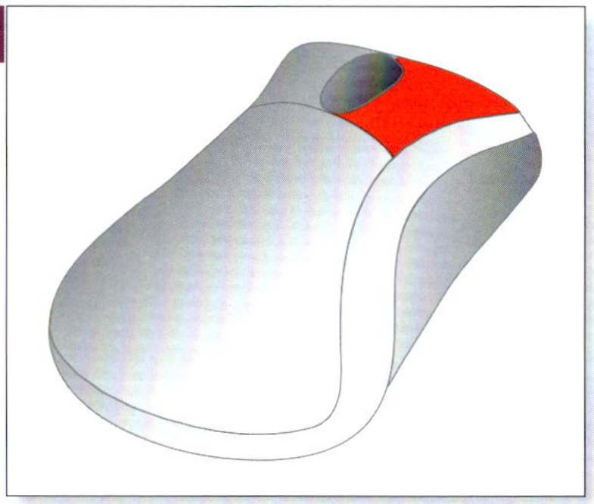

2 Rechtsklick

Die Maus hat auch eine rechte Taste. Wenn Sie die rechte Maustaste drücken, rufen Sie in der Regel ein *Kontextmenü* auf. Dies sind Menüs mit variierenden Befehlen; die Auswahl ist jeweils abhängig von der Stelle, an der Sie geklickt haben.

3
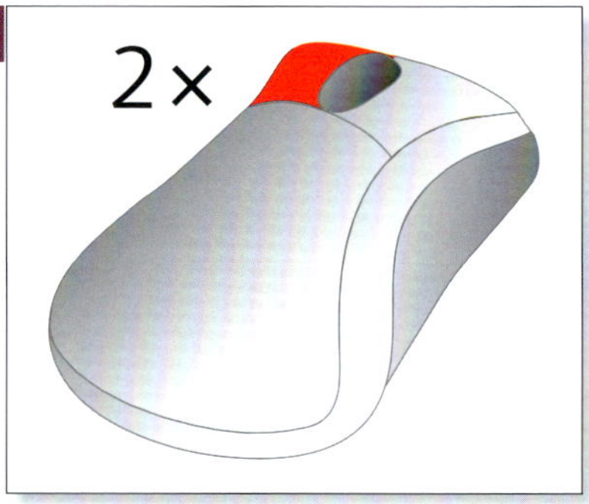

3 Doppelklick

Mitunter benötigen Sie auch einen Doppelklick, d. h., Sie drücken möglichst schnell zweimal hintereinander auf die linke Maustaste. In Word markiert ein Doppelklick z. B. ein Wort.

4 Das Scrollrad

Das Verhalten des Scrollrades ist von der Position des Mauszeigers abhängig. Befindet er sich auf einem Text, schieben Sie den Text an der Mausposition vorbei nach oben oder unten. Steht der Mauszeiger auf einer Registerkarte des Menübands, wechseln Sie die aktive Registerkarte.

4

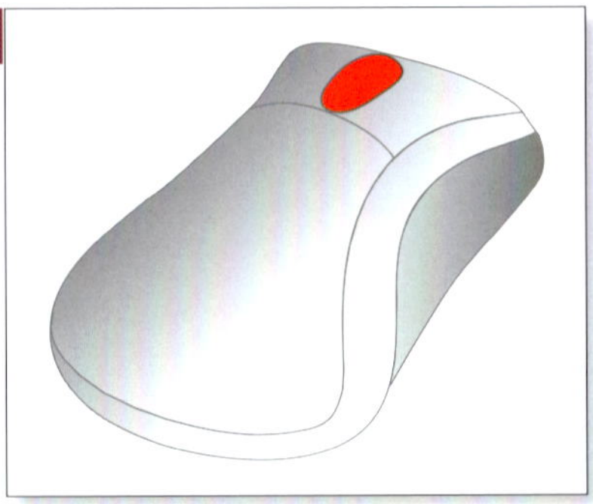

5 Mit der Maus ziehen

Mit der Maus können Sie auch »ziehen«; dazu halten Sie die Maustaste gedrückt und wandern in eine Richtung. Für diese Aktion gibt es unterschiedliche Einsatzgebiete. Ziehen Sie z.B. an der Bildlaufleiste, um sich im Text nach unten bzw. oben zu bewegen.

5

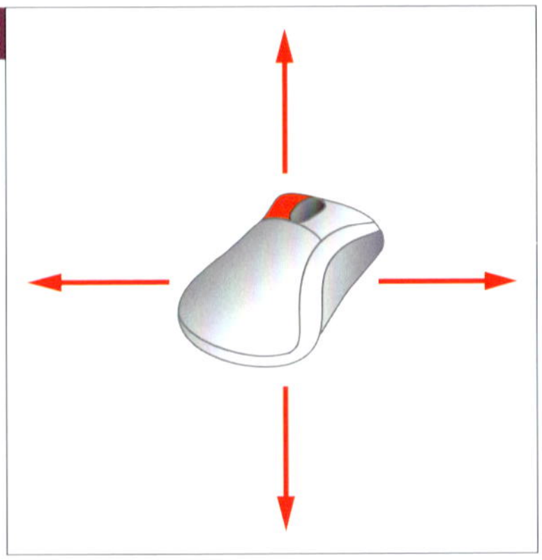

6 Mit rechts ziehen

Mitunter nutzen Sie auch die rechte Maustaste zum Ziehen. Möchten Sie z.B. im Explorer eine Datei kopieren, können Sie sie mit gedrückter rechter Maustaste an den Zielort ziehen. Lassen Sie die Maustaste los, erscheint ein Auswahlmenü mit den Befehlen zum Kopieren oder Verschieben.

6

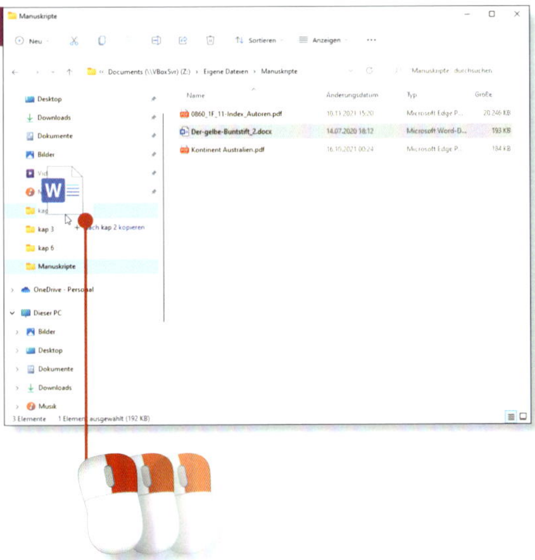

So benutzen Sie das Touchpad am Notebook

1

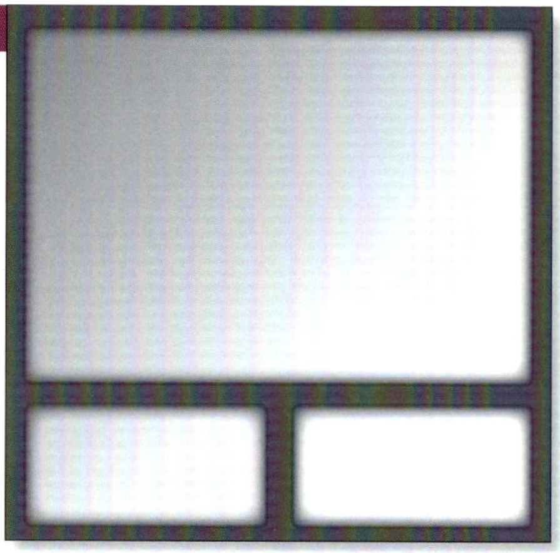

2

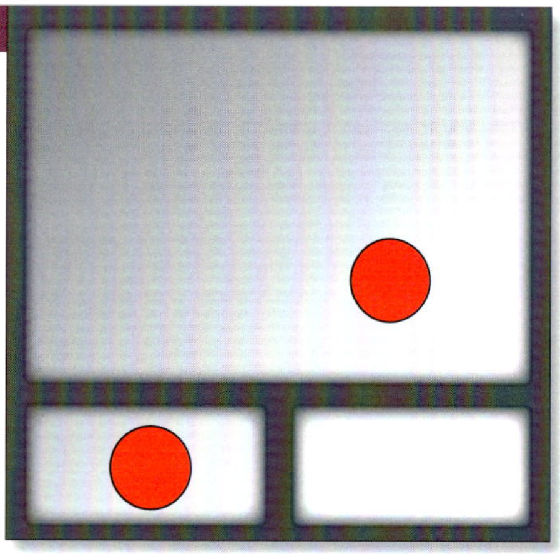

3

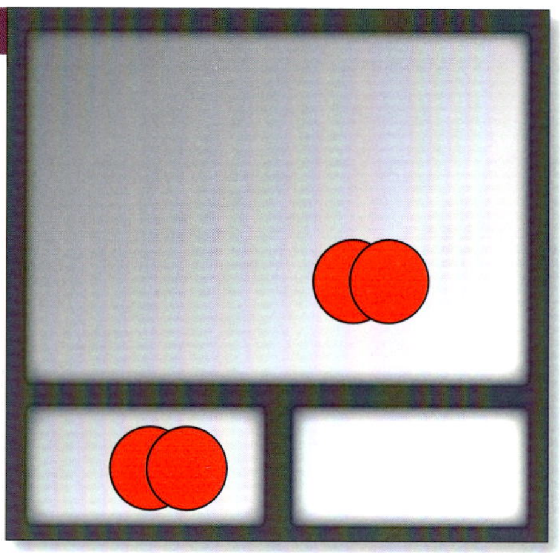

Das Touchpad finden Sie bei den meisten Notebooks oder Netbooks. Sie können damit wie mit einer Maus den Cursor bewegen und Aktionen ausführen. Es wird mit den Fingerkuppen bedient, sodass Sie auf die Maus verzichten können.

1 Der Mauszeiger

Zur Positionierung des Mauszeigers fahren Sie mit einer Fingerkuppe leicht über das Touchpad. Der Mauszeiger auf dem Monitor folgt der Bewegung Ihres Fingers.

2 Die Tasten

Unterhalb (oder oberhalb) des Touchpads sind zwei Tasten angeordnet, deren Funktionen denen der Maustasten entsprechen. Für einen Linksklick reicht aber auch ein kurzes Antippen des Touchpads.

3 Doppelklick

Wie mit der Maus können Sie auch mit dem Touchpad einen Doppelklick ausführen. Dazu benutzen Sie die linke Taste Ihres Touchpads. Alle neueren Touchpads unterstützen inzwischen auch den Doppelklick durch zweimaliges Antippen.

4 Scrollen

Auch scrollen können Sie mit dem Touchpad, indem Sie mit den Fingerkuppen über es streichen.

4

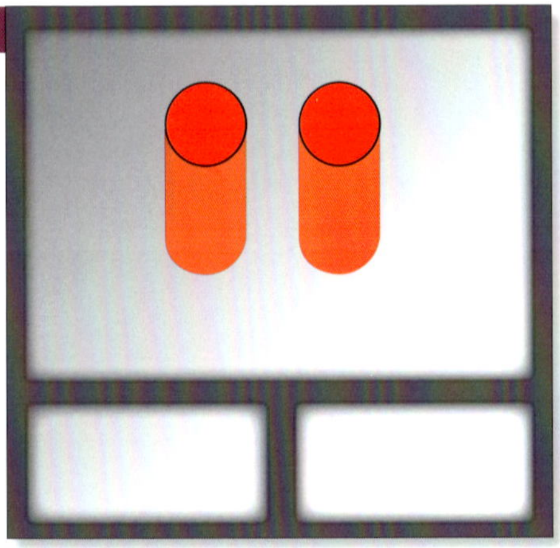

5 Ziehen

Das Bewegen der Maus mit gedrückter Maustaste (zum Ziehen oder Markieren) können Sie ebenfalls simulieren. Führen Sie einen »anderthalbfachen« Klick aus, also einen Doppelklick, ohne den Finger nach dem zweiten Klick vom Touchpad abzuheben. Gehen Sie dann gleich in eine Mausbewegung über.

5

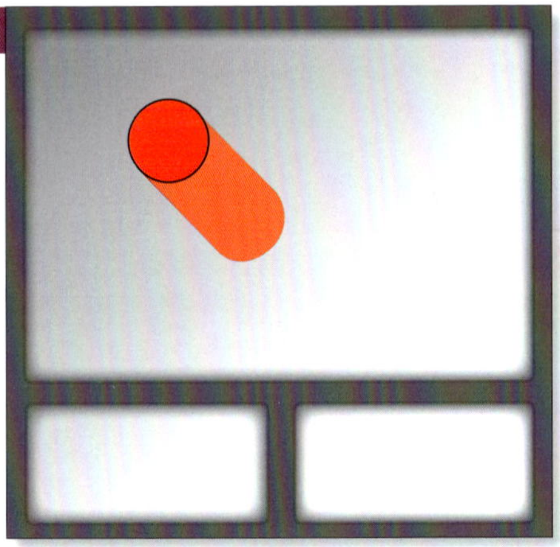

6 Rechtsklick

Für den Rechtsklick verwenden Sie die rechte Taste Ihres Touchpads. Bei einigen Touchpads erzeugt auch das Antippen mit drei Fingern einen Rechtsklick. Dazu ist aber meistens ein aktueller Treiber notwendig.

6

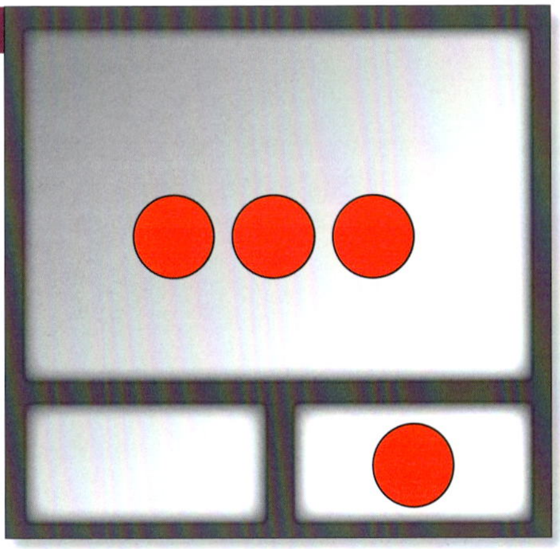

Fingereingabe vs. Maus
In diesem Buch ist meistens von »klicken« die Rede, obwohl man an einem Touchscreen auch mit der Fingereingabe arbeiten könnte. In besonderen Fällen weisen wir Sie auf die Möglichkeiten der Fingereingabe hin.

Tricks, die den Umgang mit Word erleichtern

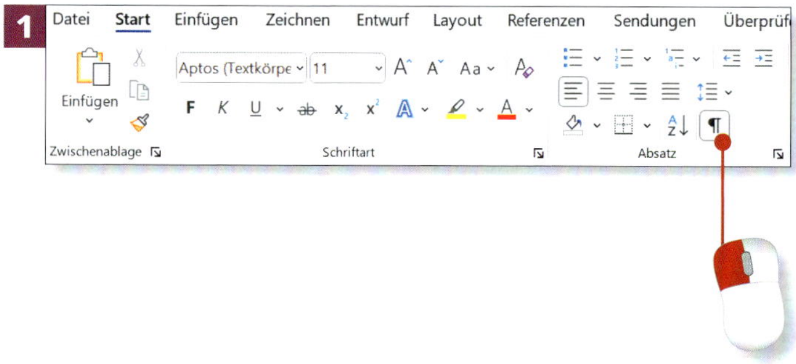

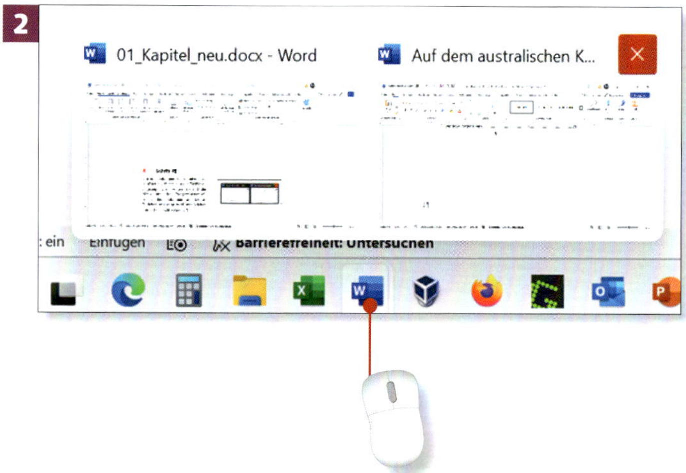

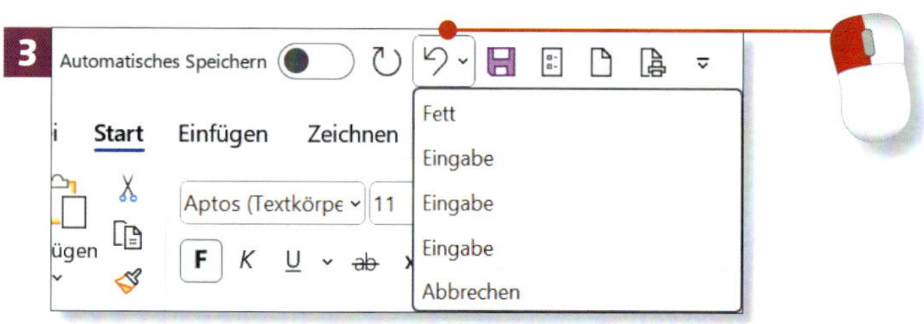

Manche Tricks, Kniffe und Einstellungen machen Ihnen das Schreiben mit Word noch einfacher.

1 Formatierungszeichen

Formatierungszeichen, z. B. Absatzmarken und Leerzeichen, erleichtern die Arbeit (v. a. die Korrektur von Dokumenten) und sind als nicht druckbare Zeichen nur auf dem Bildschirm zu sehen. Blenden Sie sie ein, indem Sie auf die Schaltfläche **Alle anzeigen** auf der Registerkarte **Start** klicken.

2 Dokumente wechseln

Mehrere geöffnete Dateien werden auf der Taskleiste unten am Bildschirm angezeigt. Wenn Sie den Mauszeiger auf das Programmsymbol halten, erscheinen alle Dokumente in einem kleinen Vorschaufenster. Ein Klick öffnet das jeweilige Dokument. Ansonsten wechseln Sie über **Ansicht ▸ Fenster wechseln** zu einem anderen Dokument.

3 Aktionen zurücknehmen

Mit der Schaltfläche **Rückgängig** nehmen Sie Aktionen zurück. Mehrere Aktionen auf einmal machen Sie über den Auswahlpfeil an dem Symbol ungeschehen.

4 Immer speichern

Speichern Sie Ihre Dokumente zwischendurch. Dazu ist nur ein Mausklick erforderlich. Dies hat nicht nur den Vorteil, dass Sie Ihre Arbeit regelmäßig sichern. Wenn etwas schiefgelaufen ist, können Sie das Dokument einfach schließen und dann wieder öffnen, um den vorherigen Zustand wiederherzustellen.

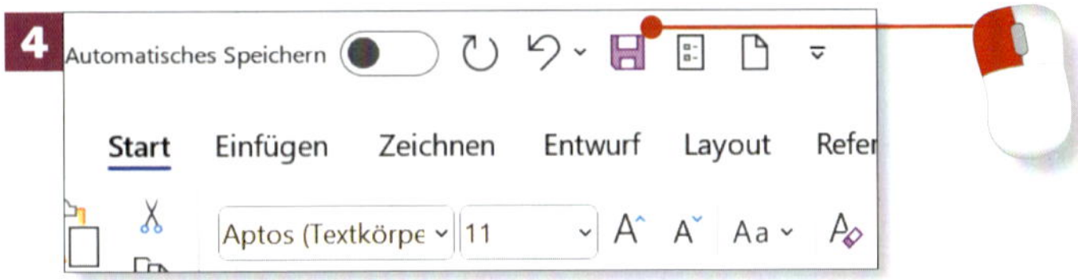

5 Druckvorschau

Nur die Druckvorschau zeigt das Dokument so an, wie es im Druck aussehen wird. Sie rufen die Druckvorschau über **Datei ▸ Drucken** auf.

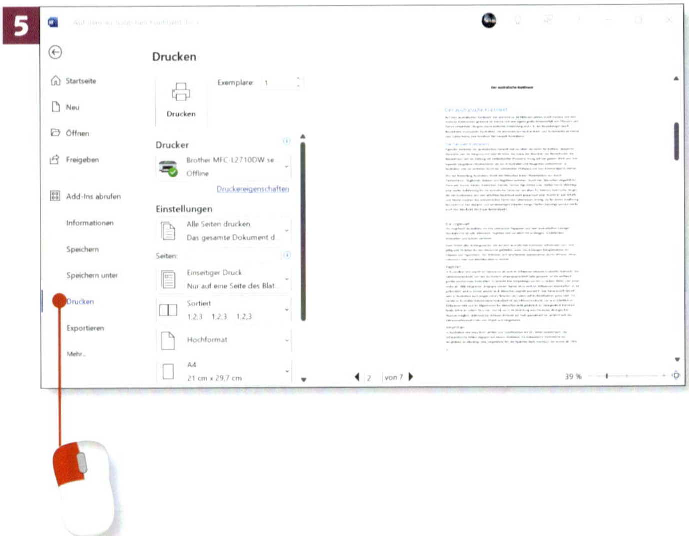

6 Markieren und formatieren

In der Regel gilt: erst markieren, dann agieren! Setzen Sie den Cursor vor den Text, und ziehen Sie ihn mit gedrückter Maustaste darüber. Wenn Sie ein einzelnes Wort formatieren möchten, reicht es, den Cursor in dieses Wort zu setzen. (Dazu muss die Option **Automatisch ganze Wörter markieren** unter **Datei ▸ Optionen ▸ Erweitert** aktiviert sein.)

Word starten

Viele Wege führen nach Rom und auch zur Arbeit mit Word. Die gängigsten sechs beschreiben wir in diesem Abschnitt.

Schritt 1

Zunächst rufen Sie Word über den Startbildschirm von Windows 11 auf. Klicken oder tippen Sie auf das Windows-Symbol ganz links in der Taskleiste, um das Startmenü zu öffnen.

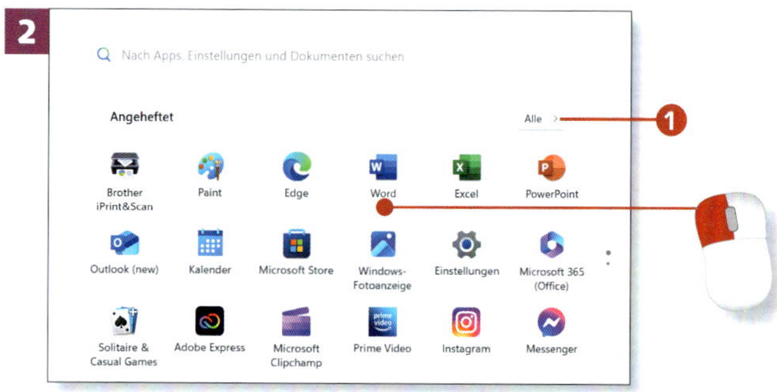

Schritt 2

Sofern Sie im Bereich **Angeheftet** das Word-Symbol entdecken, klicken Sie einfach auf dieses Symbol. Damit rufen Sie Word auf.

Schritt 3

Wenn Sie das Symbol hier nicht entdecken, klicken Sie auf die Schaltfläche **Alle** (1). Scrollen Sie nach unten, bis Sie in der alphabetisch sortierten Liste den Eintrag **Word** finden. Mit einem Klick darauf öffnen Sie das Programm.

Schritt 4

Für den schnellen Zugriff legen Sie sich Word als Symbol auf die Taskleiste. Dazu klicken Sie den Eintrag **Word** mit der rechten Maustaste an. Im Menü, das dann erscheint, wählen Sie **Mehr ▸ An Taskleiste anheften**. Ein einfacher Mausklick auf das Symbol ❷ in der Taskleiste öffnet anschließend das Programm.

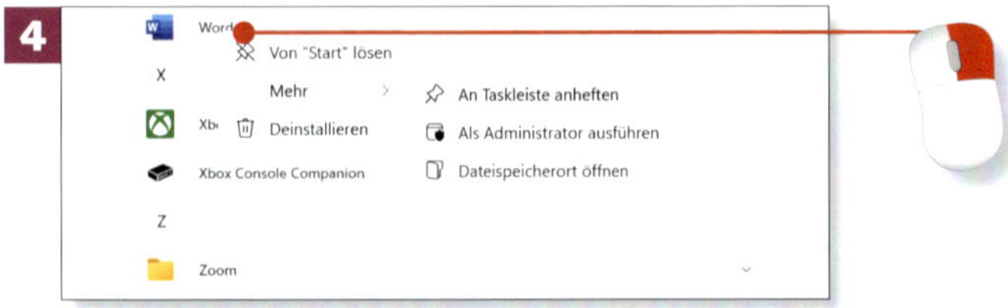

Schritt 5

Um das Programm-Symbol in das Startmenü zu befördern, klicken Sie den Eintrag **Word** in der Liste **Alle Apps** mit der rechten Maustaste an und wählen im Kontextmenü **An "Start" anheften**.

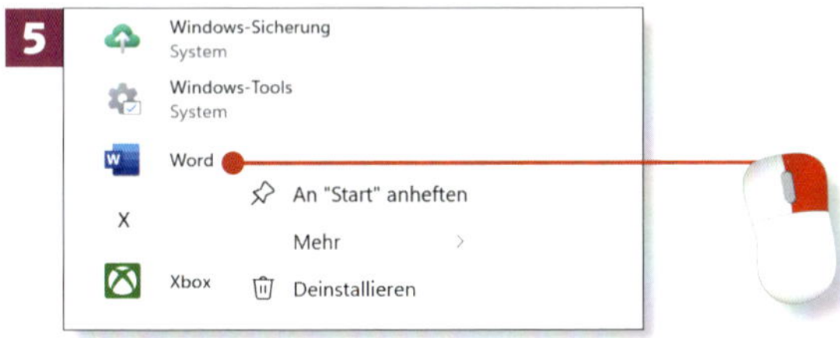

Schritt 6

Das Programm öffnet sich auch, wenn Sie im Explorer eine Word-Datei doppelt anklicken. So werden Word selbst und die entsprechende Datei in Word geöffnet.

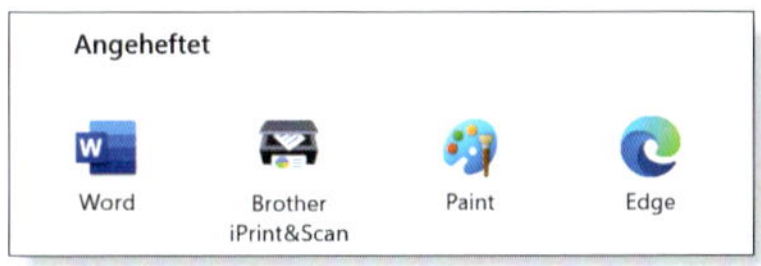

Taskleiste aufräumen

Um aufzuräumen, klicken Sie ein Programm-Symbol in der Taskleiste mit rechts an und wählen **Von Taskleiste lösen**.

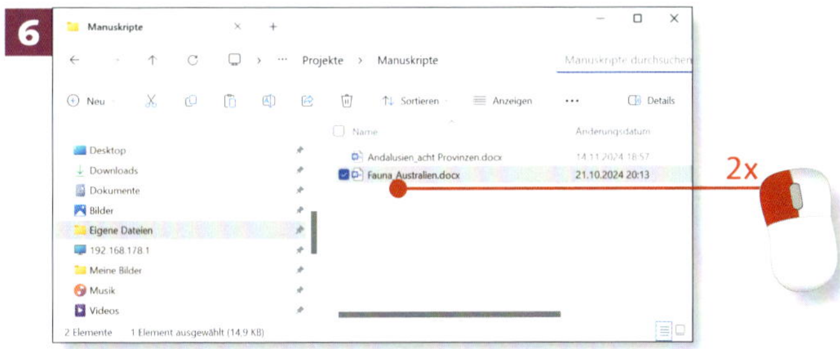

Word über einen Touchscreen bedienen

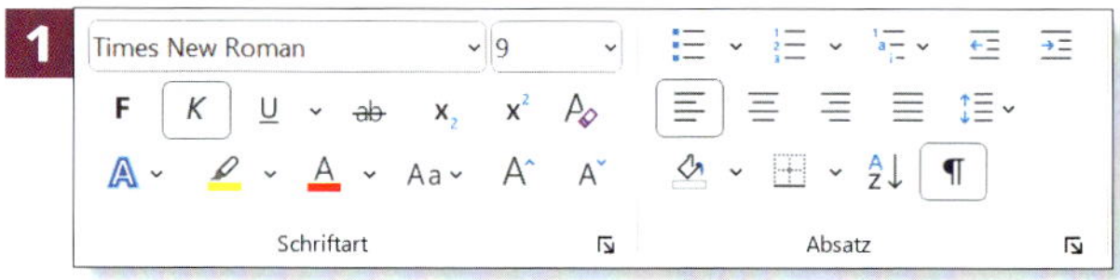

Wenn Sie an einem Touchscreen arbeiten, können Sie Word prinzipiell auch per Fingereingabe bedienen. In vielen Fällen ist das allerdings umständlicher als mit der Maus.

Schritt 1

Bei Verwendung eines Touchscreens ist es möglich, Word per Fingerzeig zu bedienen. Alle Schaltflächen lassen sich auch antippen, anstatt sie wie üblich mit der Maus anzuklicken.

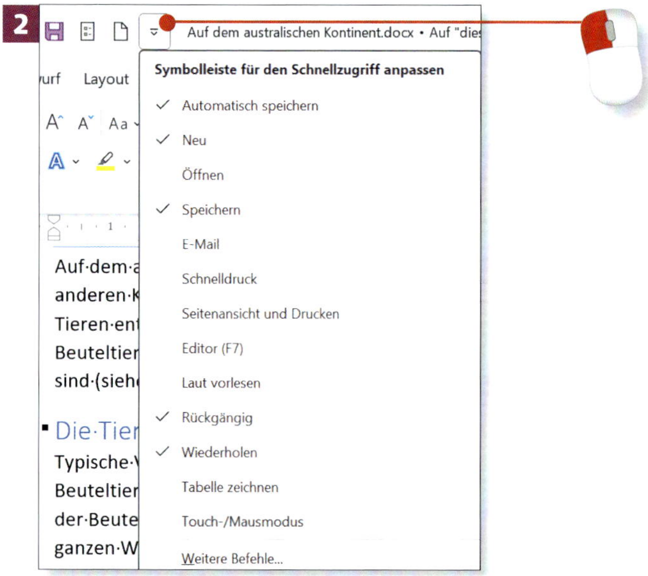

Schritt 2

Word bietet einen besonderen Modus für die Fingereingabe. Klicken Sie auf den kleinen Pfeil an der Symbolleiste für den Schnellzugriff, und aktivieren Sie mit einem Klick den Eintrag **Touch-/Mausmodus**.

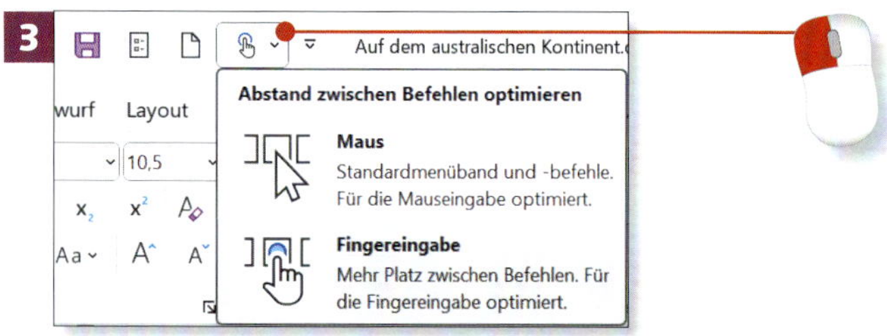

Schritt 3

Klicken Sie daraufhin auf die Schaltfläche **Touch-/Mausmodus** in der Symbolleiste. Wählen Sie im Menü die Option **Fingereingabe**. Mit dieser Einstellung optimieren Sie den Abstand zwischen den Befehlen auf den Registerkarten für die Bedienung mit dem Finger.

Der Modus »Fingereingabe« und Dialoge

Die Dialoge, die Sie über die Pfeile an den einzelnen Gruppen aufrufen, bleiben vom Modus **Fingereingabe** unberührt.

Schritt 4

Text zu markieren spielt eine große Rolle bei der Arbeit mit Word. Bei einem Touchscreen können Sie so vorgehen: Tippen Sie an den Anfang der Textpassage, die markiert werden soll. Es erscheint ein Markierungspunkt ❶ unterhalb des Textes.

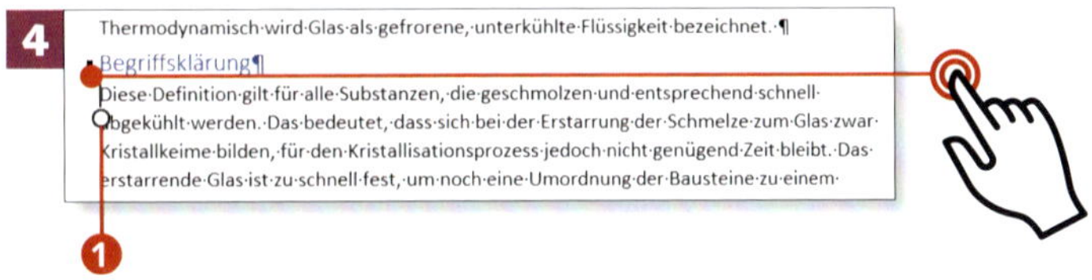

Schritt 5

Ziehen Sie den Markierungspunkt nun mit dem Finger über den zu markierenden Text. Wenn Sie den Finger vom Bildschirm nehmen, um die Markierung zu beenden, erscheint ein weiterer Markierungspunkt ❷.

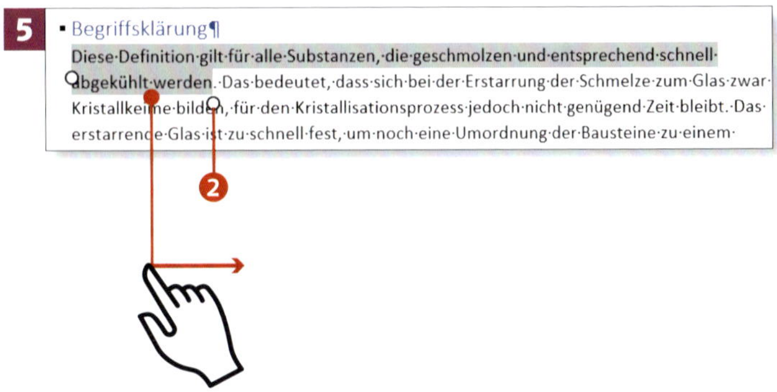

Schritt 6

Es ist etwas knifflig, das Kontextmenü eines markierten Textes per Fingerzeig aufzurufen. Tippen Sie auf einen markierten Text, um die sogenannte *Minisymbolleiste* zu öffnen. Ganz rechts in dieser Leiste tippen Sie auf den nach unten weisenden Pfeil.

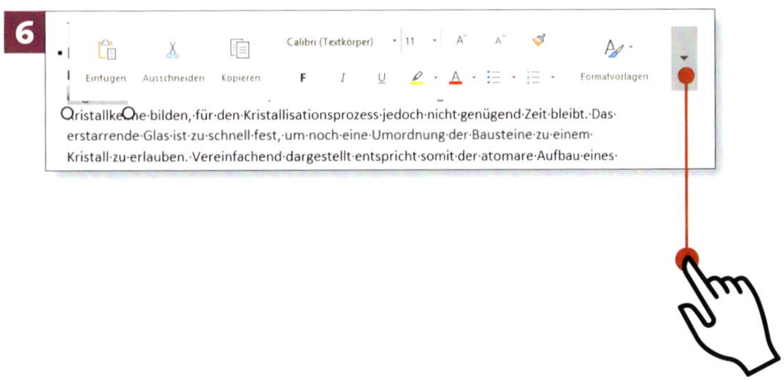

Das Kontextmenü aufrufen

Wenn Sie mit der Maus arbeiten, klicken Sie den markierten Text einfach mit der rechten Maustaste an, um das Kontextmenü aufzurufen.

Kapitel 2
Was ist wo in Word?

Damit Sie in den folgenden Kapiteln richtig loslegen können, zeigen wir Ihnen hier, wie das Programmfenster von Word aufgebaut ist, wie Sie damit umgehen und wo Sie die wichtigsten Befehle und Funktionen finden.

Die Registerkarten

Im oberen Teil des Programmfensters sehen Sie die Registerkarten. Auf jeder einzelnen finden sich Befehlsgruppen zu unterschiedlichen Arbeitsschritten. Über den kleinen Pfeil unten rechts in den Gruppen können Sie Dialogfenster mit weiteren Optionen öffnen.

Den Bildschirm einrichten

Die Bildschirmansicht lässt sich verändern, sodass Sie sie optimal an Ihre Bedürfnisse anpassen können. Verkleinern Sie z. B. die Ansicht, um mehrere Blätter nebeneinander darstellen zu können, oder lassen Sie sich das Dokument als Vollbild anzeigen (ohne Menüband).

❶ Auf den Registerkarten finden Sie unterschiedliche Befehlsgruppen zu verschiedenen Arbeitsschritten.

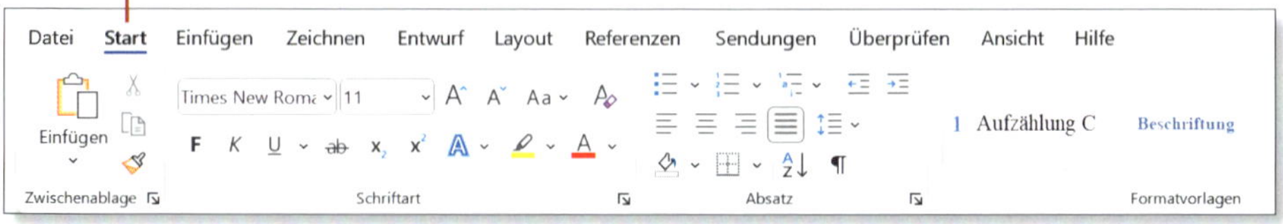

❷ Die Bildschirmansicht lässt sich ganz leicht an Ihre Bedürfnisse anpassen.

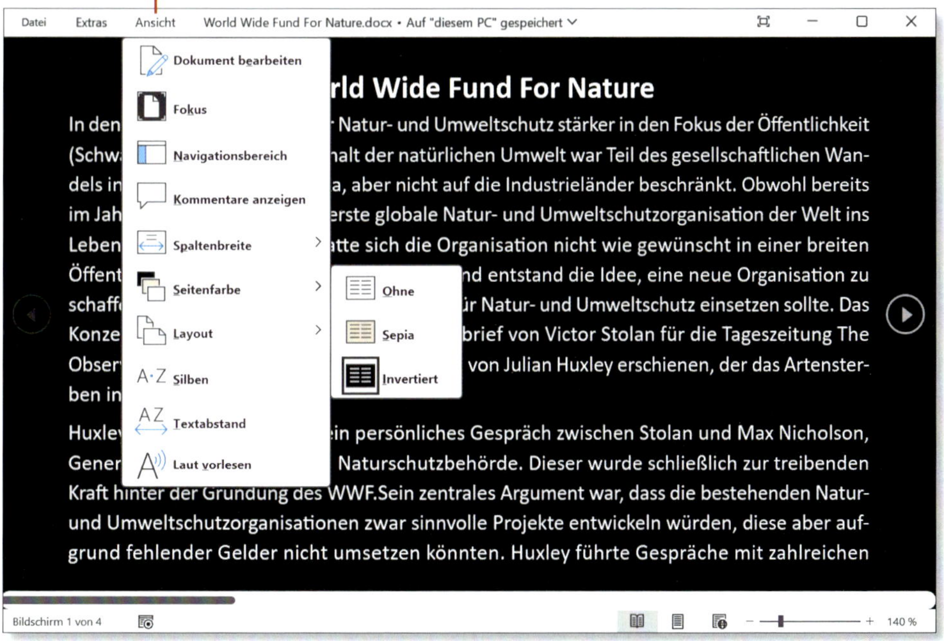

Ein erster Überblick

1

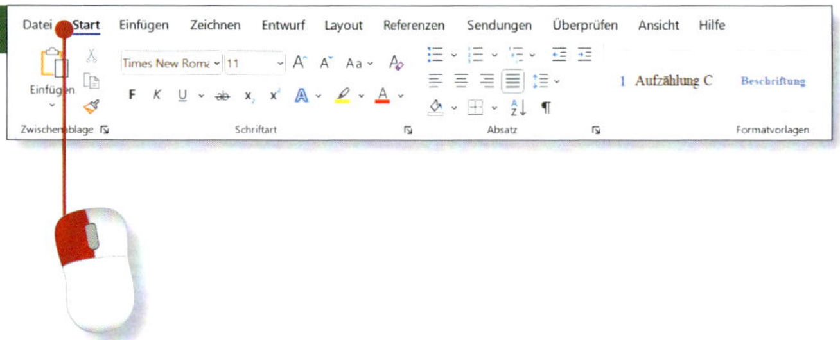

Dieser Abschnitt dient der ersten Orientierung. Wir beschreiben die Registerkarten und was Sie sonst noch auf dem Bildschirm finden.

Schritt 1

Die wichtigen Funktionen sind auf Registerkarten – auch *Tabs* genannt – gesammelt, die sich auf der Menüleiste befinden. Wechseln Sie zwischen den Registerkarten, indem Sie einfach auf die Bezeichnung klicken.

2

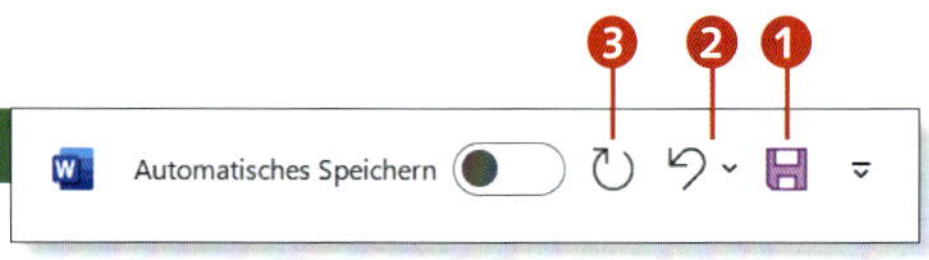

Schritt 2

Oberhalb des **Menübands** befindet sich die *Symbolleiste für den Schnellzugriff*, die in der Standardeinstellung Zugriff auf die Schaltflächen **Speichern** ❶, **Rückgängig** ❷ und **Wiederholen** ❸ bietet.

3

Schritt 3

Rechts oben sehen Sie (gegebenenfalls neben den Symbolen für Ihre Office-Anmeldung und **Meine Vorteile** ❹) die Schaltflächen **Minimieren** ❺ (zum Ablegen des Programms in der Taskleiste), das Symbol ❻ zum Wechsel zwischen Vollbildschirm und Fenster sowie **Schließen** ❼.

Fenstervarianten

Das Menü der Schaltfläche zum Verkleinern des Bildschirms bietet diverse Fenster-Anordnungen sowie die Möglichkeit, zu anderen geöffneten Dokumenten/Fenstern zu wechseln.

Schritt 4

Klicken Sie direkt auf die Schaltfläche zum Verkleinern ❻, um Word in einem Fenster darzustellen. Die Größe des Fensters verändern Sie, indem Sie den Mauszeiger an den Rand bzw. an eine der Ecken des Fensters führen und mit gedrückter Maustaste nach innen oder nach außen ziehen.

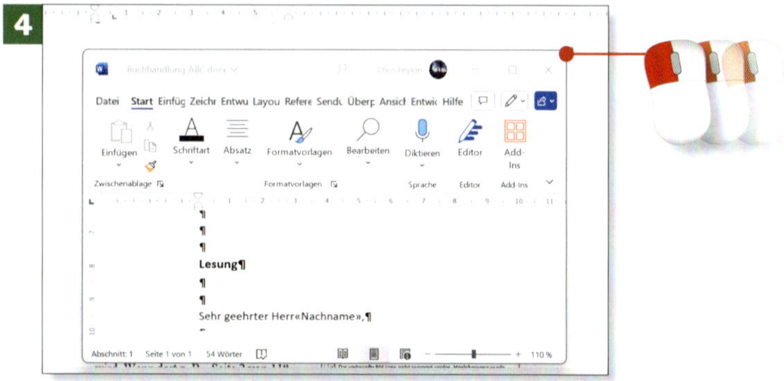

Schritt 5

Unterhalb des Arbeitsbereichs befindet sich die Statusleiste, wo u.a. die Seitenzahl des Dokuments angezeigt wird. Wenn dort z. B. »Seite 3 von 20« steht, befindet sich der Cursor auf Seite 3 eines zwanzigseitigen Dokuments. Ein Klick darauf öffnet den *Navigationsbereich* ❽: praktisch, um schnell im Dokument zu »blättern«.

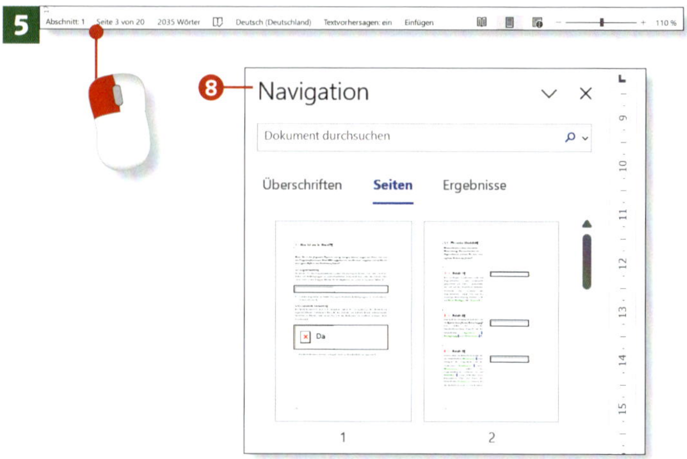

Schritt 6

Rechts unten in der Statusleiste liegen die Schaltflächen zum Wechseln der Ansicht (mehr dazu erfahren Sie im Abschnitt »Die verschiedenen Ansichten« auf Seite 34) und der Regler bzw. die Plus- und Minuszeichen zur Veränderung des Zooms der Darstellung.

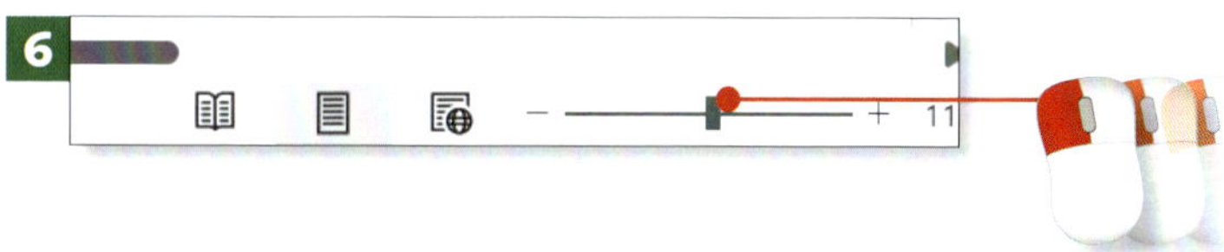

Weitere Schaltflächen

Unterhalb der Symbole zum Minimieren etc. entdecken Sie weitere Schaltflächen: **Kommentare** (zum Einfügen und Anzeigen von Kommentaren), **Bearbeitung** (zum Einstellen der Bearbeitungsberechtigungen) und **Freigeben** (zum Teilen der Datei mit anderen).

Die einzelnen Registerkarten – wo findet sich was?

1
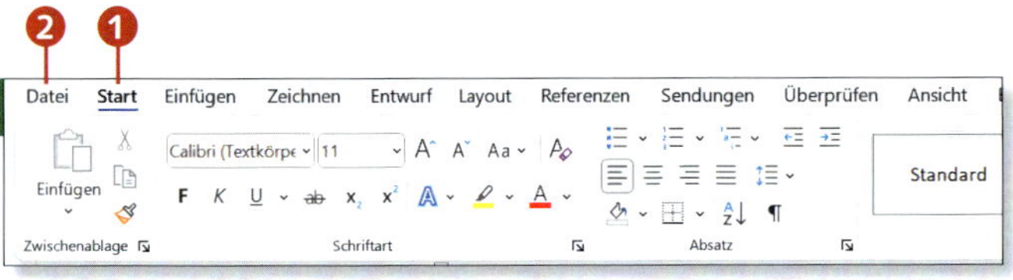

Alles, was Word kann, ist auf Registerkarten zusammengestellt. Wir stellen Ihnen im Folgenden kurz alle Registerkarten vor.

1 »Start«

Normalerweise ist nach dem Aufrufen des Programms die Registerkarte **Start** ❶ geöffnet. Hier finden Sie in den verschiedenen Gruppen gängige Möglichkeiten zum Formatieren sowie z. B. die Befehle zum Ausschneiden, Kopieren und Einfügen.

2
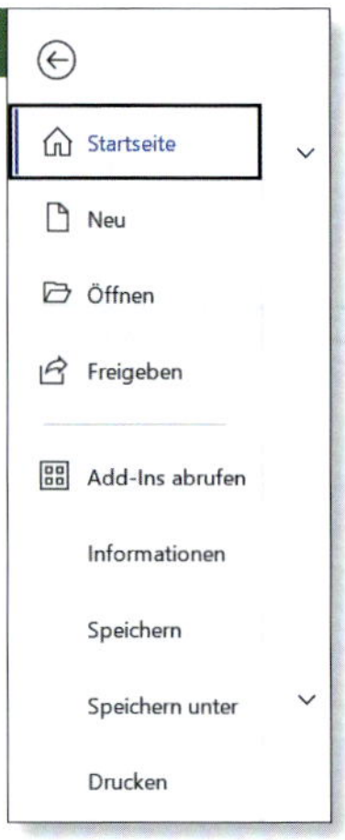

2 »Datei«

Die Registerkarte **Datei** ❷ – auch als *Backstage* bezeichnet – bietet Befehle für den alltäglichen Umgang mit Word, u. a. **Speichern unter**, **Öffnen**, ein leeres Dokument öffnen (**Neu**) und **Drucken**.

3
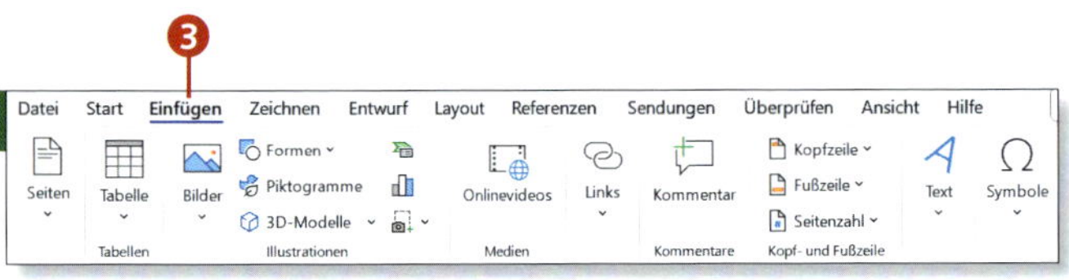

3 »Einfügen«

Auf der Registerkarte **Einfügen** ❸ sind alle Befehle zum Einfügen der verschiedenen Elemente gesammelt, z. B. Tabellen, Onlinegrafiken, Formen, Textfelder und Symbole. Auch Kopf- und Fußzeilen fügen Sie hier mithilfe der entsprechenden Schaltflächen ein.

4 »Zeichnen«

Auf der Registerkarte **Zeichnen** ❹ gibt es Stifte in verschiedenen Farben und Stärken. Sie nutzen die Maus wie einen Stift, mit dem Sie zeichnen und schreiben können. Mit einem Radierer können Sie Ihre Kreationen wieder löschen.

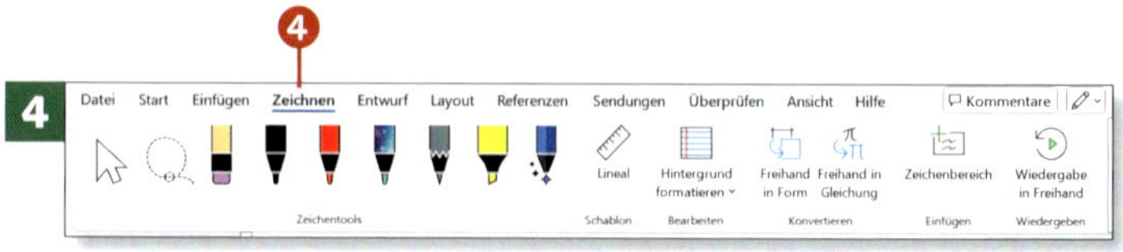

5 »Entwurf«

Auf der Registerkarte **Entwurf** ❺ werden die Designs angeboten, mit denen Sie Word-Dokumenten ein einheitliches Aussehen verleihen können. Außerdem gibt es hier eine Auswahl an fertigen Dokumentformatierungen.

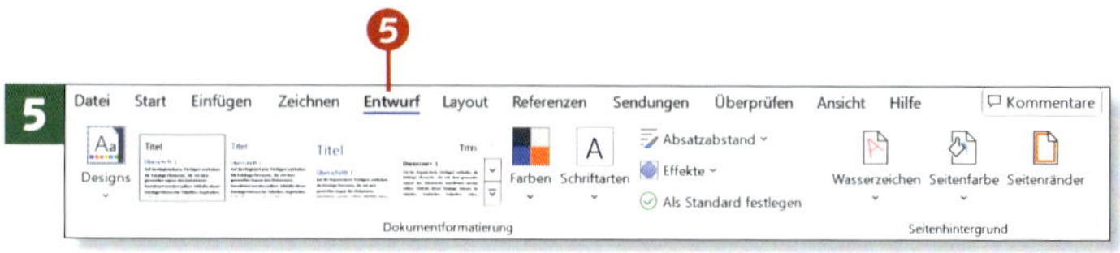

6 »Layout«

Mit den Befehlen auf der Registerkarte **Layout** ❻ richten Sie Ihr Dokument ein. Hier können Sie u. a. die Breite der Seitenränder festlegen, die Ausrichtung des Dokuments bestimmen (Hoch- oder Querformat), Zeilennummern hinzufügen und die Spaltenanzahl festlegen.

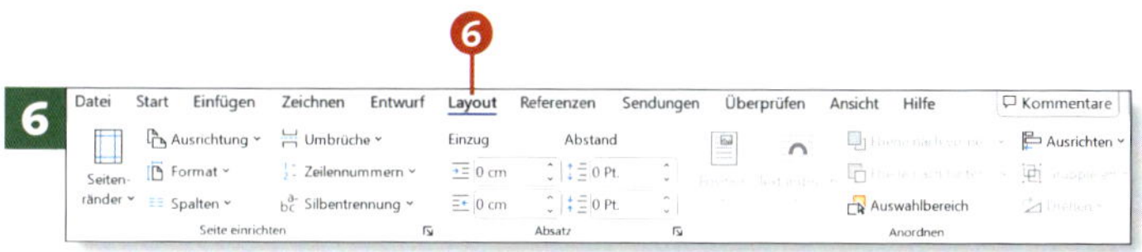

Registerkarten einblenden

Einige Registerkarten werden nicht standardmäßig angezeigt und müssen erst eingeblendet werden (siehe dazu den Abschnitt »Registerkarten ein- und ausblenden« auf Seite 33).

Die einzelnen Registerkarten (Forts.)

7

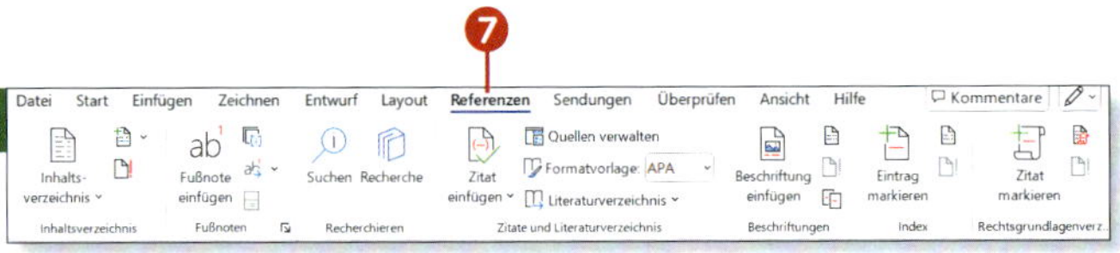

7 »Referenzen«

Für wissenschaftliche Arbeiten und lange Dokumente ist die Registerkarte **Referenzen** 7 wichtig. Hier finden Sie u. a. die Optionen für Fußnoten, Inhalts- und Literaturverzeichnis, Querverweise und den Index.

8

8 »Sendungen«

Auf der Registerkarte **Sendungen** 8 sind alle Befehle rund um die Seriendruckfunktion von Word zusammengestellt. Hier starten Sie den Seriendruck, erstellen die Empfängerliste, fügen Seriendruckfelder ein und führen alles zu einem Serienbrief zusammen.

9

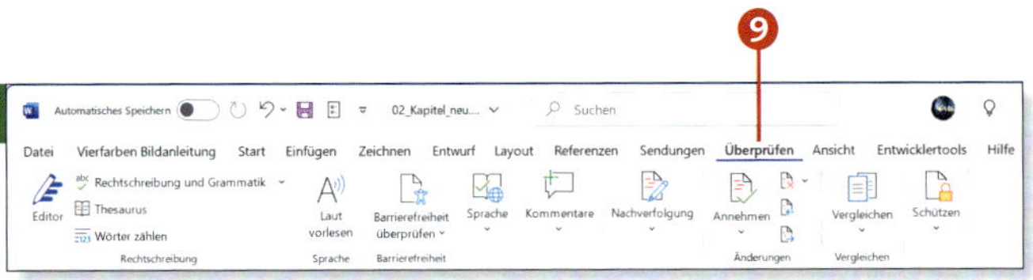

9 »Überprüfen«

Die Registerkarte **Überprüfen** 9 enthält im Wesentlichen Befehle, die Sie für die Arbeit im Team benötigen. Sie können z. B. Kommentare einfügen und Änderungen annehmen. Auch die Rechtschreibprüfung finden Sie hier sowie die Funktion **Laut vorlesen**: Der Text auf dem Bildschirm wird Wort für Wort vorgelesen.

Kommentare

Beachten Sie auch die Schaltfläche **Kommentare**, die Sie rechts neben den Registerkartennamen entdecken. Sie blenden damit vorhandene Kommentare ein und/oder schreiben neue.

10 »Ansicht«

Auf der Registerkarte **Ansicht** ⑩ wechseln Sie zwischen den verschiedenen Ansichten von Word, die jeweils für bestimmte Arbeiten besonders geeignet sind. Sie blenden hier auch das Lineal ein und verändern den Zoommodus.

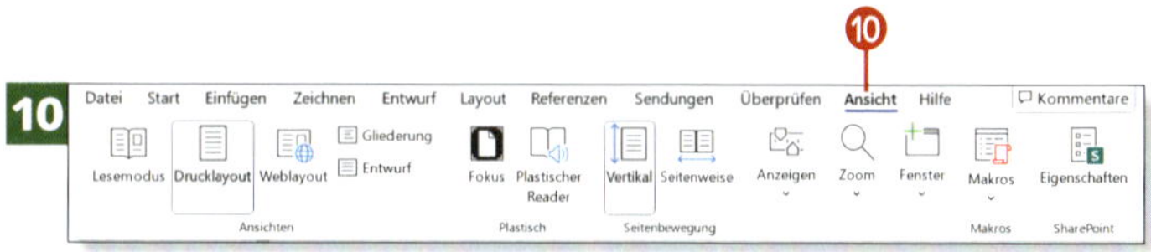

11 »Hilfe«

Auf der Registerkarte **Hilfe** ⑪ finden Sie neben der »klassischen« Hilfe u.a. das Symbol **Feedback**. Damit öffnen Sie eine Art Online-Formular, das Sie mit Kommentaren oder Verbesserungsvorschlägen direkt an Microsoft schicken können.

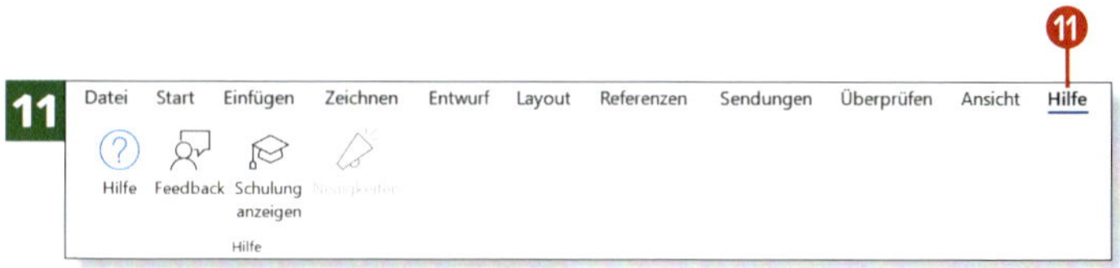

12 »Tabellentools«

Sobald Sie eine Tabelle eingefügt haben und der Cursor in der Tabelle steht, werden die zusätzlichen Registerkarten **Tabellenentwurf** und **Tabellenlayout** ⑫ zur weiteren Bearbeitung der Tabelle eingeblendet.

13

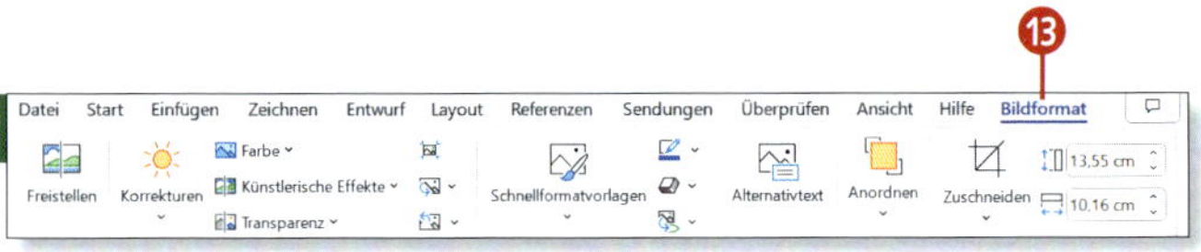

13 »Bildformat«

Für die Bearbeitung von Bildern steht die Registerkarte **Bildformat** ⓭ zur Verfügung. Sie wird eingeblendet, sobald Sie ein Bild in Ihr Dokument einfügen und es markieren.

14

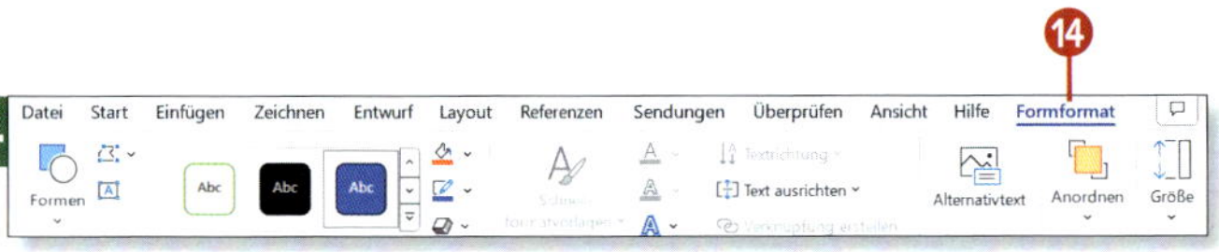

14 »Formformat«

Die Registerkarte **Formformat** ⓮ erscheint, wenn Sie in Ihrem Dokument Zeichenelemente (*Formen*) wie Pfeile oder Rechtecke oder ein Textfeld markieren. Auch eine eingefügte WordArt (siehe dazu den Abschnitt »Formatierte Schriftzüge – WordArt« auf Seite 202) blendet diese Registerkarte ein.

15

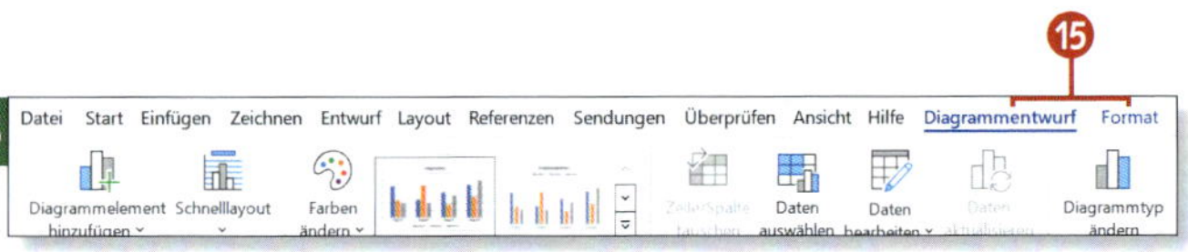

15 »Diagrammentwurf«

Nicht nur in Excel, sondern auch in Word können Sie Diagramme einfügen. Zum Bearbeiten des Diagramms stehen die Registerkarten **Diagrammentwurf** und **Format** ⓯ zur Verfügung.

Die Kontextregisterkarten

Die zusätzlichen Registerkarten tauchen erst auf, wenn sich der Cursor auf bzw. in entsprechenden Bildschirmelementen befindet, grafische Elemente müssen markiert sein.

Registerkarten ein- und ausblenden

Einige Registerkarten werden nicht standardmäßig angezeigt, Sie müssen sie also einblenden, wenn Sie sie benötigen. Ebenso können Sie nicht benötigte Register ausblenden.

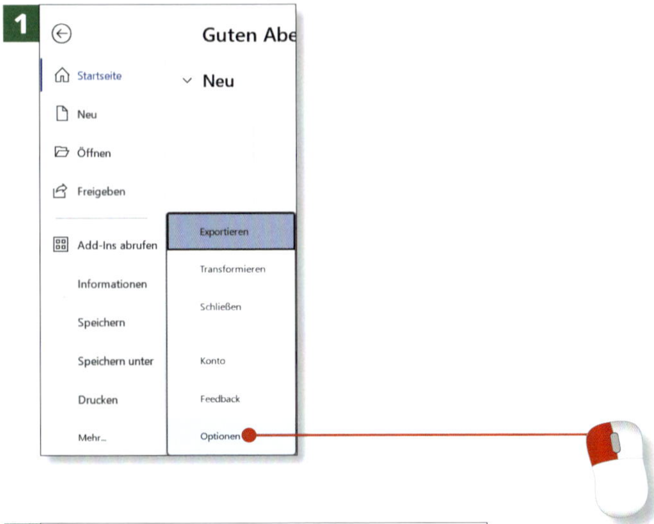

Schritt 1

Öffnen Sie mit einem Klick auf **Datei ▸ Optionen** die Word-Optionen. Je nach Größe des Bildschirms klicken Sie zunächst auf **Mehr...** und wählen dann **Optionen**.

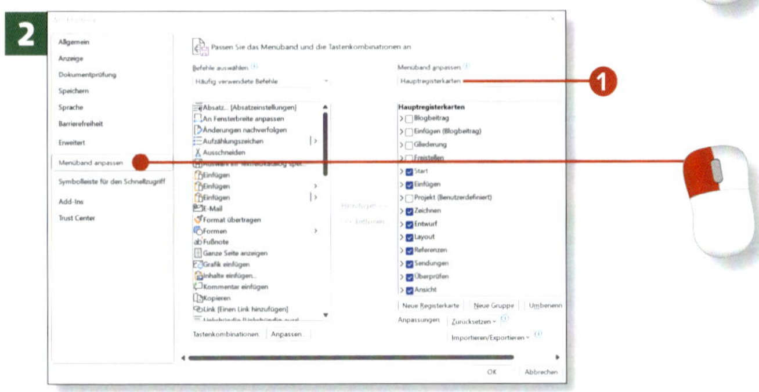

Schritt 2

Im Fenster **Word-Optionen** wählen Sie auf der linken Seite die Rubrik **Menüband anpassen**. Rechts im Fenster sehen Sie dann die Liste **Hauptregisterkarten** ❶.

Schritt 3

Um nun beispielsweise die Registerkarte **Entwicklertools** einzublenden, über die Sie u. a. mit Dokumentvorlagen und Makros arbeiten können, setzen Sie das entsprechende Häkchen und klicken auf **OK**.

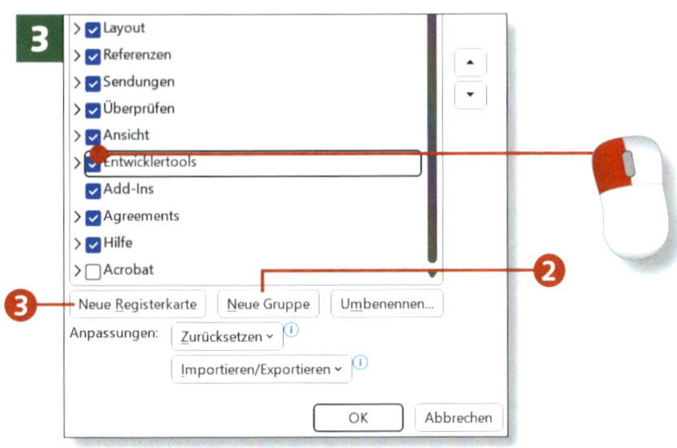

Selbst Register anlegen

Über die Schaltflächen **Neue Gruppe** ❷ oder **Neue Registerkarte** ❸ können Sie das Menüband individuell gestalten und mit Befehlen versehen, die Sie häufig brauchen.

Die verschiedenen Ansichten

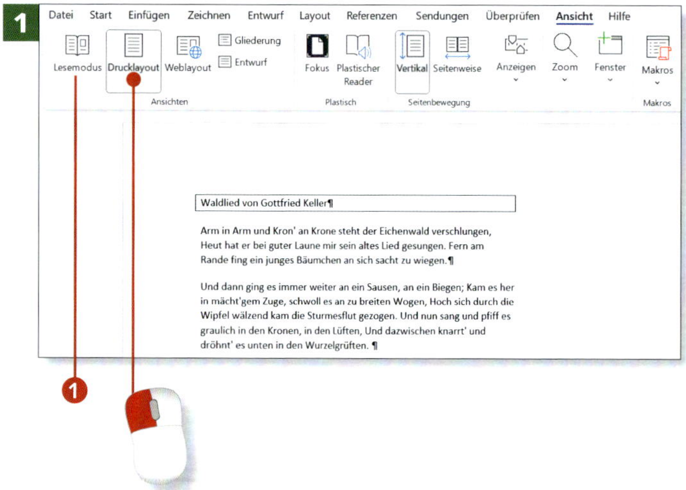

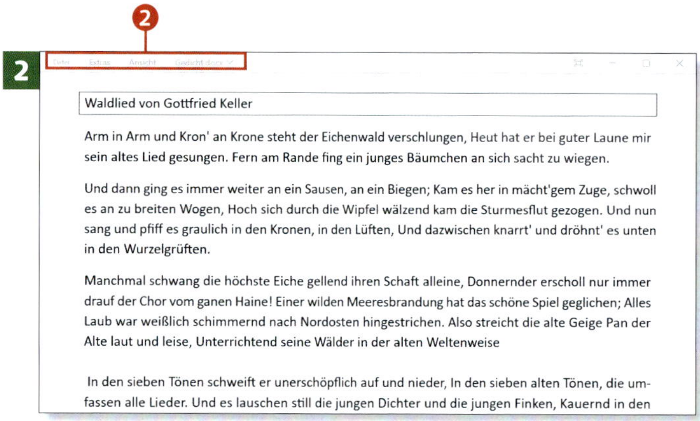

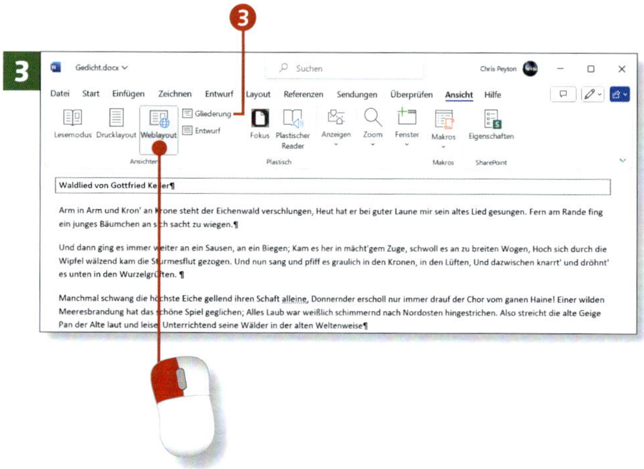

Die verschiedenen Ansichten von Word beeinflussen, wie ein Dokument auf dem Bildschirm angezeigt wird, nicht aber den Ausdruck.

Schritt 1

Klicken Sie auf **Ansicht ▸ Drucklayout**. In dieser Ansicht sehen Sie Ihr Dokument so, wie es im Ausdruck ausgegeben wird. Die Seitenränder werden angezeigt, zwischen den Seiten ist ein deutlicher Abstand zu sehen. In dieser Ansicht arbeiten Sie standardmäßig.

Schritt 2

Um ein Dokument bequem zu lesen, wählen Sie **Ansicht ▸ Lesemodus** ❶. Das Menüband wird ausgeblendet, übrig bleiben wenige Menüpunkte zum Umgang mit diesem Modus ❷. Um den Lesemodus wieder zu verlassen, drücken Sie einfach Esc.

Schritt 3

Word-Dokumente lassen sich auch in einem Format speichern, das das Dokument als Webseite in einem Browser anzeigen kann. Das *Weblayout* (**Ansicht ▸ Weblayout**) zeigt, wie Ihr Dokument als Webseite aussehen würde.

Schritt 4

Klicken Sie auf **Ansicht ▸ Gliederung** ❸, um Ihr Dokument in der Gliederungsansicht zu sehen. Sie bietet sich für längere Texte mit hierarchischen Gliederungsebenen an, da das Dokument nach Überschriften strukturiert angezeigt wird.

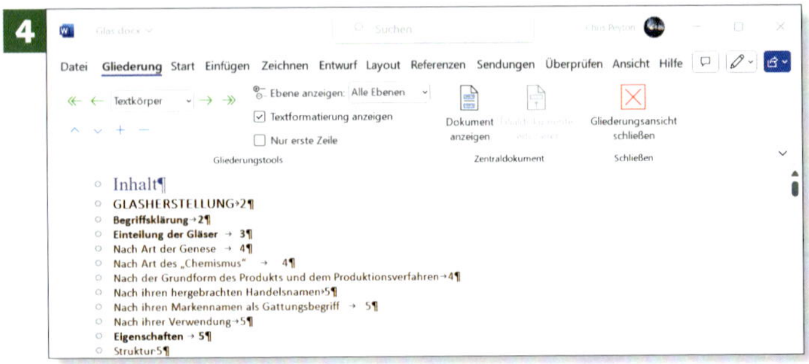

Schritt 5

Um ein Dokument sehr schlicht anzeigen zu lassen, wählen Sie **Ansicht ▸ Entwurf**. Bestimmte Elemente des Dokuments (z. B. Kopf- und Fußzeilen) werden in der Entwurfsansicht nicht angezeigt. Der Seitenumbruch erscheint als gepunktete Linie, nicht als Lücke.

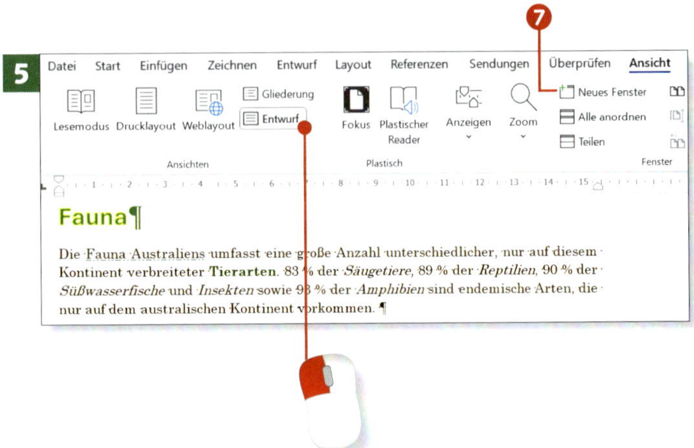

Schritt 6

Sie können problemlos zwischen den Ansichten hin- und herwechseln, indem Sie einfach auf die entsprechende Schaltfläche in der Statusleiste unten rechts am Bildschirm klicken: **Lesemodus** ❹, **Drucklayout** ❺ oder **Weblayout** ❻.

Dokument in neuem Fenster

Auch die Möglichkeit, das aktuelle Dokument in einem neuen Fenster zu öffnen, finden Sie auf der Registerkarte **Ansicht**. Klicken Sie dazu auf die Schaltfläche **Neues Fenster** ❼.

Praktisch: der Lesemodus und der Plastische Reader

Der Lesemodus bietet sich an, wenn Sie einen Text bequem lesen möchten. Und im Modus »Plastischer Reader« finden Sie sogar die Option, den Text des Dokuments vorlesen zu lassen.

1

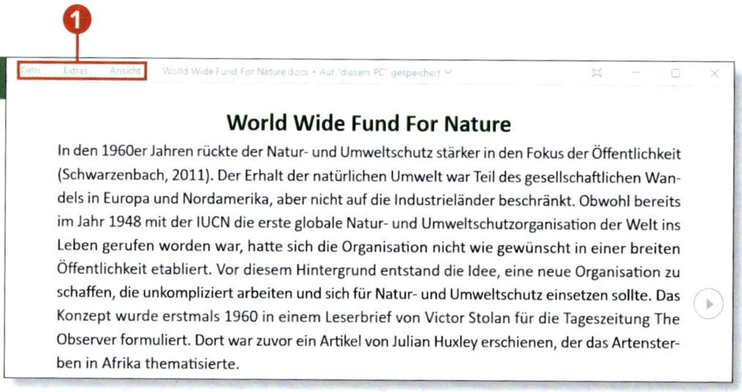

2

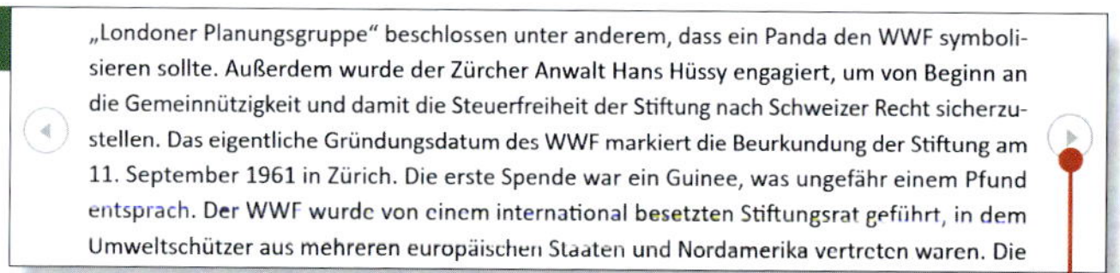

3

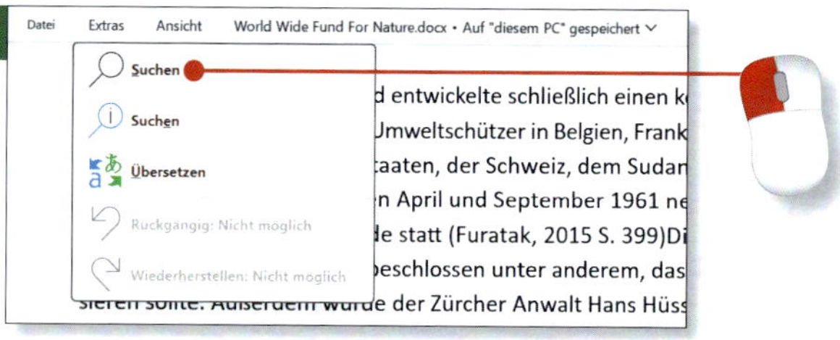

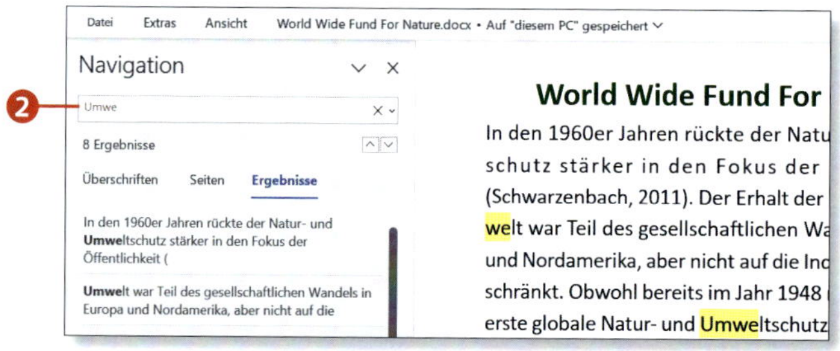

Schritt 1

Sobald Sie die Ansicht **Lesemodus** aktiviert haben, ist der Bildschirm mehr oder weniger komplett mit dem Dokument ausgefüllt. Am oberen linken Rand befinden sich lediglich drei Menüpunkte ❶: **Datei**, **Extras** und **Ansicht**.

Schritt 2

Zum »Umblättern« nutzen Sie die Pfeile rechts und links am Seitenrand. Mit einem Touchscreen ist es besonders bequem: Sie wischen einfach mit dem Finger nach rechts oder nach links.

Schritt 3

Um nach bestimmten Textstellen zu suchen, öffnen Sie per Mausklick das Menü **Extras** und klicken hier auf **Suchen**. Im eingeblendeten Navigationsbereich geben Sie die Textstelle in das Suchfeld ein ❷. Die Treffer werden gelb markiert angezeigt.

Befehle auf der Registerkarte »Datei«

Die Registerkarte **Datei** bietet im Lesemodus alle Funktionen, die Sie auch sonst hier finden: **Öffnen**, **Speichern**, **Drucken** etc.

Schritt 4

Bei manchen Lichtverhältnissen ist es angenehmer, den Text auf einem dunklen Hintergrund zu lesen. Dazu öffnen Sie das Menü **Ansicht** und wählen hier **Seitenfarbe ▸ Invertiert**.

4

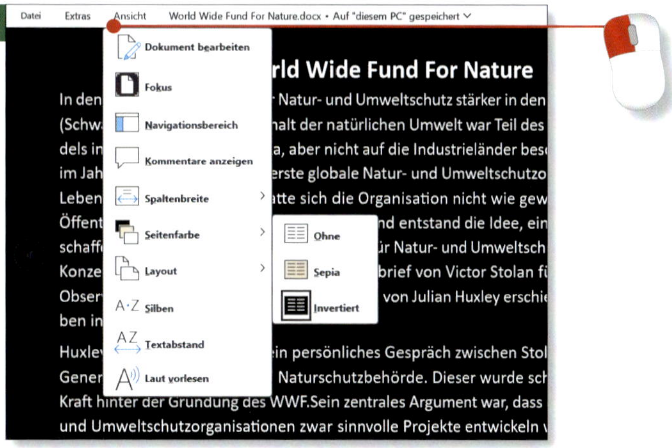

Schritt 5

Auch die ein wenig unterschätzte Funktion **Plastischer Reader** soll Sie dabei unterstützen, einen Text bequem und ablenkungsfrei zu lesen. Aktivieren Sie auf der Registerkarte **Ansicht** den Modus **Plastischer Reader**.

5

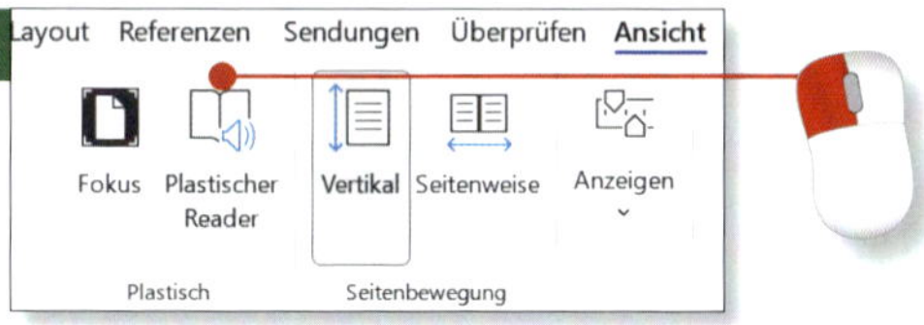

Schritt 6

Sie können z. B. eine Ihnen angenehme **Seitenfarbe** und einen sogenannten **Zeilenfokus** einstellen. Damit scrollen Sie über eine, drei oder fünf jeweils hervorgehobene Zeilen. Der restliche Text wird abgedunkelt.

6

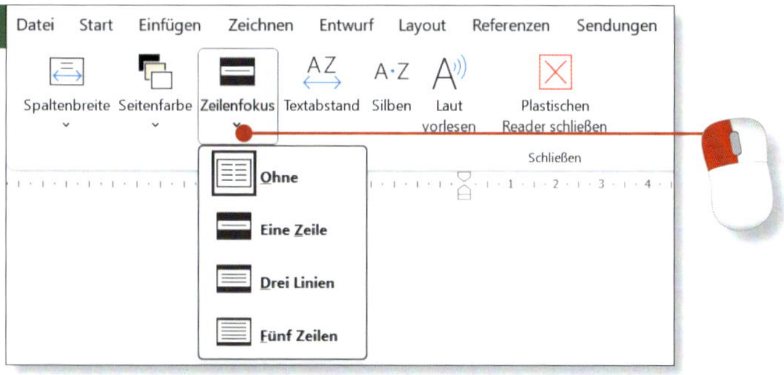

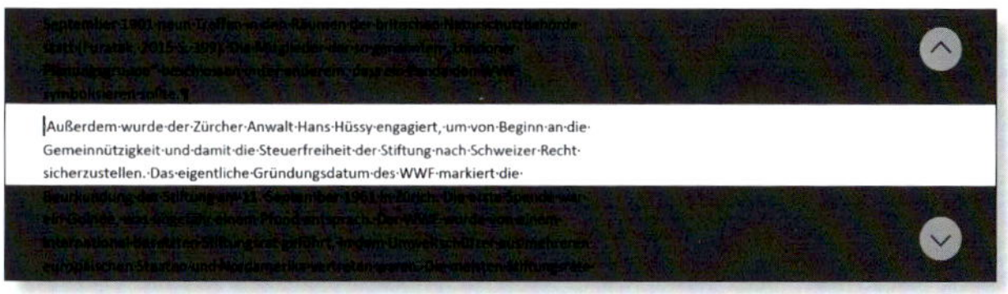

Vorlesen lassen

Auch im Modus **Plastischer Reader** gibt es die Funktion **Laut vorlesen** (auch auf der Registerkarte **Überprüfen**). Sobald Sie darauf klicken, beginnt eine Stimme, den Text des Dokuments vorzulesen, und dies sogar mit halbwegs richtiger Intonation.

Den Bildschirm einrichten

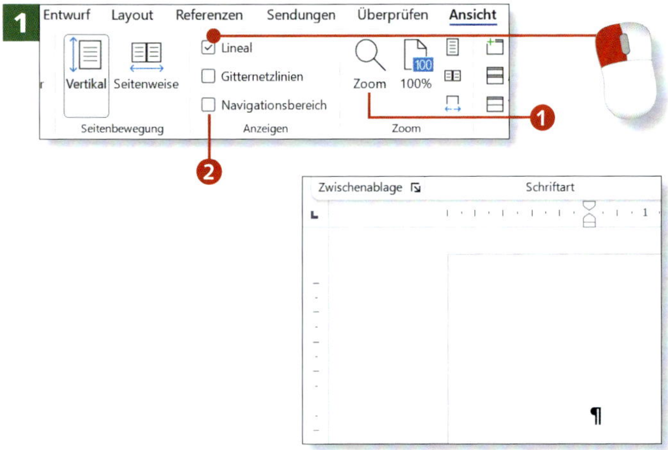

Auch den Bildschirm können Sie in vielerlei Hinsicht anpassen. Blenden z. B. das Lineal oder den Navigationsbereich ein.

Schritt 1

Um oben und links Lineale anzuzeigen, mit deren Hilfe Tabstopps, Seitenränder und Einzüge ersichtlich sind, aktivieren Sie auf der Registerkarte **Ansicht** die Option **Lineal**. Die Seitenränder werden auf dem Lineal grau dargestellt.

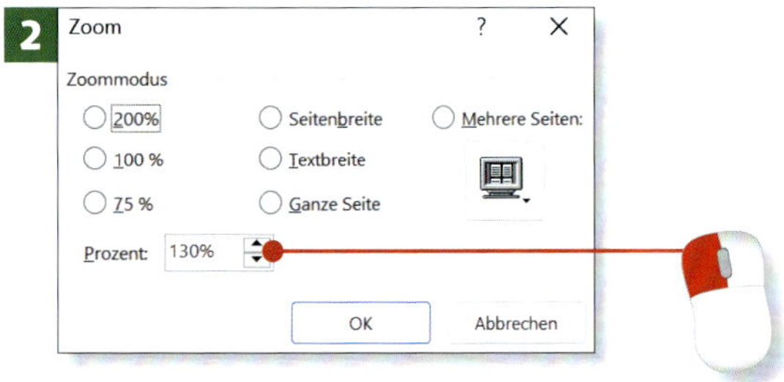

Schritt 2

Die Größe des angezeigten Dokuments ändern Sie mit dem Zoom. Klicken Sie auf der Registerkarte **Ansicht** auf die Schaltfläche **Zoom** ❶, um den gleichnamigen Dialog aufzurufen. Im Feld **Prozent** stellen Sie den gewünschten Zoomfaktor ein.

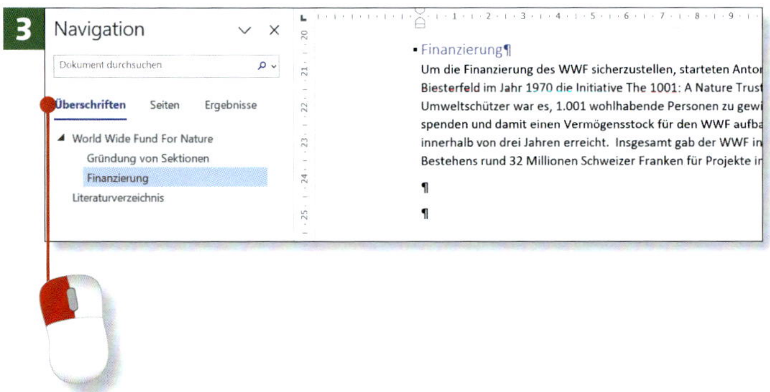

Schritt 3

Im Navigationsbereich, den Sie mit der Option **Navigationsbereich** ❷ einblenden, werden die Überschriften Ihres Dokuments aufgelistet (bei Verwendung entsprechender Formatvorlagen). Klicken Sie auf die Kategorie **Überschriften**. Per Klick auf eine Überschrift springt der Cursor direkt zur entsprechenden Zeile.

Schritt 4

Die *Symbolleiste für den Schnellzugriff* können Sie um Funktionen erweitern. Klicken Sie auf den Pfeil rechts, und aktivieren Sie im Menü die gewünschten Befehle. **Weitere Befehle** ❸ öffnet einen Dialog, der die gesamte Palette der Word-Befehle zur Auswahl stellt.

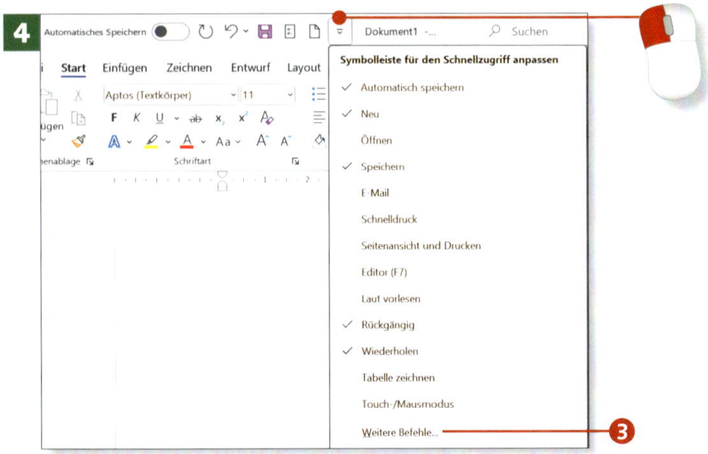

Schritt 5

Das Menüband mit den einzelnen Registerkarten nimmt recht viel Platz in Anspruch. Sie können es ausblenden oder sich nur die Registerkarten anzeigen lassen. Die entsprechenden Optionen finden Sie im Menü des Symbols **Menüband-Anzeigeoptionen** (der kleine Pfeil ganz rechts im Menüband).

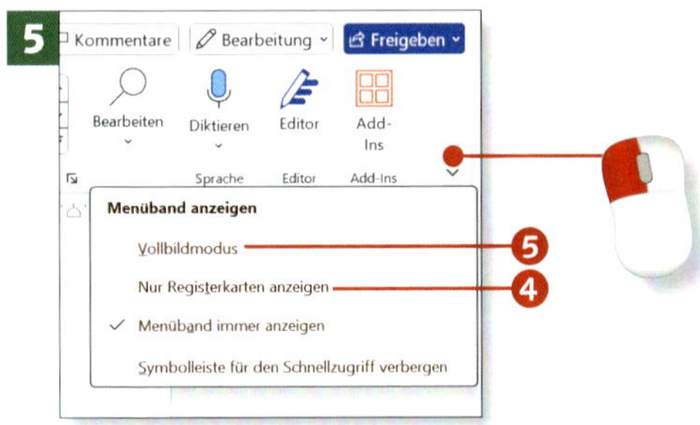

Schritt 6

Mit **Nur Registerkarten anzeigen** ❹ werden die Befehle ausgeblendet; übrig bleiben die Registerkartenbeschriftungen. Sobald Sie den Namen einer Registerkarte anklicken, werden die Befehle angezeigt. Mit einem Doppelklick auf einen beliebigen Registerkartennamen kehren Sie zur Einstellung **Menüband immer anzeigen** zurück.

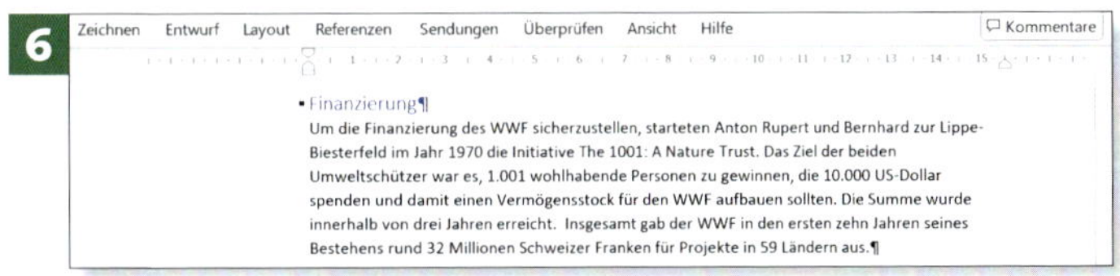

Vollbildmodus

Diese Option ❺ bewirkt, was sie verspricht: Alle Elemente werden ausgeblendet. Über die drei Punkte oben rechts wird das Menüband wieder eingeblendet.

Kapitel 3
Dokumente anlegen, öffnen und speichern

Das Dokument ist der Ausgangspunkt jeglicher Arbeit mit Word. In diesem Kapitel erfahren Sie mehr zum Erstellen, Speichern und Öffnen eines Dokuments.

Dateien neu erstellen und öffnen
Über die Registerkarte **Datei** – den Backstage-Bereich – können Sie im Bereich **Neu** neue Dokumente anlegen. Das geht ganz fix.

Dateien speichern
Dokumente müssen gespeichert werden, um sie dauerhaft zu sichern. Speichern Sie ein Dokument im Dateiformat *.docx*, wenn Sie alle Funktionen nutzen wollen, mit der Endung *.doc*, wenn es auch in älteren Word-Versionen genutzt werden soll, oder als PDF, um es unabhängig von einem bestimmten Betriebssystem, einer Software oder Hardware weiterleiten zu können. Verbreitet ist es heutzutage auch, Dokumente im Internet (in der sogenannten *Cloud*) zu speichern: auf *OneDrive*, dem Onlinespeicher von Microsoft.

Vorlagen verwenden
Wenn Sie Vorlagen verwenden, erstellen Sie blitzschnell schicke Dokumente mit Layouts und Designs. Über Word haben Sie Zugriff auf Vorlagen zu jedem erdenklichen Thema. Sie müssen allerdings mit dem Internet verbunden sein, um die Vorlagen herunterladen zu können.

Neue Dokumente können in Word schnell und unkompliziert angelegt werden. ❶

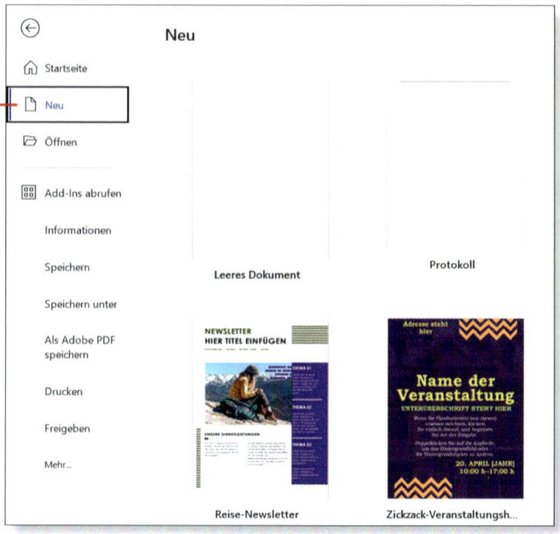

Damit Dokumente dauerhaft gesichert sind, müssen sie abgespeichert werden. Word bietet Ihnen unterschiedliche Möglichkeiten für die Sicherung an. ❷

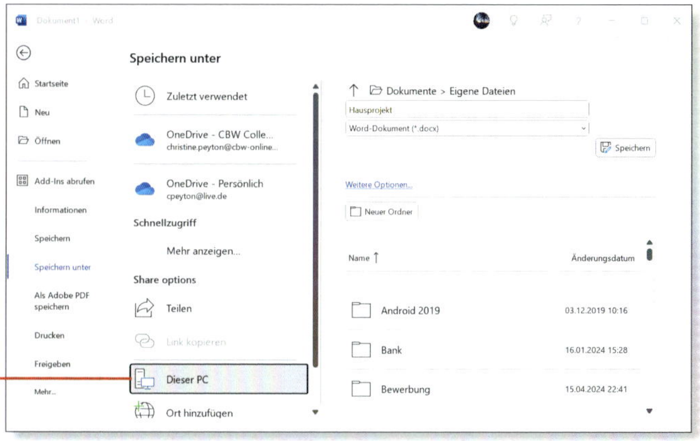

❸ Schicke Dokumente mit fertigem Layout und ansprechendem Design? Kein Problem, Word bietet für viele Gelegenheiten die passende Vorlage an.

Ein neues Dokument erstellen

Wenn Sie zu Beginn Ihrer Arbeit in Word ein neues leeres Dokument öffnen, sehen Sie zunächst ein weißes Blatt auf dem Bildschirm und können sofort loslegen.

1

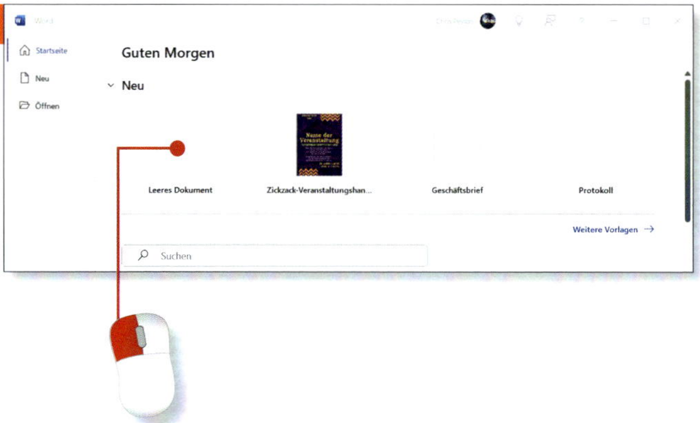

Schritt 1

Um in Word etwas zu schreiben, brauchen Sie zunächst natürlich ein leeres Blatt. Wenn ein solches Dokument nicht automatisch angezeigt wird, nachdem Sie Word geöffnet haben, klicken Sie gleich im ersten Fenster nach dem Aufrufen von Word auf **Leeres Dokument**.

2

Schritt 2

Wenn Sie während der Arbeit ein neues Dokument beginnen möchten, klicken Sie im Menü **Datei** auf **Neu** ❶ und im Fenster dann einfach auf die Schaltfläche **Leeres Dokument**. Word erstellt daraufhin ein neues Dokument.

3

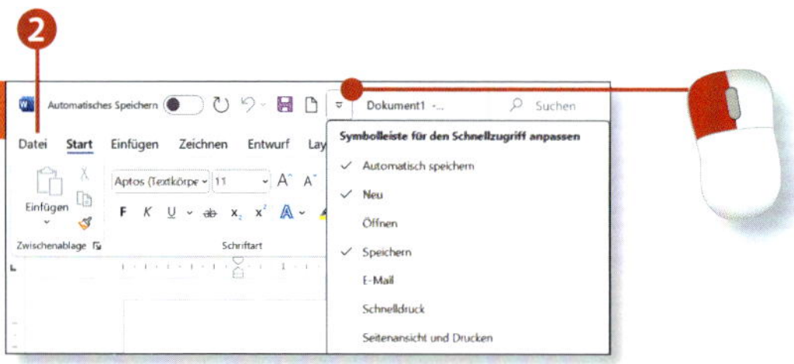

Schritt 3

Da Sie den Befehl **Neu** sehr häufig brauchen, empfiehlt es sich, die entsprechende Schaltfläche auf die Symbolleiste für den Schnellzugriff zu legen. Klicken Sie auf den Pfeil rechts an der Leiste, und wählen Sie **Neu**.

Per Tastatur zu einem leeren Dokument

Drücken Sie einfach die Tastenkombination [Strg]+[N], um ein leeres Blatt zu öffnen.

Schritt 4

Um eines Ihrer Dokumente als Basis für ein neues Dokument zu nutzen, klicken Sie auf die Registerkarte **Datei** ❷ und dann auf **Öffnen** (siehe dazu auch den Abschnitt »Eine gespeicherte Datei öffnen« auf Seite 44). Aber auch diesen Befehl könnten Sie sich auf die Symbolleiste für den Schnellzugriff legen (Schritt 3).

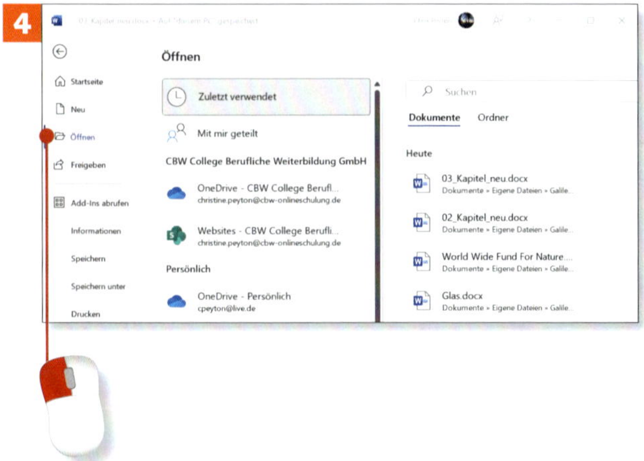

Schritt 5

Suchen Sie in der Liste **Zuletzt verwendet** ❸ das Dokument, das Sie als Basisdokument verwenden wollen. Haben Sie das gewünschte Dokument gefunden, klicken Sie es mit der rechten Maustaste an und wählen im Kontextmenü **Kopie öffnen**.

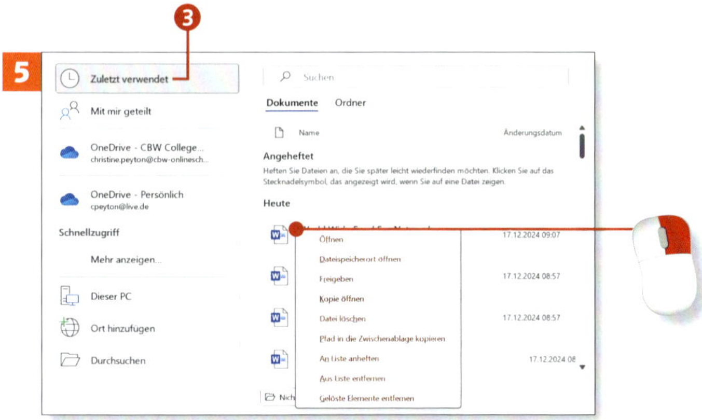

Schritt 6

Anschließend haben Sie – wie Sie in der Titelleiste sehen können ❹ – ein neues, bisher nicht gespeichertes Dokument auf dem Bildschirm, das mit dem Text des Basisdokuments gefüllt ist.

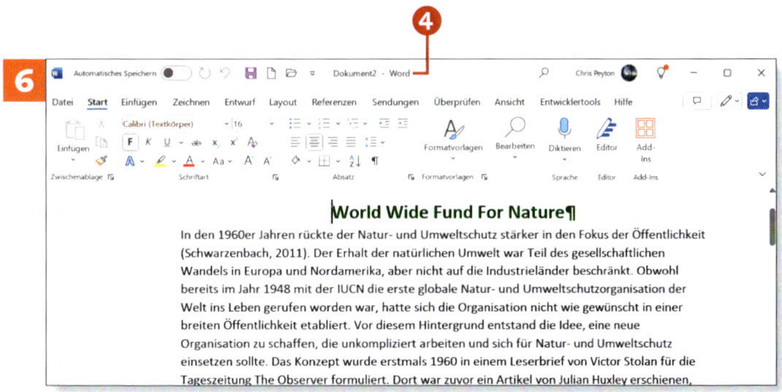

Eine gespeicherte Datei öffnen

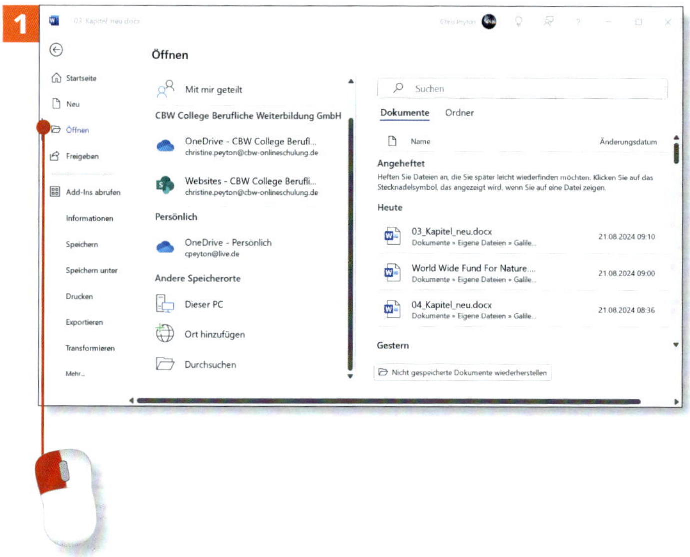

Dokumente können zur Weiterbearbeitung immer wieder aufgerufen werden. Dafür müssen sie zuvor natürlich gespeichert worden sein.

Schritt 1

Um ein bereits gespeichertes Dokument erneut aufzurufen, klicken Sie auf die Registerkarte **Datei** und dann auf **Öffnen**. Auch Strg+O ruft das Fenster **Öffnen** auf oder ein Klick auf **Öffnen** in der Symbolleiste für den Schnellzugriff.

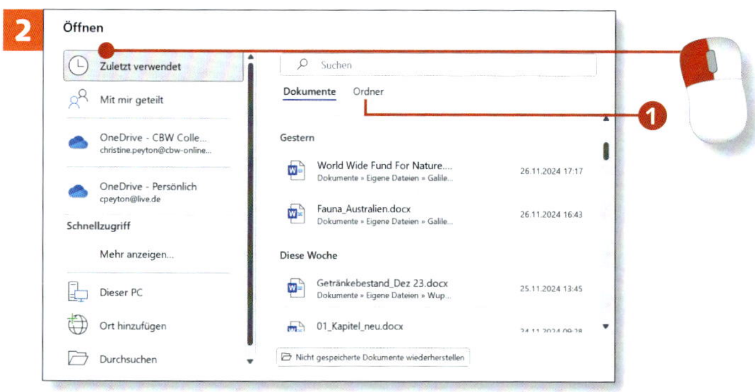

Schritt 2

Im Fenster **Öffnen** haben Sie mehrere Möglichkeiten. Um eine Datei aufzurufen, die Sie vor Kurzem geöffnet hatten, markieren Sie **Zuletzt verwendet**, scrollen durch die Auflistung und klicken dann einfach die gewünschte Datei an. Ein Klick auf **Ordner** ❶ zeigt die zuletzt verwendeten Ordner an.

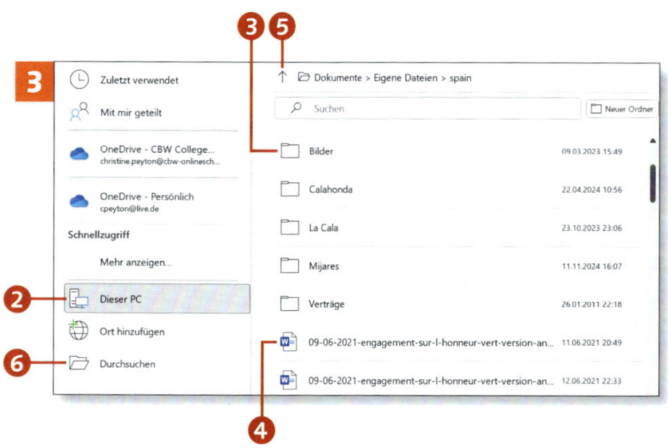

Schritt 3

Falls Sie die Datei nicht in dieser Liste finden, markieren Sie den Eintrag **Dieser PC** ❷. Dann öffnen Sie per Klick einen der Ordner ❸ oder eine der Dateien ❹ rechts in der Liste. Mit dem Pfeil ❺ wandern Sie eine Ordnerebene nach oben.

Schritt 4

Sofern Sie auf **Durchsuchen** ❻ klicken (oder auf einen Ordner im Dateipfad), erscheint der »klassische« Dialog **Öffnen**. Hier navigieren Sie zum richtigen Ordner, indem Sie im Adressfeld auf den Ordnernamen oder auf den Pfeil daneben klicken. Per Mausklick öffnen Sie den jeweiligen Ordner.

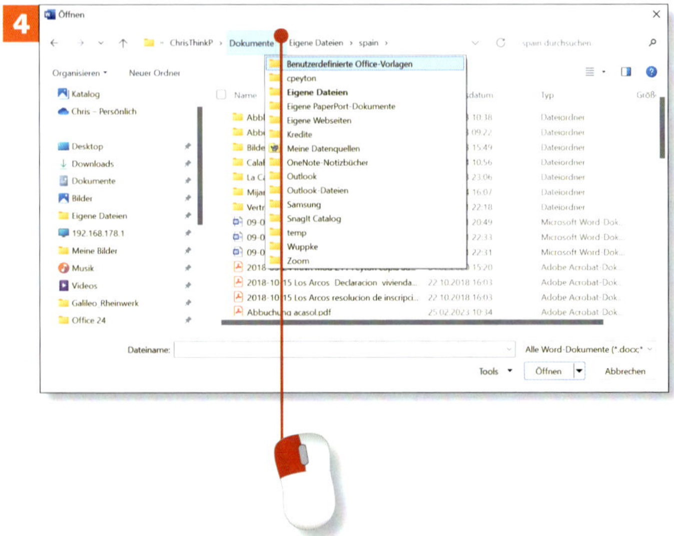

Schritt 5

Sie können auch auf der linken Seite auf einen übergeordneten Ordner klicken und zum Öffnen dann doppelt auf den gesuchten Ordner im rechten Bereich.

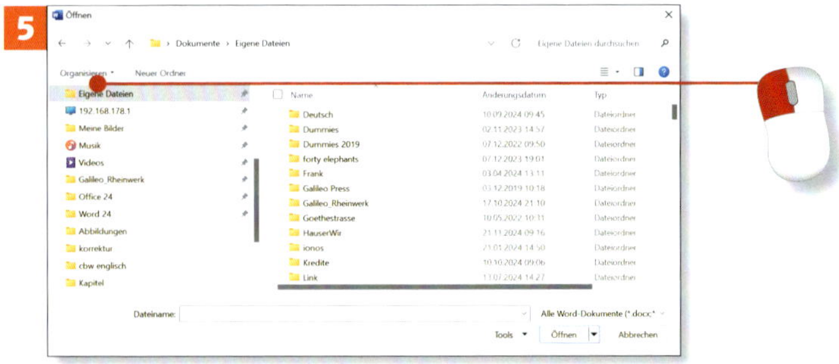

Schritt 6

Wenn Sie die gewünschte Datei gefunden haben, markieren Sie sie ❼ und klicken auf die Schaltfläche **Öffnen**. Auch ein Doppelklick auf den Dateinamen funktioniert.

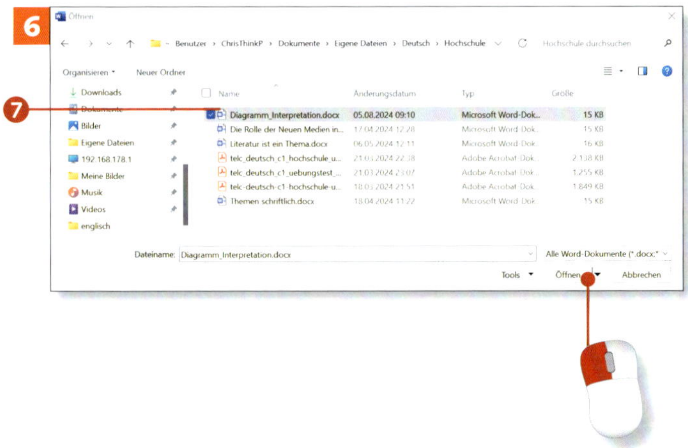

Auf vorhandenen Vorlagen aufbauen

1

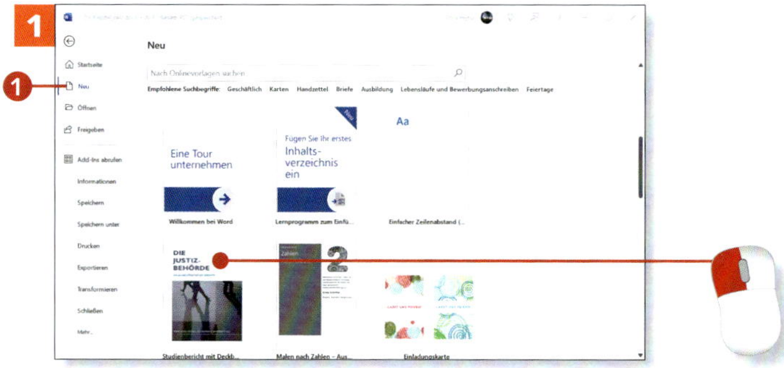

2

3

Word bietet zahlreiche Vorlagen – also vorbereitete, teils mit Text ausgefüllte Dokumente – für bestimmte Zwecke an, die Sie als Basis für Ihr neues Dokument nutzen können.

Schritt 1

Klicken Sie auf die Registerkarte **Datei** und dann auf **Neu** ❶. Im gleichnamigen Fenster werden Ihnen zahlreiche Vorlagen angeboten. Wählen Sie anhand der Vorschaubildchen eine Vorlage aus, und klicken Sie darauf.

Schritt 2

Damit öffnet sich ein Fenster mit einer Beschreibung und einer größeren Vorschau. Entspricht die Vorlage Ihren Vorstellungen, klicken Sie auf die Schaltfläche **Erstellen**.

Schritt 3

Nun beginnt der Download. Wenn die Vorlage fertig heruntergeladen ist, öffnet sich ein entsprechendes Dokument in einem neuen Fenster. Sie können es jetzt bearbeiten und mit eigenen Texten füllen.

Schritt 4

Beachten Sie im Fenster **Neu** auch die Links unterhalb des Suchfeldes (**Geschäftlich**, **Briefe** etc.). Wenn Sie einen dieser Suchbegriffe auswählen, finden Sie nach Themen geordnete Vorlagen. Klicken Sie z. B. auf **Feiertage**.

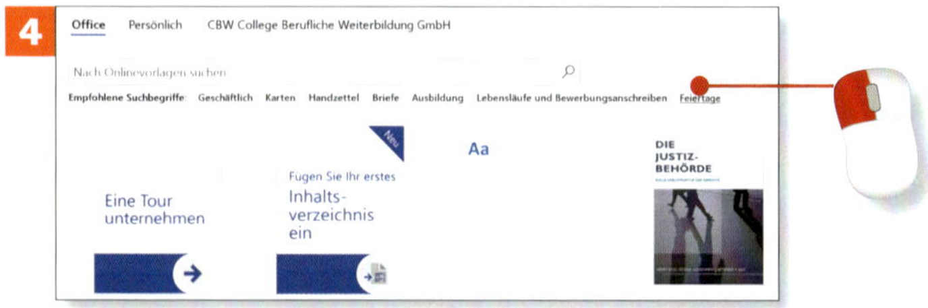

Schritt 5

Sie erhalten eine Auflistung aller Vorlagen, die zu diesem Thema passen. Suchen Sie sich per Mausklick eine Vorlage aus.

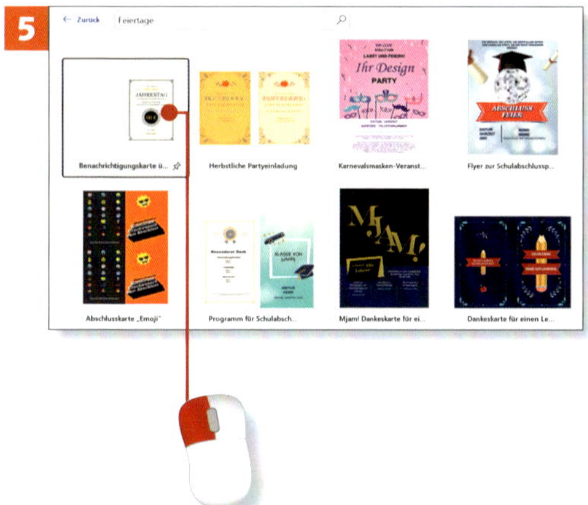

Schritt 6

Sie können auch eigene Suchbegriffe, z. B. »Eröffnung«, in das Suchfeld eingeben und die Suche mit einem Klick auf die Lupe ❷ starten.

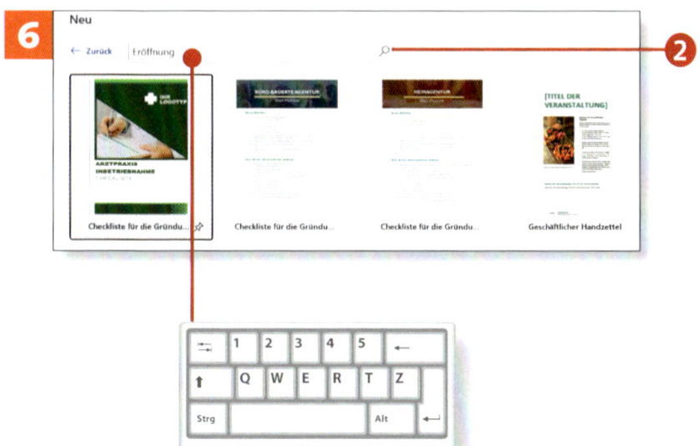

Onlinevorlagen

Bei den Vorlagen handelt es sich um Onlinevorlagen. Um sie zu verwenden, brauchen Sie also eine aktive Internetverbindung. Nach dem Download stehen sie Ihnen dann lokal zur Verfügung.

Eine Datei speichern – auf dem PC oder auf OneDrive

Das Speichern ist das A und O bei der Arbeit mit Word (und jedem anderen Programm). Wenn Sie regelmäßig speichern, ersparen Sie sich eine Menge Ärger.

1

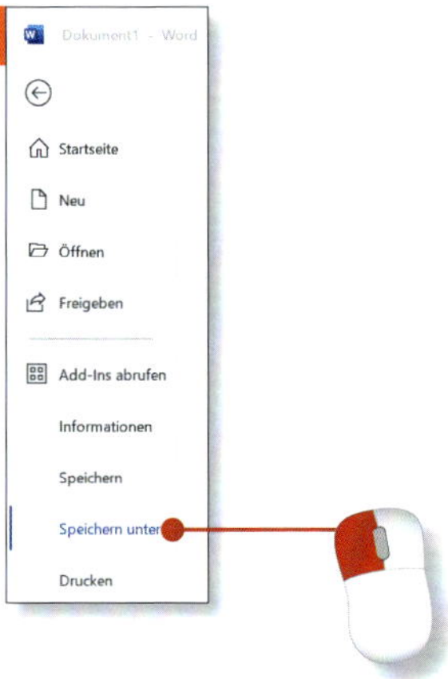

2

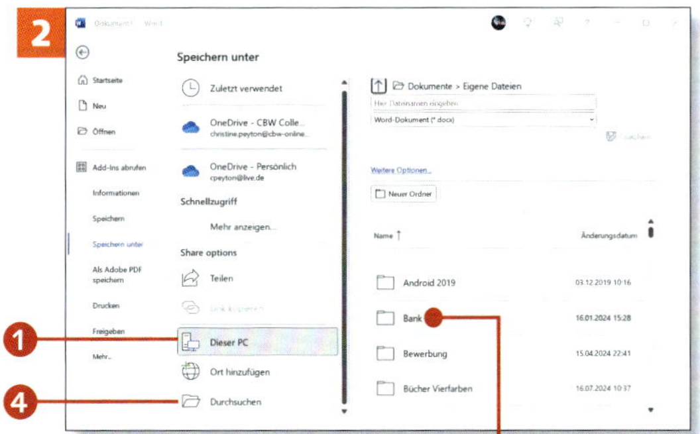

3

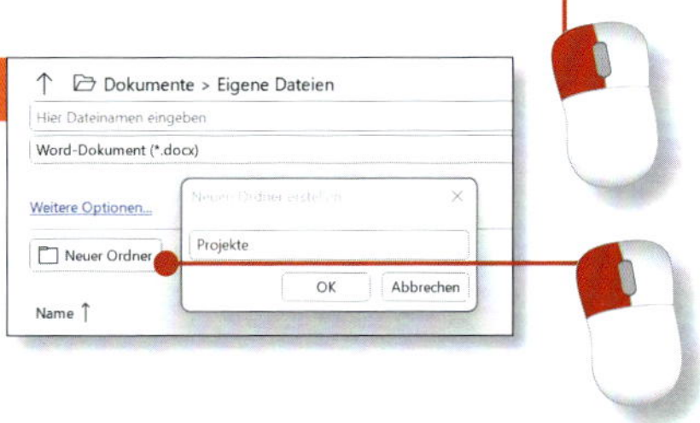

Schritt 1

Um ein noch nicht gespeichertes Dokument zu sichern, klicken Sie auf die Registerkarte **Datei** und dann auf **Speichern unter**. Daraufhin öffnet sich das gleichnamige Fenster.

Schritt 2

Um die Datei lokal auf Ihrem Rechner zu speichern, markieren Sie **Dieser PC** 1. Im rechten Bereich klicken Sie auf den gewünschten Zielordner, um ihn zu öffnen.

Schritt 3

Um gegebenenfalls einen neuen Ordner anzulegen (achten Sie dabei darauf, dass der richtige Überordner geöffnet ist), klicken Sie auf die Schaltfläche **Neuer Ordner**. Im nächsten Dialog vergeben Sie einen Namen und klicken auf **OK**.

Speichern auf die Schnelle

Ein Klick auf das Speichersymbol in der Symbolleiste für den Schnellzugriff ruft ein kleines Fenster auf, in dem Sie einen Dateinamen vergeben und einen Speicherort auswählen können. Das gleiche Fenster öffnet sich durch einen Klick auf **Dokument** in der Titelleiste.

Schritt 4

Wenn Sie den richtigen Ordner geöffnet haben (❷ mit dem Pfeil navigieren Sie jeweils eine Ebene nach oben), geben Sie in das oberste Feld den Dateinamen ein. Die Erweiterung (*.docx*) schreiben Sie nicht mit, Word vergibt sie automatisch. Klicken Sie dann auf **Speichern**.

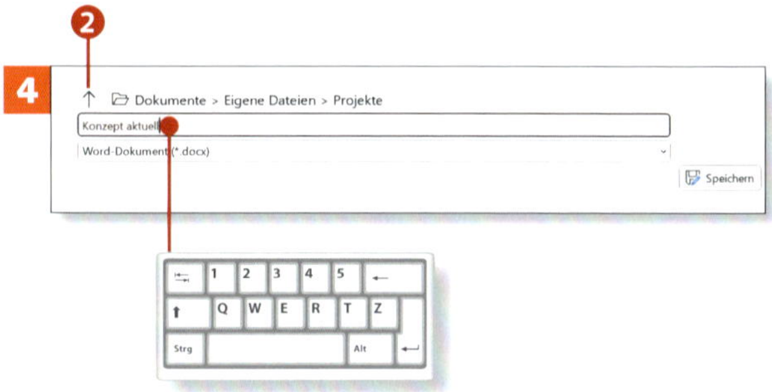

Schritt 5

Falls Sie das Dokument in einem anderen Dateiformat speichern möchten, z. B. im Format einer älteren Programmversion oder als PDF, klicken Sie vor dem Speichern auf den Pfeil ❸ neben dem Feld, in dem standardmäßig **Word-Dokument (*.docx)** zu lesen ist, und wählen das gewünschte Format.

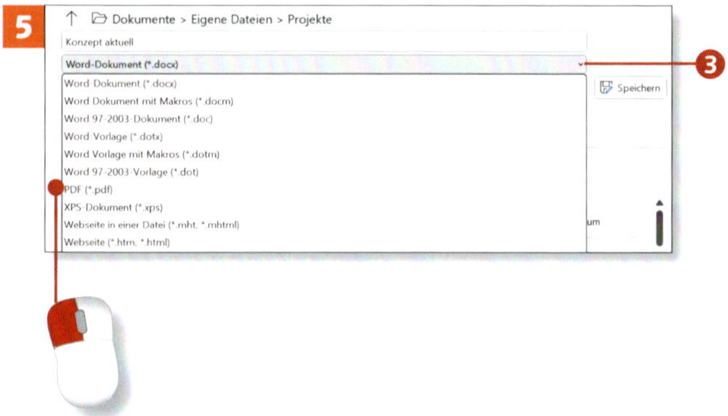

Schritt 6

Mit einem Klick auf **Durchsuchen** ❹ (siehe Schritt 2) wird der Dialog **Speichern unter** geöffnet. Befinden Sie sich noch nicht im richtigen Ordner, navigieren Sie zunächst dorthin. Nutzen Sie dazu – wie beim Öffnen – das Adressfeld. Tippen Sie einen Dateinamen ein ❺ und wählen Sie über **Dateityp** ❻ gegebenenfalls ein anderes Dateiformat.

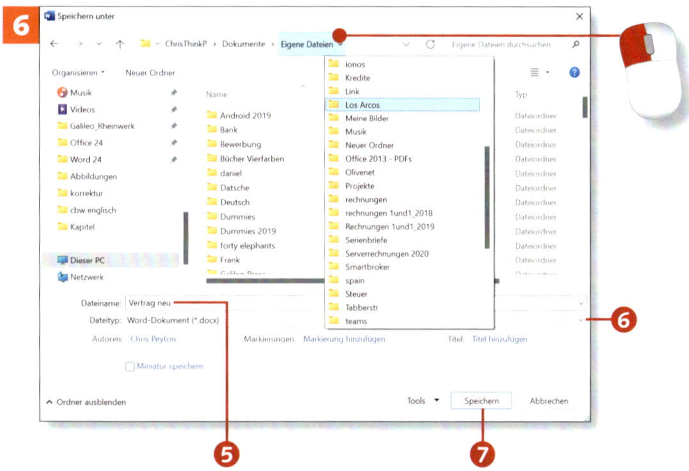

Eine Datei speichern (Forts.)

7

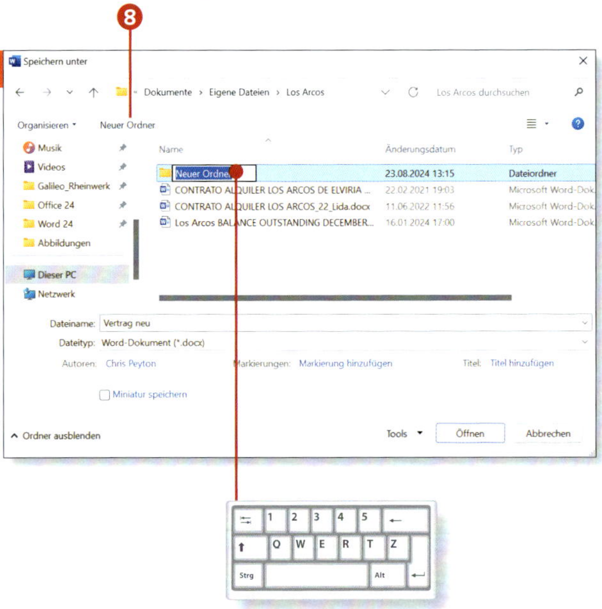

Schritt 7

Möchten Sie vor dem Klick auf **Speichern** ❼ einen neuen Ordner anlegen? Dann öffnen Sie den entsprechenden Überordner und klicken auf **Neuer Ordner** ❽. Ein gelbes Ordner-Symbol mit der Bezeichnung »Neuer Ordner« erscheint. Geben Sie ihm einen passenden Namen, und drücken Sie [↵].

8

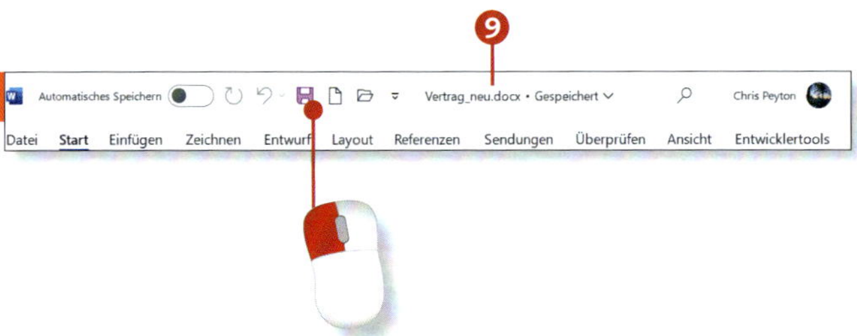

Schritt 8

Sobald ein Dokument gespeichert ist, taucht der Dateiname im Kopf des Programmfensters auf ❾. Denken Sie nun daran, regelmäßig nachzuspeichern. Dazu klicken Sie einfach auf die Schaltfläche **Speichern** in der Symbolleiste für den Schnellzugriff.

9

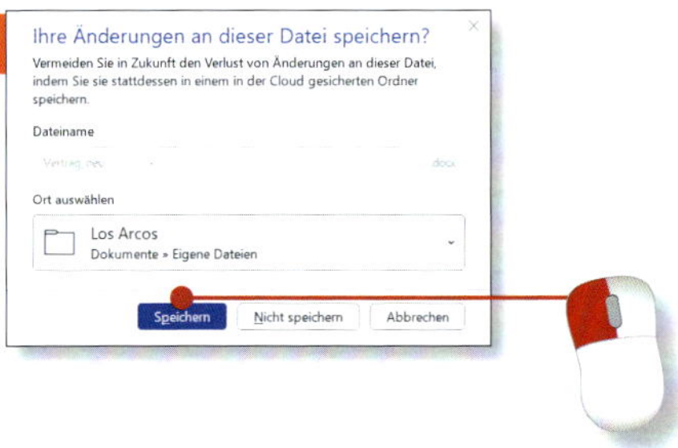

Schritt 9

Wenn Sie Word schließen und Änderungen an einem Dokument noch nicht gespeichert sind, fragt Word, wie Sie verfahren möchten. Normalerweise sollten Sie in diesem Dialog auf **Speichern** klicken, es sei denn, Sie verzichten bewusst auf die letzten Änderungen.

Ein schneller Weg zum Nachspeichern

Drücken Sie die Tastenkombination [Strg]+[S]. Damit speichern Sie den aktuellen Stand des Dokuments.

Schritt 10

Statt lokal auf Ihrem PC können Sie ein Dokument auch im Internet – genauer gesagt auf OneDrive von Microsoft – speichern. Dazu markieren Sie im Fenster **Speichern unter** die Option **OneDrive ▸ Persönlich** (bzw. **OneDrive**, sofern Sie noch nicht mit einem Microsoft-Konto angemeldet sind) und klicken rechts auf den gewünschten Ordner.

10

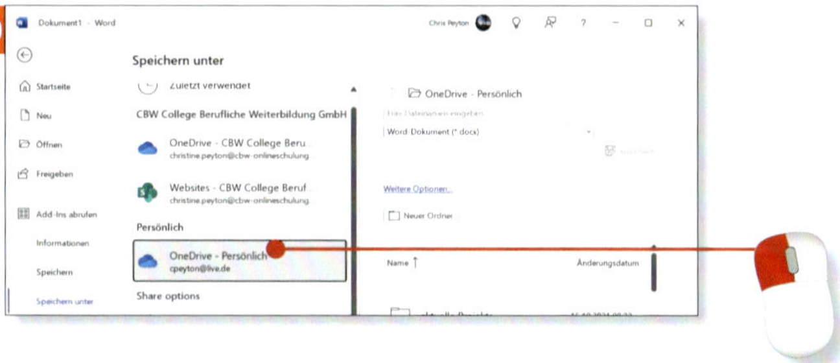

Schritt 11

Die nächsten Schritte sind im Prinzip wie beim lokalen Speichern: Sie geben einen Dateinamen ein, ändern gegebenenfalls das Dateiformat und klicken auf **Speichern**.

11

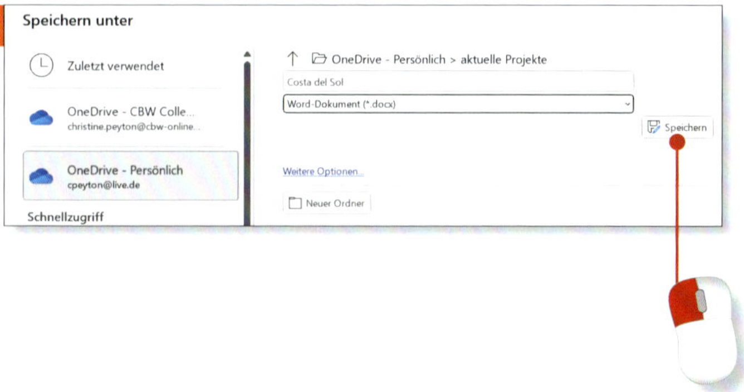

Schritt 12

In dem geöffneten Dokument erkennen Sie, dass es auf OneDrive gespeichert wurde, u. a. an dem anders aussehenden Speichersymbol (es hat nun ein kleines Synchronisierungssymbol). Und auf die Schnelle sehen Sie den Speicherort, wenn Sie den Dateinamen in der Titelleiste anklicken.

12

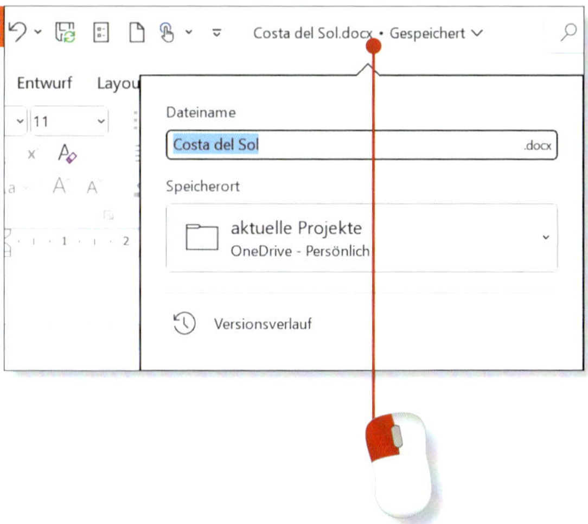

Eine Datei speichern (Forts.)

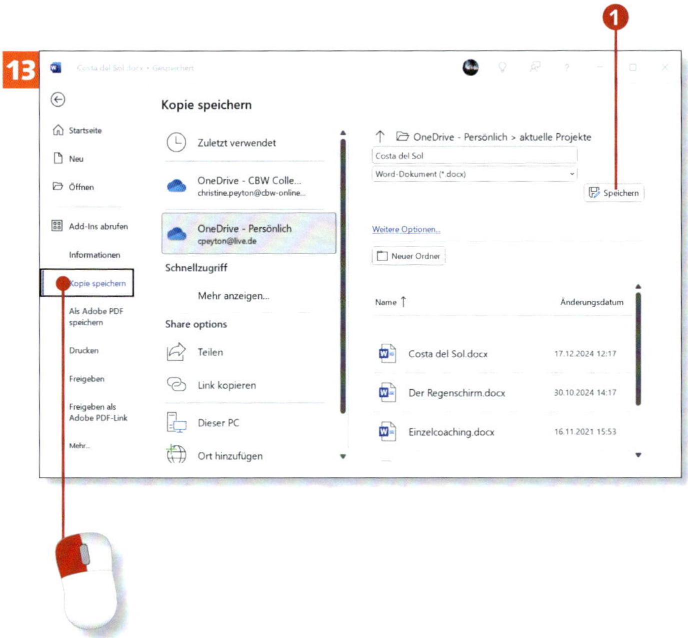

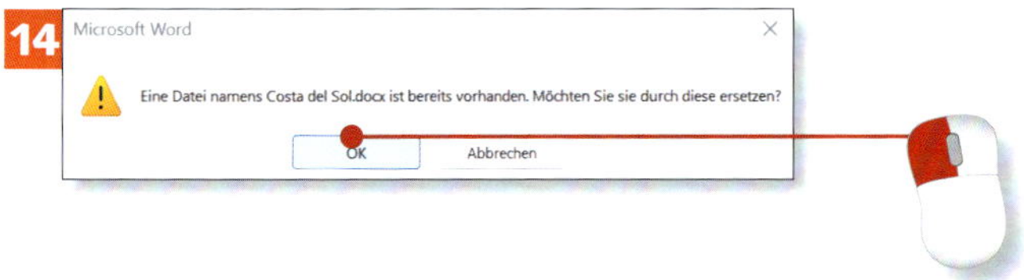

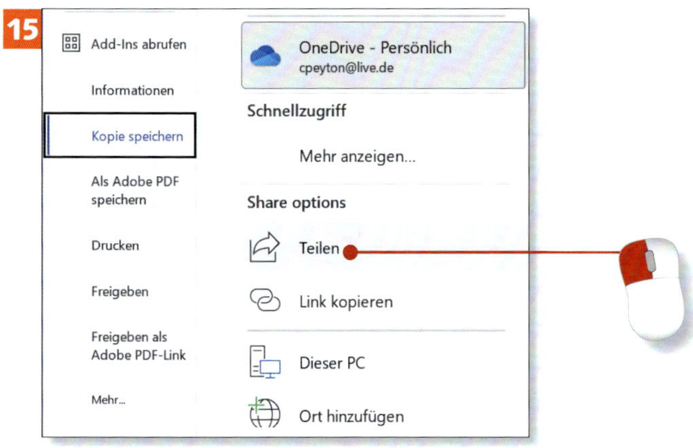

Schritt 13

Im Backstage-Bereich **Datei** finden Sie nun die Option **Kopie speichern** (statt **Speichern unter**). Wenn Sie nun einfach auch **Speichern** ❶ klicken, ohne zuvor einen neuen Dateinamen einzugeben, speichern Sie das Dokument in der aktuellen Fassung nach.

Schritt 14

Word fragt Sie in dem Fall, ob Sie die bereits vorhandene Datei durch die aktuelle Fassung ersetzen möchten. Brechen Sie den Vorgang gegebenenfalls ab oder klicken Sie auf **OK**.

Schritt 15

Sie entdecken im Fenster **Kopie speichern** auch die Option **Teilen**. Mit dieser Option ermöglichen Sie es anderen Menschen, auf Ihr Dokument zuzugreifen. Mit einem Klick darauf öffnen Sie das Fenster **Link senden**.

!

Speichern in der Cloud

Das Speichern in der Cloud ist eine verlockende Sache, da man mit jedem Gerät, das eine Internetverbindung hat, auf Dokumente zugreifen kann und den eigenen lokalen Speicherplatz nicht belastet.

Schritt 16

Im Fenster **Link senden** geben Sie eine E-Mail-Adresse bzw. mehrere E-Mail-Adressen an. Um festzulegen, ob der Empfänger das Dokument nur anzeigen oder auch bearbeiten darf, klicken Sie auf den Pfeil neben dem Stift. Schreiben Sie gegebenenfalls noch eine Nachricht. Dann klicken Sie auf **Senden**.

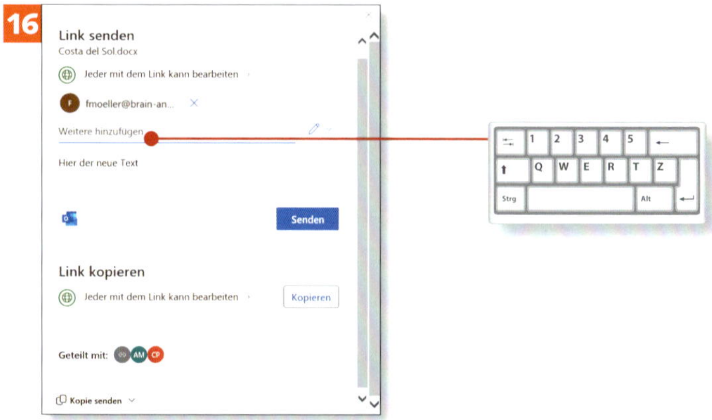

Schritt 17

Der Empfänger erhält eine E-Mail mit einer Schaltfläche zum Öffnen des Dokuments direkt aus OneDrive. Klickt er auf **Öffnen**, wird das Dokument geöffnet.

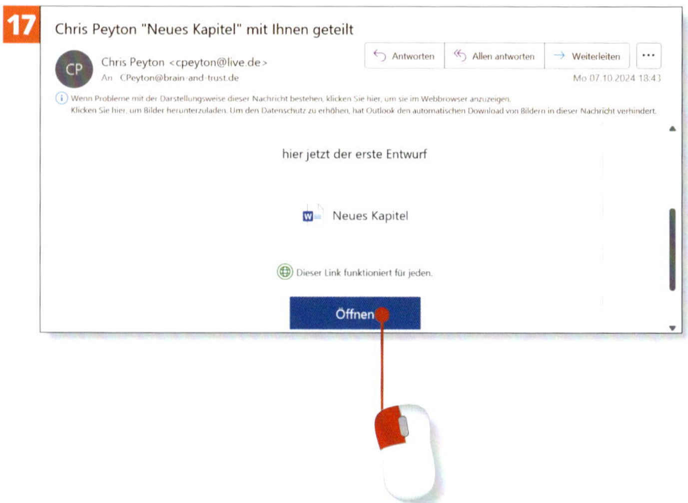

Schritt 18

Es gibt noch andere Möglichkeiten, das Fenster **Link senden** aufzurufen, z. B. über die Schaltfläche **Freigeben** rechts am Bildschirm oder über **Freigeben** im Backstage-Bereich **Datei** (siehe Abbildung in Schritt 15).

Speichern auf OneDrive
Zum schnellen Speichern auf OneDrive klicken Sie einfach auf **Dokument** in der Titelleiste. Im Fenster **Diese Datei speichern** ist als Speicherort in der Regel *OneDrive* ausgewählt. Geben Sie einen Dateinamen ein und klicken Sie auf **Speichern**.

Dokumente auf OneDrive aufrufen

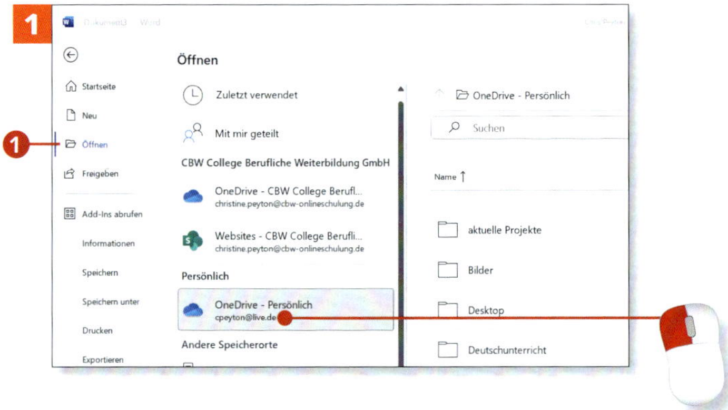

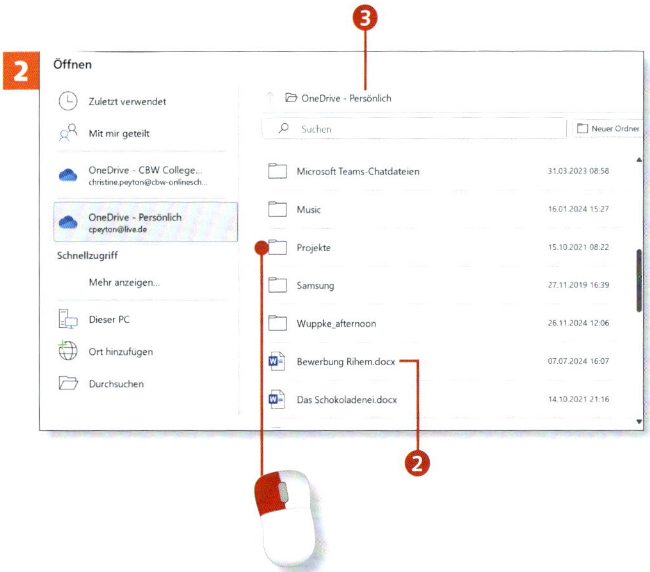

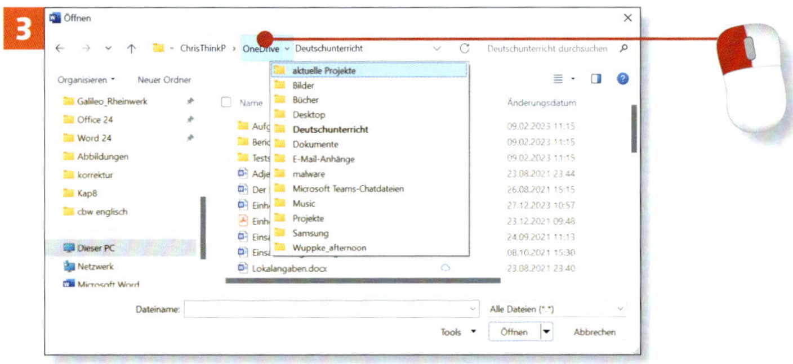

Dokumente, die auf OneDrive gespeichert sind, können Sie auf jedem anderen Gerät aufrufen, sofern es mit dem Internet verbunden ist.

Schritt 1

Genau wie beim Öffnen eines lokal gespeicherten Dokuments klicken Sie auf **Datei ▸ Öffnen** ❶. Im Fenster **Öffnen** aktivieren Sie **OneDrive – Persönlich**.

Schritt 2

Die Verbindung zum Server wird hergestellt und rechts werden die bereits vorhandenen Ordner sowie Dateien aufgelistet, die nicht in einem Unterordner gespeichert sind. Öffnen Sie per Mausklick gegebenenfalls den richtigen Ordner und klicken Sie die gewünschte Datei an, um sie aufzurufen ❷.

Schritt 3

Wenn Sie im rechten Bereich auf **OneDrive – Persönlich** ❸ klicken, wird der Dialog **Öffnen** angezeigt; er unterscheidet sich im Prinzip nicht von seinem lokalen Pendant. Zum Navigieren in der Ordnerstruktur nutzen Sie wie üblich die Adressleiste.

Schritt 4

Neben den Ordner- und Dateinamen sehen Sie im Dialog **Öffnen** unterschiedliche Symbole: Ein blaues Cloudsymbol ❹ zeigt an, dass die Datei nur online verfügbar ist. Der grüne Kreis mit einem Häkchen ❺ bedeutet: Die Datei wurde geöffnet und heruntergeladen. Symbole mit dem »Personensymbol« ❻ informieren Sie, dass die Datei bzw. der Ordner für andere freigegeben wurde.

4

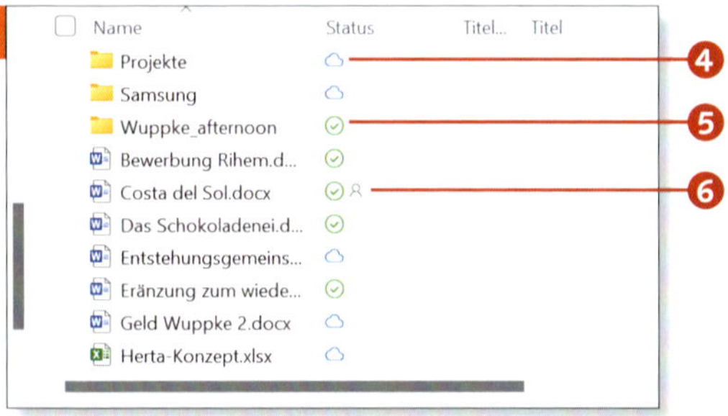

Schritt 5

Wenn der lokale Speicherplatz knapp wird, können Sie Dateien/Ordner mit einem grünen Häkchen wieder in »Nur online«-Elemente verwandeln. Klicken Sie dazu im Kontextmenü des Elements auf **Speicherplatz freigeben**.

5

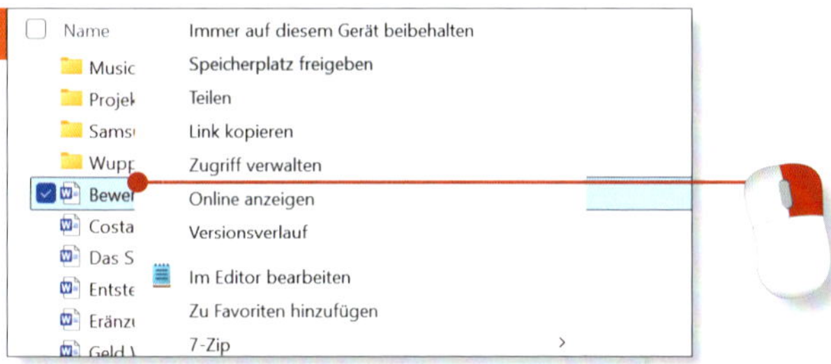

Schritt 6

Daraufhin prangt neben dem Dateinamen wieder das blaue Wolkensymbol: als Zeichen dafür, dass diese Datei nur online zur Verfügung steht.

6

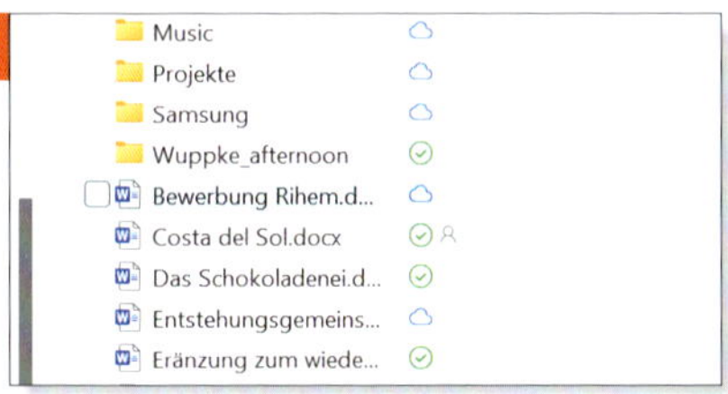

Nachteile

Ohne im Detail auf die Aspekte der Datensicherheit einzugehen – bedenken Sie, dass Sie bei Internetproblemen nicht an Ihre auf OneDrive abgelegten Dateien herankommen!

Die Dateiformate von Word

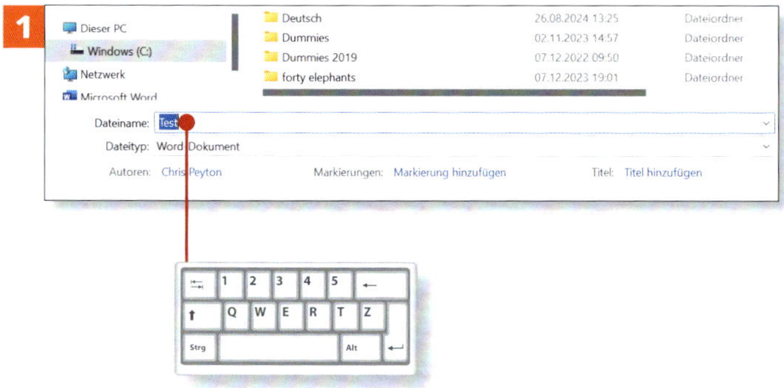

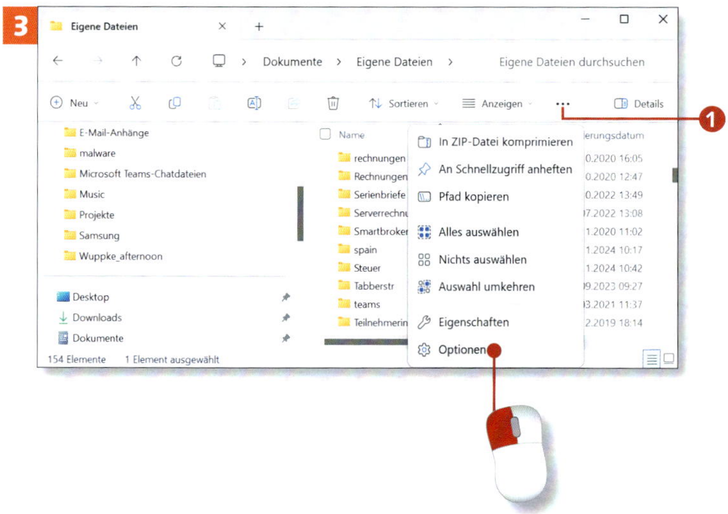

Dateiendungen wie ».docx« sind wie Familiennamen. An ihnen lässt sich erkennen, aus welchem Programm ein Dokument bzw. eine Datei stammt.

Schritt 1

Dokumente werden in bestimmten Formaten gespeichert. Diese werden mithilfe der Erweiterung nach dem letzten Punkt im Dateinamen festgelegt, z. B. *Konzept.docx*. Wenn Sie beim Speichern im Eingabefeld einen Dateinamen eingeben, taucht die Erweiterung standardmäßig nicht auf.

Schritt 2

Es kann aber nützlich sein, diese Erweiterungen einzublenden. Dazu öffnen Sie den Explorer. Klicken Sie einfach auf sein Symbol in der Taskleiste.

Schritt 3

Im Explorer klicken Sie oben rechts in der Symbolleiste auf **Weitere Infos** bzw. auf die drei Punkte ❶ und im Menü auf **Optionen**.

Schritt 4

Wechseln Sie im Dialog **Ordneroptionen** zur Registerkarte **Ansicht** ❷. Entfernen Sie das Häkchen vor **Erweiterungen bei bekannten Dateitypen ausblenden** und klicken Sie auf **Übernehmen**. Zukünftig werden die Dateierweiterungen in Dateinamen und in Auswahllisten für den Dateityp angezeigt. Mit **OK** verlassen Sie den Dialog wieder.

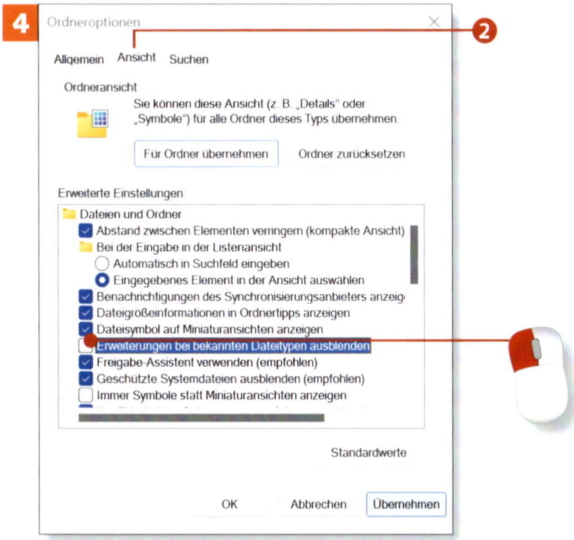

Schritt 5

Soll eine Datei nicht im Standardformat abgespeichert werden, sondern z. B. in einem Format einer älteren Programmversion oder im PDF-Format, klicken Sie im Fenster **Speichern unter** auf den Auswahlpfeil an dem Feld, in dem standardmäßig **Word-Dokument (*.docx)** eingetragen ist.

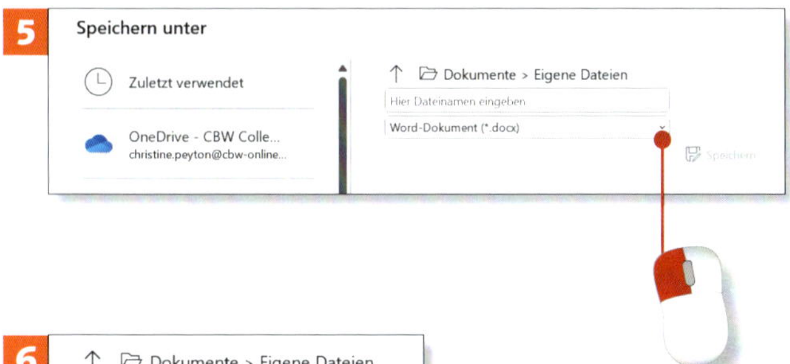

Schritt 6

In der Auswahlliste steht, in welchen anderen Formaten Sie ein Word-Dokument abspeichern können. Wie Sie sehen, sind zahlreiche Formate möglich.

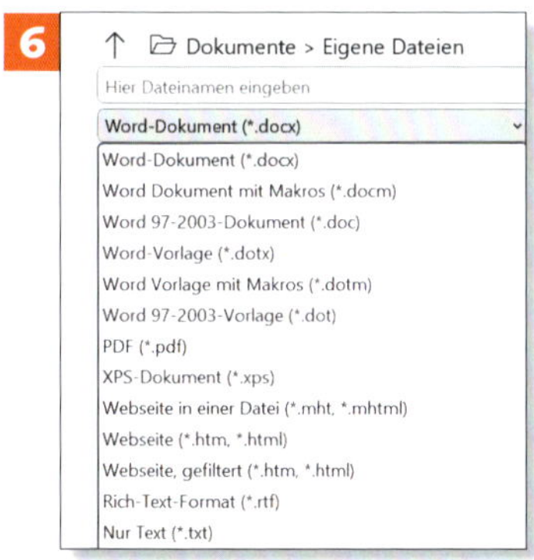

Die Dateiformate von Word (Forts.)

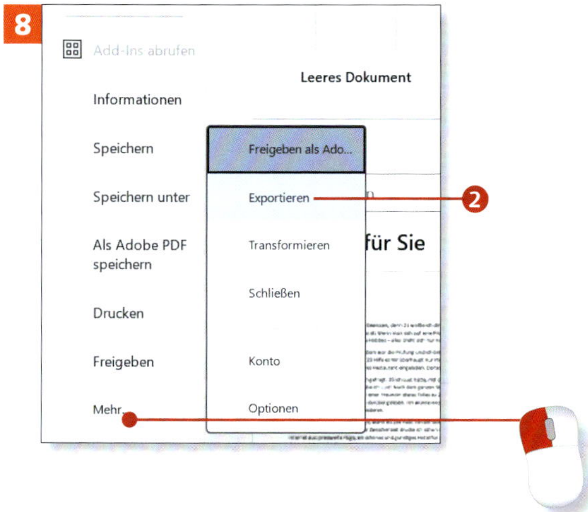

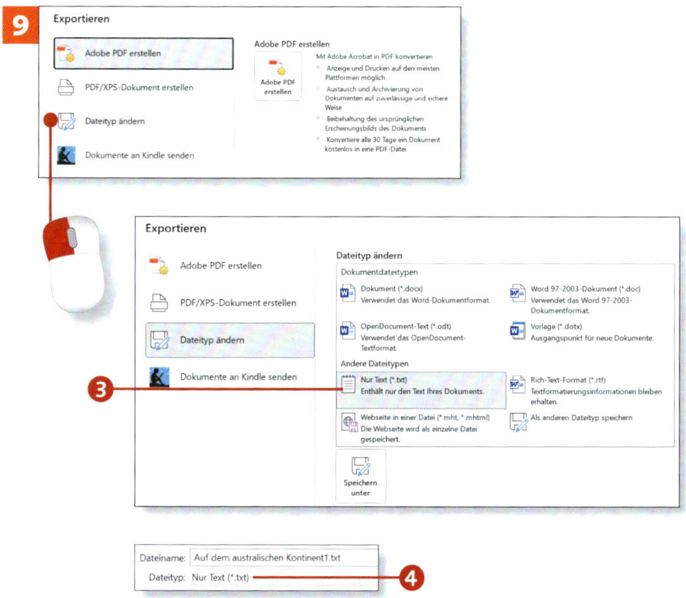

Schritt 7

Soll die Datei z. B. in Word 2003 oder einer älteren Version zu öffnen sein, wählen Sie **Word 97-2003-Dokument (*.doc)**. Wird die Datei geöffnet, erscheint dann neben dem Dateinamen im Kopf des Fensters der Zusatz **[Kompatibilitätsmodus]** ❶. Mitunter gehen jedoch bestimmte Formatierungen verloren.

Schritt 8

Statt beim Speichern ein Dateiformat auszuwählen, können Sie Dateien auch in andere Formate exportieren. Den Befehl **Exportieren** ❷ finden Sie direkt (oder unter **Mehr**…) im Backstage-Bereich **Datei**.

Schritt 9

Klicken Sie im Fenster **Exportieren** auf **Dateityp ändern**, und wählen Sie rechts den gewünschten Dateityp aus ❸. Dann klicken Sie auf **Speichern unter**. Daraufhin wird der Dialog **Speichern unter** geöffnet, in dem das neue Dateiformat bereits eingestellt ist ❹.

Schritt 10

Praktisch: Sie können mit Word direkt PDF-Dokumente erstellen. Markieren Sie im Fenster **Exportieren** den Eintrag **PDF/XPS-Dokument erstellen** ❺, und klicken Sie im rechten Bereich auf die gleichnamige Schaltfläche.

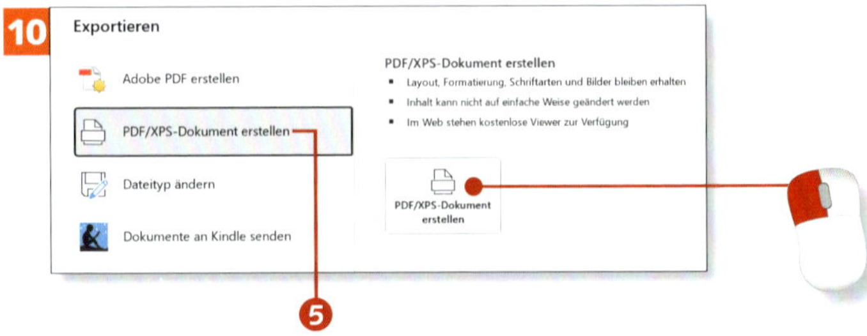

Schritt 11

Daraufhin wird der Dialog **Als PDF oder XPS veröffentlichen** angezeigt. Dateiname und Format sind bereits eingestellt. Klicken Sie auf **Veröffentlichen**. Nach dem Veröffentlichen wird die neue Datei in Ihrem Standard-PDF-Reader geöffnet.

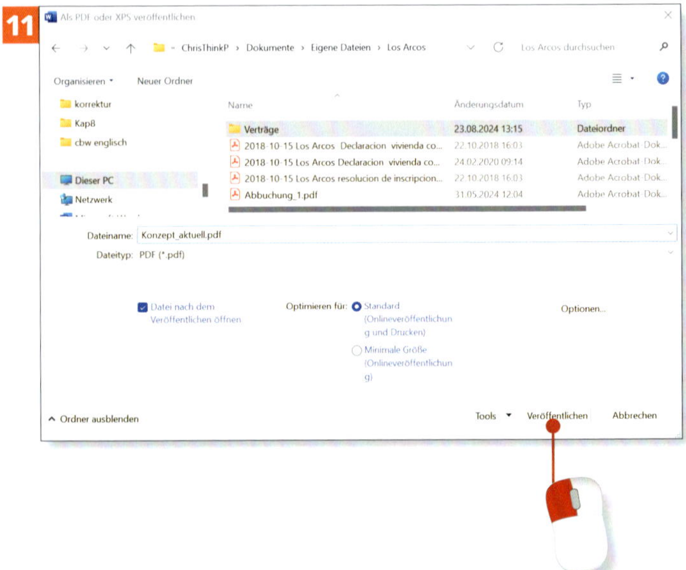

Schritt 12

Um ein Dateiformat festzulegen, in dem Word standardmäßig speichern soll, öffnen Sie die **Word-Optionen**. Aktivieren Sie die Rubrik **Speichern** ❻ und wählen Sie im Feld **Dateien in diesem Format speichern** das gewünschte Format.

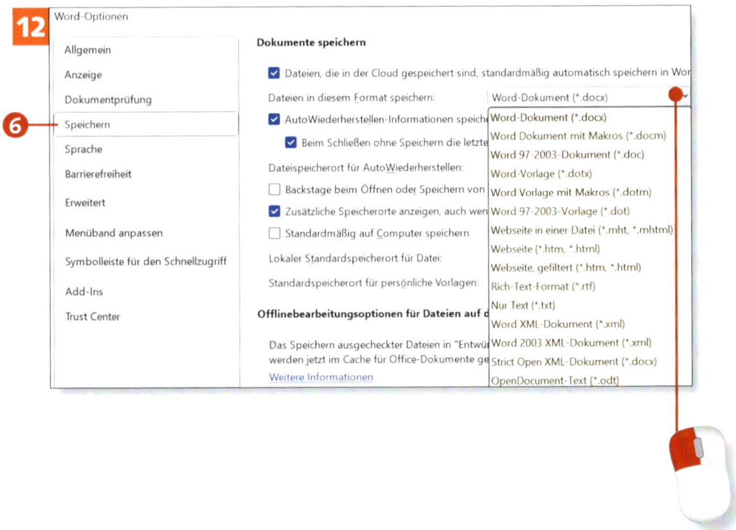

PDF-Dateien in Word öffnen und bearbeiten

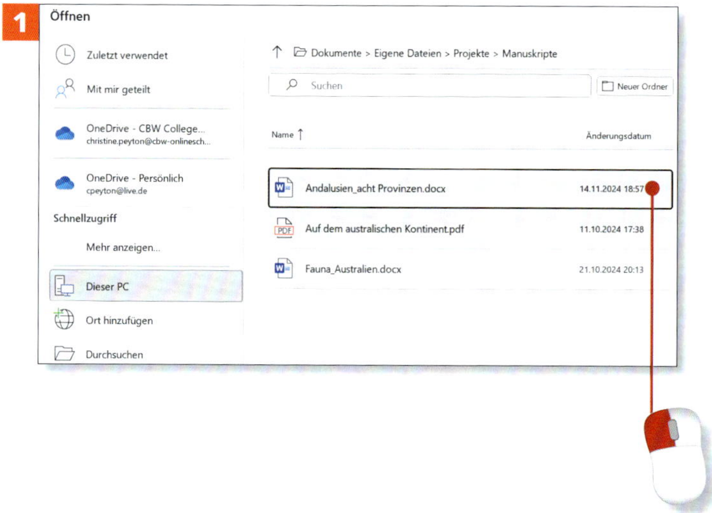

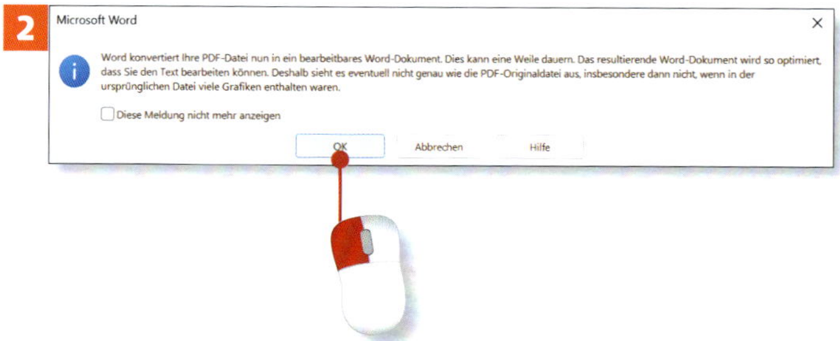

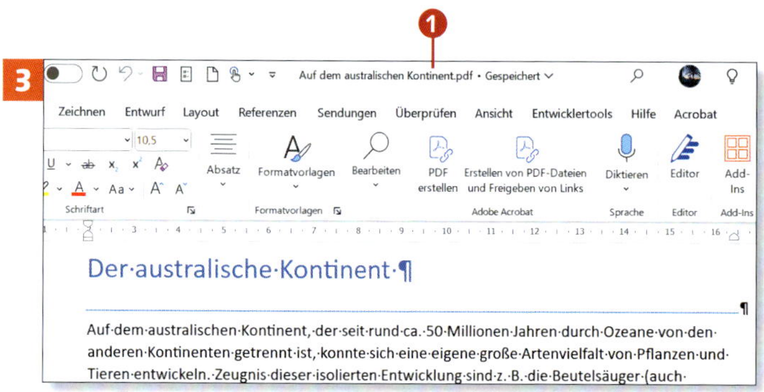

Auch PDF-Dateien lassen sich in Word öffnen und bearbeiten. Sie erfahren hier, wie das geht.

Schritt 1

Rufen Sie über **Datei ▸ Öffnen** das Fenster **Öffnen** auf, und navigieren Sie durch die Ordnerstruktur zur gewünschten Datei. Klicken Sie sie an, um sie zu öffnen.

Schritt 2

Word teilt Ihnen in einem Hinweis mit, dass die Datei konvertiert wird und dass sie eventuell nicht genauso aussehen wird wie die Originaldatei. Bestätigen Sie die Meldung mit **OK**.

Schritt 3

Das Dokument wird in Word angezeigt. Sie können es »normal« bearbeiten; alle Befehle von Word stehen Ihnen dabei zur Verfügung. In der Titelleiste wird es allerdings weiterhin als PDF-Datei gekennzeichnet ❶.

Schritt 4

Im Fenster **Speichern unter** bleibt die Anzeige ebenfalls bei der Dateiendung PDF, allerdings mit dem Word-Symbol vor dem Dateinamen ❷.

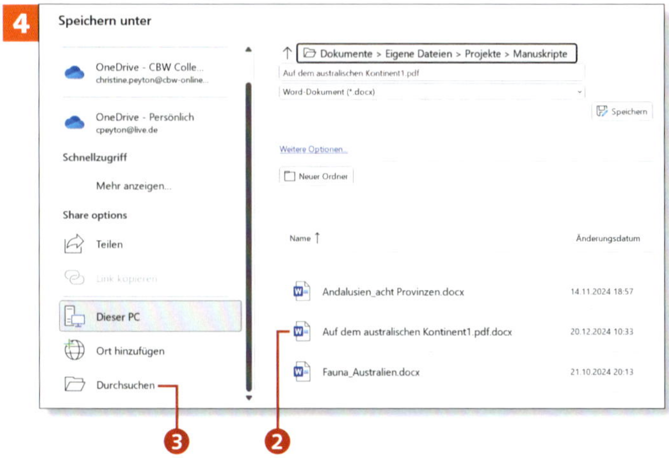

Schritt 5

Lediglich im Dialog **Speichern unter**, den Sie per Klick auf **Durchsuchen** ❸ oder auf den Ordner im Dateipfad aufrufen, sehen Sie, dass das Word-Format *.docx* eingestellt ist. Möchten Sie wieder das PDF-Format erhalten, ändern Sie den Dateityp über das Menü des Feldes **Dateityp**.

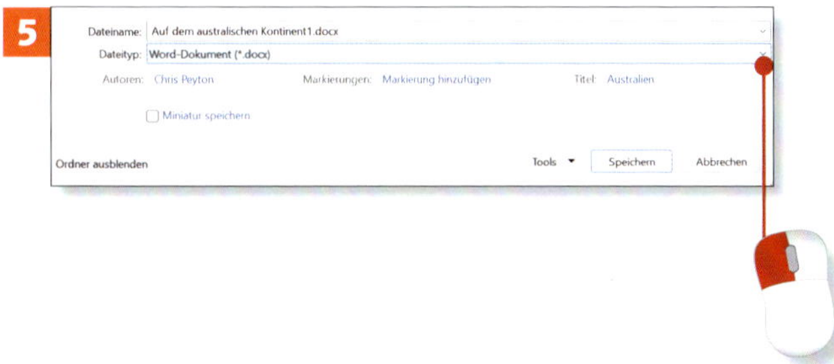

Schritt 6

Um ein PDF-Dokument als PDF zu öffnen, klicken Sie die Datei im Explorer doppelt an. Es wird dann in Ihrem Standard-PDF-Reader angezeigt.

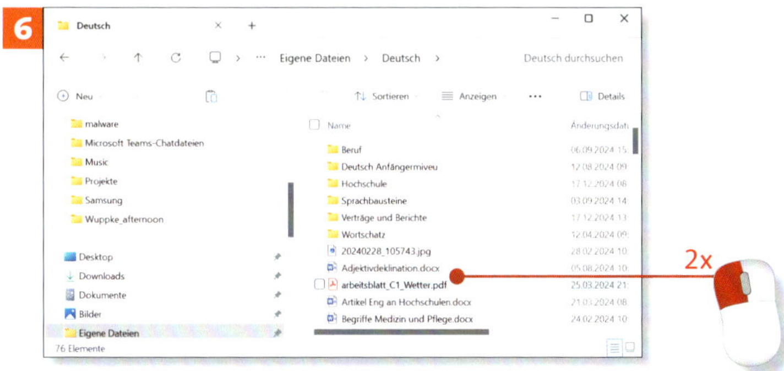

Dokumente öffnen

Um zu bestimmen, wie ein PDF-Dokument geöffnet werden soll, klicken Sie das Dokument im Explorer mit der rechten Maustaste an. Zeigen Sie im Kontextmenü auf **Öffnen mit** und wählen Sie im Untermenü das gewünschte Programm.

Kapitel 4
Texte schreiben und bearbeiten

Der Sinn und Zweck von Word ist es in erster Linie, Texte zu schreiben und zu bearbeiten. Wie das Programm Ihnen dabei unter die Arme greift, zeigen wir Ihnen in diesem Kapitel.

Text eingeben und korrigieren
Gerade wenn es schnell gehen muss, schleichen sich beim Tippen schon mal Fehler ein. Word verhilft Ihnen zu einem korrekten Text, indem es eine Rechtschreib- und Grammatikprüfung anbietet oder z. B. einfache Buchstabendreher selbstständig korrigiert.

Änderungen auf die Schnelle
Wenn Änderungen für mehrere Wörter oder ganze Passagen gelten sollen, markieren Sie diese, bevor Sie einen Befehl ausführen. Auf diese Weise lassen sich Textteile auch kopieren oder ausschneiden und komplett verschieben.

Suchen und ersetzen
Kommt Ihnen nachträglich in den Sinn, dass Sie z. B. lieber »Selters« anstelle von »Sekt« schreiben möchten, lassen Sie »Selters« einfach mithilfe der Funktion »Suchen und Ersetzen« ersetzen.

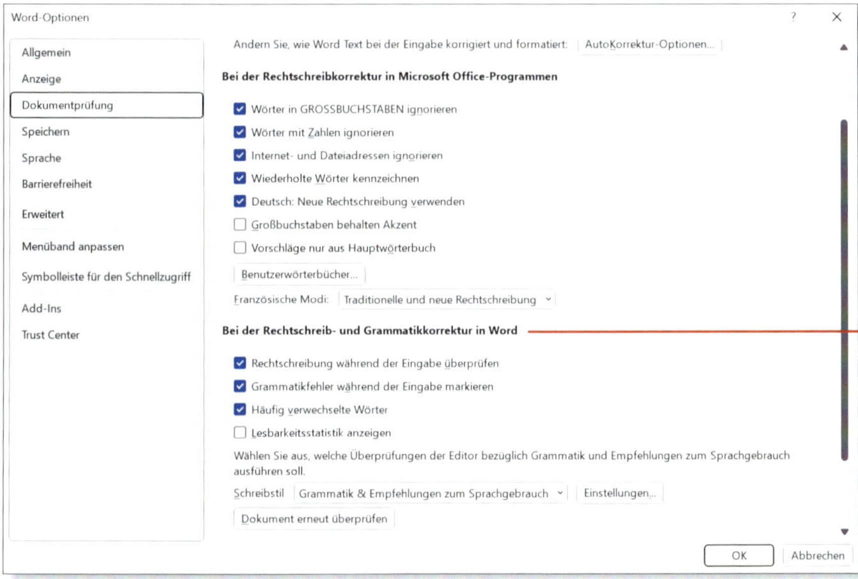

1 Die Rechtschreib- und Grammatikprüfung von Word verhilft Ihnen zu korrekten Texten.

2 Um Änderungen an mehreren Wörtern und Textpassagen gleichzeitig vorzunehmen, können Textteile markiert und dann bearbeitet werden.

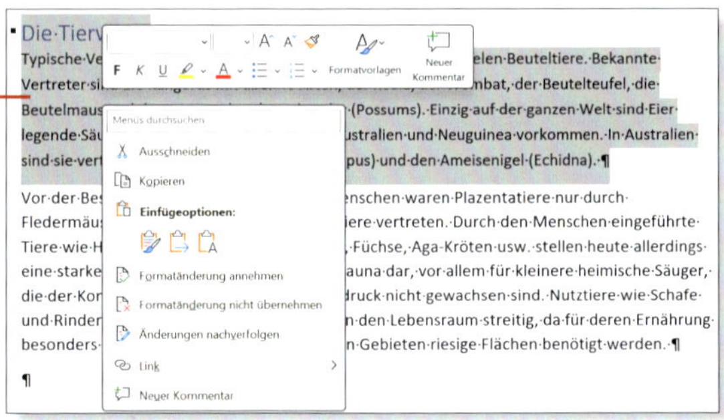

3 Sie können in Ihrem Textdokument ein Wort suchen und automatisch durch ein anderes ersetzen.

Text eingeben

Kommen wir nun zu den Grundlagen der Textverarbeitung. Erst einmal geht es ans Schreiben selbst, dann zeigen wir Ihnen, wie sich Korrekturen und nachträgliche Änderungen der Textstruktur vereinfachen lassen.

1

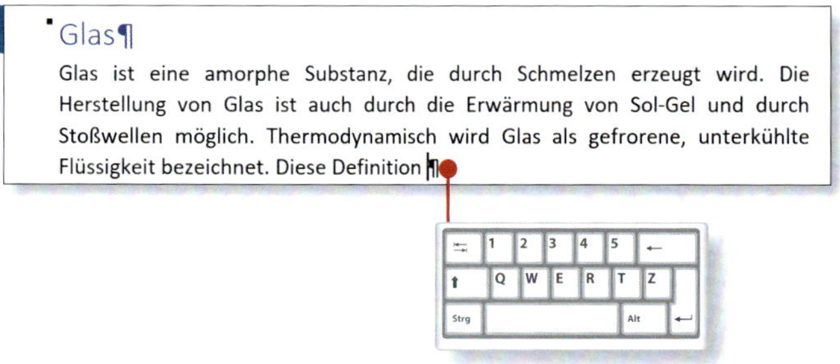

Schritt 1

Fangen Sie einfach an zu schreiben, ohne am Zeilenende einen Zeilenumbruch mit der [↵]-Taste zu erzeugen: Word umbricht die Zeile am rechten Rand automatisch. Was Sie hier eintippen, erscheint wie üblich an der Position des Cursors.

2

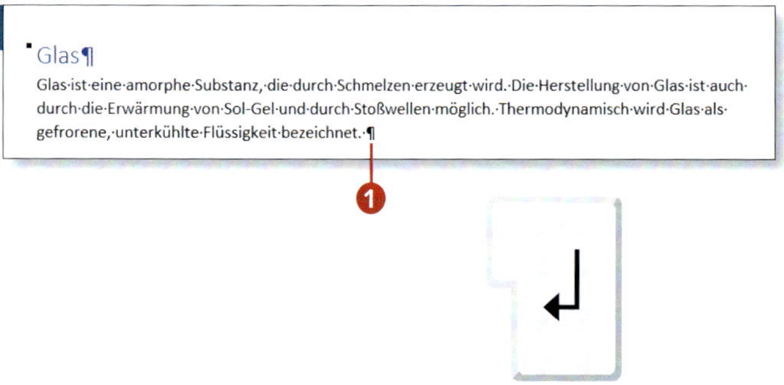

Schritt 2

Nur wenn Sie einen Absatz **1** benötigen, drücken Sie einmal [↵]. Wenn Sie nun weiterschreiben, beginnt ein neuer Absatz.

3

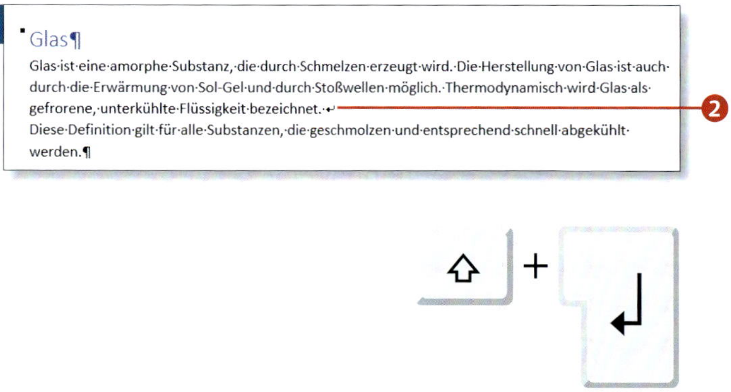

Schritt 3

Wenn Sie keinen neuen Absatz erzeugen, aber dennoch in einer neuen Zeile weiterschreiben möchten, hilft ein sogenannter *weicher Zeilenumbruch* **2**. Drücken Sie dazu [⇧]+[↵].

Registerkarten einblenden

Einige Registerkarten können Sie extra anzeigen lassen, wenn Sie sie benötigen. Siehe dazu den Abschnitt »Registerkarten ein- und ausblenden« auf Seite 33.

Schritt 4

Word kümmert sich auch um den *Seitenumbruch*. Wenn der untere Rand einer Seite erreicht ist, wandert der Cursor auf die nächste Seite. In der Statuszeile steht jetzt z. B. **Seite 2 von 5** ❸.

4

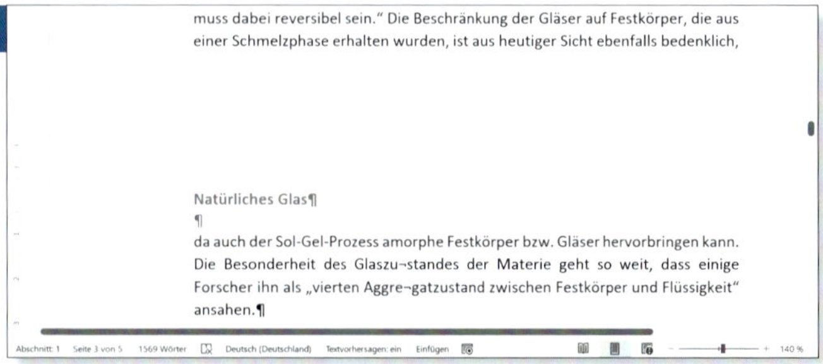

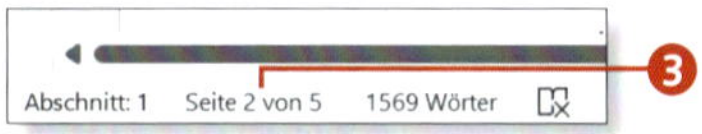

Schritt 5

Sie können einen Seitenumbruch auch an der gewünschten Stelle bzw. Zeile manuell »erzwingen«: Positionieren Sie den Cursor und drücken Sie [Strg]+[↵].

5

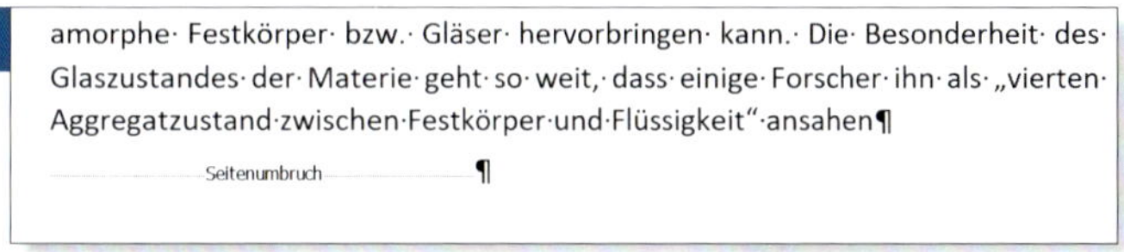

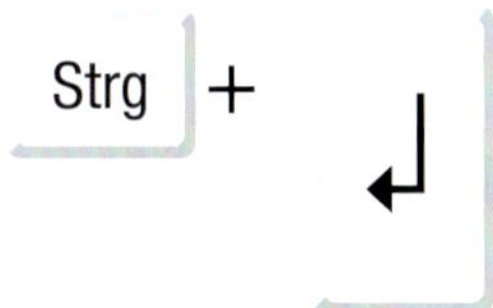

Schritt 6

Um zu verhindern, dass der Zeilenumbruch z. B. zwischen einer Zahl und einer Maßeinheit oder innerhalb einer Datumsangabe erfolgt, fügen Sie ein geschütztes Leerzeichen ein: [Strg]+[⇧] + Leertaste. Das geschützte Leerzeichen wird als hochgestellter Kreis angezeigt ❹.

6

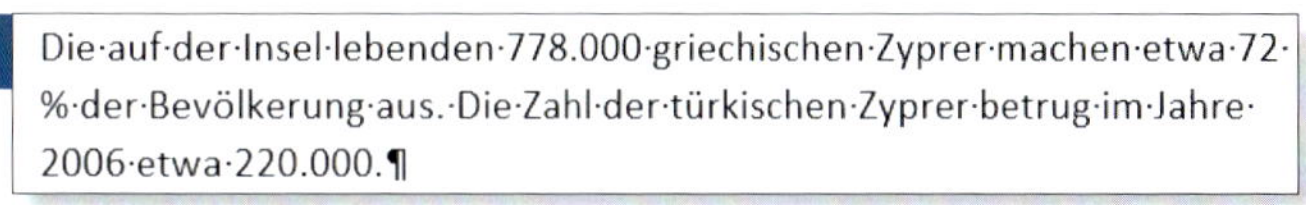

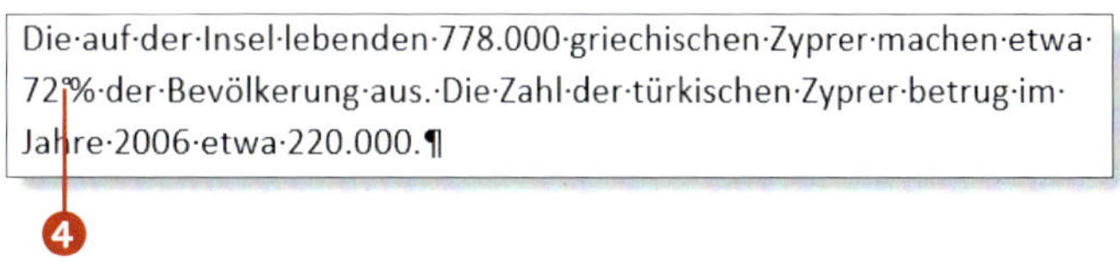

Seitenumbruch in Absätzen

Wie Word mit Seitenumbrüchen umgeht, legen Sie im Dialog **Absatz** auf der Registerkarte **Zeilen- und Seitenumbruch** fest. Den Dialog öffnen Sie z. B., indem Sie im Kontextmenü auf **Absatz** klicken (oder auf der Registerkarte **Start** in der Gruppe **Absatz** auf den Pfeil unten rechts).

Fehlerfreie Texte – die (Auto-)Korrektur in Word

1
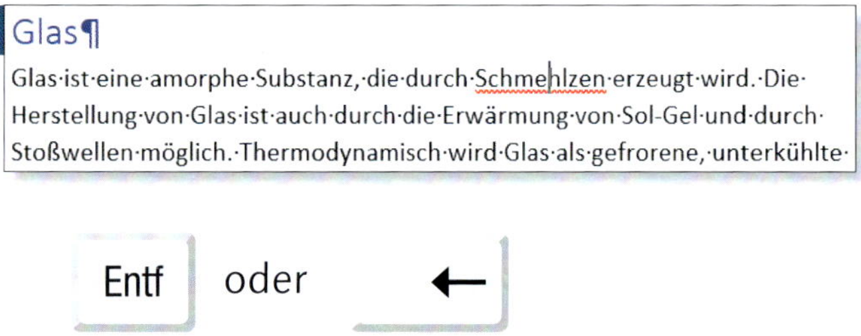

2
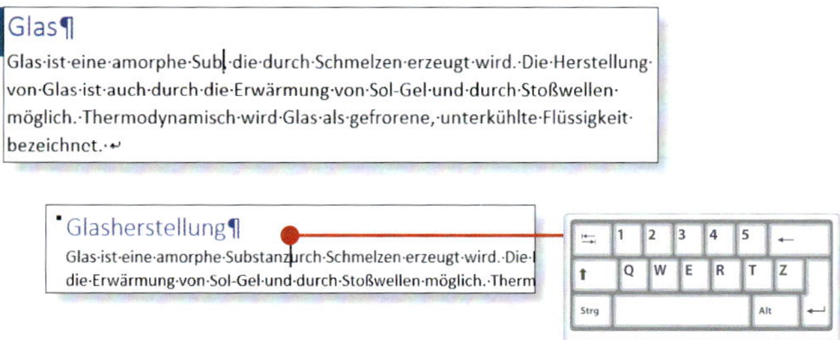

3
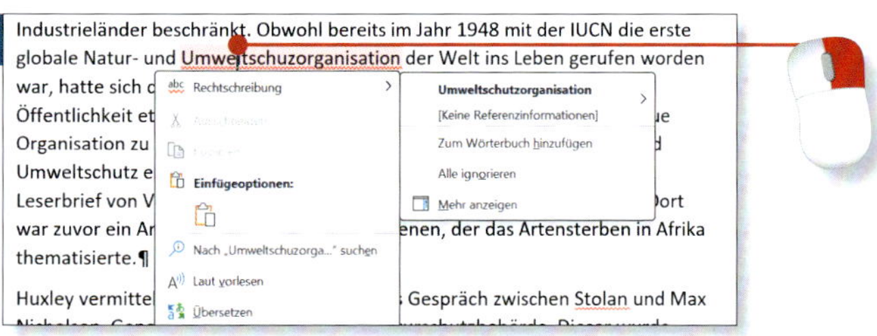

Trotz aller ausgefeilten Funktionen, die Word bietet – die einfache Tatsache, dass man das Geschriebene unbegrenzt korrigieren kann, gehört zu den bestechenden Vorteilen dieses Textverarbeitungsprogramms.

Schritt 1

Sie können Fehler einfach manuell korrigieren. Entf löscht Zeichen rechts vom Cursor, ← Zeichen links von ihm. Halten Sie eine dieser Tasten gedrückt, werden gleich mehrere Zeichen gelöscht.

Schritt 2

Haben Sie ein oder mehrere Zeichen vergessen, tippen Sie sie einfach an Ort und Stelle ein. Die Zeichen werden am Cursor eingefügt, der alte Text rutscht weiter nach rechts – es sei denn, Sie schreiben im *Überschreibmodus* (siehe den Kasten unten auf dieser Seite).

Schritt 3

Falsch geschriebene Wörter werden mit einer roten Wellenlinie unterstrichen. Klicken Sie das unterstrichene Wort mit rechts an. Häufig bietet das Kontextmenü einen Korrekturvorschlag, den Sie per Mausklick übernehmen können.

Überschreibmodus

Im Überschreibmodus wird der Text beim Tippen nicht nach rechts weggeschoben, sondern die vorhandenen Zeichen werden überschrieben. Aktivieren Sie im Kontextmenü (Rechtsklick) der Statusleiste den Eintrag **Überschreiben**, um nach Wunsch in diesen Modus wechseln zu können.

Schritt 4

Eigennamen stehen nicht von Haus aus im Word-Wörterbuch. Sie können sie aber in es aufnehmen, damit sie zukünftig nicht mehr bemängelt werden. Klicken Sie das Wort mit rechts an und wählen Sie **Zum Wörterbuch hinzufügen**.

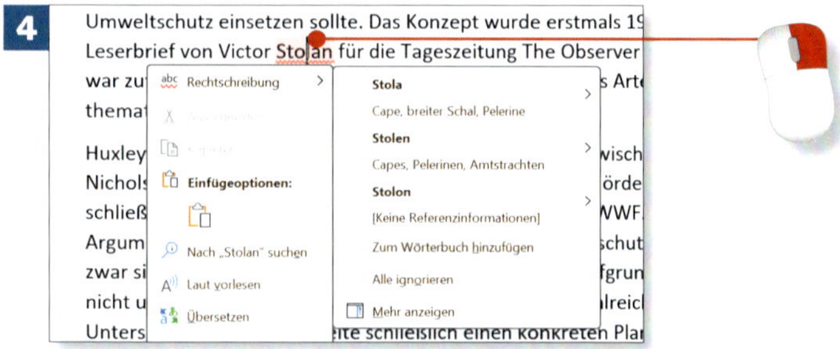

Schritt 5

Sie können ein Dokument auch »durchkorrigieren«. Klicken Sie auf der Registerkarte **Überprüfen** ganz links auf das Symbol **Editor**. Dieses Symbol finden Sie auch rechts auf der Registerkarte **Start**.

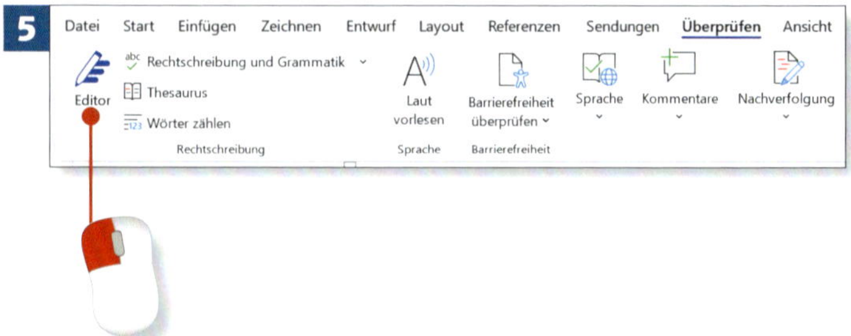

Schritt 6

Daraufhin wird rechts der **Editor** eingeblendet. Klicken Sie im Bereich **Korrekturen** auf **Rechtschreibung**. Nun wird das erste bemängelte Wort präsentiert ❶. Im unteren Bereich erhalten Sie Korrekturvorschläge (oft auch Synonyme für den Begriff), die Sie mit einem Klick übernehmen können.

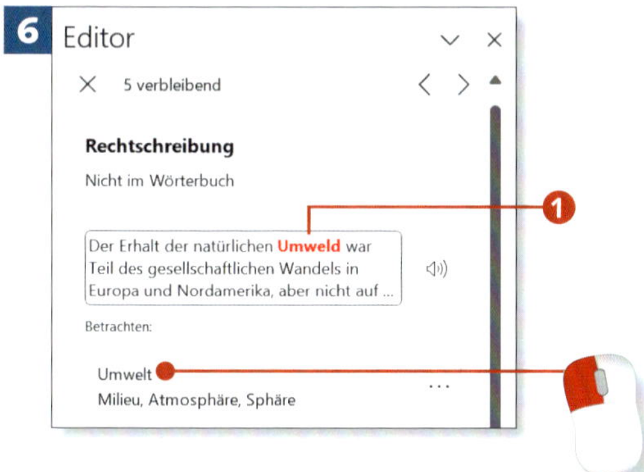

Wörterbuch nutzen

Bei Eigennamen ist das Wörterbuch sehr eingeschränkt, sodass fremd klingende Namen meistens rot unterstrichen werden. Um das für die Zukunft zu verhindern, fügen Sie oft verwendete Eigennamen zum Wörterbuch hinzu (**Zum Wörterbuch hinzufügen**; siehe Schritt 4).

Fehlerfreie Texte – die (Auto-)Korrektur (Forts.)

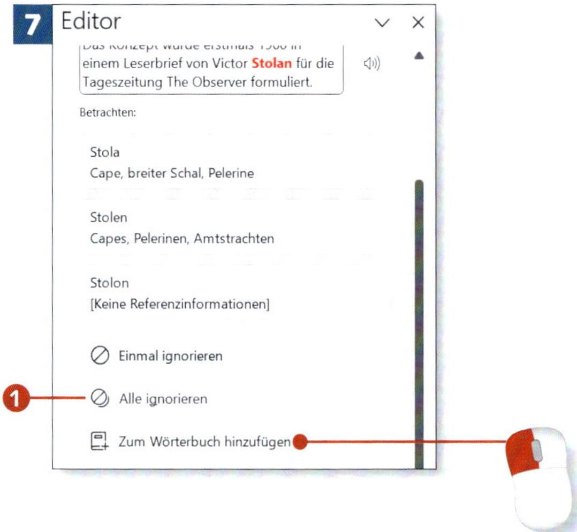

Schritt 7

Möchten Sie ein bemängeltes Wort nicht korrigieren, klicken Sie einfach auf **Einmal ignorieren** oder auf **Alle ignorieren** ❶ (alle Vorkommen im Dokument werden ignoriert). Oder nehmen Sie den Begriff mit **Zum Wörterbuch hinzufügen** in das Wörterbuch auf.

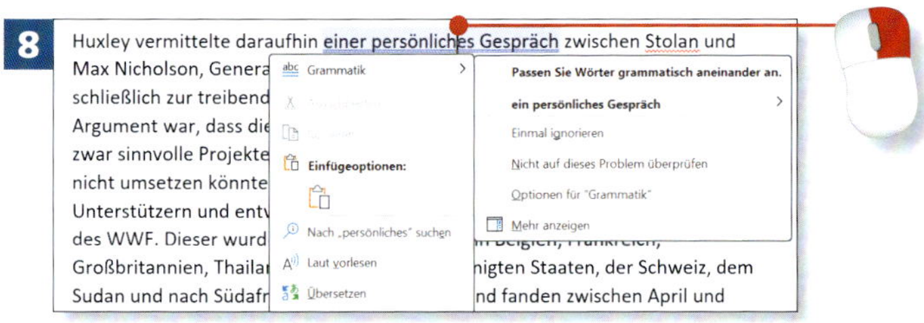

Schritt 8

Mitunter zeigt Word auch blaue Unterstreichungen an. Sie weisen darauf hin, dass etwas mit der Grammatik nicht stimmt. Klicken Sie mit der rechten Maustaste darauf, um den Korrekturvorschlag zu sehen und ihn gegebenenfalls zu übernehmen.

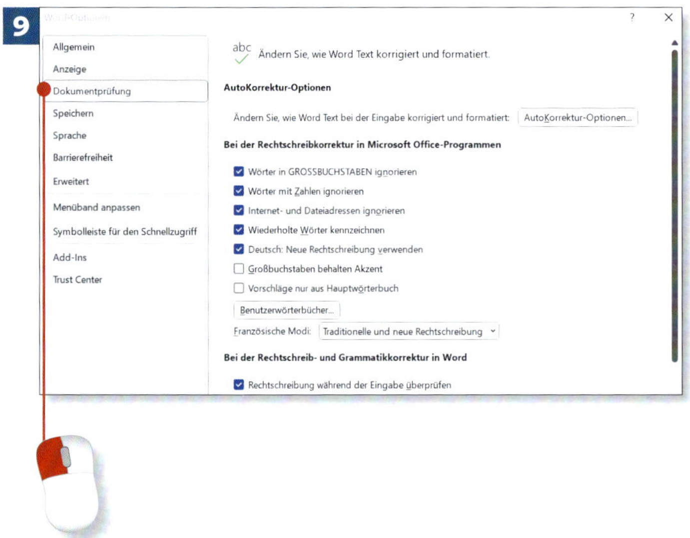

Schritt 9

Vertippen Sie sich häufig bei bestimmten Wörtern, können Sie die Korrektur auch an Word delegieren. Das Zauberwort heißt *AutoKorrektur*. Öffnen Sie über **Datei ▸ Optionen** die Word-Optionen und wählen Sie hier **Dokumentprüfung**.

Schritt 10

Klicken Sie in diesem Fenster auf die Schaltfläche **AutoKorrektur-Optionen**. Sie finden sie gleich oben rechts.

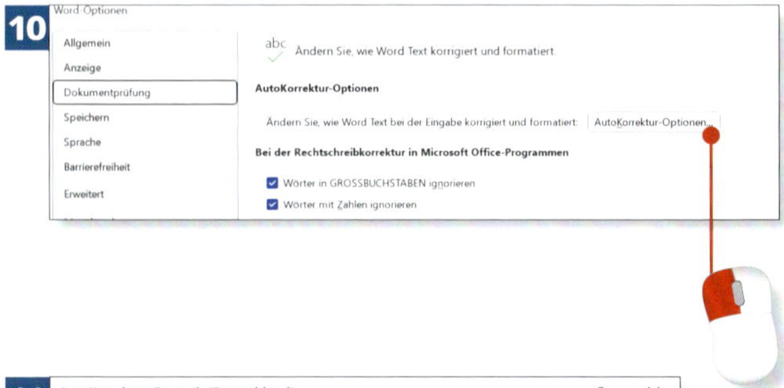

Schritt 11

Im Dialog **AutoKorrektur** auf der gleichnamigen Registerkarte schreiben Sie das Wort, das Word automatisch korrigieren soll, in das Feld **Ersetzen** ❷. Schreiben Sie es so, wie Sie es versehentlich häufig tippen. In das Feld **Durch** schreiben Sie das Wort in der korrekten Form.

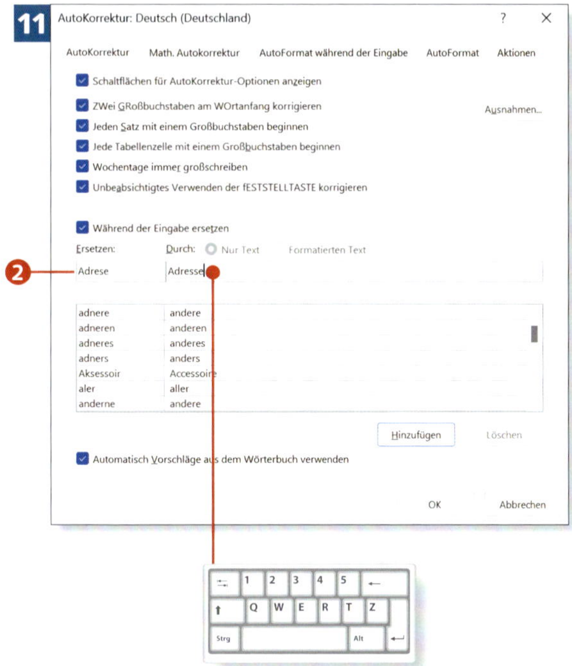

Schritt 12

Klicken Sie dann auf **Hinzufügen**. Anschließend verlassen Sie den Dialog mit **OK**. Wenn Ihnen der Fehler zukünftig beim Schreiben passiert, ignorieren Sie ihn einfach und schreiben weiter; Word wird das Wort ohne Ihr Zutun korrigieren ❸, sobald Sie die Leertaste drücken.

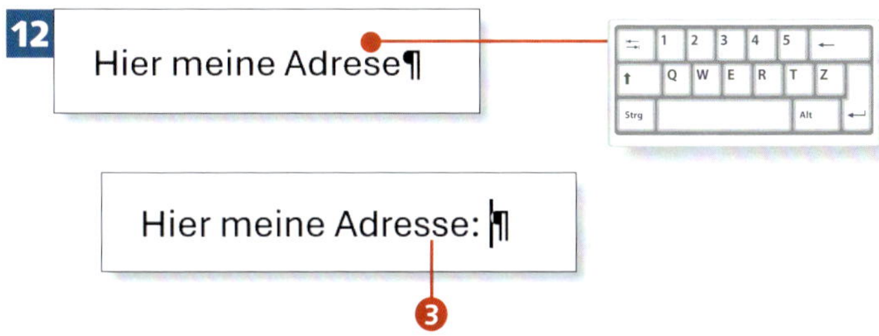

Kein Grammatik-Experte

Vertrauen Sie Word nicht blind! Bei komplexen, verschachtelten Sätzen erkennt Word oft nicht, ob die Grammatik korrekt ist, und moniert Fehler zu Unrecht.

Silbentrennung

1

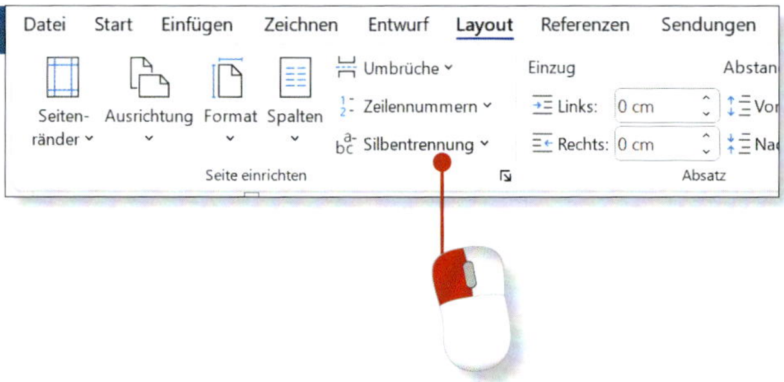

Es gibt eine praktische Funktion für die Silbentrennung: Mithilfe von bedingten Trennstrichen werden Vorschläge zum Trennen gemacht, die nur zum Tragen kommen, wenn das Wort wirklich getrennt werden muss.

Schritt 1

Setzen Sie den Cursor an den Anfang des Dokuments bzw. dorthin, wo die Silbentrennung beginnen soll. Wechseln Sie zur Registerkarte **Layout** und klicken Sie auf **Silbentrennung**.

2

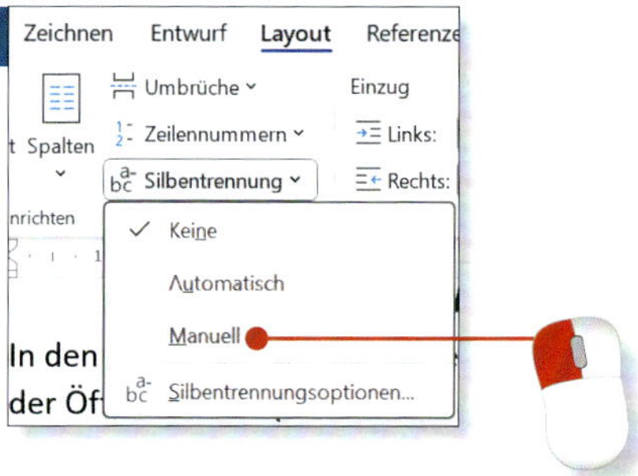

Schritt 2

Wie Sie sehen, gibt es zwei Optionen: **Automatisch** und **Manuell**. Nur mit **Manuell** können Sie selbst entscheiden, welche Wörter getrennt werden sollen. Klicken Sie also darauf. Word macht in einem kleinen Dialog sofort den ersten Trennvorschlag.

3

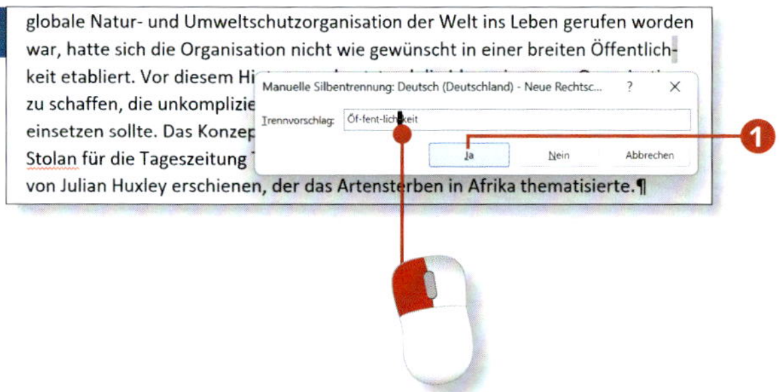

Schritt 3

Wenn Sie mit dem Vorschlag einverstanden sind, klicken Sie auf **Ja** ❶. Daraufhin wird sofort der nächste Trennvorschlag angezeigt. Wenn Ihnen nicht gefällt, wo Word trennen will, können Sie den Trennstrich versetzen; oder Sie ignorieren den Vorschlag und klicken auf **Nein**.

Manuell vs. automatisch

Mit der automatischen Silbentrennung setzt Word überall dort Trennstriche, wo es eine Möglichkeit zum Trennen entdeckt. In der Regel trennt Word zwar grammatisch korrekt, aber nicht immer »schön«, z. B. Eigennamen oder sehr kurze Wörter.

Schritt 4

Auf diese Weise prüfen Sie das gesamte Dokument. Zum Schluss sehen Sie einen kleinen Dialog, der Ihnen mitteilt, dass die Silbentrennung abgeschlossen ist.

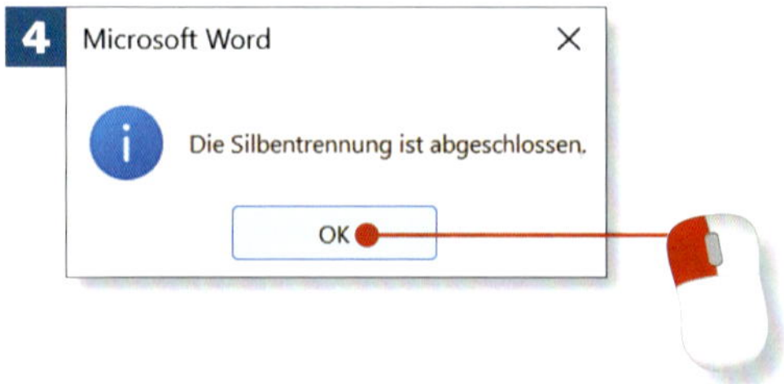

Schritt 5

In Ihrem Dokument sehen Sie nun Trennstriche am rechten Rand ❷. Es handelt sich aber um *bedingte Trennstriche*, d.h., Word wird das Wort nur trennen, wenn es am rechten Rand der Seite steht.

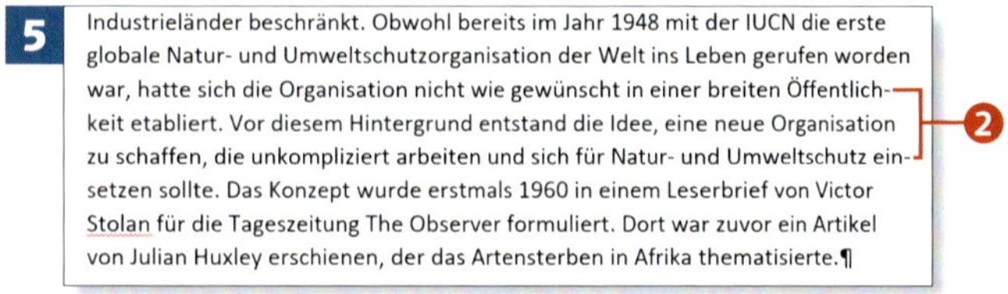

Schritt 6

Wenn das Wort durch Text- oder Layoutänderungen in die Mitte der Zeile rutscht, wird es nicht getrennt. Bedingte Trennstriche bleiben aber als Formatierungszeichen auf dem Bildschirm erhalten ❸. Sie sehen sie, wenn alle Formatierungszeichen angezeigt werden (siehe Seite 18) oder zumindest **Bedingte Trennstriche** (über **Datei ▸ Optionen ▸ Anzeige**) aktiv ist.

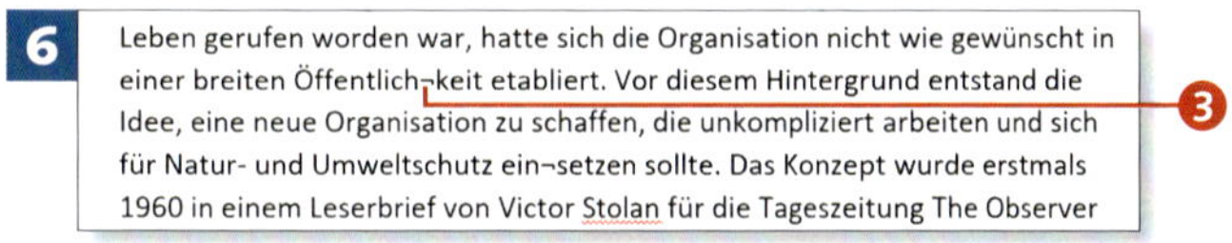

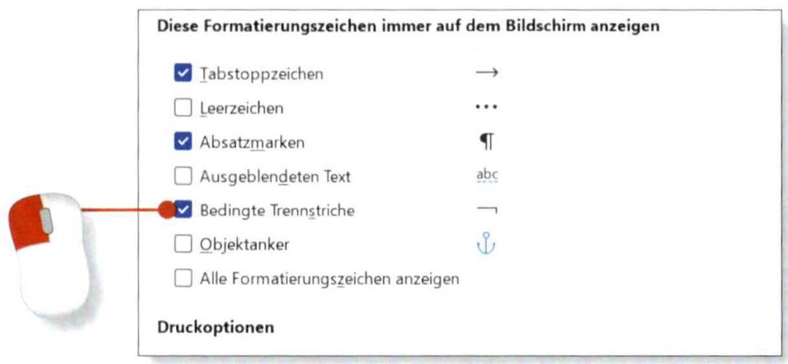

Bedingter Trennstrich

Sie können einen bedingten Trennstrich auch selbst einfügen, indem Sie Strg + - drücken.

Text markieren

Das Markieren von Textpassagen ist das A und O bei der Arbeit mit Word. Vergessen Sie es nicht – ansonsten bleiben die meisten Ihrer Aktionen wirkungslos.

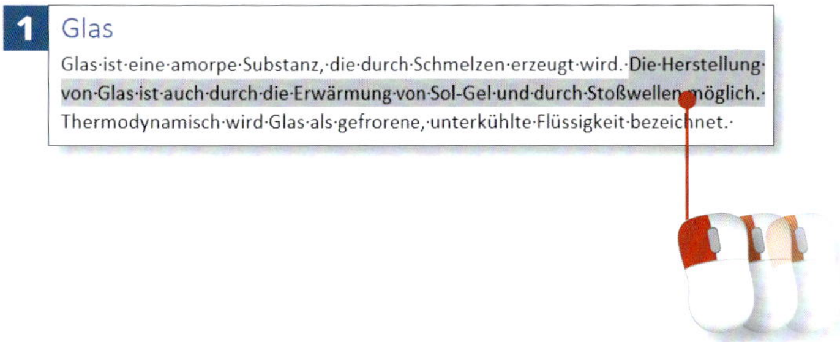

Schritt 1

Um Text zu markieren, ziehen Sie einfach den Cursor mit gedrückter Maustaste über den zu markierenden Text. Achten Sie darauf, dass Sie vorher den Cursor an den Anfang des ersten Wortes (oder an dessen Ende, aber nicht mittig) setzen.

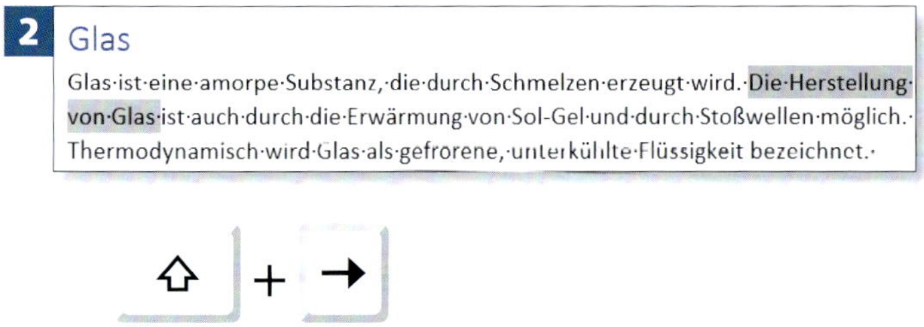

Schritt 2

Es muss nicht immer die Maus sein! Auch mit der Tastatur können Sie markieren. Markieren Sie Text z. B., indem Sie den Cursor vor das Wort setzen, die ⇧-Taste gedrückt halten und dann mit → oder ↓ über den Text »fahren«.

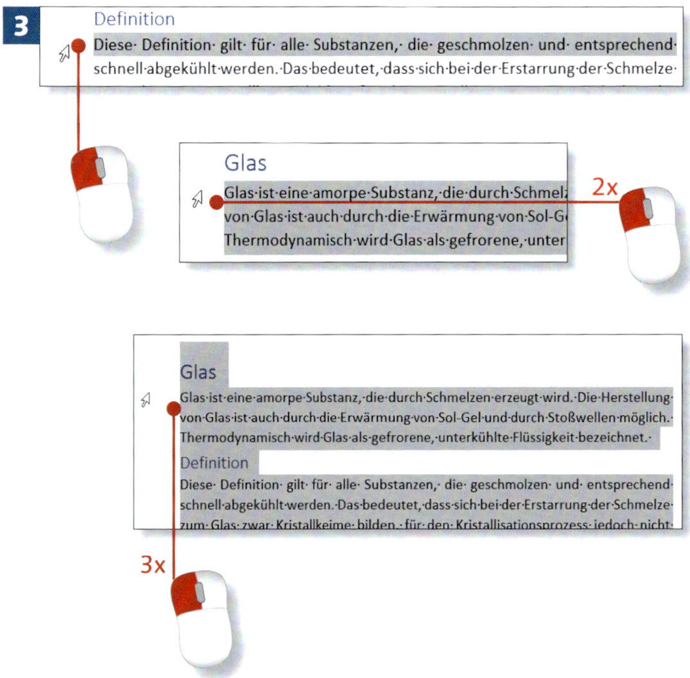

Schritt 3

Neben diesen beiden Methoden gibt es eine Reihe von Tricks, mit denen bestimmte Textteile (Zeilen, Absätze etc.) markiert werden können. Ein Klick links neben den Text markiert die jeweilige Zeile, ein Doppelklick den Absatz, ein Dreifachklick das gesamte Dokument.

Schritt 4

Um einzelne Wörter, also nicht zusammenhängenden Text, zu markieren, nutzen Sie die *Mehrfachmarkierung*. Markieren Sie ein Wort, halten Sie [Strg] gedrückt und markieren Sie das nächste Wort etc.

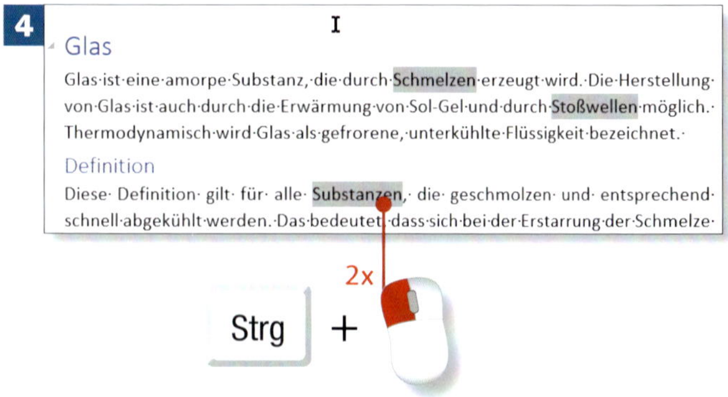

Schritt 5

Word bietet auch eine Reihe von Befehlen zum Markieren an. Klicken Sie auf der Registerkarte **Start** auf **Markieren** (bzw. zunächst auf **Bearbeiten**). Im Menü gibt es u. a. den Befehl **Alles markieren**, um das gesamte Dokument zu markieren. Viele nutzen dafür die Tastenkombination [Strg]+[A].

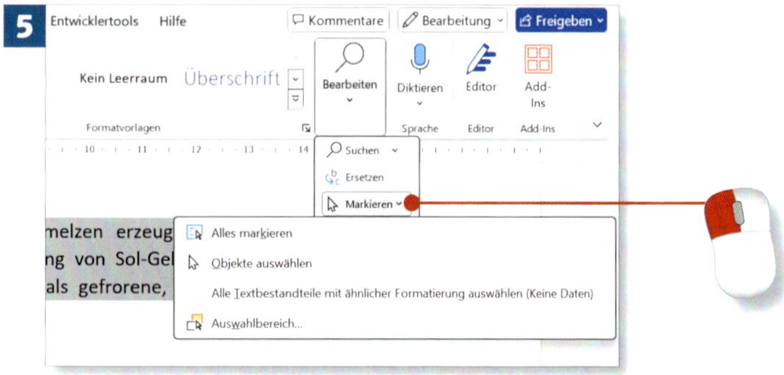

Schritt 6

Wenn Sie z. B. alle kursiv formatierten Wörter markieren möchten, setzen Sie den Cursor in das erste kursiv formatierte Wort ❶. Auf der Registerkarte **Start** wählen Sie anschließend **Markieren ▸ Alle Textbestandteile mit ähnlicher Formatierung auswählen**.

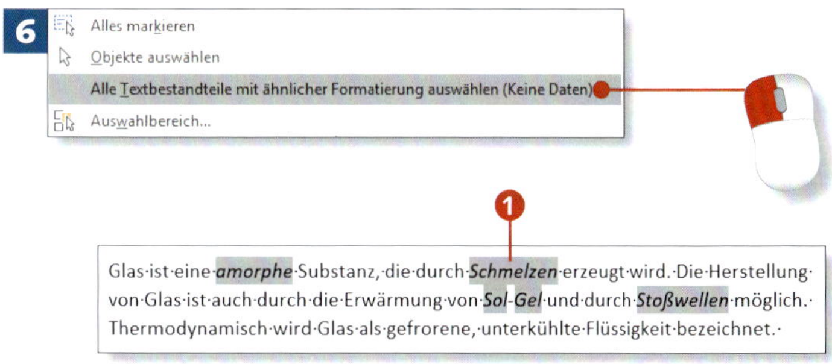

Tastatur oder Maus?

Es gibt unzählige Methoden zum Markieren. PC-Anfängern empfehle ich, die Tastatur zu verwenden, weil der Text so nicht versehentlich verschoben werden kann.

Text markieren (Forts.)

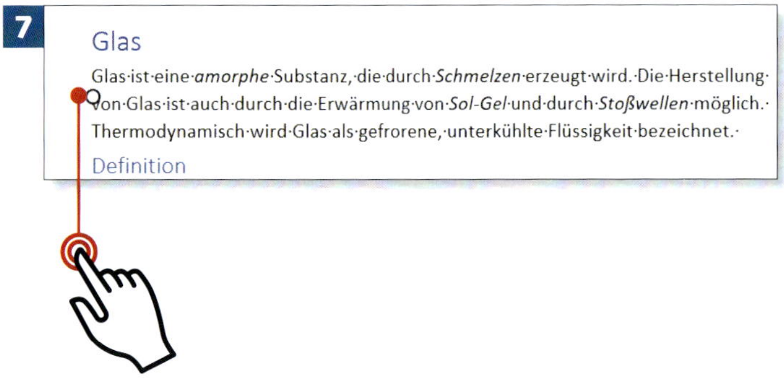

Schritt 7

Bei einem Touchscreen können Sie den Text auch mit dem Finger markieren (unabhängig davon, ob Sie im **Mausmodus** oder mit der **Fingereingabe** arbeiten). Tippen Sie an den Anfang der Textpassage, die Sie markieren möchten. Daraufhin erscheint ein kleiner Kringel, der *Auswahlziehpunkt*.

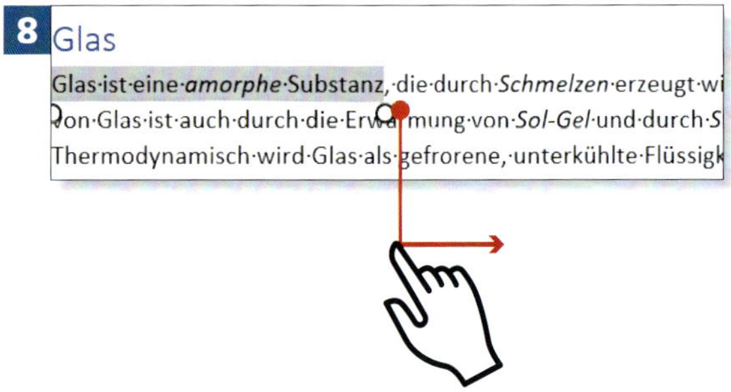

Schritt 8

»Greifen« Sie diesen Kringel – tippen Sie ihn also an – und streifen Sie mit dem Finger über den Text. Wenn Sie den Finger vom Bildschirm nehmen, erscheint ein weiterer Kringel am Ende der Markierung.

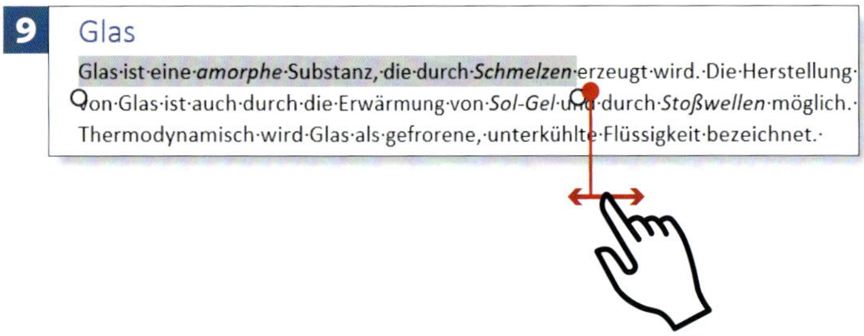

Schritt 9

Nachträglich korrigieren Sie die Markierung, indem Sie einen der Kringel mit dem Finger greifen und in die gewünschte Richtung etwas nach rechts oder links verschieben.

Komfortabel lesen

Besonders im Lesemodus (siehe dazu den Abschnitt »Praktisch: der Lesemodus und der Plastische Reader« auf Seite 36) zeigen sich die Stärken der Fingereingabe: Hier können Sie ganz komfortabel durch den Text »gleiten«, denn Lesefluss und Wischtechnik werden hier optimal kombiniert.

Schritt 10

Wenn Sie mit dem Finger »doppeltippen«, markieren Sie ein ganzes Wort. So können Sie übrigens auch eine neue Markierung beginnen, weil nach dem »Doppeltipp« zwei Kringel angezeigt werden. Damit können Sie dann die Markierung erweitern.

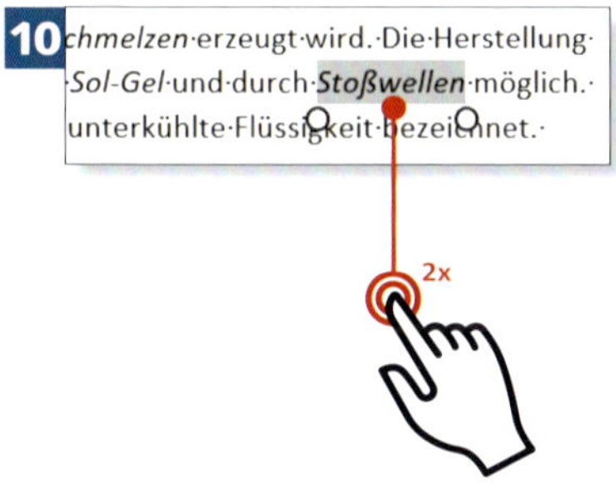

Schritt 11

Verharren Sie mit dem Finger etwas länger auf der Markierung, erscheint an der Stelle, an der Sie mit Ihrem Finger verweilen, ein transparentes Rechteck.

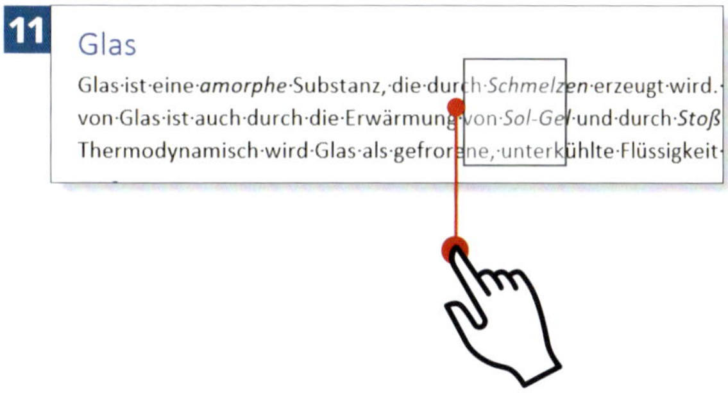

Schritt 12

Lösen Sie jetzt den Finger vom Bildschirm, wird die sogenannte *Minisymbolleiste* mit gängigen Formatierungsbefehlen eingeblendet. Die Leiste trägt ihren Namen nun eigentlich zu Unrecht – hier ist sie gar nicht mehr so »mini«.

Markieren mit dem Finger

Generell ist das Markieren mit dem Finger recht gewöhnungsbedürftig. Oft trifft man nicht genau die gewünschte Stelle. Üben Sie ein bisschen – oder bleiben Sie bei den bewährten Methoden.

Text kopieren und verschieben

Selten sitzt ein Text auf Anhieb. Gut, dass sich Textpassagen ganz einfach verschieben lassen. Und wollen Sie einen brillanten Satz gleich zweimal verwenden, ist das kein Problem.

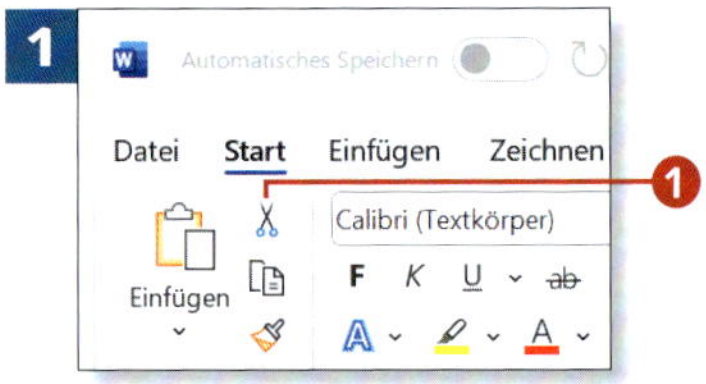

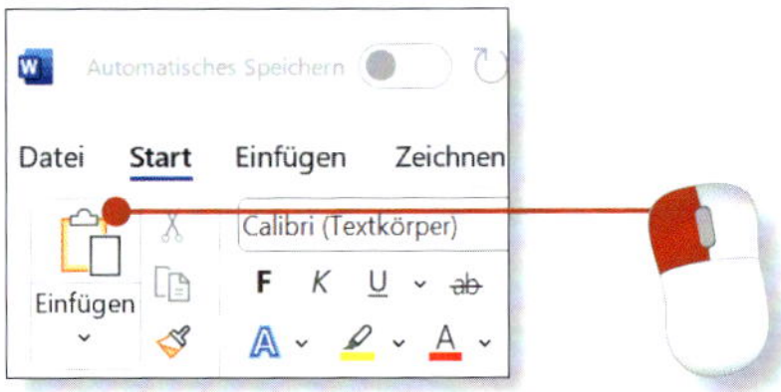

Schritt 1

Markieren Sie die Textpassage, die an einer anderen Stelle im Dokument besser aufgehoben wäre. Klicken Sie auf der Registerkarte **Start** auf **Ausschneiden** ❶. Setzen Sie den Cursor an den »Zielort« und klicken Sie auf **Einfügen**. Die Befehle **Ausschneiden** und **Einfügen** finden Sie auch im Kontextmenü.

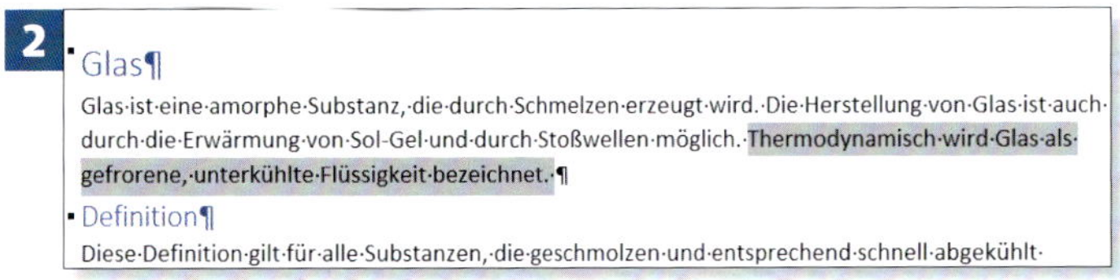

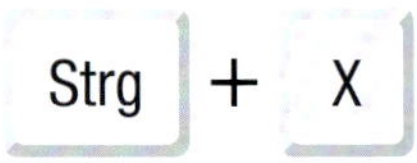

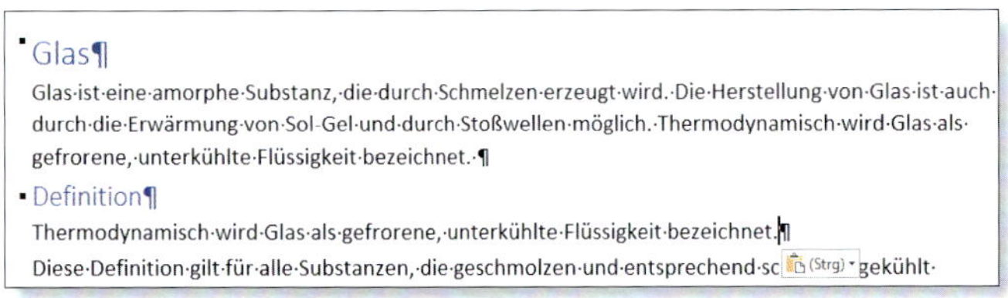

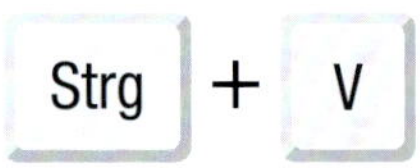

Schritt 2

Sie können bei diesen Aktionen auch mit der Tastatur arbeiten. Sie markieren den zu verschiebenden Text, drücken `Strg`+`X`, wandern zu der Stelle, an der der Text eingefügt werden soll, und drücken `Strg`+`V`.

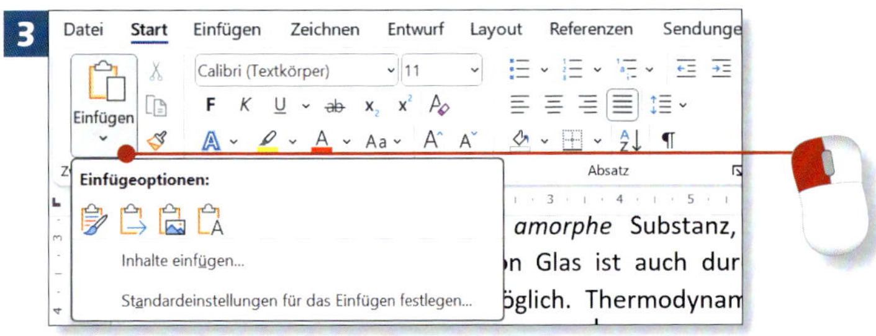

Schritt 3

Wollen Sie bestimmen, mit welcher Formatierung der Text wieder eingefügt wird, klicken Sie auf den Pfeil bei **Einfügen**. Sie können zwischen verschiedenen Optionen wählen. (Lesen Sie dazu auch den Kasten »Einfügeoptionen« auf Seite 77.)

Schritt 4

Besonders schnell verschieben Sie Text per *Drag & Drop* (»Ziehen und Fallenlassen«). Markieren Sie den Text, führen Sie den Mauszeiger an die Markierung und ziehen Sie den Text mit gedrückter Maustaste an den neuen Ort. Ein kleiner Strich gibt an, wo der Text eingefügt wird.

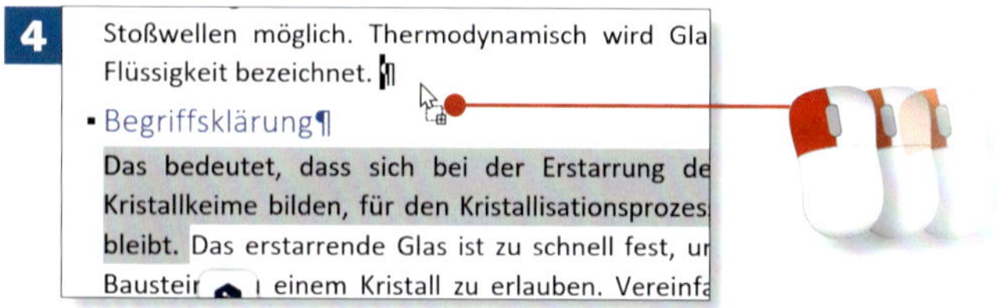

Schritt 5

Soll eine markierte Textpassage nicht ausgeschnitten, sondern kopiert und eingefügt werden, klicken Sie im Kontextmenü oder auf der Registerkarte **Start** auf **Kopieren**. Die nächsten Schritte sind identisch mit denen zum Ausschneiden.

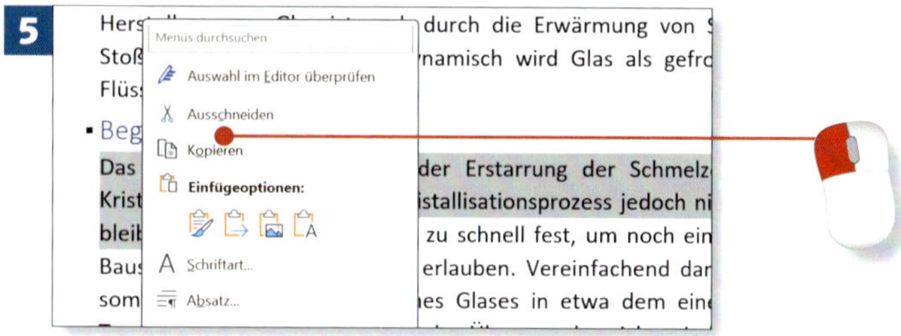

Schritt 6

Auch zum Kopieren können Sie mit Drag & Drop arbeiten. Markieren Sie den Text und ziehen Sie ihn mit gedrückter rechter Maustaste. Beim Loslassen erscheint ein Menü, das die Option **Hierhin kopieren** anbietet.

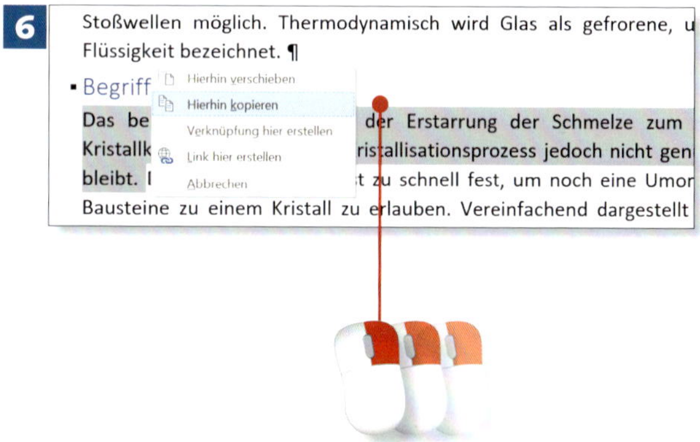

Einfügeoptionen

Die Option **Ursprüngliche Formatierung beibehalten** fügt den Text so ein, wie er formatiert war; **Nur den Text übernehmen** verwirft die ursprüngliche Formatierung; **Formatierung zusammenführen** ist eine Mischung aus vorheriger und aktueller Formatierung.

Textstellen suchen

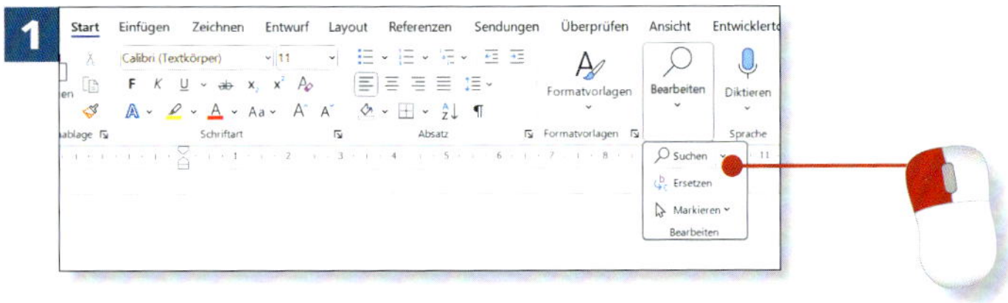

Um in einem langen Dokument einen bestimmten Begriff oder eine Passage zu finden, muss man nicht den gesamten Text lesen – schneller geht es mit der Suchfunktion.

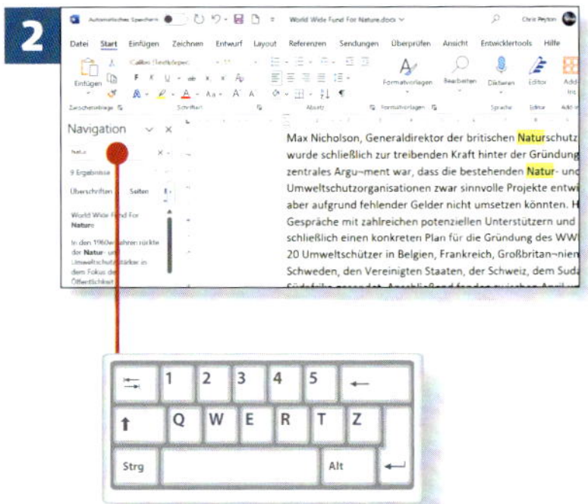

Schritt 1

Zum Auffinden eines bestimmten Textes bzw. Wortes gibt es mehrere Möglichkeiten. Klicken Sie rechts auf der Registerkarte **Start** in der Gruppe **Bearbeiten** auf **Suchen**. Daraufhin öffnet sich links am Bildschirm der *Navigationsbereich*.

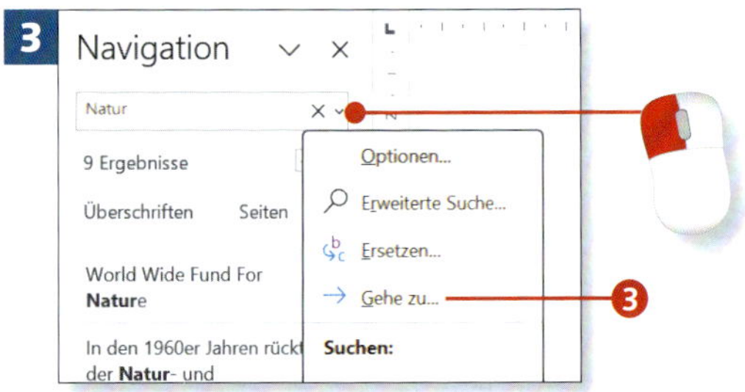

Schritt 2

In das Suchfeld geben Sie den Begriff ein, den Sie finden möchten. Schon mit den ersten Buchstaben werden die Stellen, die diesen Zeichen entsprechen, gelb unterlegt angezeigt.

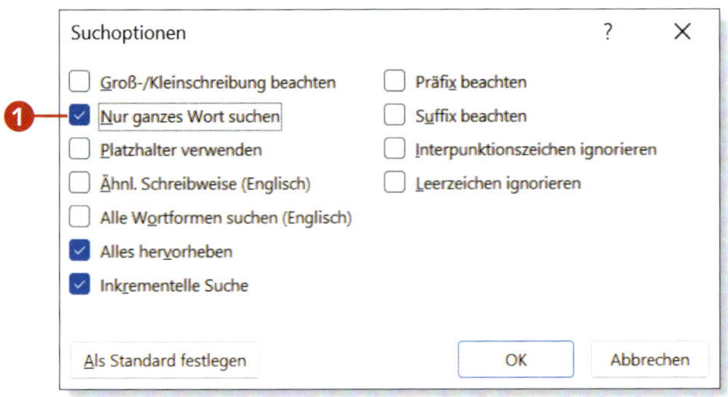

Schritt 3

Klicken Sie auf den Pfeil am Eingabefeld, um Ihre Suche zu verfeinern. Wenn Sie verhindern möchten, dass bereits nach der Eingabe weniger Zeichen Fundstellen angezeigt werden, klicken Sie auf **Optionen** und im Dialog auf **Nur ganzes Wort suchen** 1.

Schritt 4

Mithilfe von *Textmarken* springen Sie gezielt zu einem Wort bzw. einer Position. Setzen Sie den Cursor vor einen bestimmten Begriff und klicken Sie auf der Registerkarte **Einfügen** auf **Textmarke** ❷. Geben Sie der Textmarke einen Namen und klicken Sie auf **Hinzufügen**.

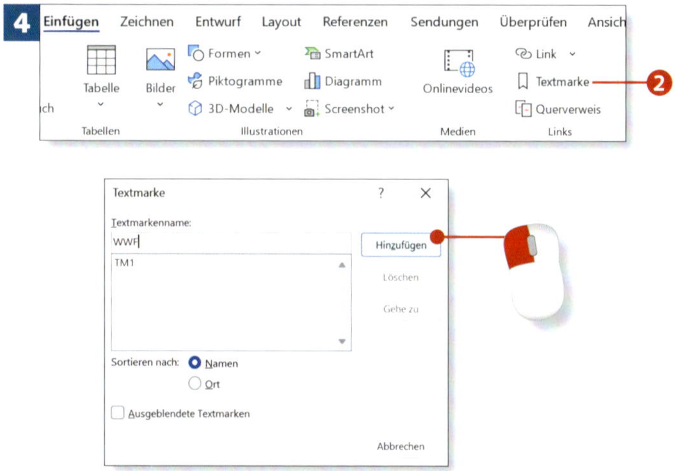

Schritt 5

Um nun gezielt zu dieser Stelle zu springen, wählen Sie im Menü des Suchfeldes **Gehe zu** ❸. Im Dialog **Suchen und Ersetzen** markieren Sie **Textmarke**, wählen im rechten Bereich den Textmarkennamen (klicken Sie gegebenenfalls auf den Auswahlpfeil ❹ am Feld) und klicken auf **Gehe zu**.

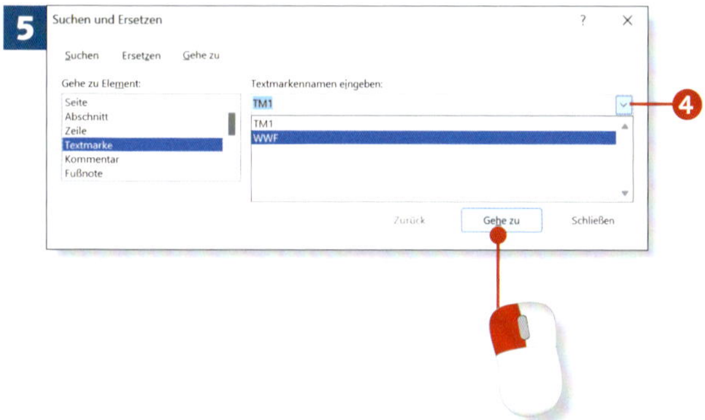

Schritt 6

Den Dialog **Suchen und Ersetzen** können Sie auch so aufrufen: Klicken Sie auf der Registerkarte **Start** auf den Pfeil an der Schaltfläche **Suchen** (bzw. auf **Bearbeiten ▸ Suchen**) und wählen Sie **Gehe zu**.

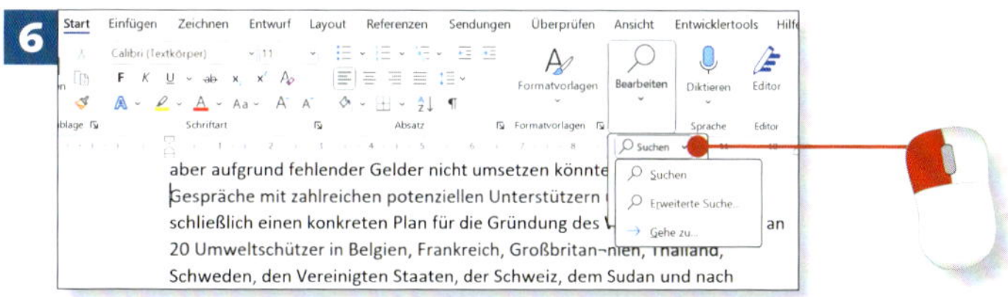

Die Taste F5 verwenden

Der Dialog **Suchen und Ersetzen** lässt sich auch mit F5 öffnen.

Text ersetzen

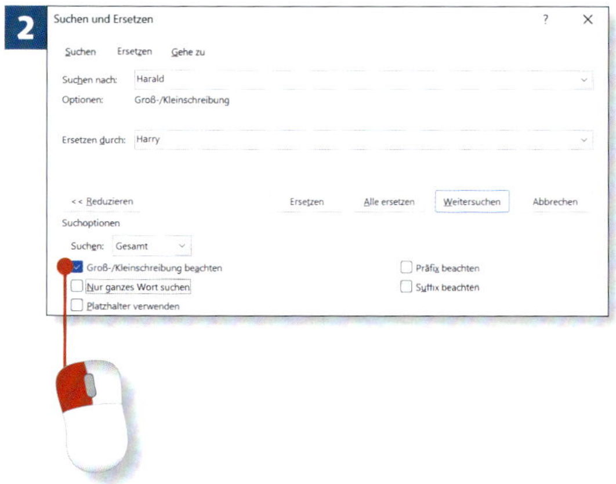

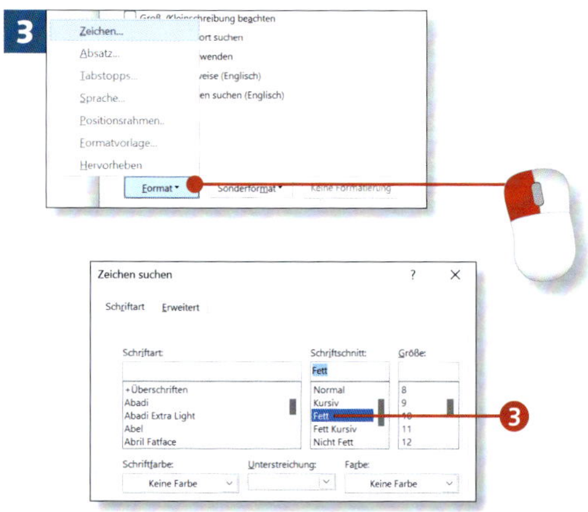

Sie haben in einem Text x-mal »Harald« geschrieben, entscheiden sich zu guter Letzt aber doch für »Harry«. Dies ist ein Fall für die Funktion »Ersetzen«.

Schritt 1

Rufen Sie auf einem der beschriebenen Wege den Dialog **Suchen und Ersetzen** auf und aktivieren Sie die Registerkarte **Ersetzen** 1. Im Feld **Suchen nach** geben Sie das zu ersetzende Wort ein. In das Feld **Ersetzen durch** schreiben Sie das neue Wort. Klicken Sie auf **Alle ersetzen**.

Schritt 2

Um die Funktion **Ersetzen** genauer einzustellen, klicken Sie im Dialog auf **Erweitern** 2. Im Bereich **Suchoptionen** haken Sie die gewünschten Einstellungen an.

Schritt 3

Auch Formatierungen lassen sich schnell austauschen. Klicken Sie in das Feld **Suchen nach** und öffnen Sie über **Format ▸ Zeichen** den Dialog **Zeichen suchen**. Hier geben Sie die gesuchte Formatierung an (z. B. **Fett** 3) und klicken auf **OK**.

! Achten Sie auf leere Felder

Wenn Sie nur Formatierungen ersetzen möchten, müssen Sie darauf achten, dass in den Feldern **Suchen nach** und **Ersetzen durch** kein Text steht!

Schritt 4

Klicken Sie danach in das Feld **Ersetzen durch** ❹ und rufen Sie (ebenfalls über **Format ▸ Zeichen**) den Dialog **Zeichen ersetzen** auf. Dort geben Sie das neue Format an (z. B. **Kursiv**) und bestätigen mit **OK**. Dann klicken Sie im ersten Dialogfenster auf **Alle ersetzen**.

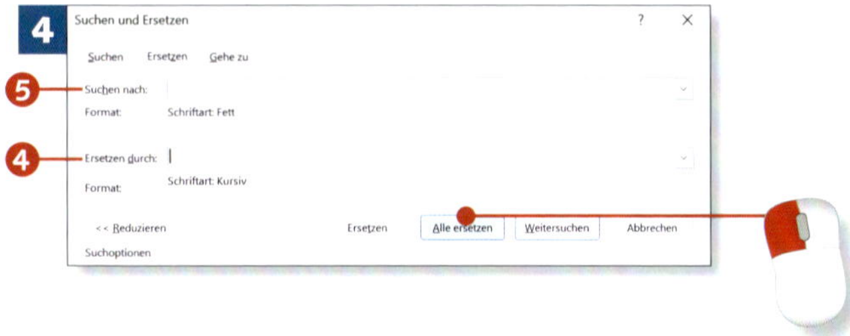

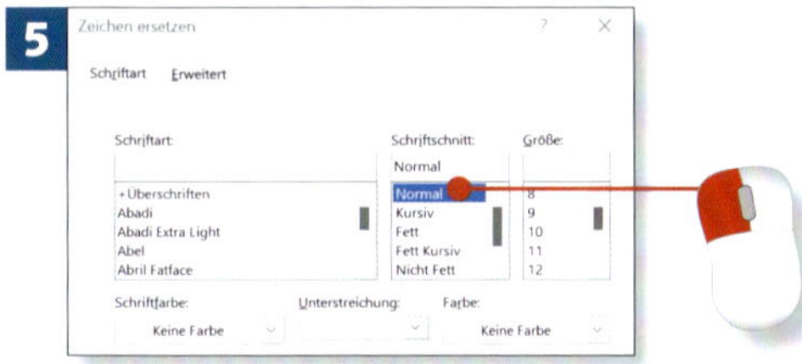

Schritt 5

Ganz ähnlich werden Sie Formatierungen los. Klicken Sie in das Feld **Suchen nach** ❺ und stellen Sie über **Format ▸ Zeichen** die zu löschende Formatierung ein (z. B. **Fett**). Setzen Sie den Cursor in das Feld **Ersetzen durch** und wählen Sie im Dialog **Zeichen ersetzen** die Option **Normal**. Dann klicken Sie auf **Alle ersetzen**.

Schritt 6

Mit **Ersetzen** lassen sich auch Formatierungszeichen austauschen oder entfernen. Setzen Sie den Cursor in das Feld **Suchen nach** und klicken Sie auf **Sonderformat**. Wählen Sie im Menü z. B. **Absatzmarke**. Das Feld **Ersetzen durch** lassen Sie leer. Klicken Sie auf **Alle ersetzen** ❻.

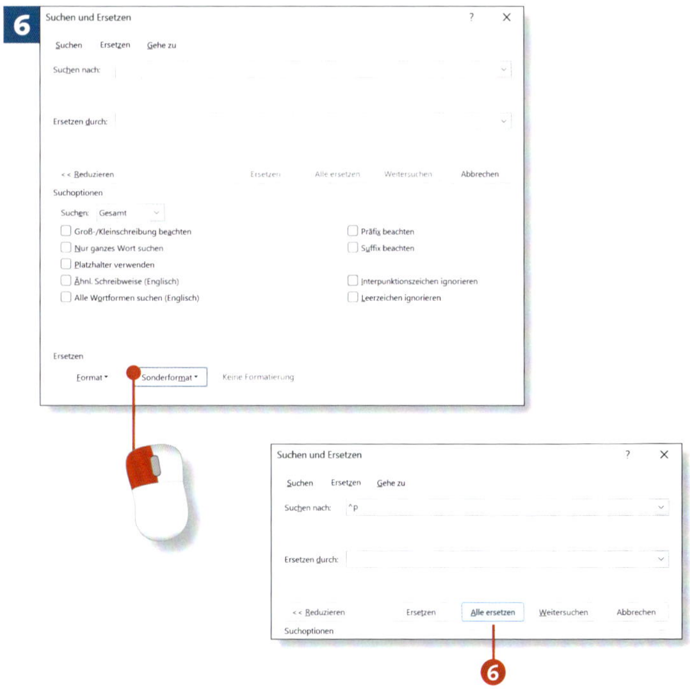

Mit Schnellbausteinen arbeiten

1
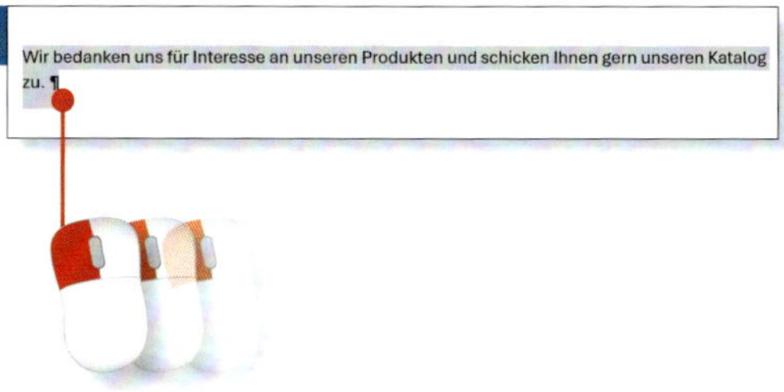

Schnellbausteine sind aus dem Computeralltag nicht mehr wegzudenken. Wenn Sie Textpassagen häufig verwenden, legen Sie sich dafür am besten einen Baustein an.

2
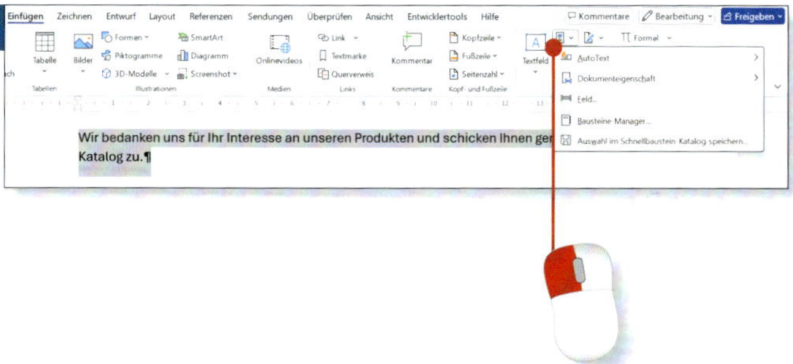

Schritt 1

Um für ein paar Textzeilen, die Sie häufig verwenden, einen Schnellbaustein zu erstellen, müssen Sie diesen Text zunächst einmal schreiben und ihn nach Wunsch auch gleich formatieren. Dann markieren Sie ihn.

Schritt 2

Wechseln Sie zur Registerkarte **Einfügen** und klicken Sie hier auf den Pfeil an der Schaltfläche **Schnellbausteine durchsuchen**. Im Menü wählen Sie **Auswahl im Schnellbaustein-Katalog speichern**.

3
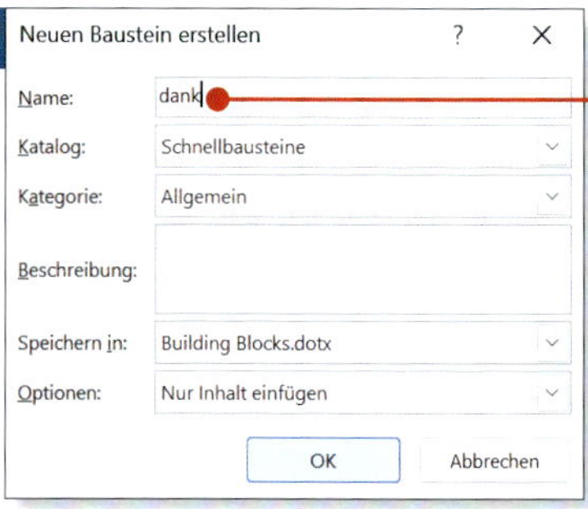

Schritt 3

Daraufhin wird der Dialog **Neuen Baustein erstellen** geöffnet. Hier geben Sie dem Baustein im Feld **Name** einen kurzen Namen. Merken Sie sich das Kürzel. Im Feld **Katalog** belassen Sie es bei **Schnellbausteine**, und auch die anderen Felder ändern Sie nicht. Dann klicken Sie auf **OK**.

Länge der Bausteine

Bausteine können ein Wort umfassen – z. B. ein langes, das Sie ungern tippen – oder mehrere Zeilen und sogar Absätze. Im Prinzip kann ein Baustein beliebig lang sein.

Schritt 4

Probieren Sie nun den Baustein aus. Öffnen Sie ein Dokument und setzen Sie den Cursor an die Stelle, an der der Text des Bausteins eingefügt werden soll. Dort tippen Sie den Namen des Bausteins (Groß-/Kleinschreibung spielt keine Rolle) und drücken gleich im Anschluss die Taste F3. Der Text erscheint.

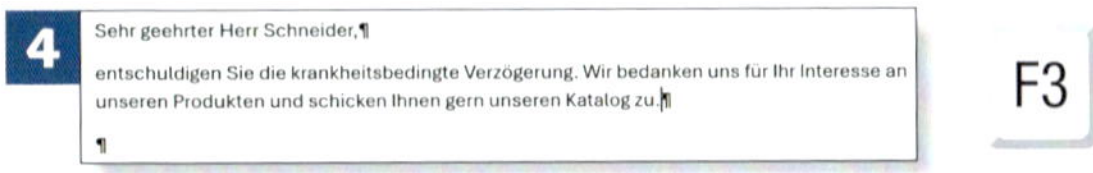

Schritt 5

Dies ist die schnellste Methode, setzt aber voraus, dass Sie sich an das richtige Kürzel erinnern. Im Zweifelsfall klicken Sie auf die Schaltfläche **Schnellbausteine durchsuchen**, wandern durch das Menü und markieren den Baustein, den Sie einfügen möchten.

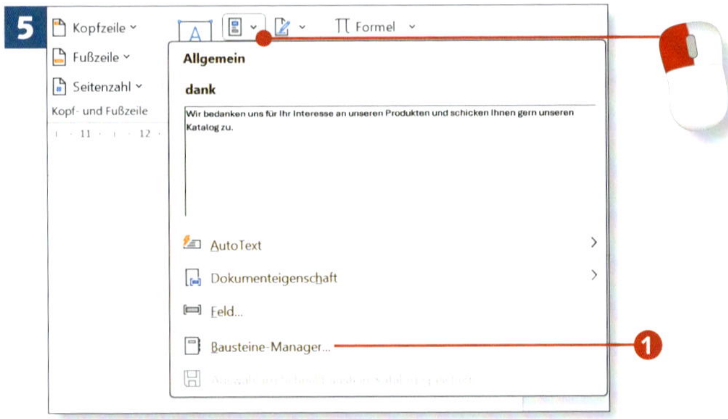

Schritt 6

Bausteine, die Sie nur für ein bestimmtes Projekt gebraucht haben, können Sie wieder löschen. Klicken Sie im Menü der Schaltfläche **Schnellbausteine durchsuchen** auf den Eintrag **Bausteine-Manger** ❶. Markieren Sie den entsprechenden Baustein in der Liste und klicken Sie auf **Löschen**.

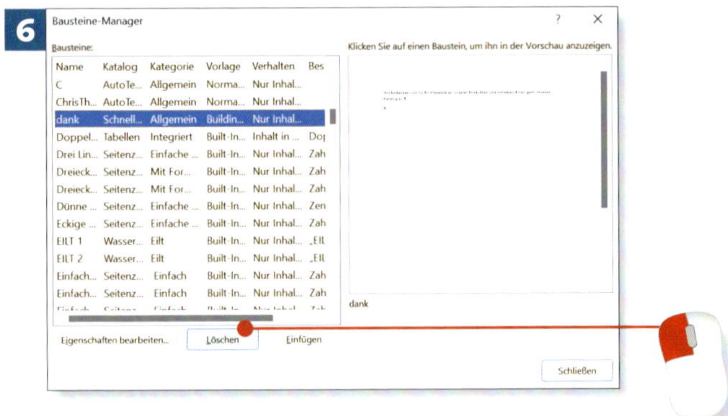

Wo liegen die Bausteine?

Building Block.dotx ist der Standardspeicherort für Schnellbausteine. Sie können im Dialog **Neuen Baustein erstellen** eine andere Dokumentvorlage wählen, mit der der Baustein gespeichert werden soll.

Die Seite einrichten

Word bietet Ihnen eine Standardseite, mit der Sie sofort arbeiten können. Sie können sich eine Seite aber auch ganz nach Ihrem Geschmack einrichten.

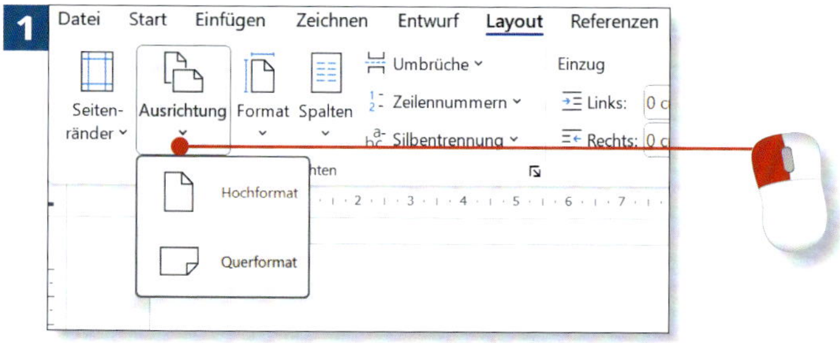

Schritt 1

Standardmäßig schreiben Sie auf einem Blatt im **Hochformat**. Mitunter ist aber das Querformat passender. Um die Ausrichtung zu ändern, aktivieren Sie die Registerkarte **Layout** und klicken auf die Schaltfläche **Ausrichtung**. Wählen Sie **Querformat**.

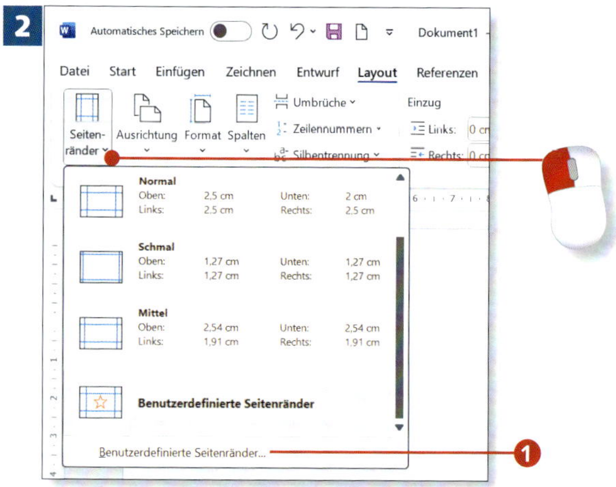

Schritt 2

Selbstverständlich können Sie die Standardseitenränder verändern. Aktivieren Sie die Registerkarte **Layout** und klicken Sie auf **Seitenränder**. Im Menü suchen Sie sich ein passendes Layout aus und klicken es an.

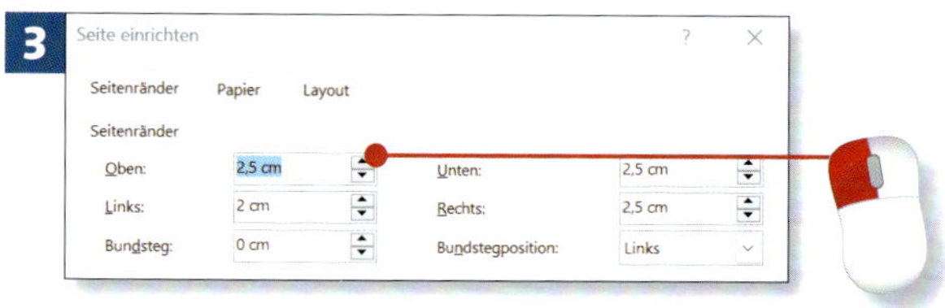

Schritt 3

Um die Breite der Seitenränder frei zu bestimmen, klicken Sie unten im Menü auf **Benutzerdefinierte Seitenränder** ❶ (oder auf den Pfeil an der Gruppe **Seite einrichten**). Beides öffnet den Dialog **Seite einrichten**, in dem Sie die passenden Maße manuell angeben können.

Mehrere Spalten

Für ein Dokument mit mehreren Spalten ist oft das Querformat passender als das Hochformat.

Schritt 4

In der Standardeinstellung schreiben Sie einspaltig. Wenn Sie Ihrem Blatt eine Art Zeitungslayout verpassen wollen, richten Sie mehrere Spalten ein. Klicken Sie auf der Registerkarte **Layout** auf **Spalten** und wählen Sie die Anzahl der Spalten.

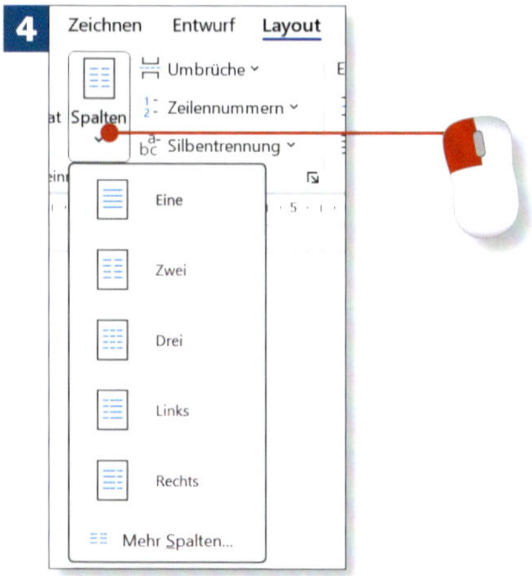

Schritt 5

Sie können die Spalten und Seitenränder auch im Lineal mit der Maus verändern. Blenden Sie die Lineale über **Ansicht ▸ Lineal** ein, sollten sie nicht bereits angezeigt werden.

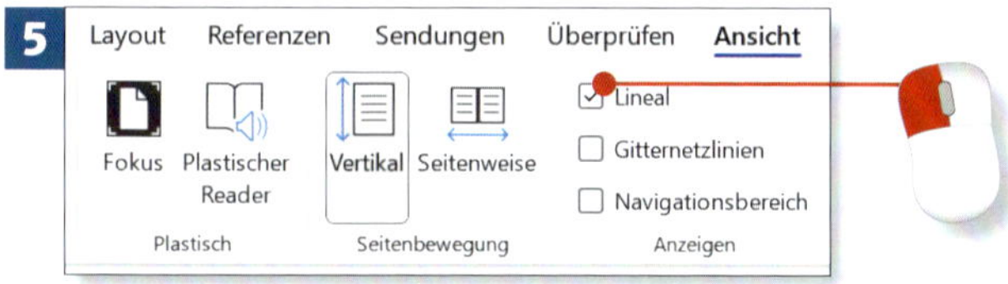

Schritt 6

Wenn Sie die Maus jetzt auf den angedeuteten Seitenrändern im Lineal positionieren, wird der Mauszeiger zum Doppelpfeil und Sie können die Ränder mit gedrückter Maustaste verschieben. Übrigens: Die »Sanduhren« zeigen die Absatzeinzüge an (mehr dazu erfahren Sie in Kapitel 5, »Text gestalten und formatieren«, ab Seite 86).

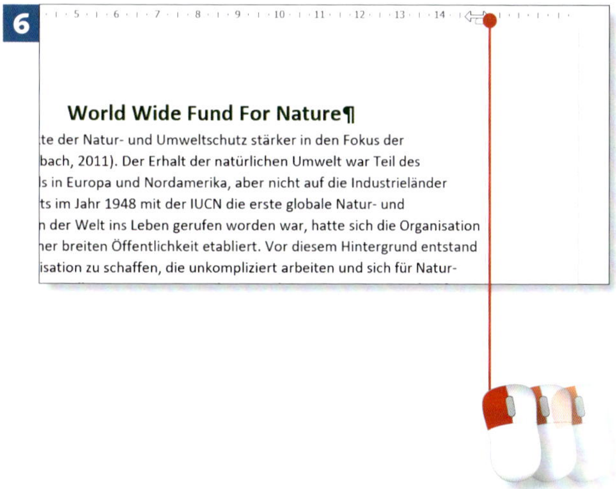

Kapitel 5
Text gestalten und formatieren

Wie Sie Formatierungen in Word realisieren, erfahren Sie in diesem Kapitel. So lässt sich die Seite schön gestalten, und wichtige Abschnitte können hervorgehoben werden.

Schriften und Texteffekte
Sie können die Schriftart, ihre Größe oder Farbe selbst verändern oder aber auf fertige Formatvorlagen zurückgreifen. Versehen Sie den Text z. B. mit einem Rahmen oder einer Hintergrundfarbe. Darüber hinaus gibt es erweiterte Effekte wie Schattierungen oder Spiegelungen.

Ordnung in den Text bringen
Normalerweise orientiert sich der Text am linken Blattrand. Sie können ihn aber auch rechtsbündig ausrichten, Blocksatz einstellen oder z. B. einzelne Textteile zentrieren. Um die Lesbarkeit zu erhöhen, lässt sich u. a. der Zeilenabstand anpassen.

Ergänzungen
Wenn Sie nicht als Einziger an einem Dokument arbeiten, ist der Änderungsmodus sehr nützlich. Damit können Sie Textkorrekturen kenntlich machen wie auf einem Blatt Papier. Ebenfalls nützlich ist die Registerkarte **Referenzen**, über die sich Fußnoten oder auch ein automatisches Inhaltsverzeichnis einfügen lassen.

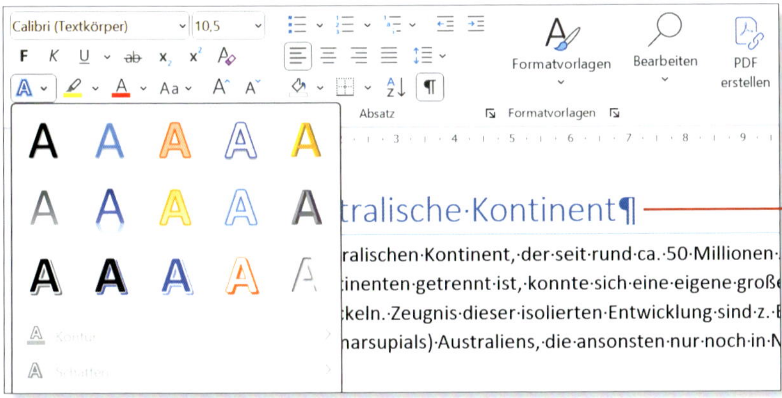

1 Texte lassen sich vielfältig gestalten. Sie können die Schriftart, die Schriftgröße, die Farbe und vieles mehr ändern. Auch Texteffekte stehen Ihnen zur Verfügung.

2 Auch Textausrichtung und Zeilenabstand lassen sich schnell und einfach anpassen.

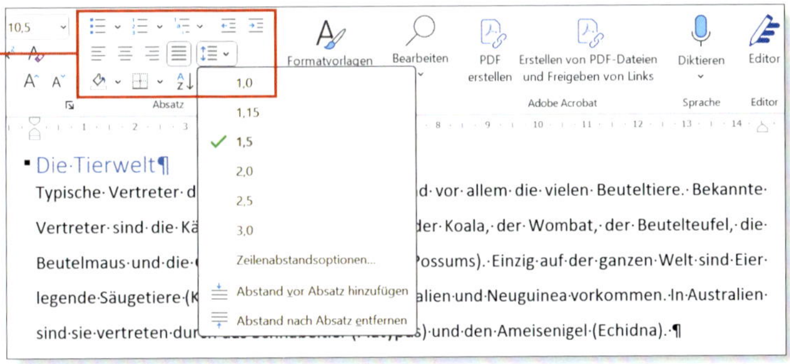

3 Nutzen Sie die Registerkarte **Referenzen** für Fußnoten und ein Inhaltverzeichnis.

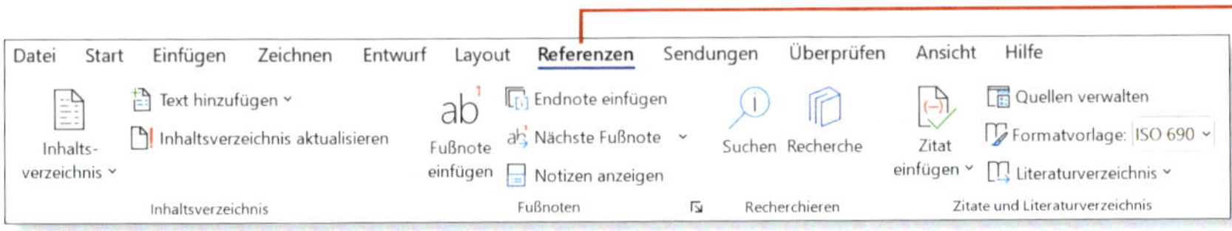

Die Schriftart festlegen

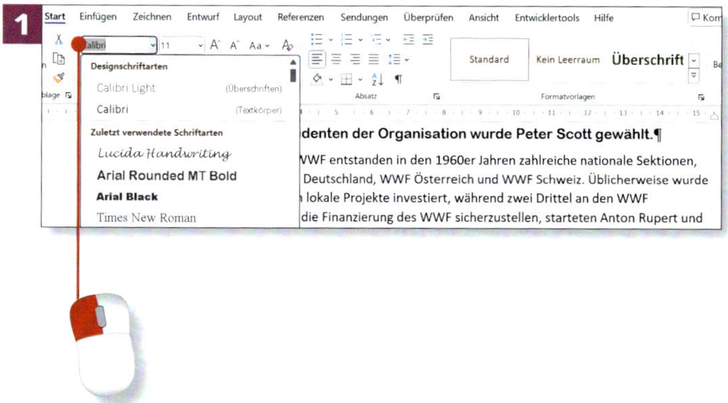

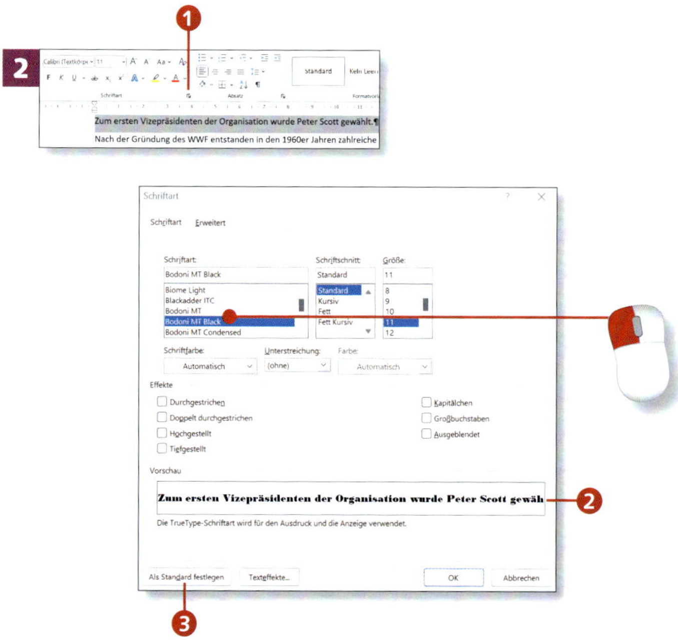

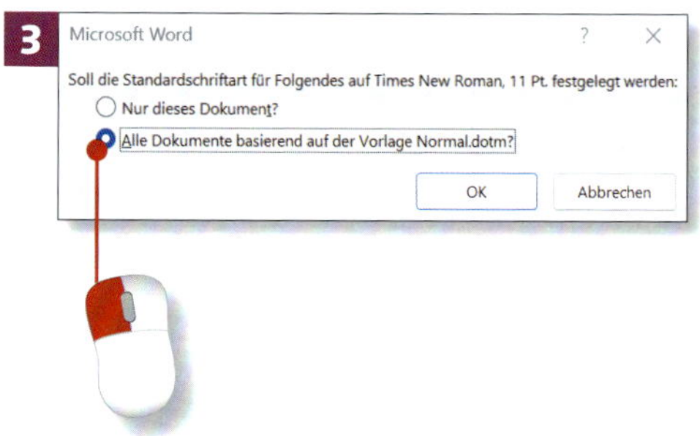

Word bietet Schriftarten in Hülle und Fülle. Für jeden Geschmack und jeden Zweck ist etwas dabei.

Schritt 1

Um die Schriftart zu verändern, markieren Sie den relevanten Textteil. Klicken Sie dann auf der Registerkarte **Start** auf den Pfeil neben **Schriftart**. Aus der Liste wählen Sie per Mausklick die gewünschte Schriftart aus.

Schritt 2

Die Schriftart lässt sich auch im Dialog einstellen. Klicken Sie auf den Pfeil ❶ oder wählen Sie im Kontextmenü des markierten Textteils **Schriftart**. Im Dialog klicken Sie im gleichnamigen Feld auf die gewünschte Schriftart. Achten Sie dabei auf die Vorschau unten ❷.

Schritt 3

Im Dialog **Schriftart** können Sie eine Schriftart als Standardschriftart deklarieren. Wählen Sie die Schrift aus und klicken Sie auf die Schaltfläche **Als Standard festlegen** ❸. Im nächsten Dialog aktivieren Sie eine der beiden Optionen und klicken auf **OK**.

Schritt 4

Achten Sie im Dialog **Schriftart** auf den Bereich **Effekte**. Sie finden hier Zeichenformate (z. B. **Kapitälchen**), die nur der Dialog anbietet.

Schritt 5

Manche Schriftzeichen anderer Sprachen, z. B. das spanische ñ, können Sie mit einem Trick bzw. einer Tastenkombination auf den Bildschirm zaubern. Für die Tilde drücken Sie Strg + Alt + + (links neben der **Enter**-Taste). Dann schreiben Sie den Buchstaben »n«.

Schritt 6

Auch der Dialog **Symbol** (Registerkarte **Einfügen ▸ Symbol ▸ Weitere Symbole**) bietet Schriftzeichen aus anderen Sprachen an. Sie finden hier z. B. das »æ« des dänischen Alphabets und vieles mehr. Markieren Sie das Zeichen und klicken Sie auf **Einfügen**.

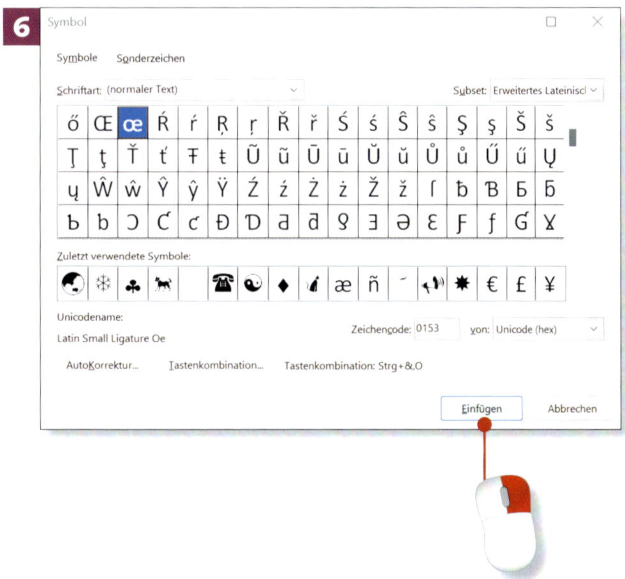

Accent aigu und Accent grave

Sie möchten z. B. »Coupé« schreiben? Ganz einfach: Drücken Sie die Taste ´ und schreiben Sie erst dann das »e«.

Die Schriftgröße festlegen

Die Schriftgröße wird in der Einheit »Punkt« gemessen: je höher die Zahl, desto größer die Schrift. In Word heißt es übrigens »Schriftgrad«, nicht »Schriftgröße«.

Schritt 1

Um die Schrift einer Textpassage zu vergrößern, markieren Sie zunächst den Text. Denken Sie daran, dass Sie auch nicht zusammenhängende Textpassagen mithilfe der Strg-Taste markieren können (siehe Seite 73).

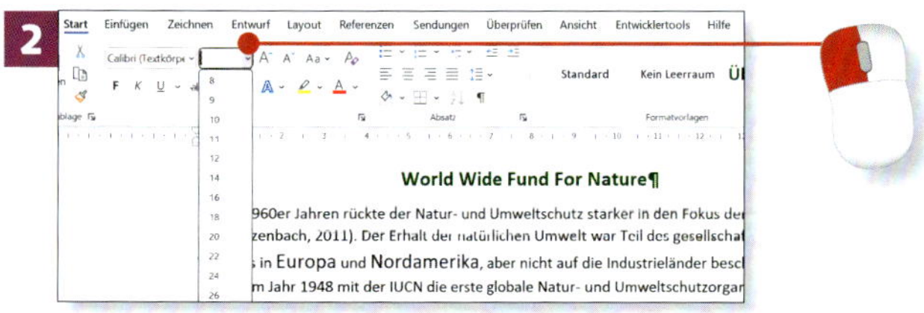

Schritt 2

Klicken Sie auf der Registerkarte **Start** auf den Pfeil am Feld **Schriftgrad**. In der Liste wählen Sie die gewünschte Schriftgröße aus und übernehmen sie per Mausklick.

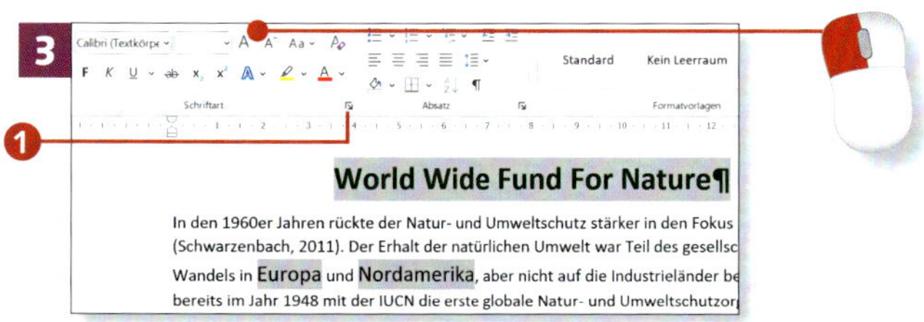

Schritt 3

Alternativ nutzen Sie die Schaltflächen **Schriftart vergrößern** und **Schriftart verkleinern**. Klicken Sie nach dem Markieren auf eine der beiden Schaltflächen. Die Schrift wird jeweils um einen Punkt bzw. zwei Punkte vergrößert oder verkleinert.

Den Dialog »Schriftart« im Kontextmenü aufrufen

Sie können den Dialog **Schriftart** auch über das Kontextmenü des markierten Textabschnitts aufrufen. Wählen Sie den Eintrag **Schriftart**.

Schritt 4

Um eine Standardschriftgröße einzustellen, rufen Sie den Dialog **Schriftart** auf. Klicken Sie auf der Registerkarte **Start** auf den Pfeil ❶ an der Gruppe **Schriftart** oder im Kontextmenü auf **Schriftart**.

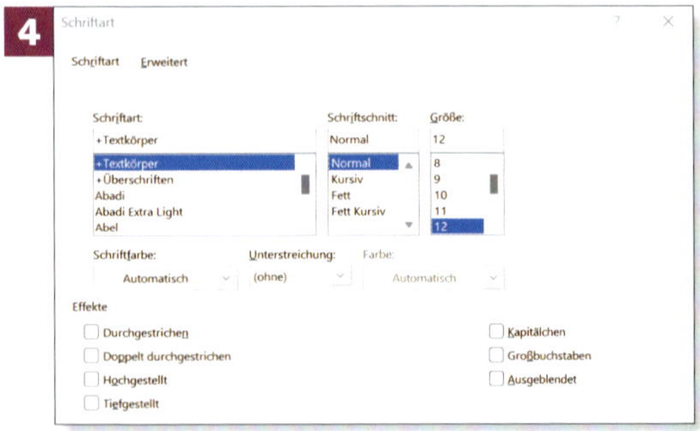

Schritt 5

Wählen Sie im Dialog **Schriftart** die von Ihnen gewünschte Schriftgröße aus und klicken Sie anschließend unten auf die Schaltfläche **Als Standard festlegen**.

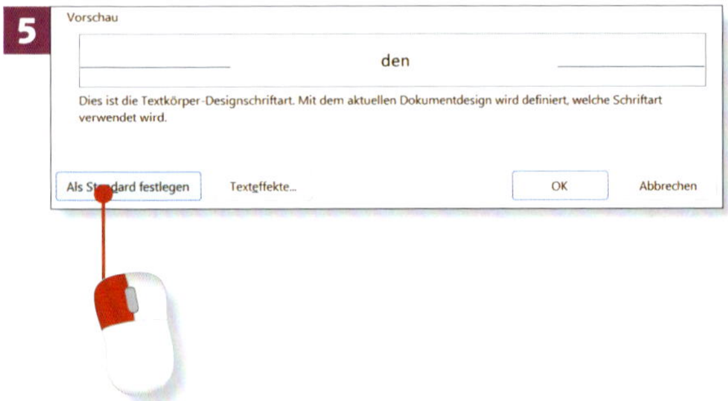

Schritt 6

Bestimmen Sie im nächsten Fenster, ob der Standard nur für das gerade aktive Dokument gelten soll oder für alle Dokumente, die auf der genutzten Formatvorlage basieren. Klicken Sie dann auf **OK**.

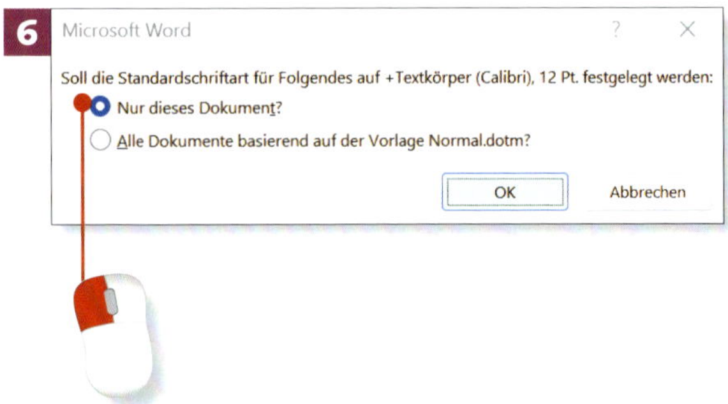

Standard festlegen

Mit der Schaltfläche **Als Standard festlegen** legen Sie nicht nur die Schriftgröße, sondern alle im Dialog gewählten Einstellungen als Standard fest!

Eine Schriftfarbe festlegen

Schriftfarben können einen Text optisch lebendiger machen. Aber greifen Sie nicht zu tief in den Farbtopf – weniger ist oft mehr.

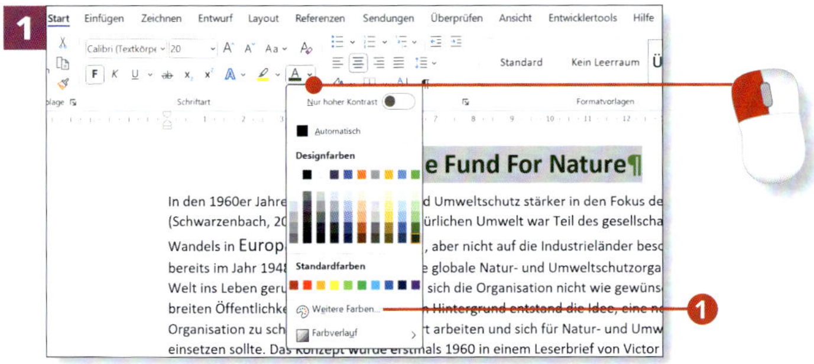

Schritt 1

Wie bei den bisherigen Aktionen markieren Sie zunächst den Text. Klicken Sie dann auf den Pfeil an der Schaltfläche **Schriftfarbe** und wählen Sie per Mausklick die gewünschte Farbe aus der Palette aus.

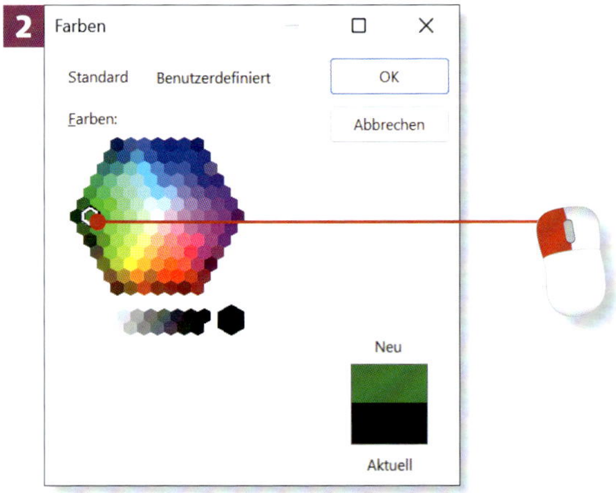

Schritt 2

Eine noch größere Auswahl an Farben erhalten Sie, wenn Sie auf die Option **Weitere Farben** ❶ im Menü **Schriftfarbe** klicken. Im Dialog **Farben** wählen Sie auf der Registerkarte **Standard** eine Farbe aus dem Sechseck aus.

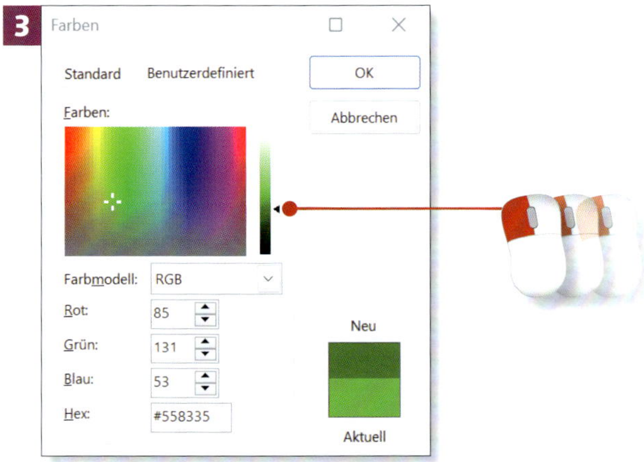

Schritt 3

Auf der Registerkarte **Benutzerdefiniert** des Dialogs **Farben** stellen Sie per Klick auf das Farbfeld die Grundfarbe ein, die Sie mit dem Schieberegler rechts daneben verfeinern können. Ziehen Sie mit gedrückter Maustaste am Farbbalken.

Schritt 4

Für Schriftzüge lässt sich auch ein Farbverlauf einstellen. Führen Sie den Mauszeiger auf **Farbverlauf** im Menü der Schaltfläche **Schriftfarbe** und fahren Sie mit der Maus über die verschiedenen Varianten. Der Effekt zeigt sich im Text. Per Klick übernehmen Sie eine Variante.

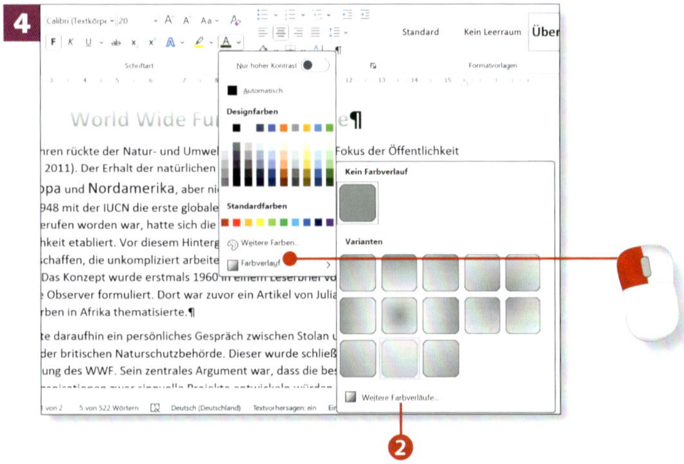

Schritt 5

Klicken Sie auf **Weitere Farbverläufe** ❷, um den Farbverlauf zu verfeinern. Im Bereich **Texteffekte formatieren** aktivieren Sie die Option **Farbverlauf**. Klicken Sie auf den Pfeil an der Schaltfläche **Voreingestellte Farbverläufe** ❸ und wählen Sie in der Farbpalette eine Variante aus.

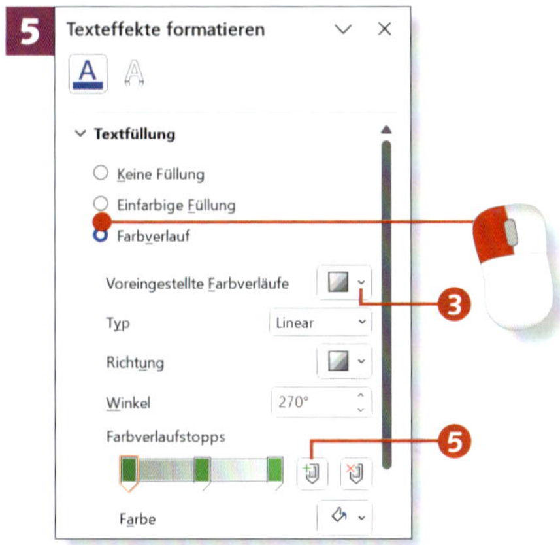

Schritt 6

Für einen individuellen Farbverlauf klicken Sie einen *Farbverlaufstopp* an ❹ und wählen über die Schaltfläche **Farbe** eine Farbe. Dann klicken Sie den zweiten Farbverlaufstopp an und wählen die nächste Farbe. Über die Stopps dazwischen steuern Sie den Verlauf.

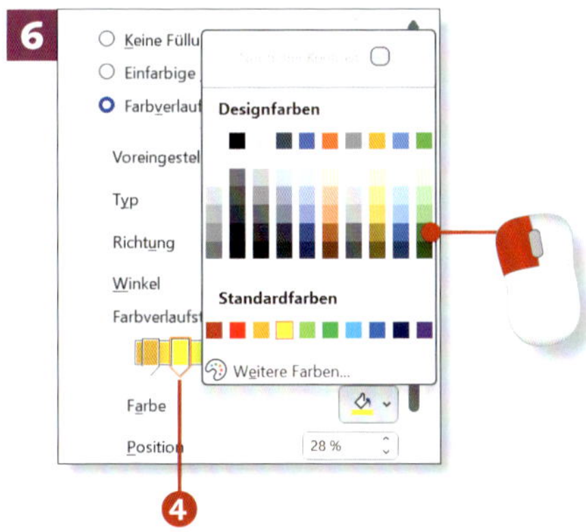

Farbverlaufstopps hinzufügen

Klicken Sie auf das Klammersymbol mit dem Pluszeichen ❺, um dem Schieberegler weitere Farbverlaufstopps hinzuzufügen.

Textabschnitte ordentlich ausrichten

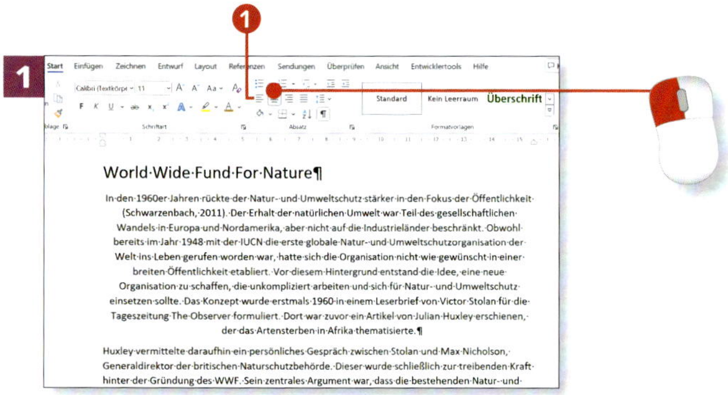

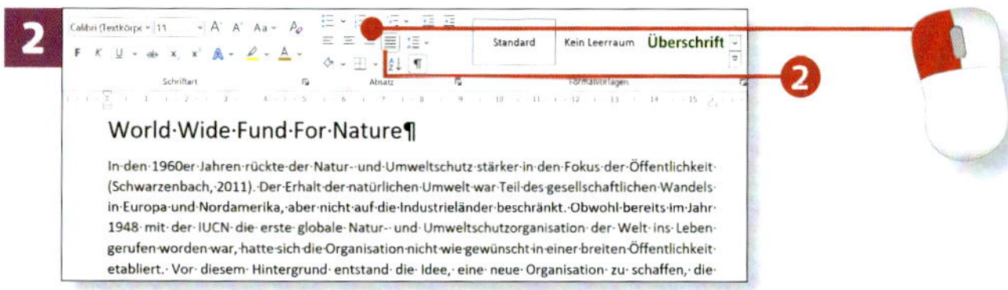

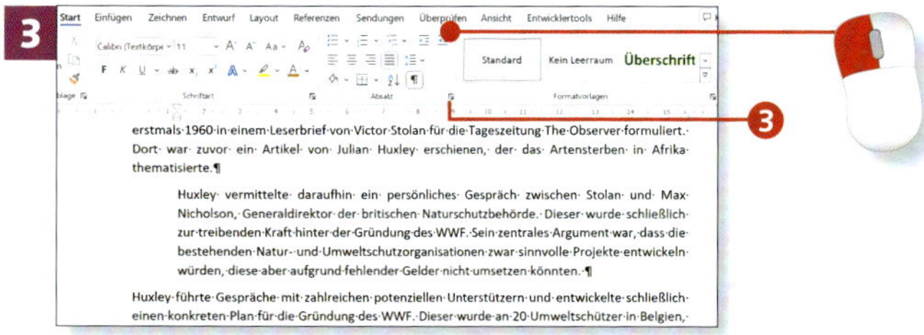

Sie kennen linksbündigen Text, zentrierte Überschriften oder Blocksatz? Nichts anderes verbirgt sich hinter den Befehlen zur Ausrichtung. Auch mit Einzügen werden Absätze angeordnet.

Schritt 1

Standardmäßig ist ein Dokument linksbündig ❶ ausgerichtet. Um einen Absatz z. B. mittig auszurichten, setzen Sie den Cursor (irgendwo) in den Absatz und klicken auf **Zentriert** (auf der Registerkarte **Start**).

Schritt 2

Genauso verfahren Sie, wenn Sie einen Absatz rechtsbündig ausrichten oder in Blocksatz setzen möchten. Klicken Sie einfach auf **Rechtsbündig** bzw. auf **Blocksatz** ❷.

Schritt 3

Absätze lassen sich auch vom Rand ein wenig nach rechts einrücken – man nennt das *Einzug*. Für einen Standardeinzug (1,25 cm) klicken Sie auf der Registerkarte **Start** in der Gruppe **Absatz** auf das Symbol **Einzug vergrößern**.

! Formatierung für mehrere Absätze

Wenn die Formatierung für mehrere Absätze gelten soll, müssen Sie diese Absätze vorher alle markieren.

Schritt 4

Für individuelle Maße klicken Sie auf den Pfeil an der Gruppe **Absatz** ❸ oder im Kontextmenü auf **Absatz**. Im Dialog **Absatz** geben Sie im Feld **Einzug Links** das Maß für den Einzug ein, z. B. »3,0 cm«. Bestätigen Sie mit **OK**.

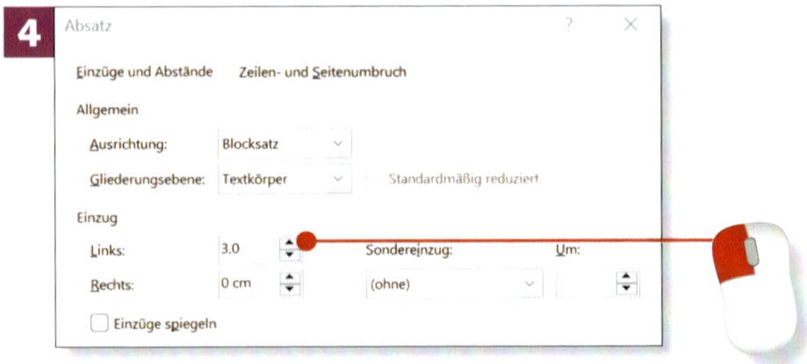

Schritt 5

Word bietet auch *Sondereinzüge*: den *Erstzeileneinzug* (nur die erste Zeile des Absatzes wird eingerückt) und den *hängenden Einzug* (alle Zeilen des Absatzes mit Ausnahme der ersten Zeile werden eingerückt). Für den Erstzeileneinzug wählen Sie im Feld **Sondereinzug** die Option **Erste Zeile**. Im Feld **Um** ❹ geben Sie die Zentimeter der Einrückung an.

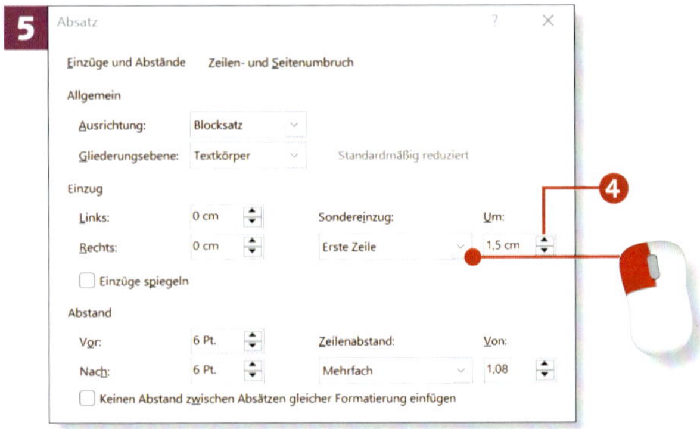

Schritt 6

Für einen hängenden Einzug wählen Sie im Feld **Sondereinzug** die Option **Hängend**. Im Feld **Um** geben Sie an, um wie viele Zentimeter die Zeilen des Absatzes eingerückt werden sollen.

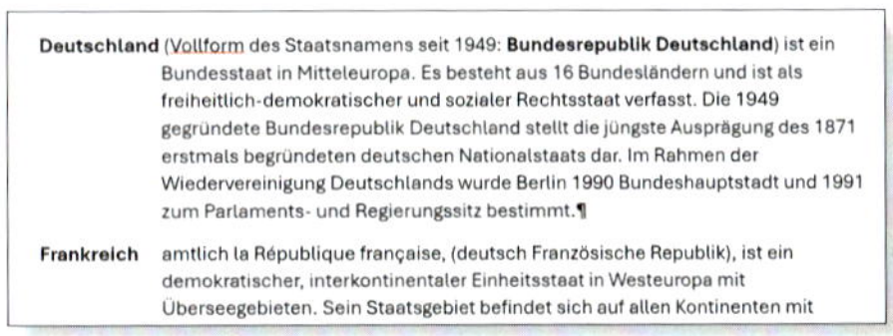

Einzüge mit dem Lineal

Für verschiedene Einzüge können Sie auch die »Sanduhr« des Lineals nutzen. Ziehen Sie mit der Maus am unteren Teil der »Sanduhr«, um den Absatz einzuziehen, am oberen Teil für den Erstzeileneinzug und am mittleren Dreieck für den hängenden Einzug.

Abstände zwischen Absätzen festlegen

Sie können einen Abstand zwischen Absätzen mit der [↵]*-Taste erzeugen, aber eleganter ist es, wenn Sie die Abstände festlegen.*

1

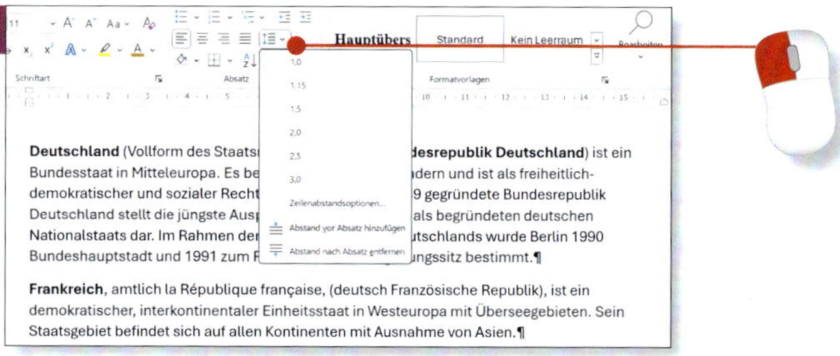

Schritt 1

Standardmäßig wird nach dem Drücken von [↵] ein Abstand von 8 Punkt (Pt.) erzeugt. Auf die Schnelle bewirken Sie einen größeren Abstand (12 Pt.), indem Sie auf der Registerkarte **Start** auf die Schaltfläche **Zeilen- und Absatzabstand** klicken und im Menü **Abstand vor Absatz hinzufügen** wählen.

2

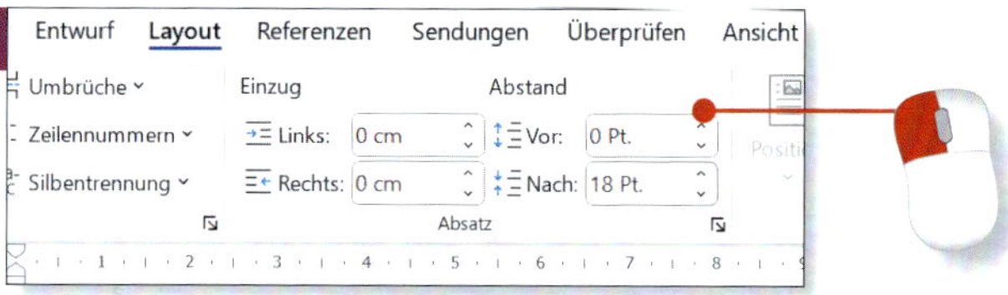

Schritt 2

Möchten Sie den Abstand genauer einstellen, aktivieren Sie die Registerkarte **Layout**. In der Gruppe **Absatz** klicken Sie auf einen der Pfeile neben **Vor** oder **Nach** und wählen den gewünschten Abstand aus.

3

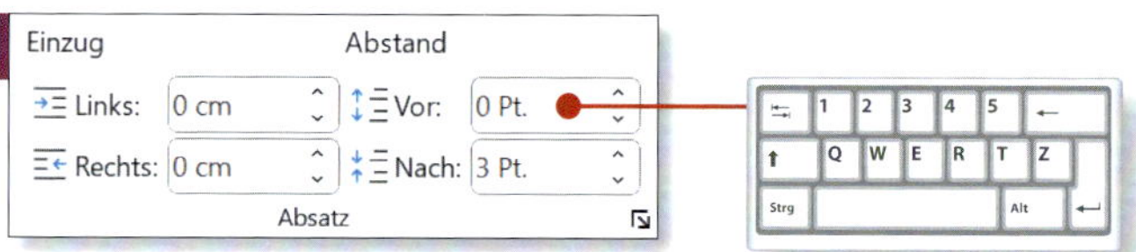

Schritt 3

Sie müssen sich nicht an die Sprünge der Felder **Vor** bzw. **Nach** halten. Klicken Sie einfach in das Feld und geben einen anderen Wert ein, z. B. »3 Pt.«.

!

Absätze markieren

Um den gleichen Absatzabstand für das ganze Dokument einzustellen, müssen Sie alles markieren: [Strg]+[A].

Schritt 4

Auch im Dialog **Absatz** können Sie Absatzabstände festlegen. Sie öffnen über den Eintrag **Absatz** im Kontextmenü eines Absatzes.

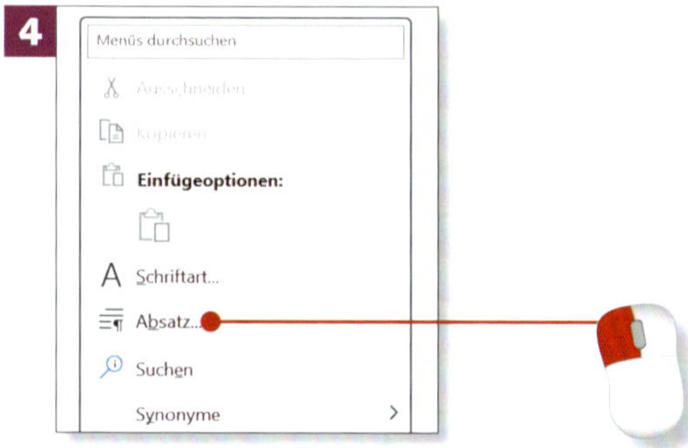

Schritt 5

Im Dialog verfahren Sie genauso wie auf der Registerkarte **Layout**. Legen Sie den gewünschten Abstand in den Feldern **Vor** oder **Nach** im Bereich **Abstand** fest.

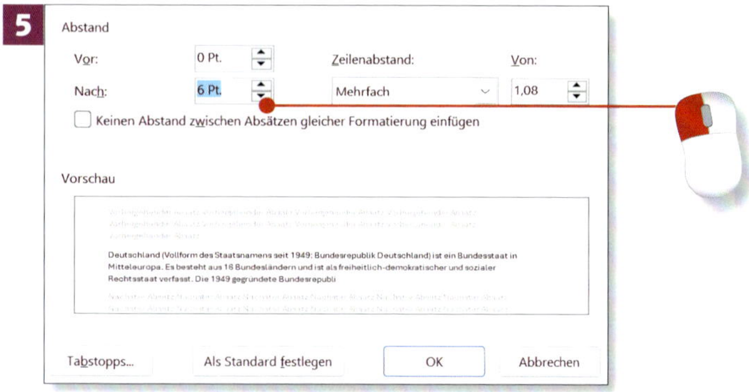

Schritt 6

Wichtige Einstellungen zum Umgang mit Absätzen finden Sie auf der Registerkarte **Zeilen- und Seitenumbruch** ❶ des Dialogs **Absatz**. Haken Sie hier z. B. die Option **Diesen Absatz zusammenhalten** an, wenn ein Teil eines Absatzes nicht auf die nächste Seite rutschen soll.

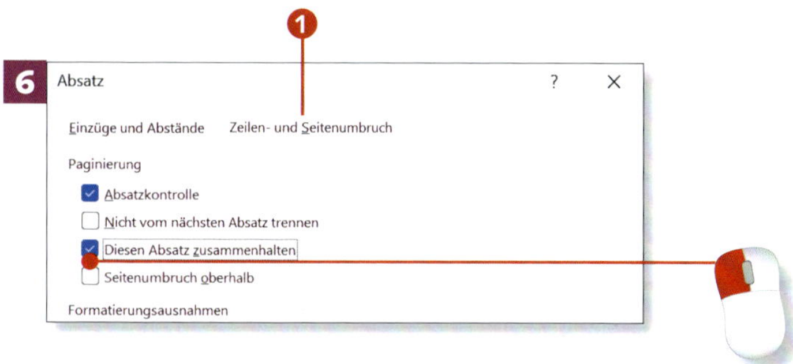

!

Abstände zwischen Absätzen

Wenn Sie einem Absatz einen Abstand **Nach** von 12 Pt. geben und dem folgenden Absatz einen Abstand **Vor** von 6 Pt., addiert Word diese beiden Abstände nicht, sondern wählt den größeren Wert (12 Pt.) aus.

Abstände zwischen Zeilen festlegen

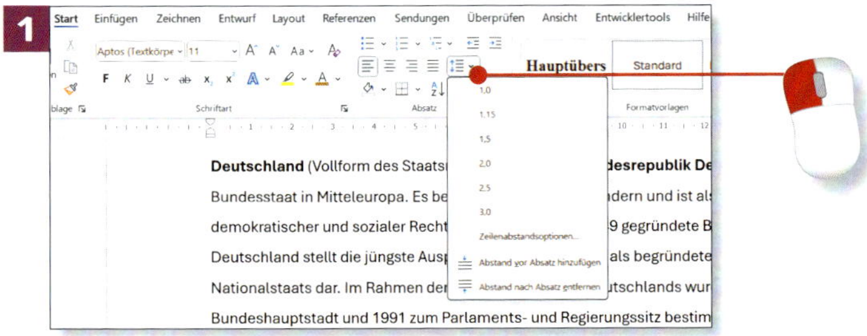

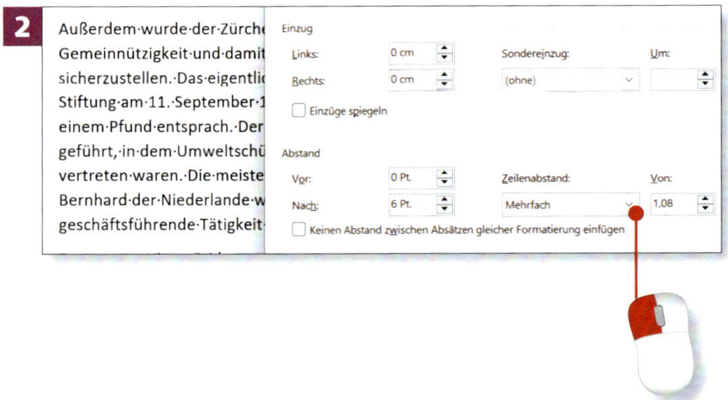

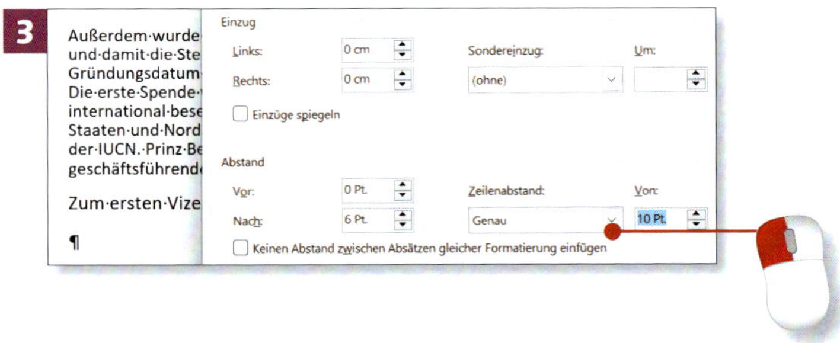

Der als Standard eingestellte Zeilenabstand passt nicht für jedes Dokument. Sie haben diverse Optionen, um den Zeilenabstand nach Wunsch zu manipulieren.

Schritt 1

Der Zeilenabstand ist schnell geändert: Setzen Sie den Cursor in den entsprechenden Absatz und klicken Sie auf der Registerkarte **Start** auf **Zeilen- und Absatzabstand**. Aus der Liste wählen Sie per Mausklick den gewünschten Zeilenabstand aus.

Schritt 2

Möglichkeiten zum Feintuning des Zeilenabstands erhalten Sie im Dialog **Absatz**. Klicken Sie hier auf den Pfeil im Bereich **Zeilenabstand** und wählen Sie im Menü die gewünschte Option. Als Standard ist **Mehrfach** mit einem Abstand von 1,08 eingestellt.

Schritt 3

Mit der Option **Genau** und einem passenden Wert im Feld **Von** legen Sie einen festen Abstand fest, der von Word nicht angepasst wird. Bei variierenden Schriftgrößen empfiehlt sich diese Einstellung nicht, aber sie kann u. U. viel Platz sparen.

Zeilenabstand Mehrfach

Die Einstellung **Mehrfach** bedeutet ein »Mehrfaches« der Schriftgröße. Ein Zeilenabstand von etwa 120 % der Schriftgröße gilt als optimal, d. h. beispielsweise: Schriftgröße 10, Zeilenabstand 1,2.

Schritt 4

Mithilfe der Option **Einfach** wird automatisch der vom größten Schriftzeichen in einer Zeile abhängige Zeilenabstand festgelegt und zusätzlich ein kleiner Zwischenraum gelassen. Der Abstand variiert je nach verwendeter Schriftart.

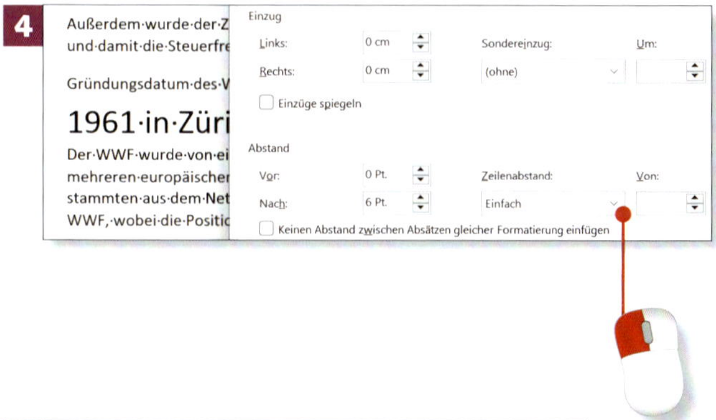

Schritt 5

Mit der Option **Mindestens** stellen Sie, wie der Name sagt, einen Mindestabstand ein, der unabhängig von der Schriftgröße eingehalten wird, auch wenn Sie unterschiedliche Schriftgrößen in einer Zeile verwenden.

Schritt 6

Mitunter ist die Sache etwas knifflig: Ist der eingegebene Zeilenabstand bei **Mehrfach** identisch mit den Werten der Zeilenabstände **Einfach**, **1,5 Zeilen** oder **Doppelt**, ändert Word die Einträge entsprechend: Aus **Mehrfach** mit dem Wert »2« wird z. B. automatisch **Doppelt**.

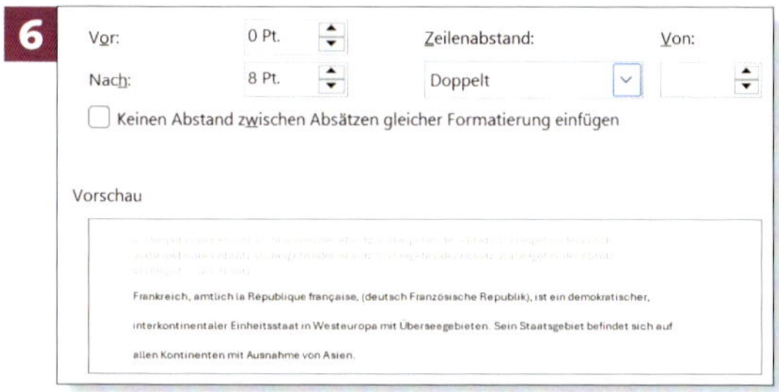

Markieren oder nur einen Absatz formatieren?

Für die Einstellung des Zeilenabstandes an nur einem Absatz reicht es, den Cursor in diesen Absatz zu setzen; ansonsten müssen Sie die Absätze vorab markieren.

Text mit Hervorhebungen und Effekten versehen

1

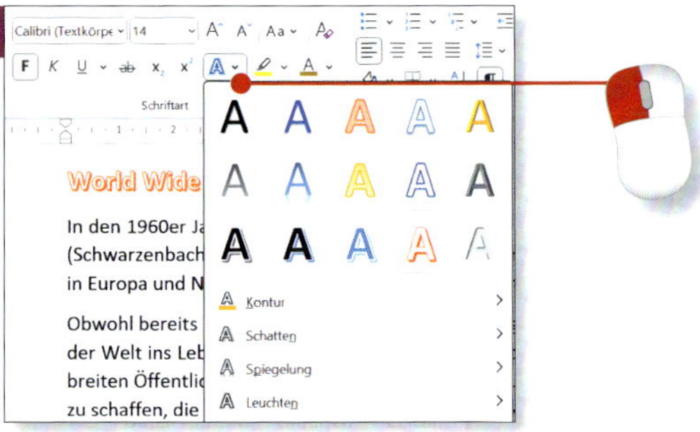

2

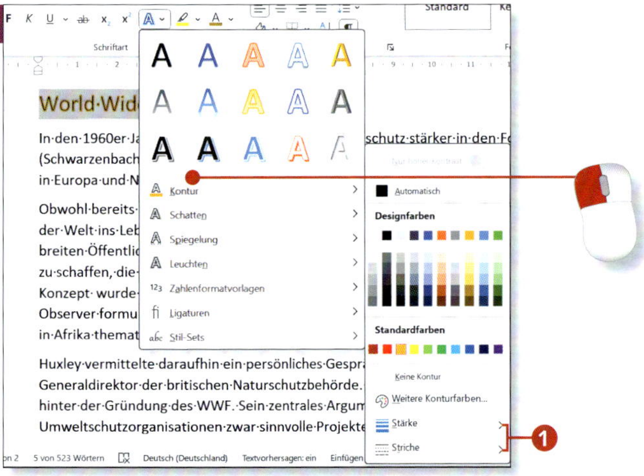

3

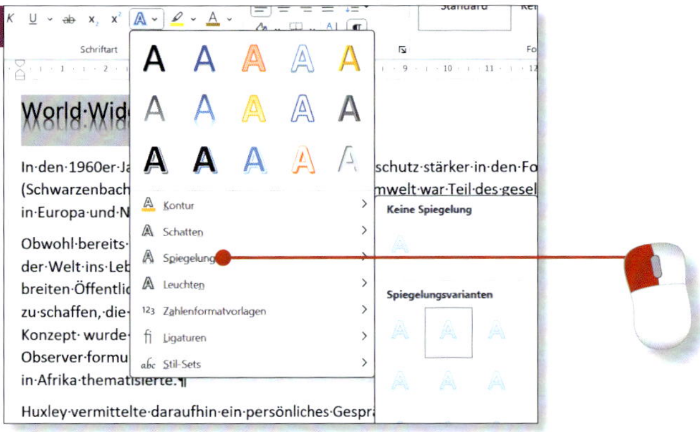

Es gibt weitere Möglichkeiten, einen Text optisch aufzuwerten. Die Texteffekte bieten Schattierungen, Spiegelungen und vieles mehr.

Schritt 1

Markieren Sie den relevanten Text und klicken Sie auf den Pfeil an der Schaltfläche **Texteffekte und Typografie**. Das Menü bietet eine Reihe von Füllungen, die Sie per Mausklick übertragen können. Sie stehen jedoch nur beim Dateiformat *.docx* zur Verfügung.

Schritt 2

Wenn Sie den Mauszeiger auf **Kontur** führen, erhalten Sie eine Farbpalette, um eine Farbe für die Kontur der Buchstaben auszuwählen. Auch die Breite und Art der Kontur lassen sich ändern (Menüpunkte **Stärke** und **Striche** 1).

Schritt 3

Durchaus interessant ist der Effekt **Spiegelung**. Der ausgewählte Text taucht als angedeutete Spiegelung auf. Wählen Sie per Mausklick eine der Varianten.

Schritt 4

Sie können Texte auch zum Strahlen bringen. Klicken Sie im Menü auf **Leuchten** und wählen Sie per Mausklick eine Variante.

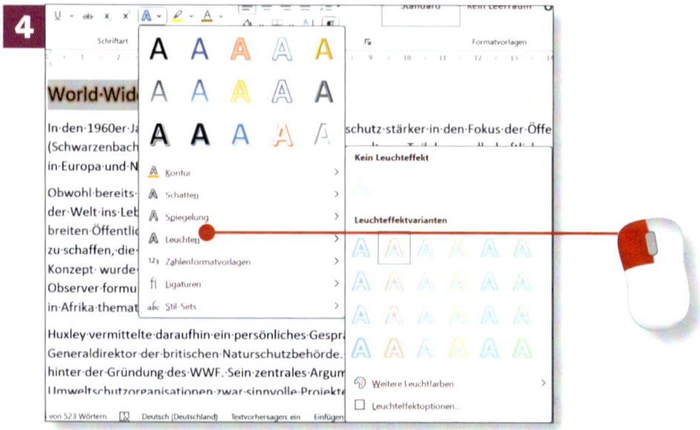

Schritt 5

Haben Sie zu tief in den Effekte-Topf gegriffen? Dann klicken Sie in den Untermenüs auf die Einträge **Keine Kontur**, **Keine Spiegelung** etc. Denken Sie daran, den betreffenden Text vorher zu markieren.

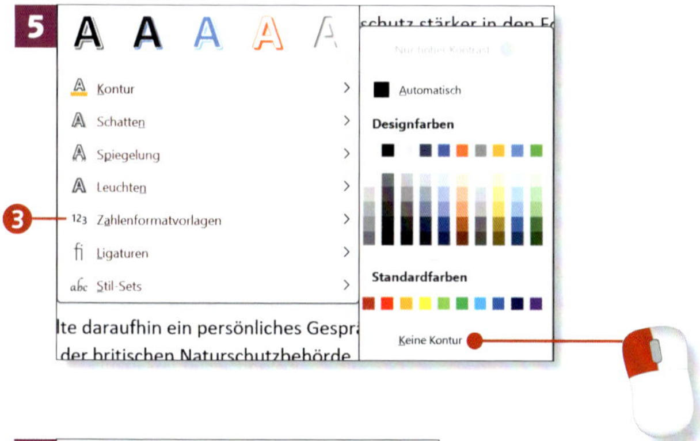

Schritt 6

Achten Sie auf die Einträge **Leuchteffektoptionen**, **Spiegelungsoptionen** usw. in den Untermenüs. Sie öffnen den Aufgabenbereich **Texteffekte formatieren**, der in der Rubrik **Texteffekte** ❷ zahlreiche Einstellungen für den Feinschliff bietet.

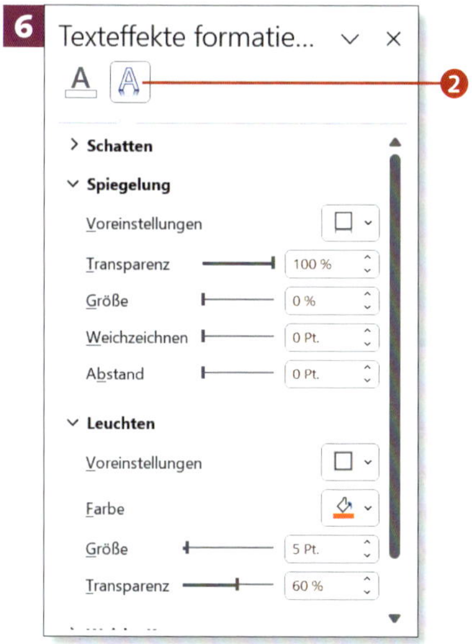

Formatierungen speziell für Zahlen

Im Menü der Schaltfläche **Texteffekte** wird auch die Option **Zahlenformatvorlagen** ❸ angeboten. In ihrem Untermenü finden Sie Formatierungen für Zahlen, z. B. **Proportionale Lineatur**. Damit wird der Abstand zwischen Zahlen je nach dem Platz, den eine Zahl benötigt, angepasst.

Rahmen und Linien um Texte setzen

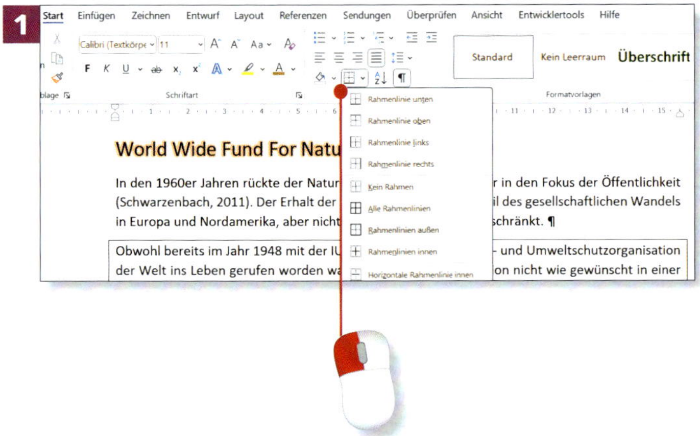

Text zu umranden oder einzelne Linien zu ziehen sind tolle Möglichkeiten, um bestimmte Passagen vom Rest des Textes abzugrenzen.

Schritt 1

Um einem ganzen Absatz einen Rahmen zu geben, setzen Sie den Cursor in diesen Absatz. Klicken Sie auf der Registerkarte **Start** auf den Pfeil an der Schaltfläche **Rahmen**. Im Menü wählen Sie **Rahmenlinien außen**.

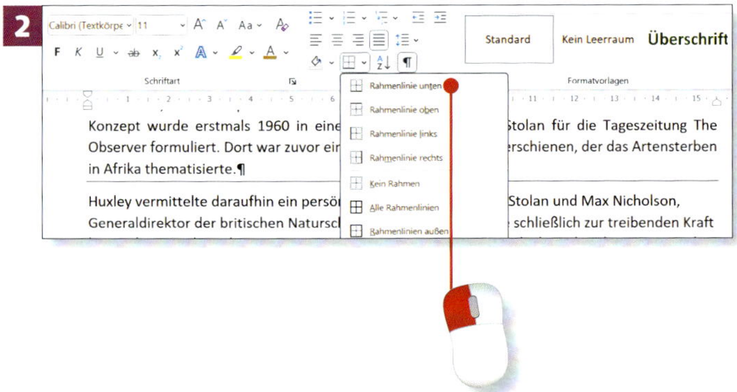

Schritt 2

Mit den Optionen im Menü **Rahmen** können Sie nicht nur einen geschlossenen Rahmen um eine Textpassage setzen, sondern auch einzelne Linien ziehen. Um z. B. eine Linie unterhalb eines Absatzes zu erzeugen (in dem der Cursor stehen muss), klicken Sie auf **Rahmenlinie unten**.

Schritt 3

Sie möchten eine linksbündige Überschrift einrahmen und stellen fest, dass der Rahmen zu groß ist? Klicken Sie im Lineal auf das nach oben weisende Dreieck, das den rechten Einzug repräsentiert, und ziehen Sie es ein wenig nach links.

Schritt 4

Für einen Rahmen, der sich exakt um ein Stück Text legt, markieren Sie den betreffenden Text. Sofern Sie das letzte Wort eines Absatzes einrahmen möchten, achten Sie darauf, dass Sie die Absatzmarke nicht mit markieren (sonst wird der ganze Absatz umrandet). Dann klicken Sie im Menü der Schaltfläche **Rahmen** auf **Rahmenlinien außen**.

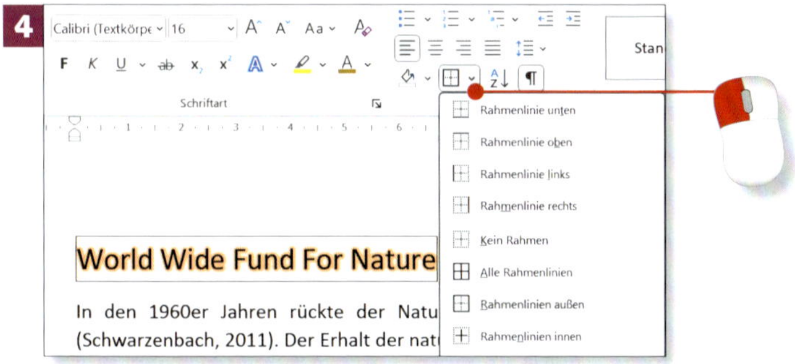

Schritt 5

Um weitere Optionen für Rahmen und Linien zu sehen, klicken Sie unten im Menü **Rahmen** auf **Rahmen und Schattierung**. Im zugehörigen Dialog können Sie u. a. die Linienart und die Farbe des Rahmens einstellen.

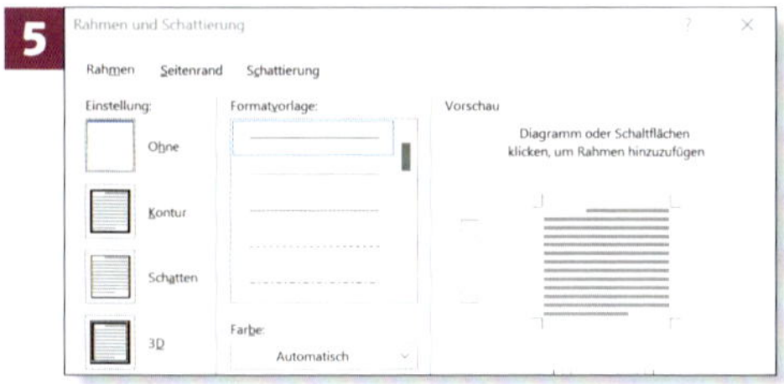

Schritt 6

Wählen Sie in der Liste **Formatvorlage** zunächst z. B. eine doppelte Linie ❶ und dann eine Farbe aus der Farbpalette. Klicken Sie nach diesen Einstellungen gegebenenfalls auf **Kontur** ❷. Im Bereich **Vorschau** ❸ wird der Effekt vorab gezeigt.

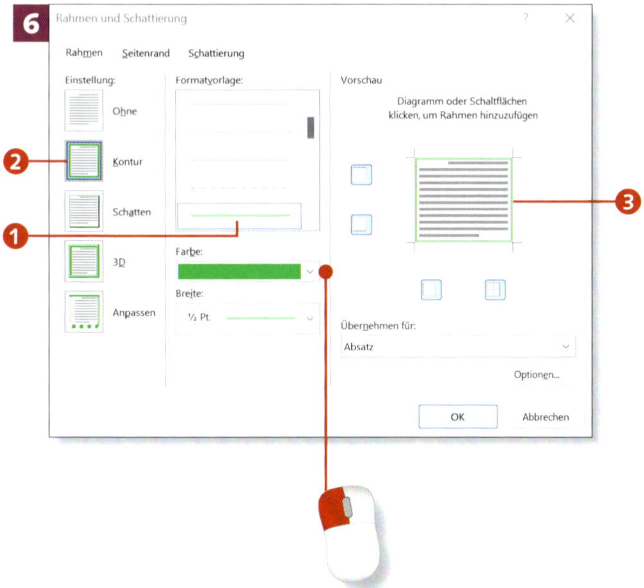

Schattierungen zuweisen

1

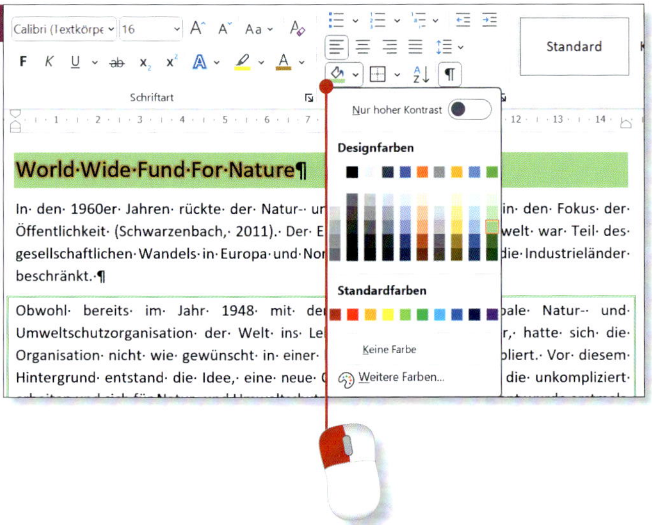

2

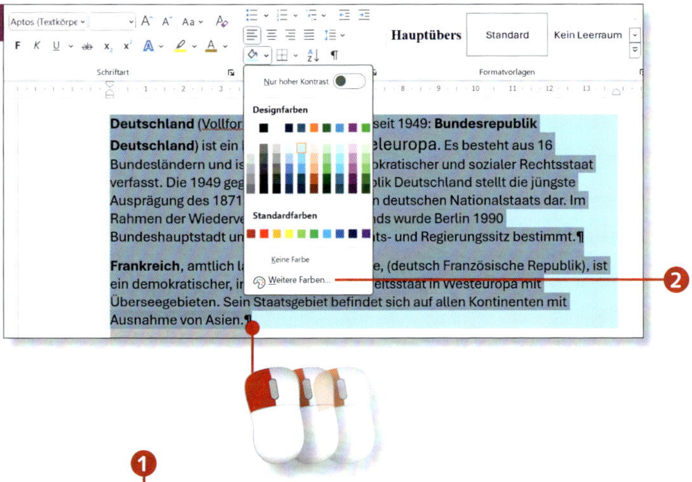

3

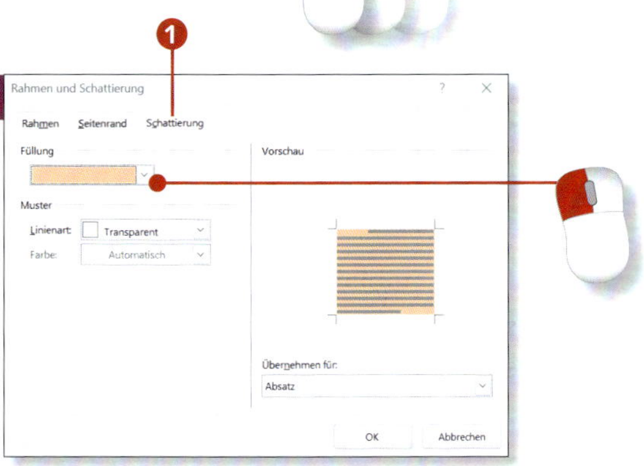

Den Hintergrund von Textpassagen zu schattieren ist ein weiteres optisches Gestaltungsmittel. Wenn es sparsam eingesetzt wird, kann es sehr wirkungsvoll sein.

Schritt 1

Um den Hintergrund eines Absatzes mit einer Farbe zu füllen, klicken Sie auf der Registerkarte **Start** auf den Pfeil an der Schaltfläche **Schattierung**. In der Palette wählen Sie eine Farbe aus.

Schritt 2

Wenn Sie den Hintergrund einer beliebig langen Textpassage farbig hinterlegen möchten, müssen Sie den Text zunächst markieren. Dann wiederholen Sie Schritt 1.

Schritt 3

Genauso können Sie einen Rahmen mit einer Farbe füllen. Öffnen Sie den Dialog **Rahmen und Schattierung** und stellen Sie **Kontur** ein (siehe Seite 103). Dann wechseln Sie zur Registerkarte **Schattierung** ❶ und wählen über das Feld **Füllung** eine Farbe aus.

Schritt 4

Für eine größere Auswahl an Farben klicken Sie im Menü der Schaltfläche **Schattierung** oder (wenn Sie im Dialog arbeiten) im Menü des Feldes **Füllung** auf **Weitere Farben** ❷. Im Dialog **Farben** wählen Sie etwas Passendes aus.

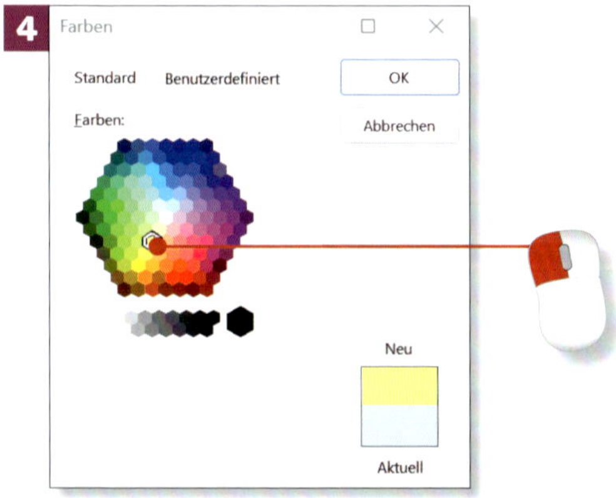

Schritt 5

Effektvoll sind farbig hinterlegte Überschriften: Zentrieren Sie die Überschrift und setzen Sie den Cursor hinein. Im Menü der Schaltfläche **Schattierung** entscheiden Sie sich für eine Farbe.

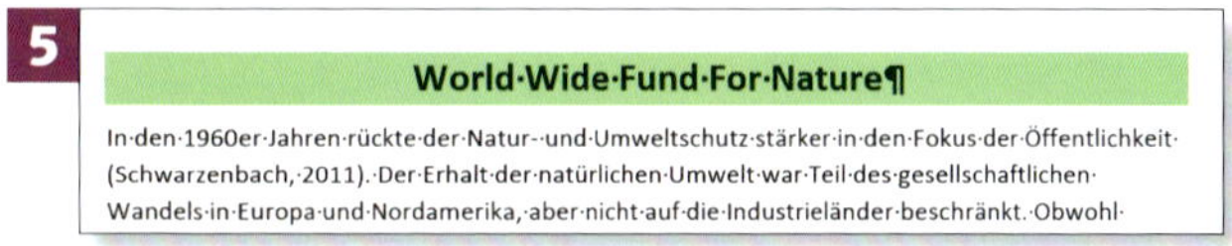

Schritt 6

Verkürzen Sie die Schattierung auf beiden Seiten. Anstatt im Lineal an den entsprechenden Dreiecken zu ziehen, stellen Sie im Dialog **Absatz** in den Feldern **Einzug Links** und **Einzug Rechts** jeweils einen geeigneten Wert ein, z. B. »3 cm«. Klicken Sie auf **OK**.

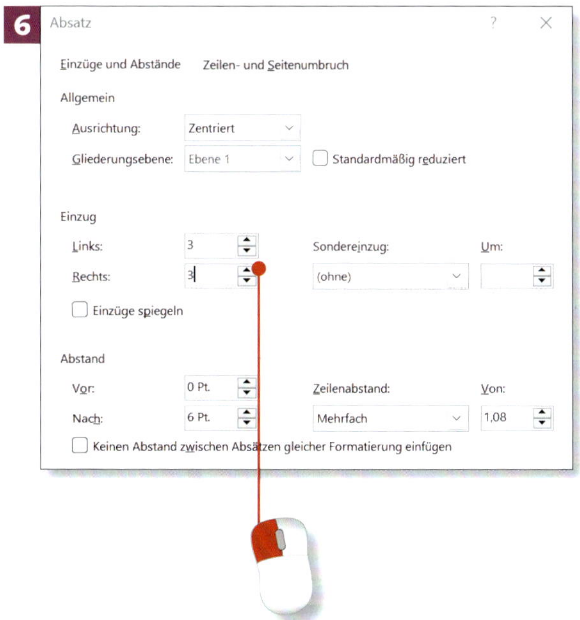

Schattierung entfernen

Auch Schattierungen werden Sie mit der Schaltfläche **Formatierung löschen** auf der Registerkarte **Start** wieder los.

Seiten unterschiedlich formatieren – Abschnittswechsel

Für unterschiedliche Seitenformatierungen in einem Dokument, z. B. Kopf- und Fußzeilen, Spalten, Seitenränder oder die Seitenausrichtung, benötigen Sie Abschnitte.

1
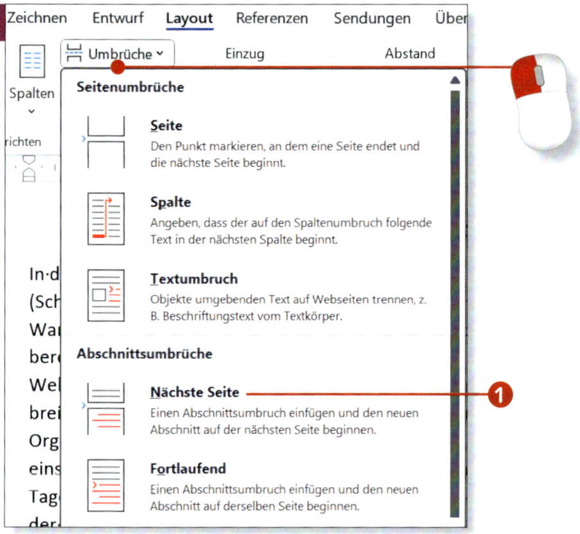

Schritt 1

Setzen Sie den Cursor an die Position, an der der Abschnittswechsel eingefügt werden soll. Wechseln Sie zur Registerkarte **Layout**. Klicken Sie dann auf den Auswahlpfeil der Schaltfläche **Umbrüche**.

2
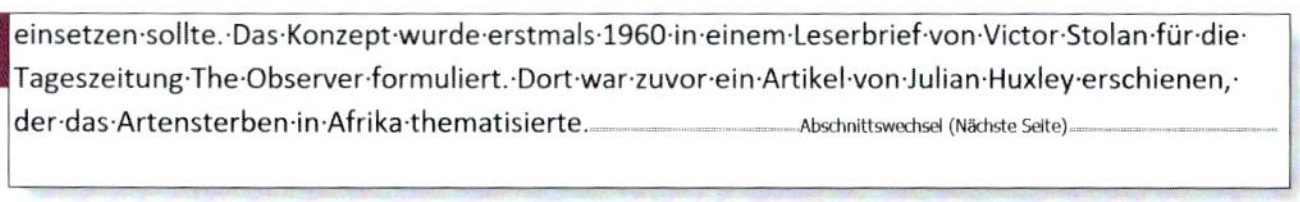

Schritt 2

Um für die folgende Seite z. B. eine andere Ausrichtung einzustellen, wählen Sie in der Auswahlliste den Eintrag **Nächste Seite** ❶. Im Dokument wird der Abschnittswechsel mit einer Linie dargestellt, sofern Sie die Formatierungszeichen anzeigen lassen.

3
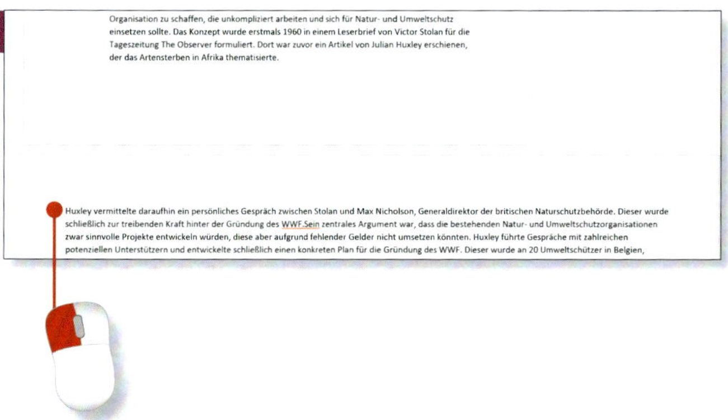

Schritt 3

Setzen Sie den Cursor in den Abschnitt nach dem Wechsel und wählen Sie auf der Registerkarte **Layout** die Option **Ausrichtung ▸ Querformat** (siehe Seite 84). Die Wirkung zeigt sich sofort: Die Seite vor dem Wechsel hat Hochformat, die danach Querformat.

Schritt 4

Um die Überschrift eines zweispaltigen Dokuments einspaltig zu lassen, benötigen Sie einen *fortlaufenden Abschnittswechsel*. Positionieren Sie den Cursor dort, wo das zweispaltige Layout beginnen soll. Wählen Sie im Menü der Schaltfläche **Umbrüche** die Option **Fortlaufend**.

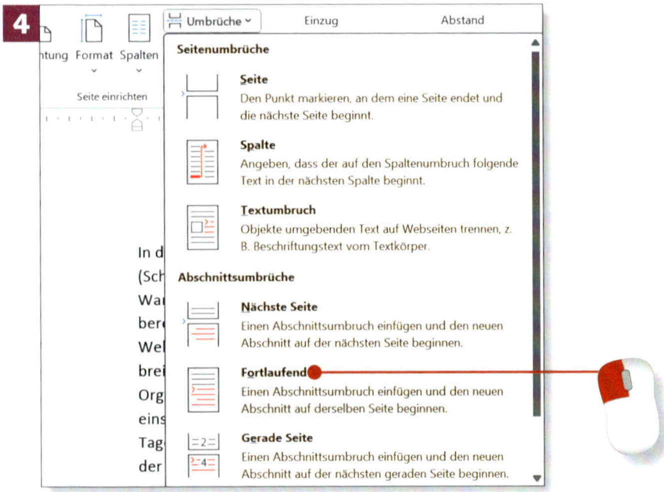

Schritt 5

Sofern Sie alle Formatierungszeichen anzeigen lassen, wird der fortlaufende Abschnittswechsel mit einer doppelten Linie ❷ markiert.

Schritt 6

Um für den neuen Abschnitt zwei Spalten einzustellen, setzen Sie den Cursor in diesen Abschnitt und wählen auf der Registerkarte **Layout** im Menü zu **Spalten** die Option **Zwei**.

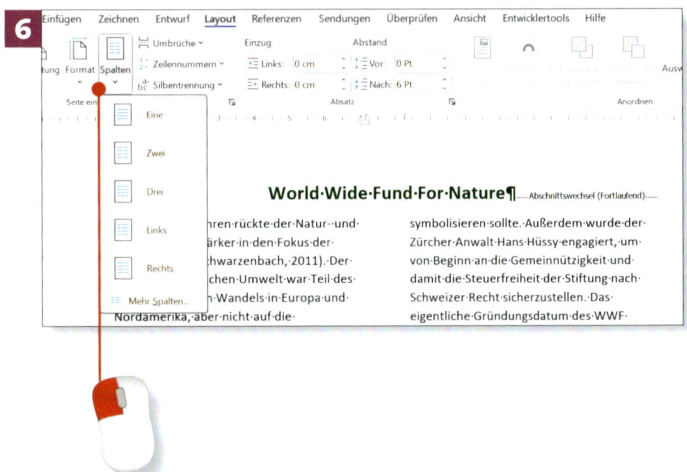

Abschnitte formatieren

Um Abschnitte zu formatieren, klicken Sie in den bekannten Dialogen auf **Übernehmen für**. Dort bestimmen Sie z. B., ob die Formatierung für das gesamte Dokument oder für den aktiven Abschnitt gelten soll.

Fußnoten einfügen

1

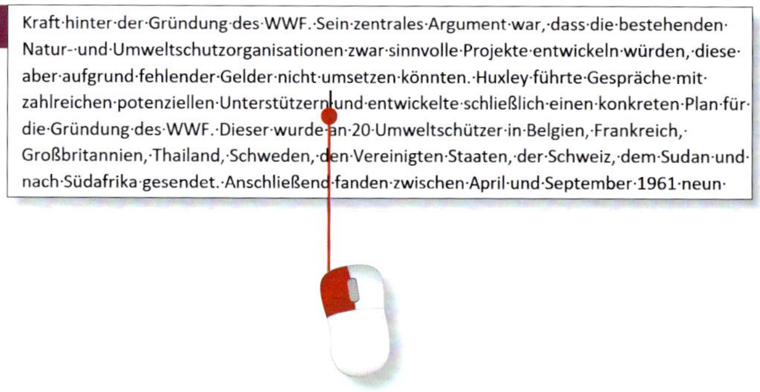

2

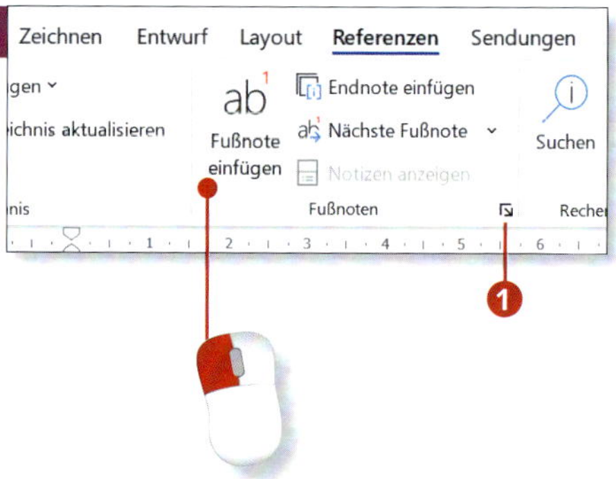

3

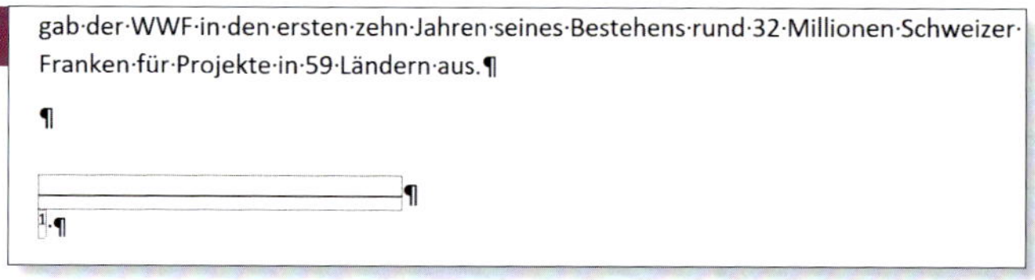

Anmerkungen, Literaturhinweise, Quellenangaben etc. gehören in Fußnoten, die in der Regel durchnummeriert werden. Mit Word lassen sich solche Anforderungen bestens umsetzen.

Schritt 1

Zuerst setzen Sie den Cursor genau dorthin, wo das Fußnotenzeichen im Text erscheinen soll. Achten Sie darauf, dass Sie den Cursor direkt, also ohne Leerstelle, hinter das Zeichen setzen.

Schritt 2

Aktivieren Sie nun die Registerkarte **Referenzen**. Wenn Sie keine Einstellungen vornehmen möchten (für das Fußnotenzeichen o. Ä.), klicken Sie auf **Fußnote einfügen**.

Schritt 3

Dadurch springt der Cursor direkt in den Fußnotenbereich, der automatisch durch eine kurze Linie vom Rest des Textes abgegrenzt wird. Am Anfang der Zeile sehen Sie eine hochgestellte 1 (für die erste Fußnote). Im Text erscheint ebenfalls eine hochgestellte 1 (siehe Schritt 6).

Word zählt mit!

Word kümmert sich um die fortlaufende Nummerierung. Wenn Sie eine Fußnote löschen oder nachträglich eine weitere einfügen, wird die Nummerierung angepasst.

Schritt 4

Schreiben Sie nun Ihren Text in die Fußnote. Ist er länger als eine Zeile, sollten Sie einen hängenden Einzug (für alle Zeilen bis auf die erste) einstellen. Ziehen Sie dazu am entsprechenden Symbol auf dem Lineal (siehe dazu den Abschnitt »Textabschnitte ordentlich ausrichten« auf Seite 94).

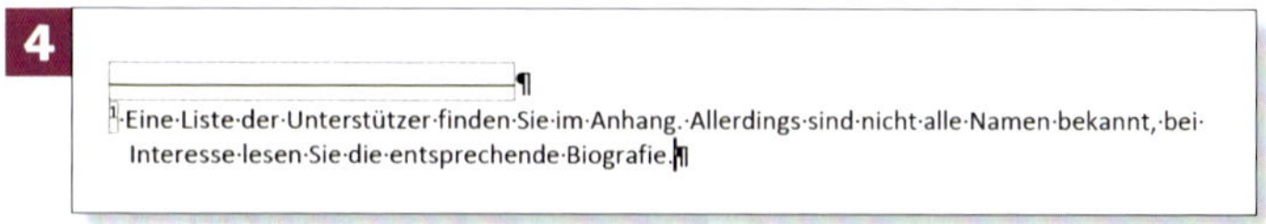

Schritt 5

Für weitere Einstellungen der Fußnote klicken Sie auf der Registerkarte **Referenzen** auf den Pfeil an der Gruppe **Fußnoten** (❶ auf Seite 108). Im Dialog könnten Sie sich z. B. für **Endnoten** (»Fußnoten« am Ende des Dokuments) entscheiden ❷ oder ein anderes Zahlenformat ❸ wählen. Zum Abschluss klicken Sie auf **Einfügen**.

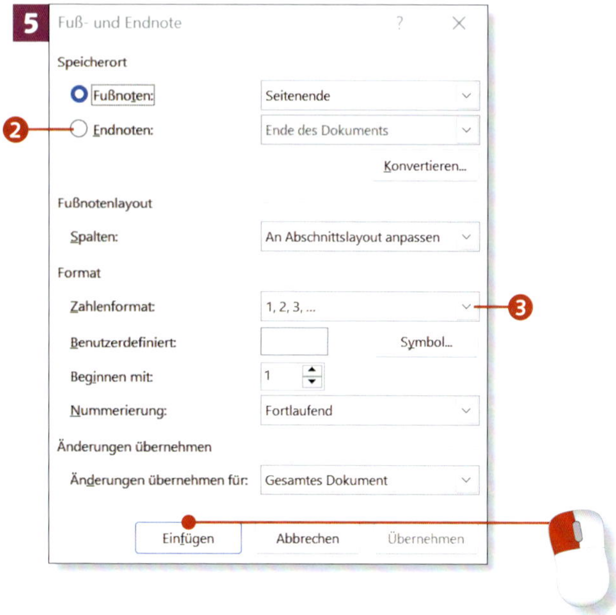

Schritt 6

Sie werden Fußnoten auch leicht wieder los. Markieren Sie das kleine Fußnotenzeichen im Text und drücken Sie Entf. Dadurch wird die gesamte Fußnote gelöscht.

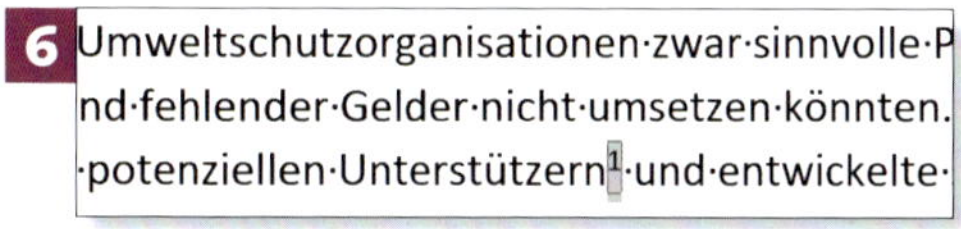

Kopf- und Fußzeilen anlegen und bearbeiten

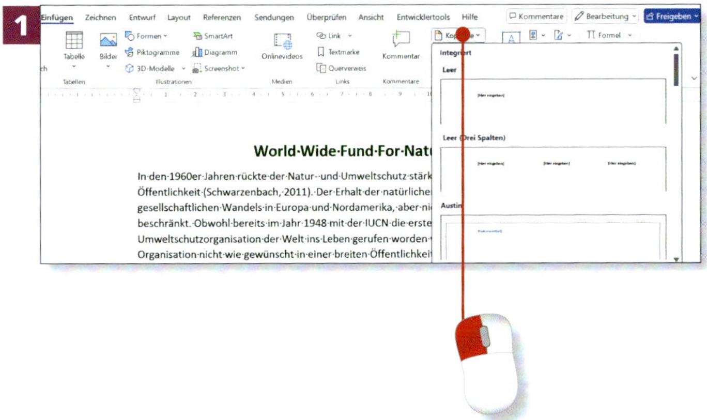

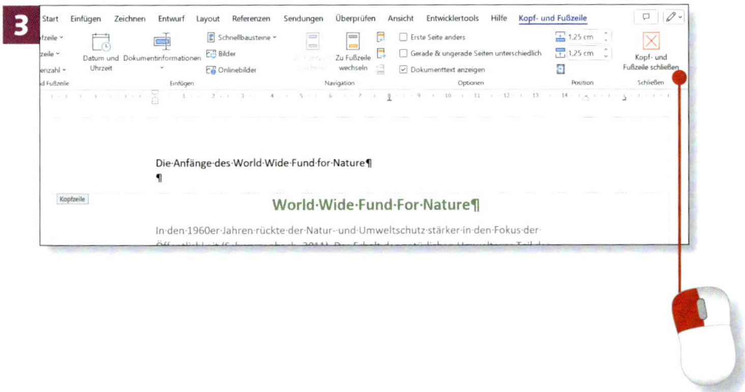

Kopfzeilen und Fußzeilen erscheinen automatisch auf jeder neuen Seite des Dokuments. Sie werden gern für Kapitelüberschriften, Firmennamen, Briefköpfe etc. eingesetzt. Wir beschreiben hier Kopfzeilen; der Umgang mit Fußzeilen ist identisch.

Schritt 1

Aktivieren Sie die Registerkarte **Einfügen**. Hier klicken Sie auf den Pfeil an der Schaltfläche **Kopfzeile**. Um eine Kopfzeile ohne weitere Formatierung einzufügen, wählen Sie **Leer**.

Schritt 2

Daraufhin erscheint oberhalb des Dokuments ein neuer Bereich mit dem Platzhaltertext **[Hier eingeben]**. Geben Sie den Text für die Kopfzeile einfach dort ein.

Schritt 3

Wenn Sie keine weiteren Formatierungen für die Kopfzeile festlegen möchten, war's das schon. Klicken Sie doppelt in den normalen Text oder auf die Schaltfläche **Kopf- und Fußzeile schließen** ganz rechts auf der Registerkarte **Kopf- und Fußzeile**.

Kopfzeilenbereich wieder einblenden

Um die Kopfzeile erneut zu bearbeiten, doppelklicken Sie im Dokument auf den Bereich der Kopfzeile.

Schritt 4

Den Text einer Kopfzeile formatieren Sie wie jeden anderen Text. Aktivieren Sie die Registerkarte **Start** und nehmen Sie die gewünschten Formatierungen vor. Weisen Sie z. B. das Attribut **Fett** ❶ zu und zentrieren Sie den Text.

Schritt 5

Solange der Cursor im Bereich der Kopfzeile steht, wird die Registerkarte **Kopf- und Fußzeile** ❷ eingeblendet. Sie finden hier diverse Schaltflächen bzw. Funktionen zur Bearbeitung der Kopfzeile.

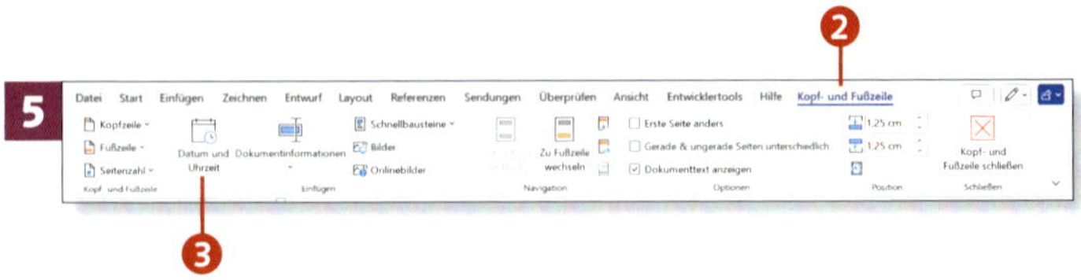

Schritt 6

Wenn Sie z. B. das Datum in die Kopfzeile einfügen möchten, klicken Sie in der Gruppe **Einfügen** auf **Datum und Uhrzeit** ❸. Im Dialog wählen Sie das Format für das Datum aus und klicken auf **OK**. Setzen Sie das Datum mithilfe der [Tab]-Taste nach rechts.

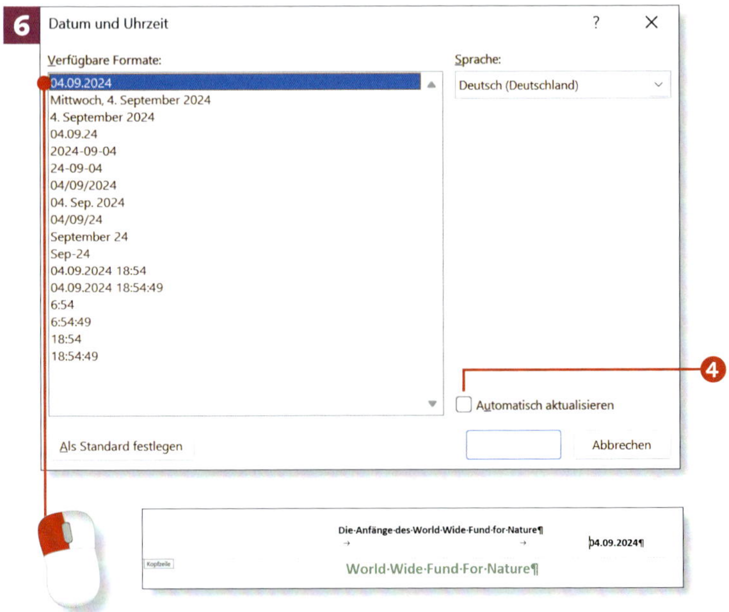

Datum aktualisieren

Wenn Sie im Dialog **Datum und Uhrzeit** die Option **Automatisch aktualisieren** ❹ anhaken, wird das Datum bei jedem Öffnen des Dokuments aktualisiert.

Kopf- und Fußzeilen anlegen und bearbeiten (Forts.)

7

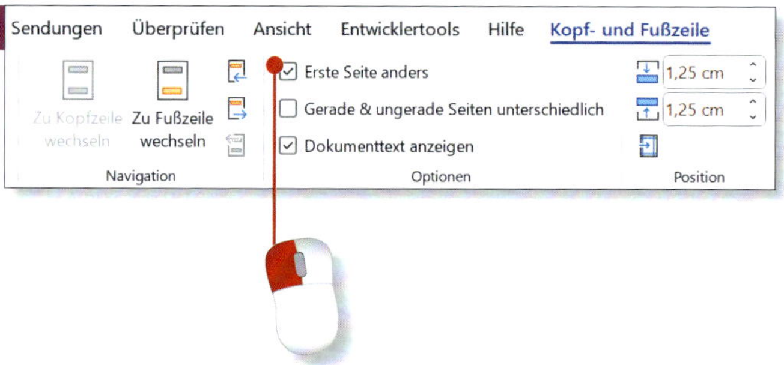

Schritt 7

Oftmals soll auf der ersten Seite des Dokuments die Kopfzeile nicht auftauchen bzw. anders gestaltet sein. Das zu gewährleisten ist ganz einfach: Aktivieren Sie die Option **Erste Seite anders**.

8

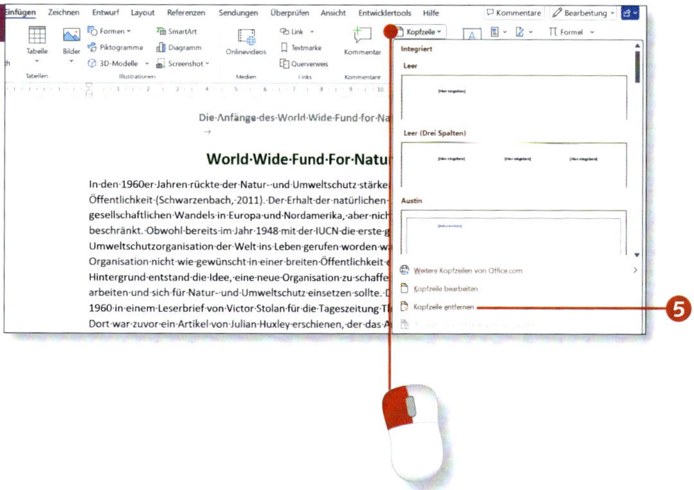

Schritt 8

Um Kopfzeilen wieder loszuwerden, klicken Sie auf der Registerkarte **Einfügen** auf den Pfeil an der Schaltfläche **Kopfzeile**. (Wenn die Kopfzeile geöffnet ist, finden Sie diese Schaltfläche auch links auf der Registerkarte **Kopf- und Fußzeile**.) Im Menü wählen Sie **Kopfzeile entfernen** 5.

9

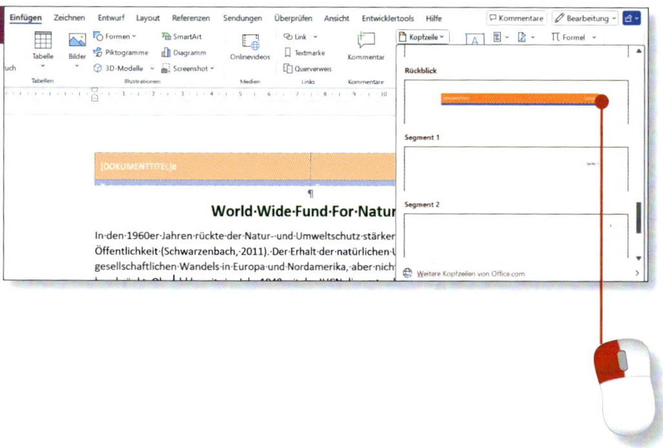

Schritt 9

Für eine schicke Kopfzeile auf die Schnelle fügen Sie eine Kopfzeile mit einem Design ein. Öffnen Sie das Menü der Schaltfläche **Kopfzeile** und klicken Sie auf eine Vorschau, die Ihnen gefällt.

Von Kopf bis Fuß

Um von der Kopfzeile in die Fußzeile zu springen, klicken Sie auf der Registerkarte **Kopf- und Fußzeile** auf **Zu Fußzeile wechseln**.

Schritt 10

Sie finden im Menü der Schaltfläche **Kopfzeile** auch Kopfzeilen, bei denen zwischen gerader und ungerader Seite unterschieden wird, z. B. **Facette** ❶.

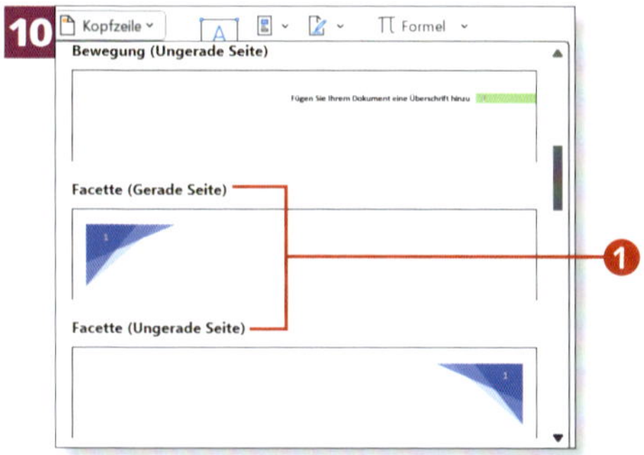

Schritt 11

Fügen Sie auf der ersten Seite die Kopfzeile **Facette (Ungerade Seite)** ein. Aktivieren Sie dann die Option **Gerade & ungerade Seiten unterschiedlich**. Mit den Schaltflächen **Vorherige** und **Nächste** ❷ können Sie zwischen den geraden und ungeraden Kopfzeilen wechseln.

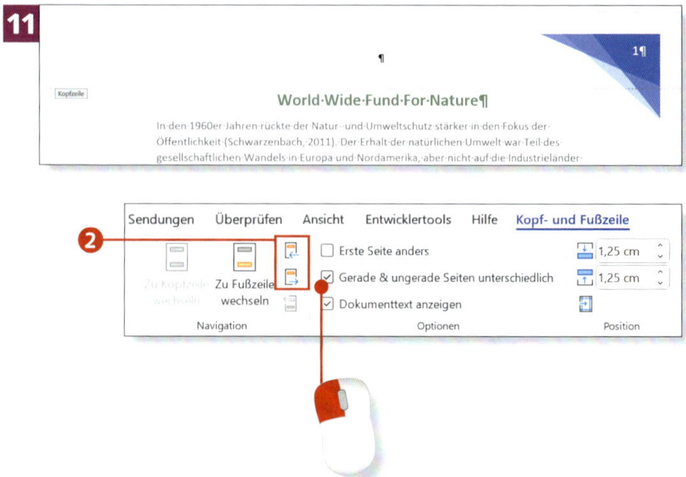

Schritt 12

In der nächsten Kopfzeile klicken Sie auf der Registerkarte **Kopf- und Fußzeile** auf **Kopfzeile**. Aus dem Menü fügen Sie nun das Pendant ein, in unserem Beispiel **Facette (Gerade Seite)**.

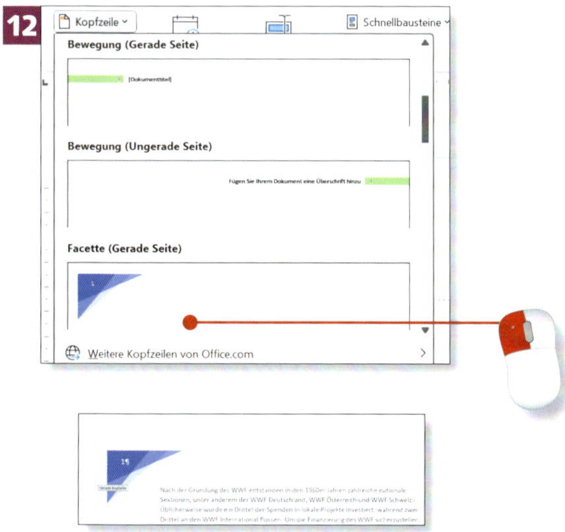

! Gerade und ungerade Kopfzeilen

Wenn Sie verschiedene Kopfzeilen nutzen und die Option **Gerade & ungerade Seiten unterschiedlich** deaktivieren, verschwindet die »gerade« Kopfzeile und alle Seiten erhalten die »ungerade« Kopfzeile.

Seitenzahlen einfügen

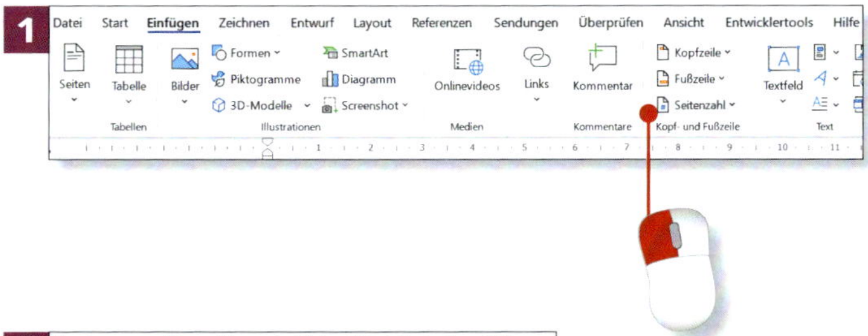

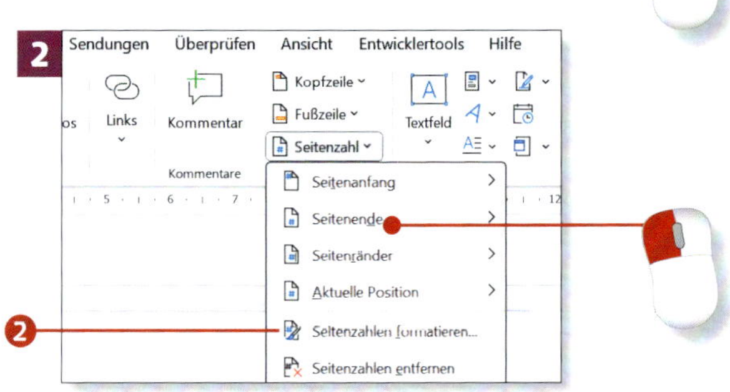

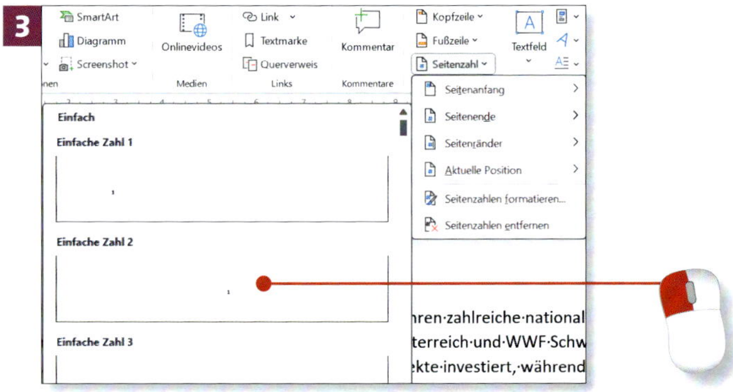

Lange Texte sind mit Seitenzahlen besser zu handhaben, vor allem, wenn sie ausgedruckt werden. Es wäre sehr mühselig, einen Stapel Papier ohne Seitenzahlen wieder zu sortieren, wenn er auf dem Fußboden gelandet ist.

Schritt 1

Mehrseitige Dokumente sollten Seitenzahlen haben. Dafür finden Sie auf der Registerkarte **Einfügen** die Funktion **Seitenzahl**. Klicken Sie auf den Pfeil an der Schaltfläche.

Schritt 2

Im Menü wählen Sie zunächst, wo die Seitenzahlen platziert werden sollen. **Seitenanfang**, **Seitenende** und **Seitenränder** stehen zur Verfügung. In der Regel werden Sie hier **Seitenende** wählen.

Schritt 3

Im Untermenü wandern Sie durch die Auswahl. Neben einer einfachen Zahl stehen Ihnen zahlreiche Formatierungen zur Verfügung. Für eine schlichte Seitenzahl in der Mitte klicken Sie auf **Einfache Zahl 2**.

Fußzeilen und Seitenzahlen

Wenn Sie vor dem Einfügen von Seitenzahlen bereits eine Fußzeile mit Text erstellt hatten, verschwindet dieser Text wieder.

Schritt 4

Nun erscheint im unteren Bereich des Dokuments der Fußzeilenbereich mit der Seitenzahl ❶.

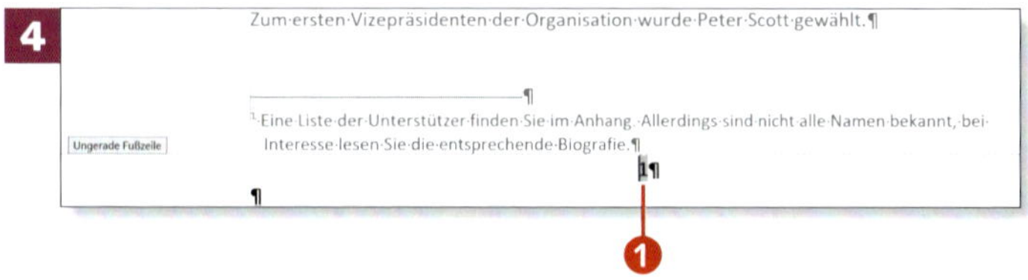

Schritt 5

Sie können aber auch ohne große Mühe für ein anderes Layout sorgen. Wie wäre es z. B. mit einer Linie über der Seitenzahl? Wählen Sie dazu im Auswahlmenü des Eintrags **Seitenende** die Option **Dünne Linie**.

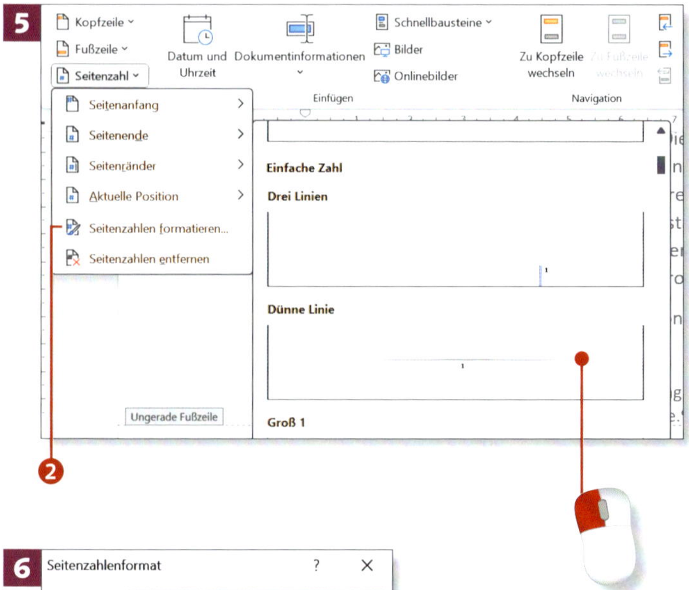

Schritt 6

Um das Format der Seitenzahlen zu ändern, klicken Sie auf **Seitenzahl ▸ Seitenzahlen formatieren** ❷. Der Dialog **Seitenzahlenformat** öffnet sich. Klicken Sie auf den Pfeil am Feld **Zahlenformat** und wählen Sie eine Option.

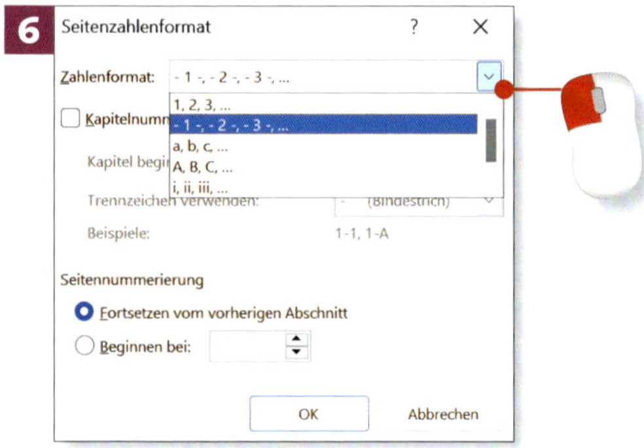

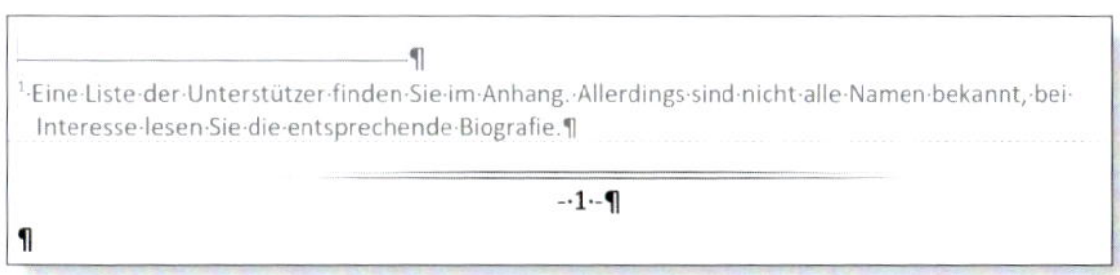

Eine 1 auf der 2. Seite

Soll auf der ersten Seite keine Seitenzahl auftauchen, aktivieren Sie auf der Registerkarte **Kopf- und Fußzeile** die Option **Erste Seite anders**. Aktivieren Sie die Fußzeile der ersten Seite und wählen Sie **Seitenzahl ▸ Seitenzahlen formatieren**. Geben Sie im Feld **Beginnen bei** des Dialogs **Seitenzahlenformat** »0« ein.

Kopfzeilen für einzelne Kapitel anlegen

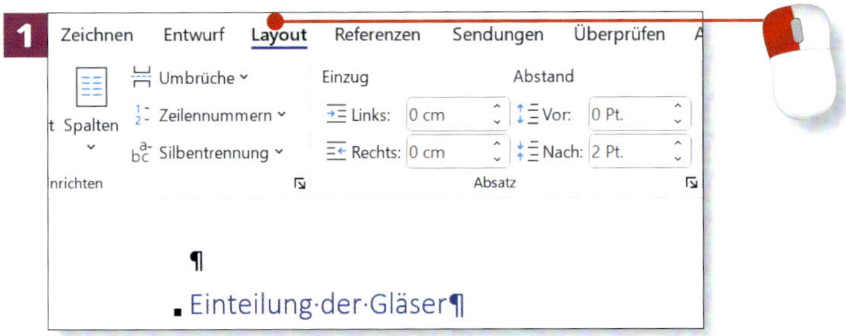

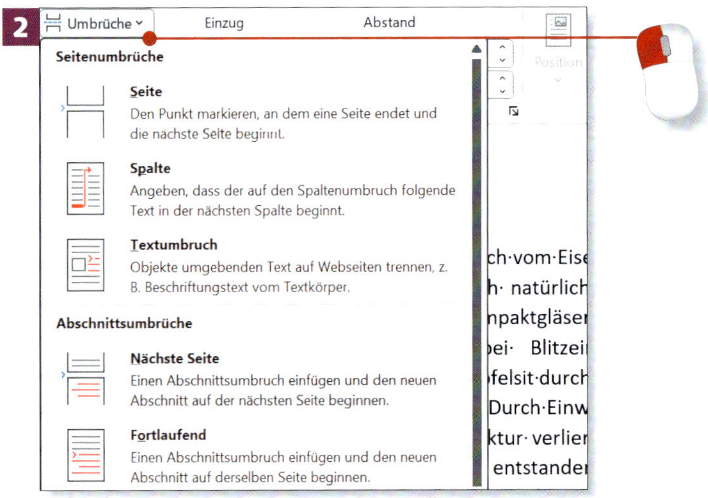

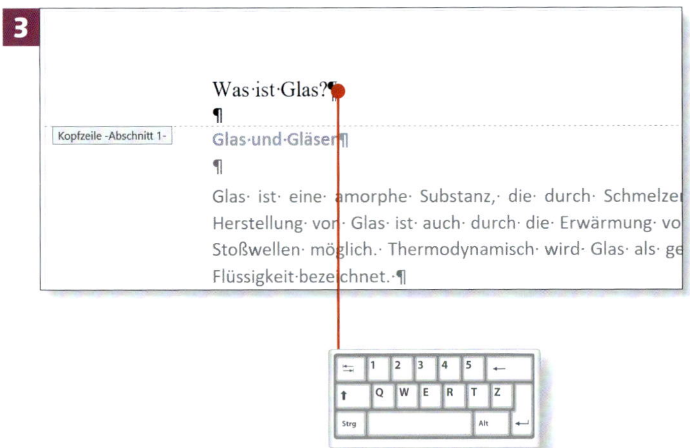

Längere Texte enthalten oft Kapitel- oder Zwischenüberschriften. Dann macht es sich gut, wenn Sie pro Kapitel eine passende Kopfzeile anlegen. Dazu arbeiten Sie mit Abschnitten.

Schritt 1

Setzen Sie den Cursor an die Stelle, an der Sie eine neue Kopfzeile erstellen möchten, in der Regel also vor eine Überschrift im Dokument. Wechseln Sie zur Registerkarte **Layout**.

Schritt 2

Öffnen Sie das Menü **Umbrüche** und klicken Sie im Bereich **Abschnittsumbrüche** auf die Option **Nächste Seite**. Fügen Sie auf diese Weise an passenden Stellen weitere Abschnitte in Ihr Dokument ein.

Schritt 3

Gehen Sie an den Anfang des Dokuments und fügen Sie die erste Kopfzeile ein, wie im Abschnitt »Kopf- und Fußzeilen anlegen und bearbeiten« auf Seite 110 beschrieben.

Schritt 4

Klicken Sie auf der Registerkarte **Kopf- und Fußzeile** auf die Schaltfläche **Nächste**. Sie erkennen an der aktivierten Schaltfläche **Mit vorheriger verknüpfen** ❶ und an der Angabe **Wie vorherige** in der Kopfzeile ❷, dass die Kopfzeile den Inhalt der Kopfzeile von Abschnitt 1 übernimmt.

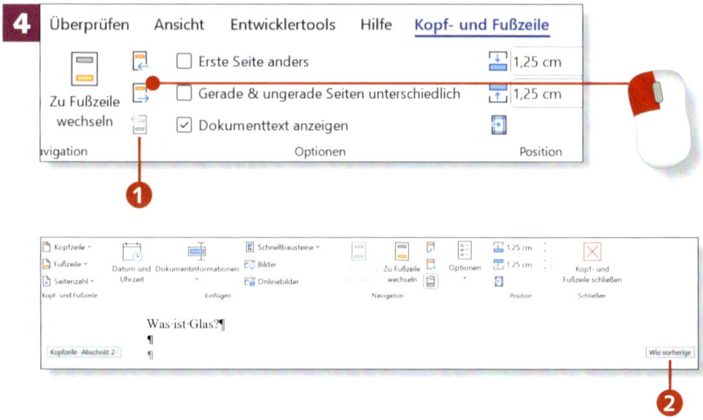

Schritt 5

Klicken Sie auf die Schaltfläche **Mit vorheriger verknüpfen** ❸, um sie zu deaktivieren. Löschen Sie den Text der Kopfzeile und geben Sie einen zum aktuellen Abschnitt passenden Text ein.

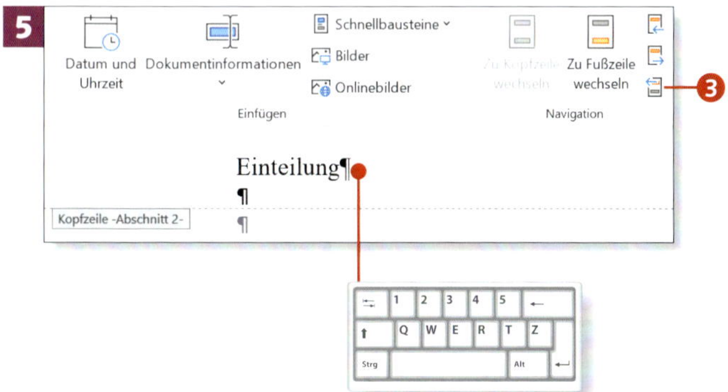

Schritt 6

Auf diese Weise gehen Sie Abschnitt für Abschnitt durch Ihr Dokument. Wenn ein Abschnitt doch den Inhalt der vorherigen Kopfzeile übernehmen soll, aktivieren Sie erneut die Schaltfläche **Mit vorheriger verknüpfen** ❸. Im Nachfragedialog klicken Sie auf **Ja**.

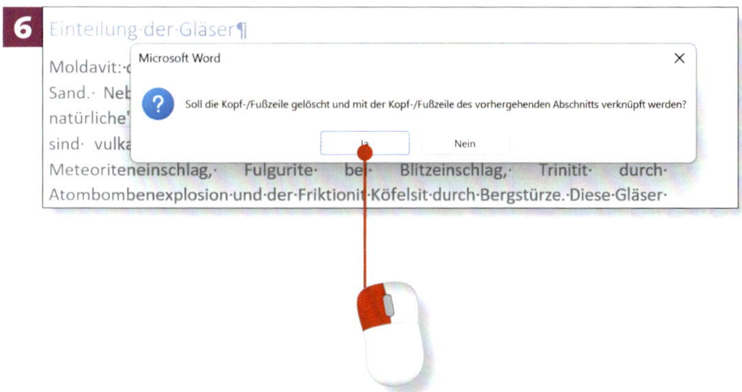

Mit Formatvorlagen arbeiten

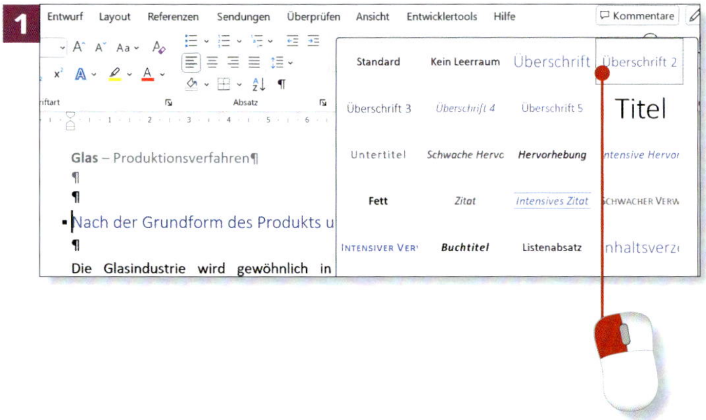

Eine praktische Sache: Formatvorlagen bündeln diverse Formatierungen in Vorlagen, die Sie Absätzen einfach per Mausklick zuweisen können.

Schritt 1

Setzen Sie den Cursor in den entsprechenden Absatz und klicken Sie auf der Registerkarte **Start** auf den Auswahlpfeil der **Formatvorlagen**. Im Menü fahren Sie über eine der Vorlagen im *Formatvorlagenkatalog* und übernehmen die gewünschte Vorlage per Mausklick.

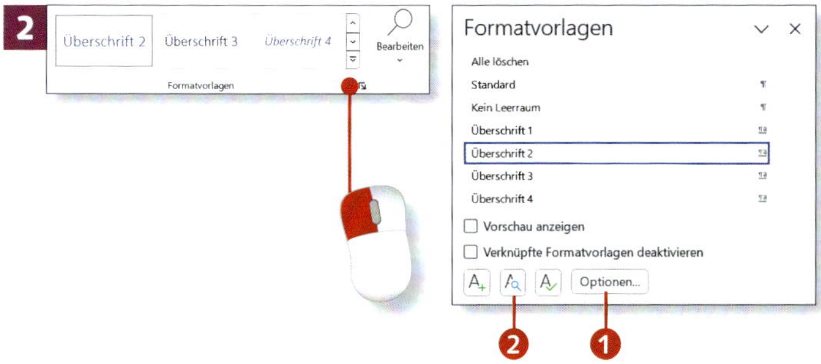

Schritt 2

Um eine Auswahl der Formatvorlagen als Liste zu erhalten und zu weiteren Optionen zu gelangen, klicken Sie auf den Pfeil an der Gruppe **Formatvorlagen**. Daraufhin wird der Aufgabenbereich **Formatvorlagen** eingeblendet.

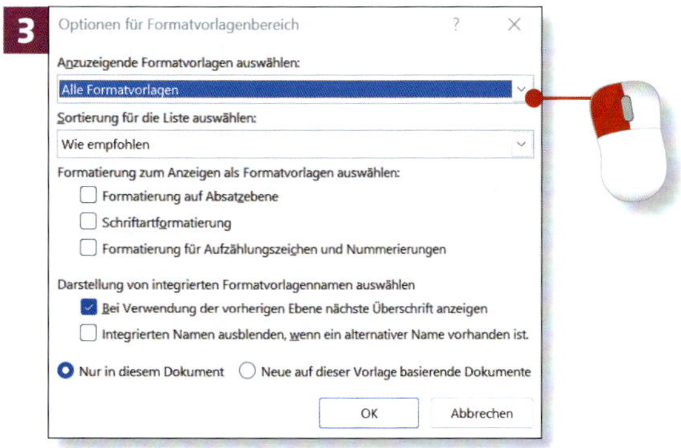

Schritt 3

Um alle vorhandenen Formatvorlagen zu sehen, klicken Sie auf den Link **Optionen** ❶. Im Dialog wählen Sie im Feld **Anzuzeigende Formatvorlagen auswählen** die Option **Alle Formatvorlagen** und bestätigen mit **OK**.

Schritt 4

Wenn Sie an einem Dokument arbeiten, in dem Sie nur bestimmte Formatvorlagen verwenden möchten, ist es sinnvoll, im Feld **Anzuzeigende Formatvorlagen auswählen** die Einstellung **Verwendet** zu wählen. Dies reduziert die angezeigten Formatvorlagen in der Liste.

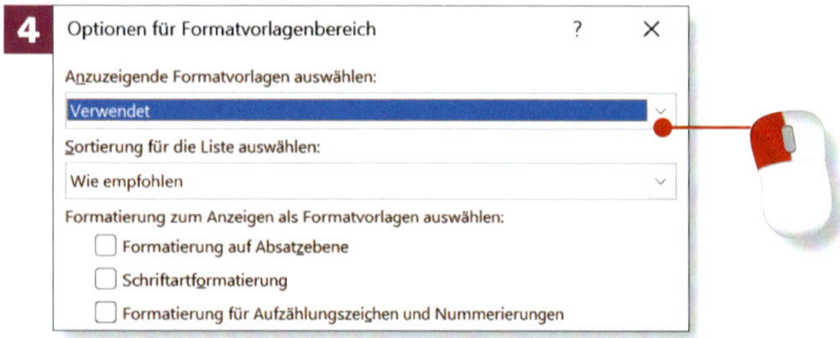

Schritt 5

Zeigen Sie (ohne zu klicken) mit der Maus auf eine der Formatvorlagen im Aufgabenbereich, werden die Formatierungseinstellungen dieser Vorlage eingeblendet.

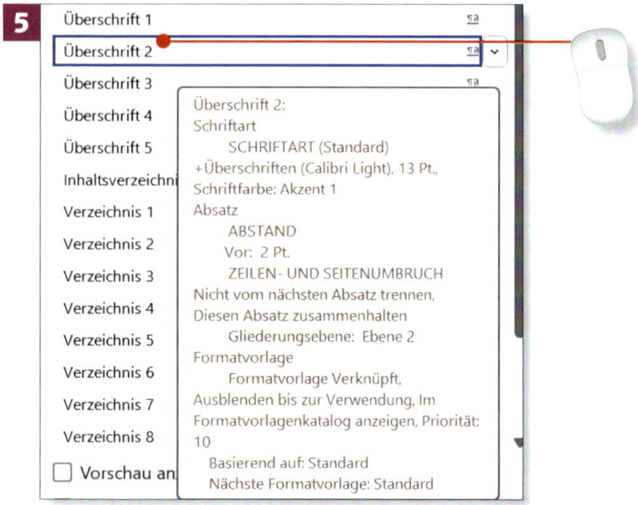

Schritt 6

Um zu prüfen, welche Formatierungen zusätzlich zu den Formatvorlagen in einem Absatz stecken, nutzen Sie den *Formatinspektor* ❷. Sie rufen ihn über die gleichnamige Schaltfläche im Aufgabenbereich **Formatvorlagen** auf.

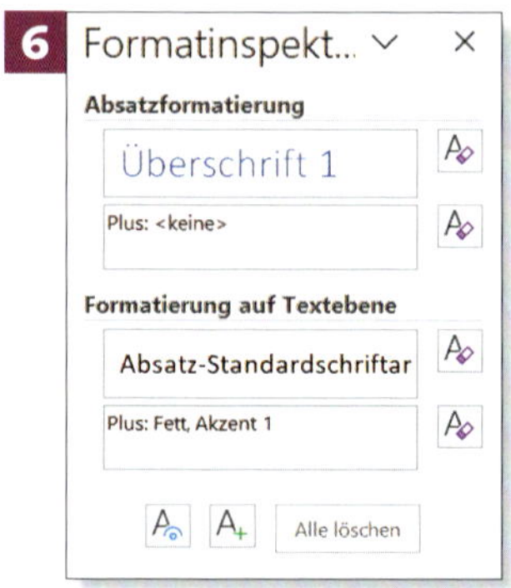

Vorteile der Formatvorlagen

Die Verwendung von Formatvorlagen ist insbesondere bei längeren Dokumenten sehr nützlich, da Sie wiederkehrende Formatierungen einfach mit einem Mausklick zuweisen können.

Vorhandene Formatvorlagen ändern

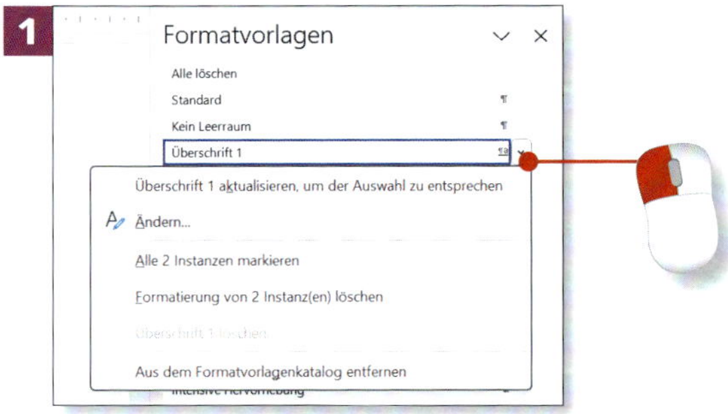

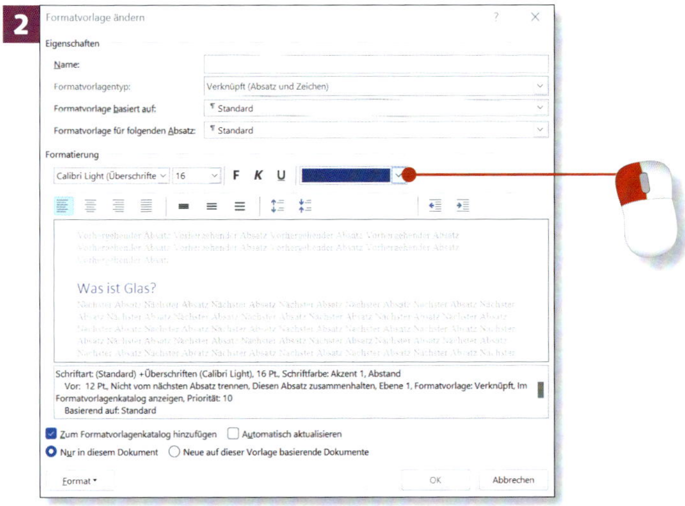

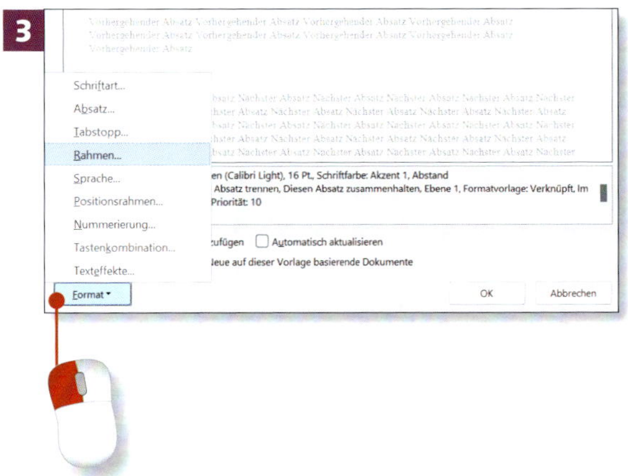

Wenn Sie mit den Eigenschaften einer Vorlage nicht vollkommen zufrieden sind, können Sie sie an Ihre Vorstellungen anpassen. Wir zeigen Ihnen, wie das geht.

Schritt 1

Öffnen Sie den Aufgabenbereich, indem Sie auf den Pfeil an der Gruppe **Formatvorlagen** klicken (siehe Seite 118). In der Liste klicken Sie auf den Pfeil rechts an der Vorlage, die Sie ändern möchten (z. B. **Überschrift 1**). Im Menü wählen Sie **Ändern**.

Schritt 2

Der Dialog **Formatvorlage ändern** öffnet sich. Einige Formatierungseinstellungen können Sie unmittelbar im Dialog ändern, z. B. Schriftgröße und/oder Farbe.

Schritt 3

Für andere Einstellungen, z. B. einen Rahmen, klicken Sie unten im Dialogfenster auf **Format** und wählen im Menü **Rahmen**. Dies öffnet den Dialog **Rahmen und Schattierung**, in dem Sie alle Einstellungen für einen Rahmen vornehmen können.

Schritt 4

Wenn Sie dafür sorgen möchten, dass die (geänderte) Formatvorlage auf der Registerkarte **Start** im *Formatvorlagenkatalog* auftaucht, aktivieren Sie die Option **Zum Formatvorlagenkatalog hinzufügen**.

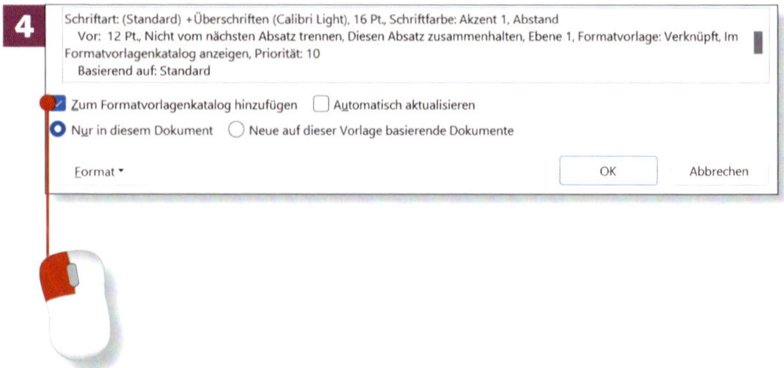

Schritt 5

Sollen die Veränderungen an der Formatvorlage nur im aktuellen Dokument gelten, aktivieren Sie die Option **Nur in diesem Dokument**. In neuen Dokumenten hat die Formatvorlage dann wieder die Standardeinstellungen der Dokumentvorlage.

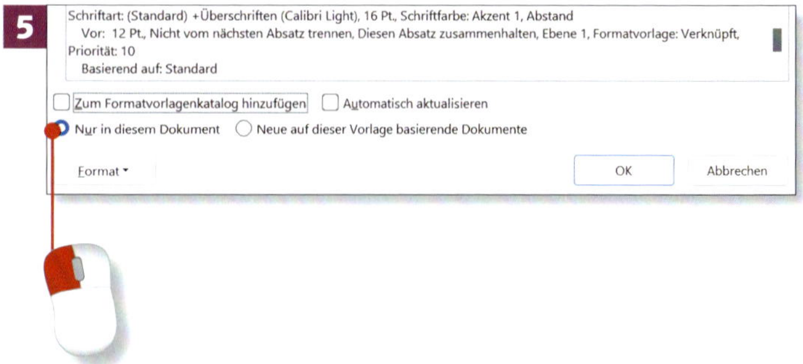

Schritt 6

Achten Sie auch auf das Feld **Formatvorlage für folgenden Absatz**. Hier stellen Sie ein, in welcher Formatvorlage Sie nach dem Drücken der [↵]-Taste weiterschreiben.

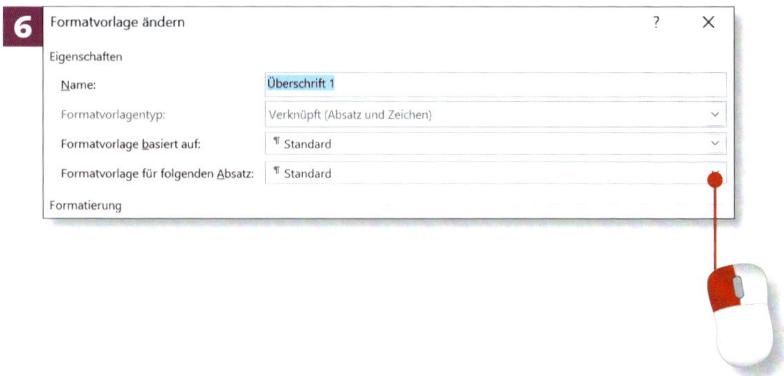

Vorlage für folgenden Absatz

Die Einstellung **Formatvorlage für folgenden Absatz** ist sehr wichtig. Es wäre lästig, wenn Sie nach dem Drücken von [↵] erst immer zur gewünschten Formatvorlage wechseln müssten.

Eigene Dokumentvorlagen erstellen

1

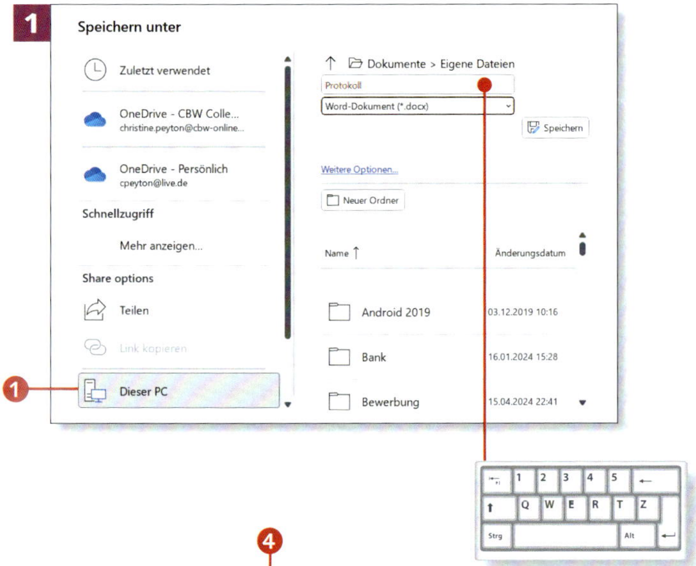

2

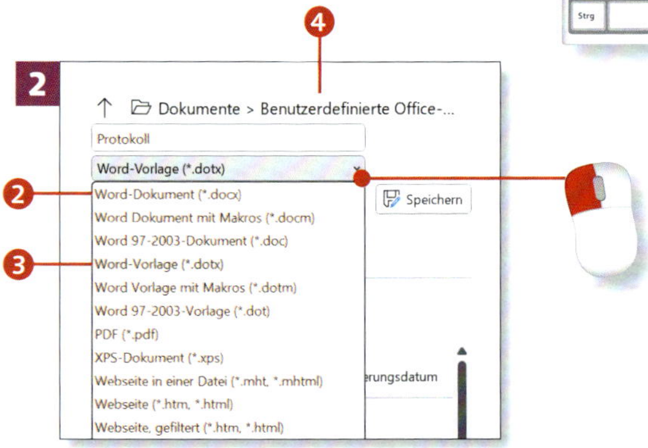

3

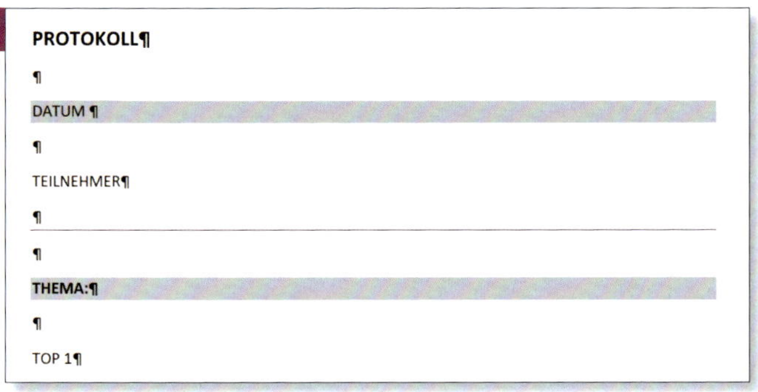

Eine Dokumentvorlage enthält alle Einstellungen, die Sie benötigen: Seitenlayout, Formatierungen, Formatvorlagen etc. Wir beschreiben hier den Vorgang am Beispiel eines Protokolls für eine Teamsitzung.

Schritt 1

Öffnen Sie ein leeres Dokument und speichern Sie es als Dokumentvorlage ab. Klicken Sie dazu auf **Datei ▸ Speichern unter** und markieren Sie **Dieser PC** ❶. Geben Sie der Vorlage einen Namen.

Schritt 2

Klicken Sie auf den Pfeil an dem Feld, in dem Sie standardmäßig **Word-Dokument (*.docx)** lesen ❷. Sobald Sie in der Liste **Word-Vorlage** ❸ ausgewählt haben, wird der Ordner **Benutzerdefinierte Office-Vorlagen** geöffnet ❹. Klicken Sie dann auf **Speichern**.

Schritt 3

Nehmen Sie die Einstellungen für Ihre neue Dokumentvorlage vor. Sie können z. B. Texte und Formatierungen einbinden. All diese Elemente und Eigenschaften sind später in den Dokumenten vorhanden, die auf dieser Dokumentvorlage basieren.

Schritt 4

Erstellen Sie sich z. B. speziell für die Dokumentvorlage eine oder mehrere Formatvorlage(n). Dazu klicken Sie im Aufgabenbereich **Formatvorlagen** auf **Neue Formatvorlage** ❺ und legen im Dialog **Neue Formatvorlage erstellen** einen Namen und die gewünschten Eigenschaften fest.

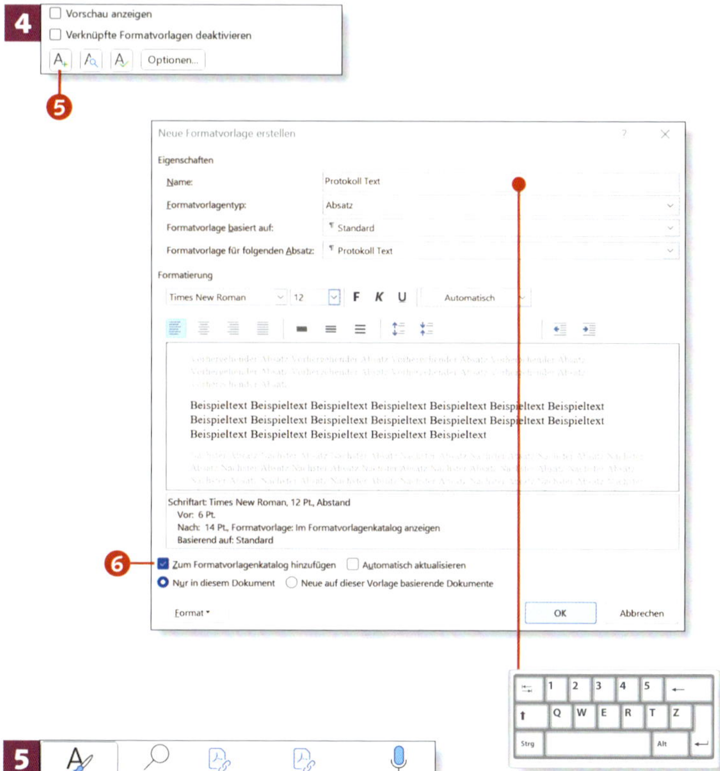

Schritt 5

Achten Sie darauf, dass die Option **Zum Formatvorlagenkatalog hinzufügen** ❻ angehakt ist, damit die Vorlage im Menü des Formatvorlagenkatalogs auftauchen wird ❼.

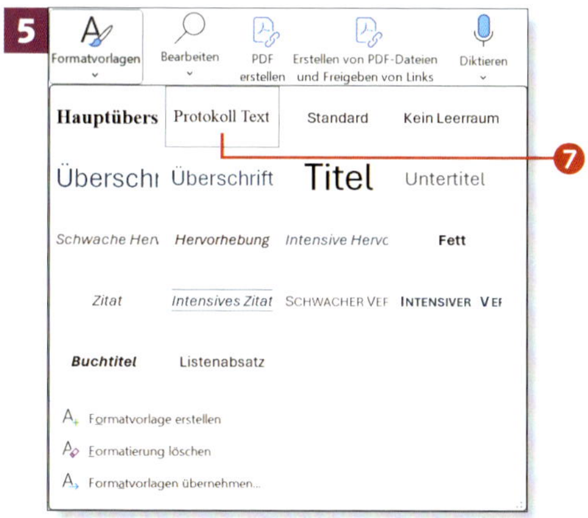

Schritt 6

Wenn Sie alle Einstellungen für die Dokumentvorlage vorgenommen haben, speichern und schließen Sie sie. Für Änderungen an der Dokumentvorlage müssen Sie die Vorlage öffnen (siehe dazu den nächsten Abschnitt).

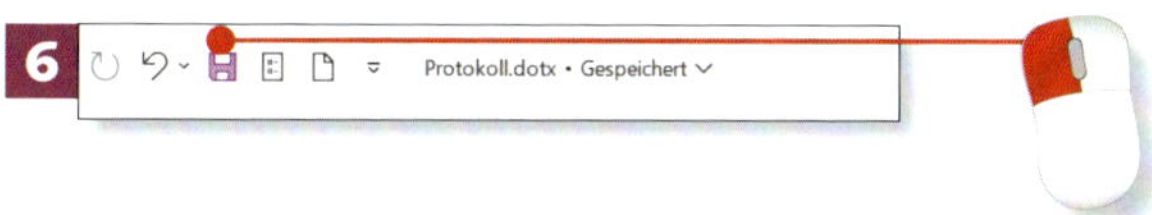

Ordner für persönliche Vorlagen

In der Kategorie **Speichern** der Word-Optionen sehen Sie im Feld **Standardspeicherort für persönliche Vorlagen**, wo benutzerdefinierte Vorlagen gespeichert werden.

Eigene Dokumentvorlagen aufrufen

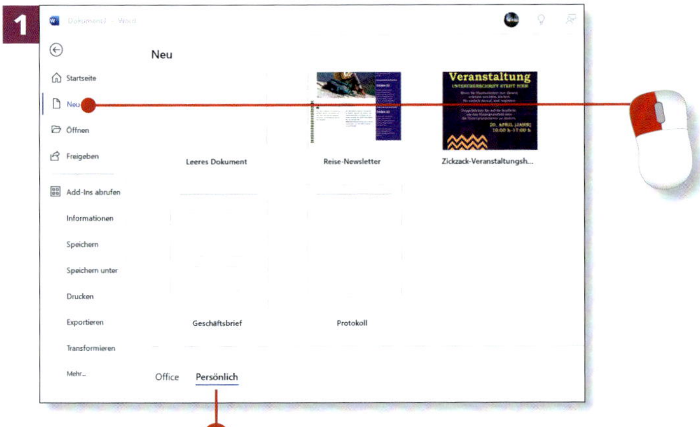

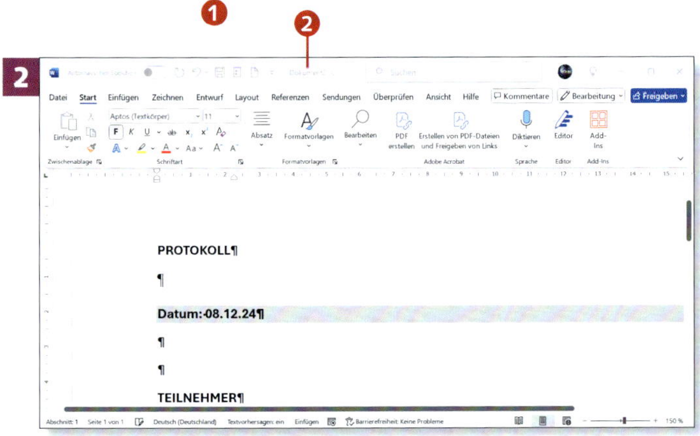

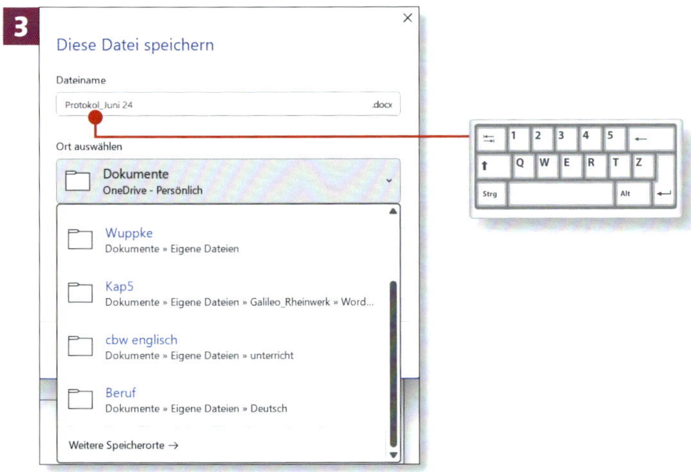

Nachdem Sie nun – wie im vorangegangenen Abschnitt beschrieben – eine Dokumentvorlage für das Protokoll einer Teamsitzung erstellt haben, können Sie sie schnell einsetzen.

Schritt 1

Eigene Dokumentvorlagen finden Sie, wie auch die Vorlagen von Microsoft, unter **Datei ▸ Neu**. Im Fenster **Neu** klicken Sie auf den Link **Persönlich** ❶. Per Klick rufen Sie die Vorlage auf.

Schritt 2

Word legt ein neues Dokument auf Basis der Dokumentvorlage an. Sie sehen das in der Titelleiste ❷. Das Dokument ist mit den Elementen der Vorlage gefüllt. Sie können es nun für neue Eingaben verwenden.

Schritt 3

Sie speichern das Protokoll wie jedes andere Dokument. Klicken Sie auf **Datei ▸ Speichern unter** oder auf das Symbol **Speichern** in der Symbolleiste für den Schnellzugriff. Geben Sie einen Dateinamen ein und legen Sie über den Pfeil am Feld **Ort auswählen** den Speicherort fest. Klicken Sie gegebenenfalls auf **Weitere Speicherorte**.

Schritt 4

Um eine Dokumentvorlage zu bearbeiten, müssen Sie die Datei aufrufen. Normalerweise führt der Pfad zur Datei (im Windows-Explorer) über **Dokumente ▸ Benutzerdefinierte Office-Vorlagen**. In Word gehen Sie über **Datei ▸ Öffnen** und wählen **Dieser PC** oder **Durchsuchen**. (Dies öffnet den Dialog **Öffnen**.)

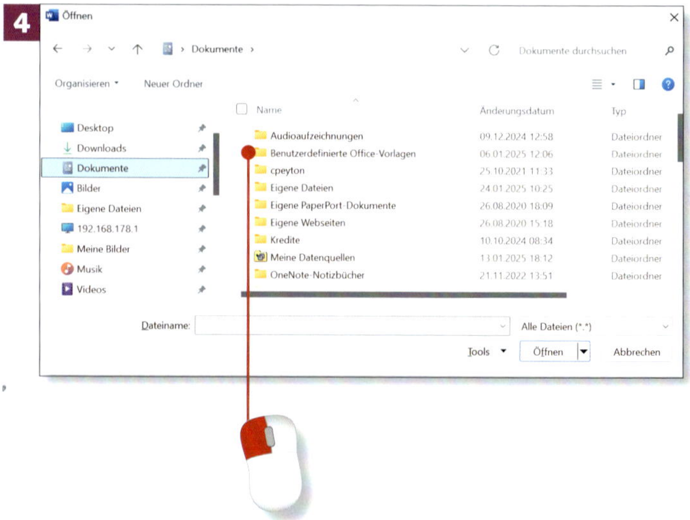

Schritt 5

Wandern Sie im Dialog **Öffnen** zu dem Ordner, in dem die Dokumentvorlagen abgelegt sind. Da Dateiendungen standardmäßig nicht angezeigt werden, wählen Sie in der Auswahlliste neben dem Feld **Dateiname** am besten **Word-Vorlagen**. Mit dieser Einstellung werden nur die Word-Vorlagen angezeigt.

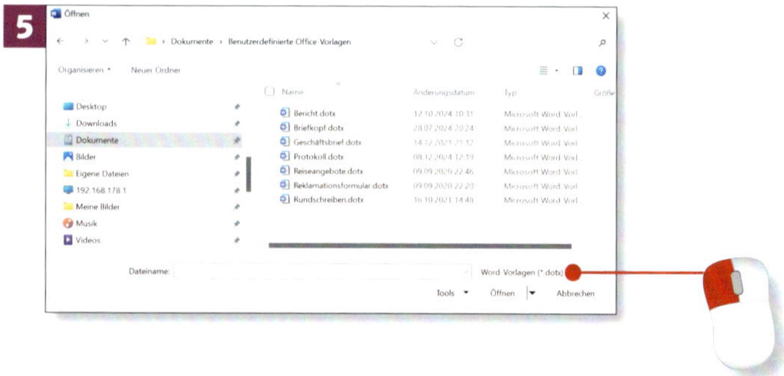

Schritt 6

Nach dem Öffnen können Sie die Vorlage ändern und bearbeiten. Vergessen Sie das Speichern nicht! Alle neuen Dokumente auf Basis dieser Vorlage werden das neue Aussehen annehmen.

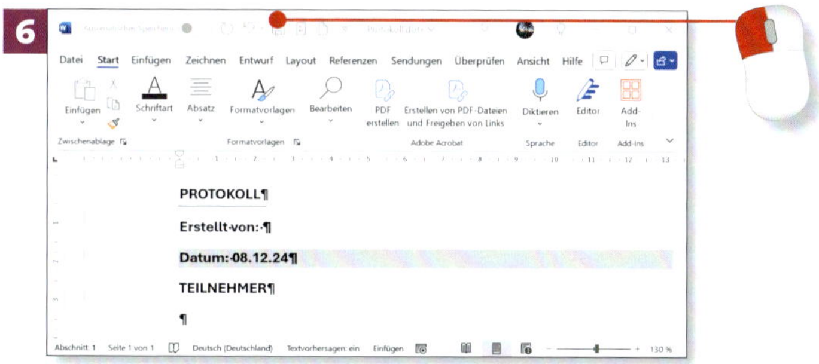

Arbeit im Team – Kommentare

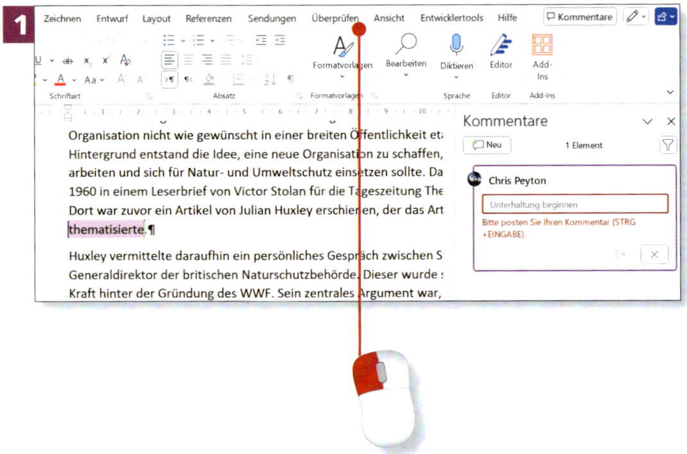

Teamwork wird überall großgeschrieben! Word geht mit diesem Trend und bietet zahlreiche Möglichkeiten der Zusammenarbeit.

Schritt 1

Aktivieren Sie die Registerkarte **Überprüfen**. Setzen Sie den Cursor vor das Textstückchen, das Sie kommentieren möchten, und klicken Sie auf **Neuer Kommentar**. Alternativ klicken Sie in der Menüleiste auf die Schaltfläche **Kommentare** und im Aufgabenbereich dann auf **Neu**.

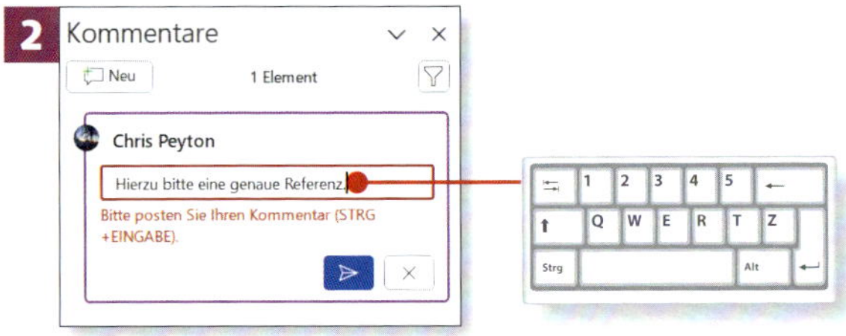

Schritt 2

Am rechten Rand des Dokuments wird (in der Ansicht **Drucklayout**) eine Art »Sprechblase« eingeblendet. In die Sprechblase schreiben Sie Ihren Kommentar, z. B. einen Änderungsvorschlag. Den Kommentar schicken Sie mit dem Pfeil (**Kommentar posten**) ab.

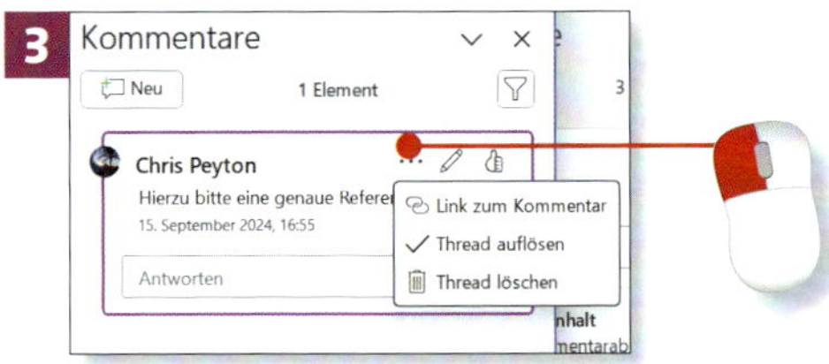

Schritt 3

Wenn Sie einen Kommentar entfernen möchten, klicken Sie auf die drei Punkte und wählen den Befehl **Thread löschen**. Alternativ dazu finden Sie auf der Registerkarte **Überprüfen** die Schaltfläche **Löschen**.

Schritt 4

Um alle Kommentare aus dem Dokument zu entfernen, klicken Sie auf den Pfeil an der Schaltfläche **Löschen** (im Menü **Kommentare**) und dann auf **Alle Kommentare im Dokument löschen**.

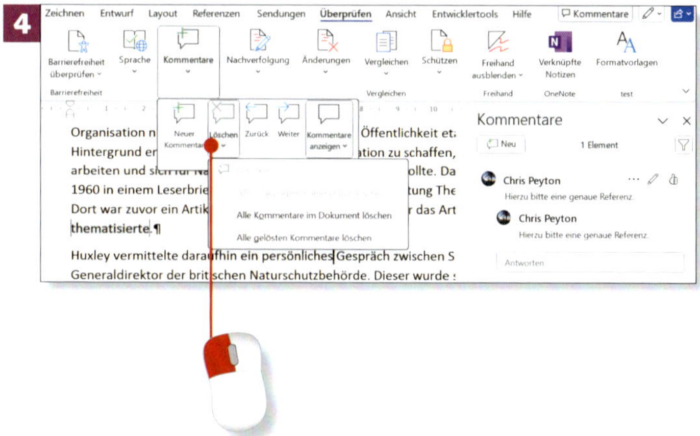

Schritt 5

Um im Dokument von einem Kommentar zum nächsten zu springen, setzen Sie den Cursor in die erste Sprechblase und klicken auf **Kommentare ▸ Weiter**.

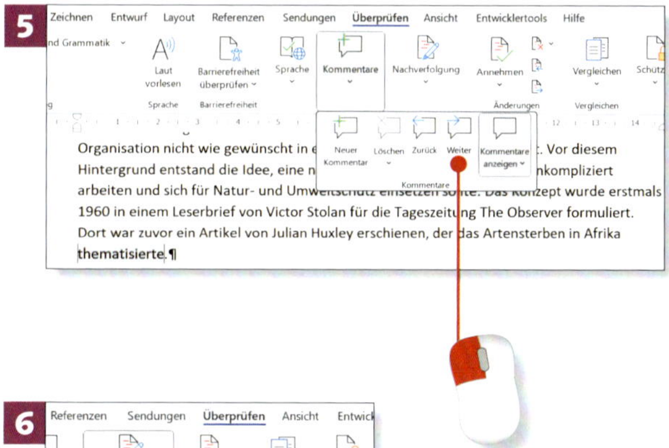

Schritt 6

Kommentare können auch der Reihe nach im Überarbeitungsbereich angezeigt werden. Sie blenden diesen Bereich über das Menü der Schaltfläche **Überarbeitungsbereich** (gegebenenfalls über das Symbol **Nachverfolgung**) ein und schließen ihn wieder mit einem Klick auf das Schließkreuz ❶.

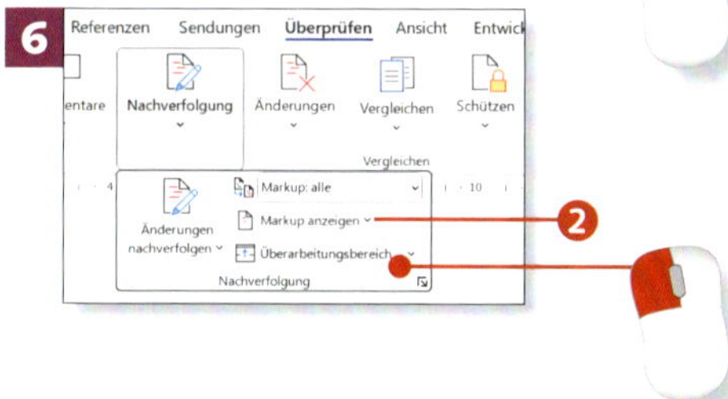

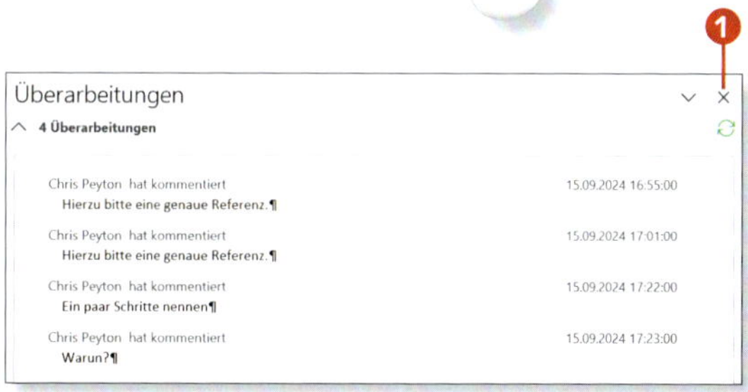

Anzeige von Änderungen

Wie Änderungen im Dokument angezeigt werden, legen Sie auf der Registerkarte **Überprüfen** über **Markup anzeigen** ❷ ▸ **Sprechblasen** fest.

Kommentare kommentieren

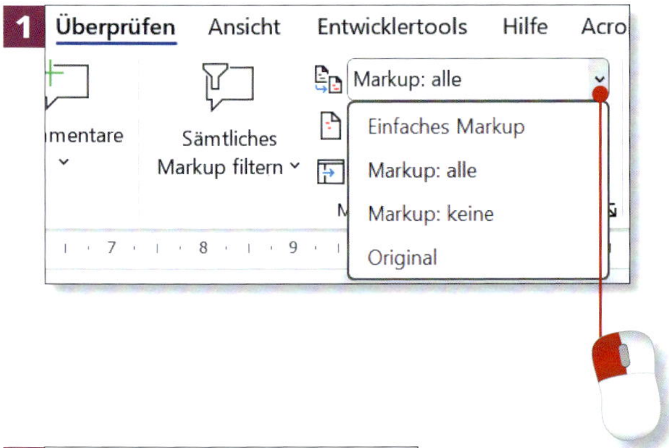

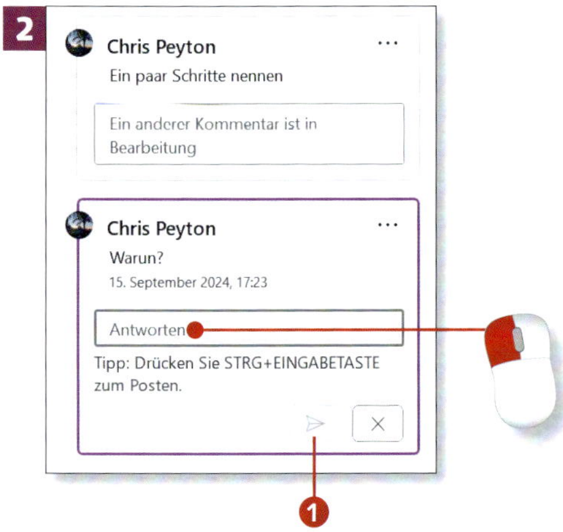

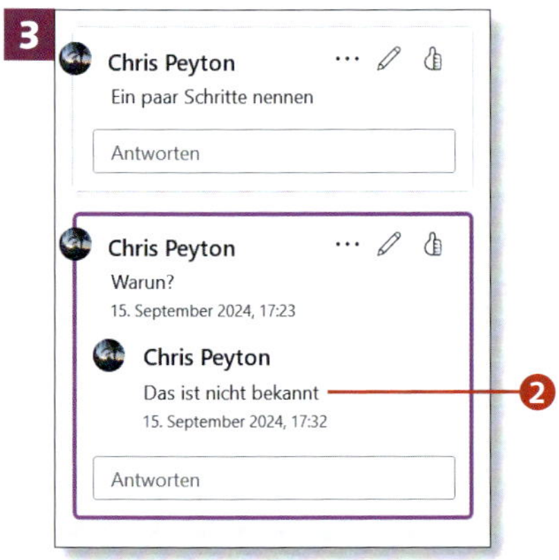

Kommentare können oft nicht unkommentiert bleiben! Sie dürfen antworten und »Ihren Senf dazugeben«.

Schritt 1

Zunächst müssen Sie die Kommentare, die einem Dokument hinzugefügt wurden, sichtbar machen. Klicken Sie auf der Registerkarte **Überprüfen** auf den Pfeil am Feld **Anzeige zur Überarbeitung** und wählen Sie im Menü **Markup: alle**.

Schritt 2

Klicken Sie in die Sprechblase des Kommentars, den Sie kommentieren möchten, und dann in das Feld **Antworten**.

Schritt 3

Auch Ihre Antwort schicken Sie mit dem Pfeil (**Antwort posten** 1) ab. Nun erscheint Ihre Antwort 2 auf den Kommentar etwas eingerückt unter dem ursprünglichen Kommentar.

Schritt 4

Um einen bereits abgeschickten Kommentar zu bearbeiten, zeigen Sie mit der Maus auf den entsprechenden Kommentar und klicken auf das kleine Bleistift-Symbol. Dies setzt den Cursor in das Eingabefeld und Sie können schreiben bzw. korrigieren.

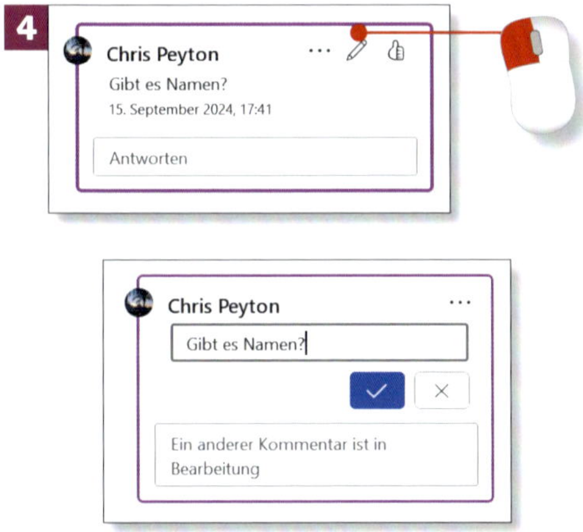

Schritt 5

Die Korrektur schicken Sie ab, indem Sie auf die blaue Schaltfläche mit dem Häkchen klicken.

Schritt 6

Wie heutzutage üblich können Sie einen Kommentar auch »liken«. Dazu zeigen Sie mit der Maus auf den entsprechenden Kommentar und klicken dann auf das **Gefällt mir**-Symbol. Neben dem Kommentar erscheint der berühmte »Daumen hoch«.

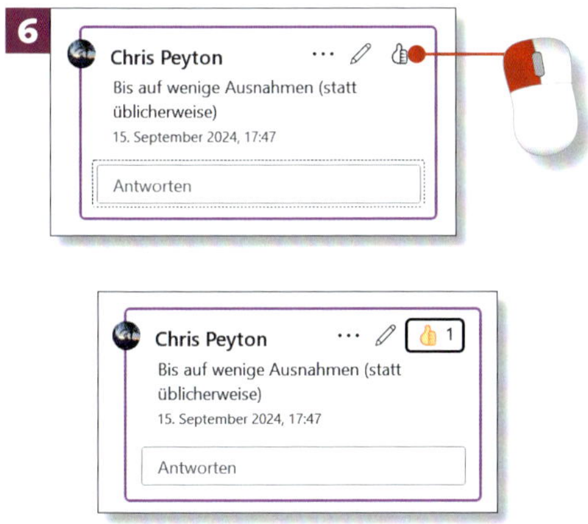

Text sichtbar korrigieren

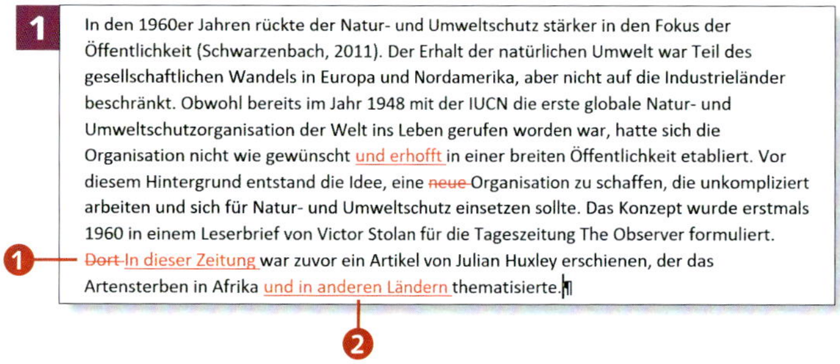

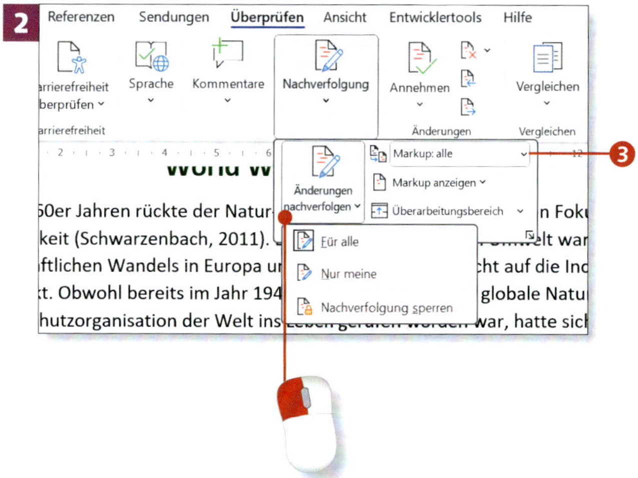

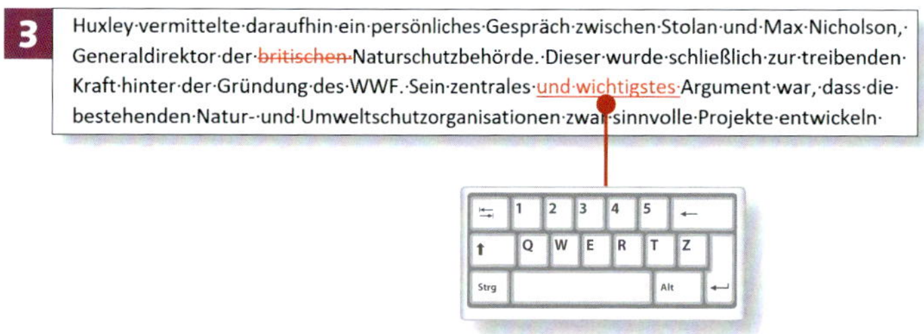

Word bietet praktische Funktionen für die gemeinsame Korrektur und Bearbeitung von Dokumenten an.

Schritt 1

Abgesehen von Kommentaren bietet Word die Möglichkeit, alle Änderungen und Korrekturen eines Textes sichtbar zu machen – ein bisschen so, als ob Sie ein Blatt Papier vor Augen haben und Textstellen durchstreichen ❶ und neue Sätze hinzuschreiben ❷.

Schritt 2

Um diesen Änderungsmodus zu aktivieren, klicken Sie auf der Registerkarte **Überprüfen** auf **Änderungen nachverfolgen** (gegebenenfalls erst über einen Klick auf **Nachverfolgung** zu entdecken) und im Menü auf **Für alle**.

Schritt 3

Nehmen Sie nun Änderungen an dem geöffneten Dokument vor. Löschen Sie beispielsweise ein Stück Text. Der Text wird durchgestrichen. Neuer Text wird farbig und mit Unterstreichung eingefügt. Achten Sie darauf, dass Sie die Option **Markup: alle** ❸ eingestellt haben.

Schritt 4

Mit einem Dokument mit Änderungsmarkierungen können Sie auf unterschiedliche Weise umgehen. Um die Änderung zu akzeptieren, setzen Sie den Cursor in die Textstelle und klicken (auf der Registerkarte **Überprüfen**) auf **Annehmen ▸ Annehmen und weiter**. So springen Sie gleich zur nächsten Änderung.

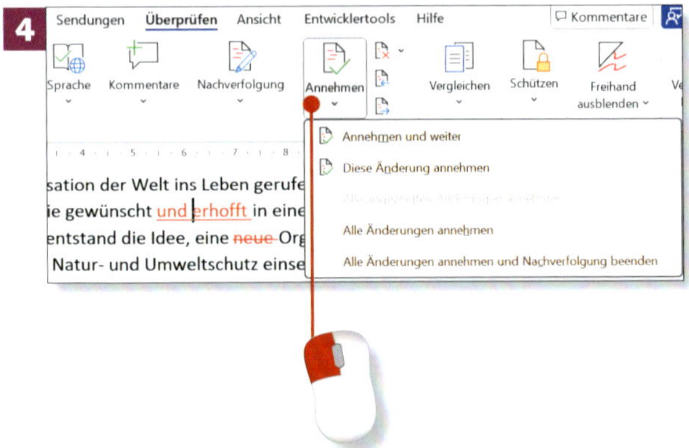

Schritt 5

Gefällt Ihnen eine Überarbeitung nicht, verfahren Sie ähnlich, nur dass Sie auf das Symbol **Ablehnen** klicken und im Menü auf **Änderungen ablehnen** bzw. auf **Ablehnen und weiter**, um zur nächsten Textstelle mit Änderungsmarkierung zu springen.

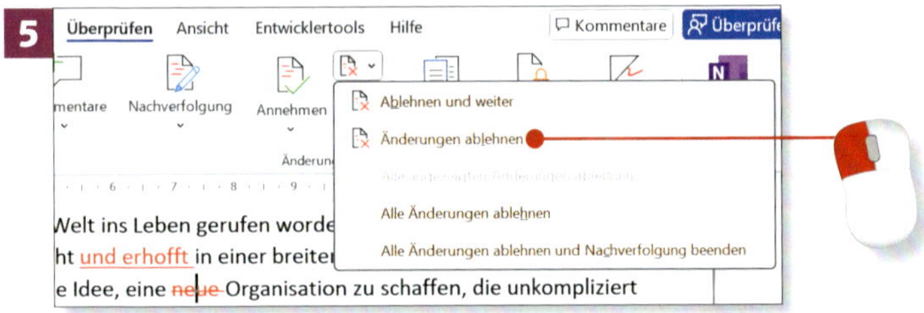

Schritt 6

Damit die Überarbeitungen wie beschrieben angezeigt werden, müssen Sie darauf achten, dass Sie im Feld **Markup** (das Symbol heißt **Anzeige zur Überarbeitung**) die Option **Markup: alle** einstellen. Ansonsten taucht an Stellen mit Korrekturvorschlägen nur ein vertikaler Strich am Rand auf.

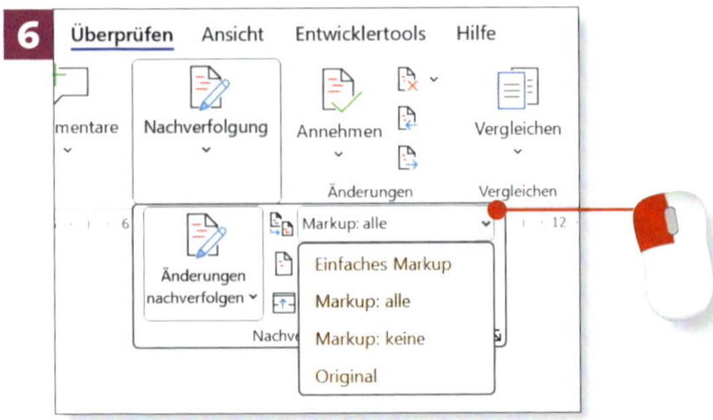

Alle Änderungen ablehnen

Sofern Sie sicher sind, dass Ihr Text der beste ist und Sie nicht mit Vorschlägen belästigt werden möchten, klicken Sie einfach im Menü **Ablehnen** auf **Alle Änderungen ablehnen**.

Kapitel 6
Drucken

Obwohl wir im Zeitalter der Digitalisierung leben, kommt man oft nicht umhin, Texte auch auf Papier zu haben. In diesem Kapitel lernen Sie die Druckfunktion von Word kennen.

Die Druckvorschau

Über die Registerkarte **Datei** können Sie sich eine Vorschau anzeigen lassen, die dem späteren Ausdruck entspricht. Hier nehmen Sie zudem sämtliche Druckereinstellungen vor.

Praktische Hinweise

Ein paar praktische Ratschläge dürfen hier auch nicht fehlen: Woran sollten Sie vor dem Drucken denken, wie können Sie Tinte sparen und was machen Sie, wenn der Drucker nicht tut, was er soll?

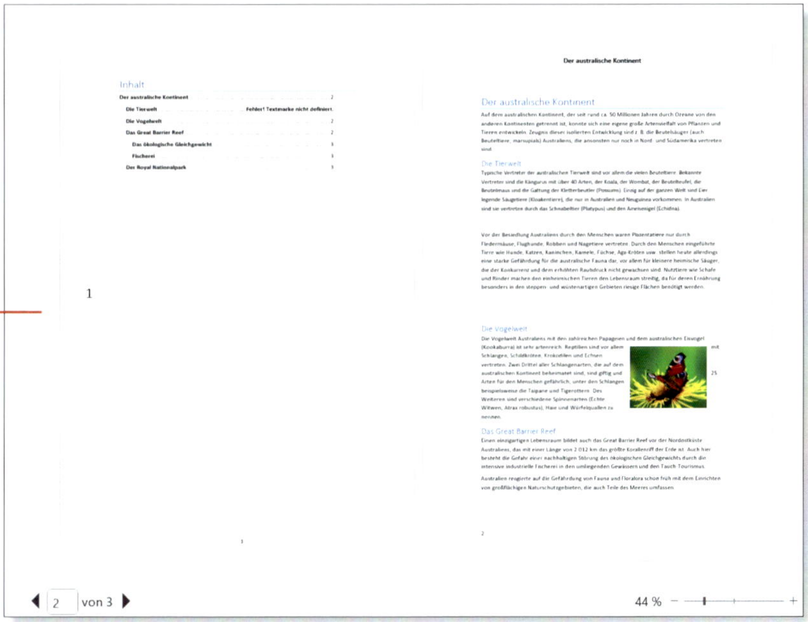

Auf der Registerkarte **Datei** können Sie sich eine Druckvorschau Ihres Dokuments ansehen. ❶

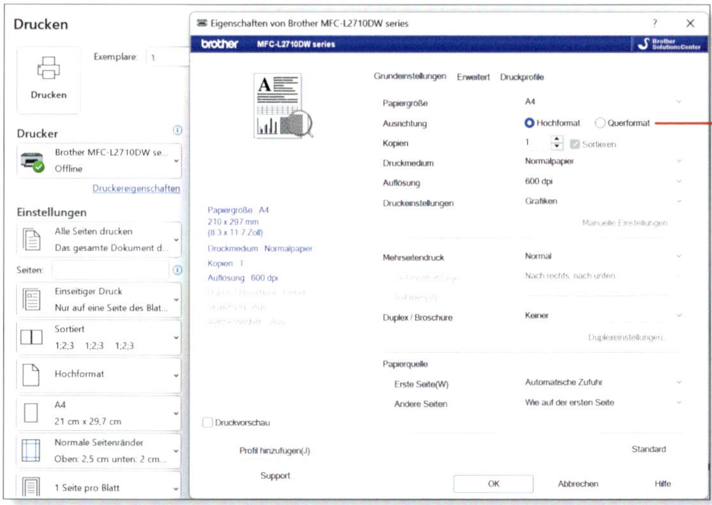

❷ Stolpersteine, die das Ausdrucken von Dokumenten behindern, lassen sich mit den richtigen Tipps und Tricks meist schnell beseitigen.

Die Druckvorschau im Dialog »Drucken«

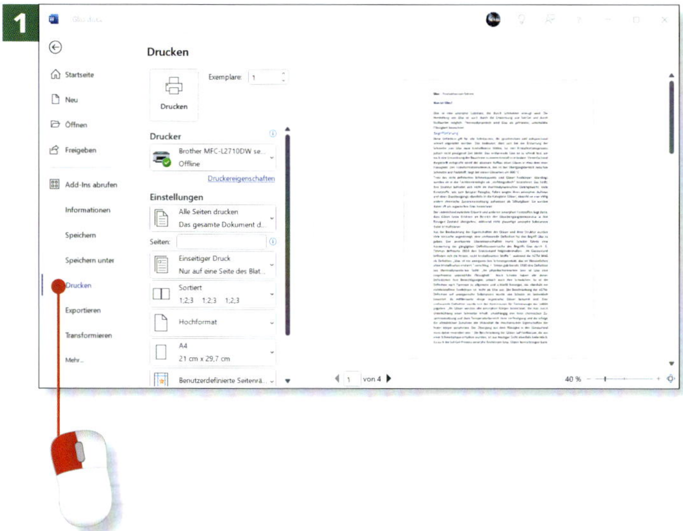

Die Druckvorschau zeigt, wie Ihre Kreation am Bildschirm auf Papier aussehen wird. Wo Sie die Vorschau finden und was Sie in ihr einstellen können, zeigen wir Ihnen in diesem Abschnitt.

Schritt 1

Klicken Sie im Menü **Datei** auf **Drucken**. Die Druckvorschau wird automatisch im rechten Bereich angezeigt.

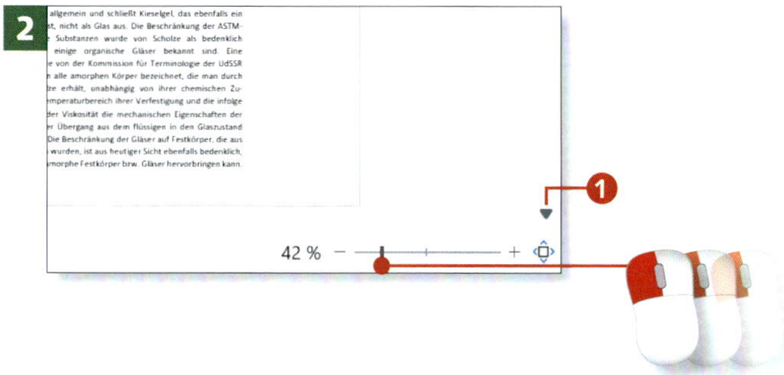

Schritt 2

Mit dem Zoomregler unten rechts am Bildschirm vergrößern (oder verkleinern) Sie die Ansicht; mit den Pfeilen der Bildlaufleisten ❶ können Sie durch das Dokument wandern.

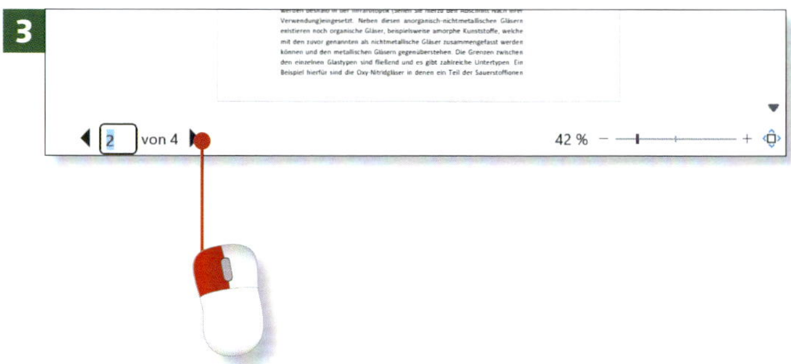

Schritt 3

Um das gesamte Dokument zu betrachten, können Sie auch die Schaltflächen **Vorherige Seite** bzw. **Nächste Seite** unten am Bildschirm nutzen. Klicken Sie einfach auf die Pfeile.

Schritt 4

Wenn Sie eine Seite auch in der Vorschau komplett auf einer Seite sehen wollen, klicken Sie auf die Schaltfläche **Auf Seite zoomen**. Der Zoomfaktor wird dann automatisch so angepasst, dass die Seite möglichst groß angezeigt wird.

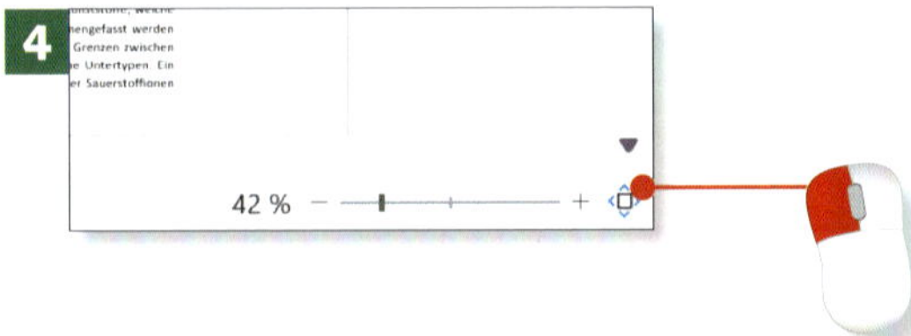

Schritt 5

Auch die praktische Seitenansicht gibt es noch. Klicken Sie im Menü der Symbolleiste für den Schnellzugriff auf **Weitere Befehle**. In den Word-Optionen wählen Sie unter **Befehle auswählen** den Eintrag **Alle Befehle** ❷. In der Liste markieren Sie **Seitenansicht-Bearbeitungsmodus** ❸. Klicken Sie dann auf **Hinzufügen** ❹.

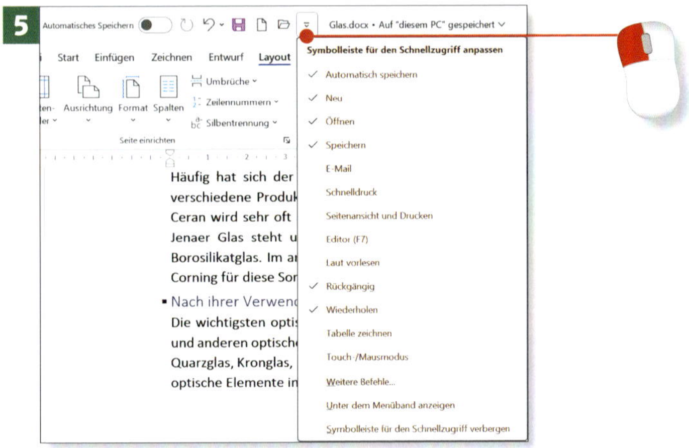

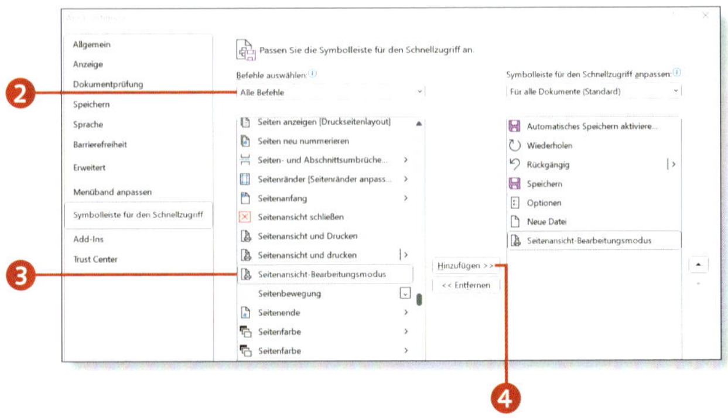

Schritt 6

Klicken Sie auf die eben hinzugefügte Schaltfläche. Auf der Registerkarte **Seitenansicht** finden Sie etliche Befehle zum Umgang mit der Vorschau auf das Dokument. Wenn Sie die Option **Lupe** ❺ deaktivieren, können Sie den Cursor in das Dokument setzen und es bearbeiten. Um die Seitenansicht zu schließen, drücken Sie die Taste Esc.

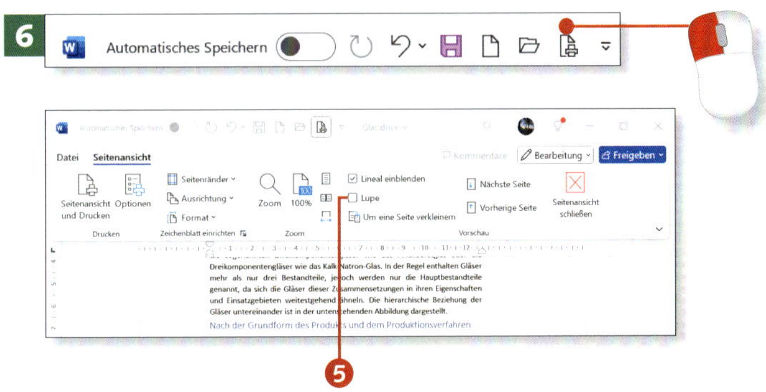

Optionen für den Ausdruck

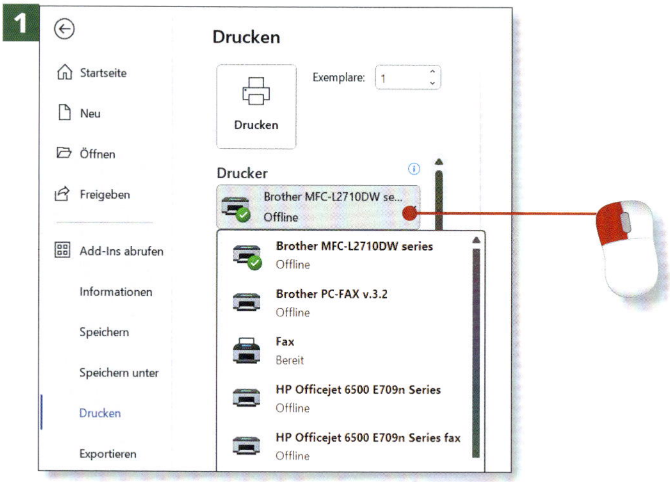

Der Dialog »Drucken« bietet eine Reihe von Einstellungsmöglichkeiten. Die wichtigsten stellen wir Ihnen in diesem Abschnitt vor.

Schritt 1

Rufen Sie über **Datei ▸ Drucken** das Fenster zum Drucken auf. Prüfen Sie zunächst, ob Sie den richtigen Drucker ausgewählt haben. Klicken Sie gegebenenfalls auf den Pfeil im Bereich **Drucker**, um den Drucker zu wechseln.

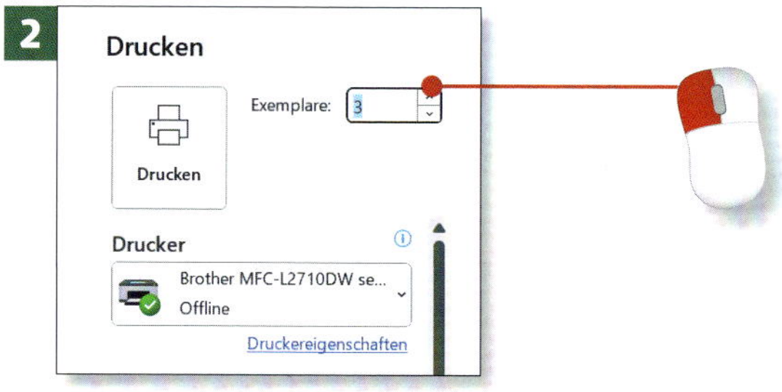

Schritt 2

Sie können auch gleich mehrere Exemplare des Dokuments ausdrucken. Im Feld **Exemplare** stellen Sie ein, wie oft Sie das Dokument drucken möchten.

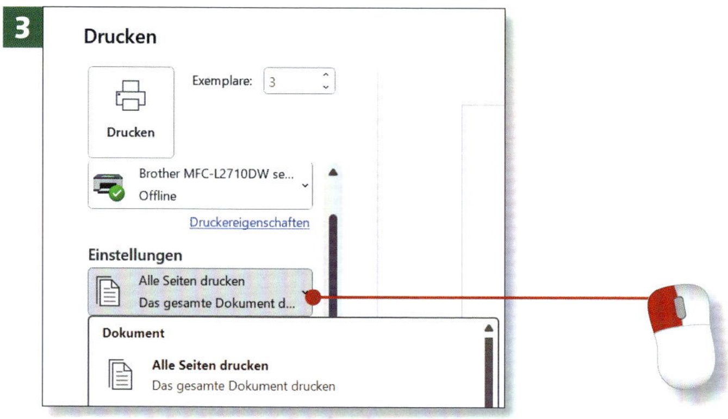

Schritt 3

Standardmäßig werden alle Seiten des geöffneten Dokuments ausgedruckt. Um dies zu ändern, klicken Sie im Bereich **Einstellungen** auf den Pfeil am ersten Feld **Alle Seiten drucken**.

Schritt 4

Möchten Sie nur einen ganz bestimmten Bereich eines Dokuments drucken? Dann markieren Sie ihn und wählen in der Auswahlliste der **Einstellungen** die Option **Auswahl drucken**.

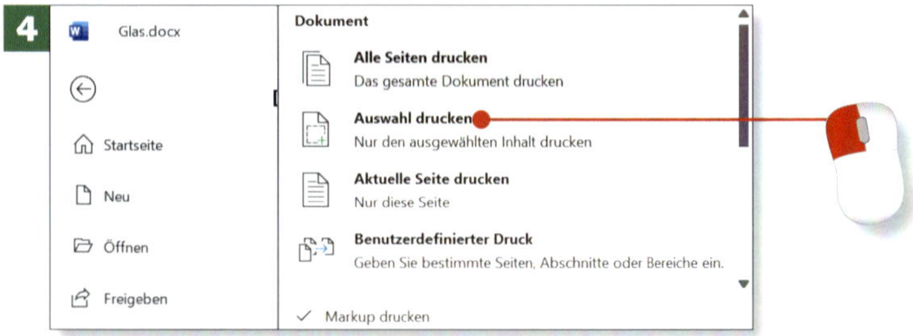

Schritt 5

In einem mehrseitigen Dokument können Sie bequem die aktuelle Seite ausdrucken, d. h. die Seite, in der der Cursor steht. Wählen Sie dazu im Menü des ersten Feldes der **Einstellungen** die Option **Aktuelle Seite drucken**.

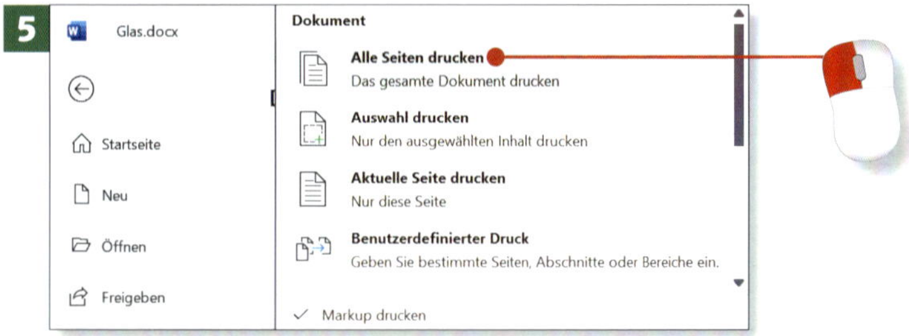

Schritt 6

Wenn Sie viel mit Bausteinen arbeiten (siehe dazu den Abschnitt »Mit Schnellbausteinen arbeiten« auf Seite 82 und den Kasten) und Gefahr laufen, den Überblick zu verlieren, hilft eine ausgedruckte Liste. Dazu wählen Sie im Menü die Option **AutoText-Einträge**.

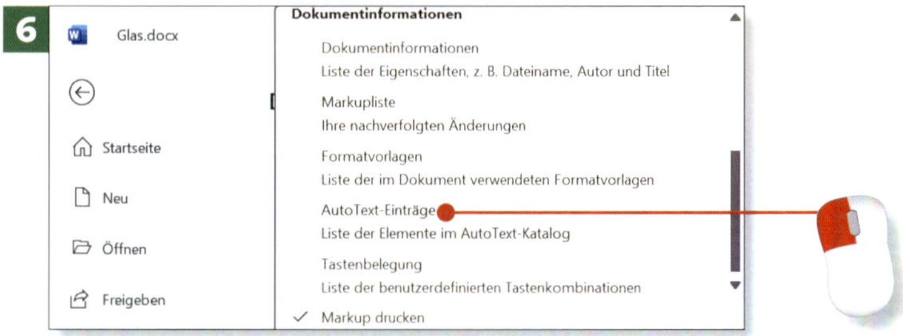

AutoText-Katalog

Damit Sie eine solche Liste ausdrucken können, müssen Bausteine im AutoText-Katalog und nicht im Schnellbaustein-Katalog gespeichert werden. Dazu klicken Sie im Menü **Schnellbausteine durchsuchen** zuerst auf **AutoText** und im Untermenü auf **Auswahl im AutoText-Katalog speichern**.

Optionen für den Ausdruck (Forts.)

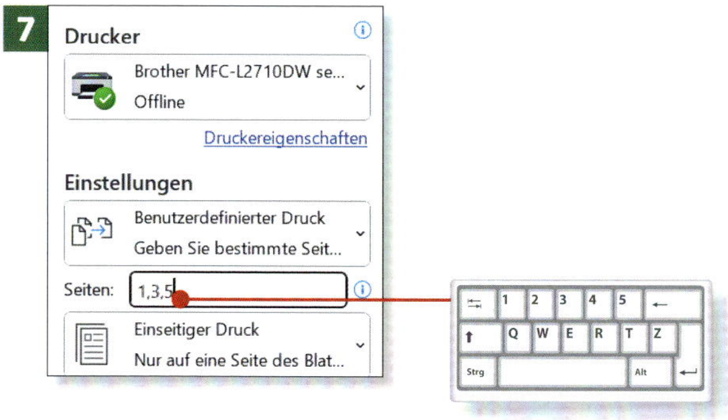

Schritt 7

Um bestimmte Seiten auszudrucken, nutzen Sie das Feld **Seiten**. Geben Sie hier die Seitenzahlen durch Komma getrennt ein, z. B. »1, 3, 5«. Auch die Eingabe »3-5« (die Seiten 3 bis 5) funktioniert. Näheres dazu erfahren Sie im Abschnitt »Einzelne Seiten drucken« auf Seite 140.

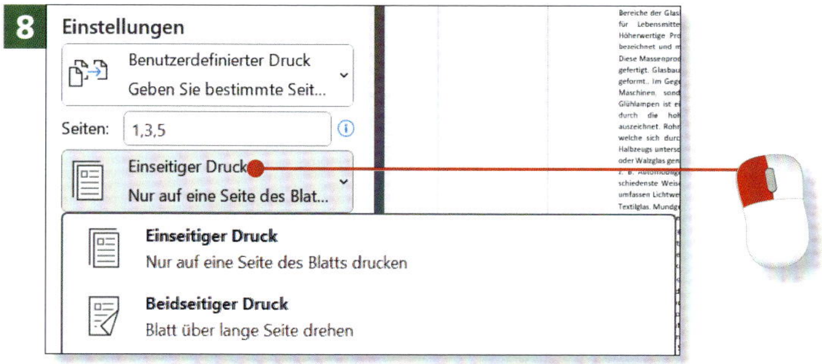

Schritt 8

Standardmäßig wird einseitig gedruckt. Sie können für einen beidseitigen Ausdruck sorgen, wenn Sie auf den Pfeil am Feld **Einseitiger Druck** klicken und die gewünschte Option wählen (siehe dazu auch den Kasten »Beidseitiger Druck« unten).

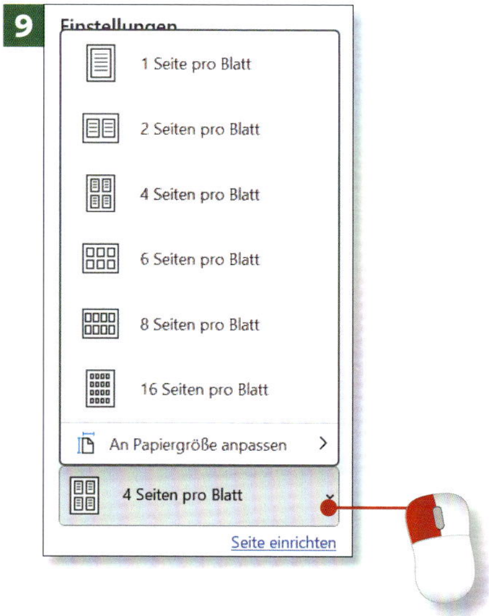

Schritt 9

Pfiffig ist die Möglichkeit, auch mehrere Dokumentseiten auf einer einzigen Seite auszudrucken. Klicken Sie auf den Pfeil am Feld **1 Seite pro Blatt** und legen Sie im Menü die gewünschte Anzahl fest.

Beidseitiger Druck

Wenn Ihr Drucker nicht mit beidseitigem Druck umgehen kann, müssen Sie **Beidseitiger manueller Druck** wählen und das Papier von Hand umdrehen.

Schritt 10

Die Seitenränder lassen sich auch noch im Dialog **Drucken** ändern. Klicken Sie dazu auf den Pfeil am vorletzten Feld; Sie sehen hier die aktuelle Einstellung für die Seitenränder. Treffen Sie im Menü Ihre Auswahl.

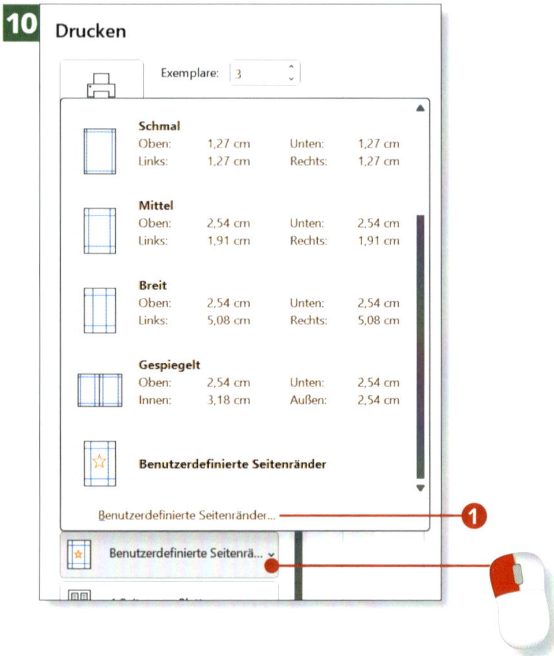

Schritt 11

Über **Benutzerdefinierte Seitenränder** ❶ rufen Sie den Dialog **Seite einrichten** auf, in dem Sie die Maße für die Ränder manuell angeben. Diesen Dialog öffnen Sie auch per Klick auf den Link **Seite einrichten** unten im Fenster **Drucken**.

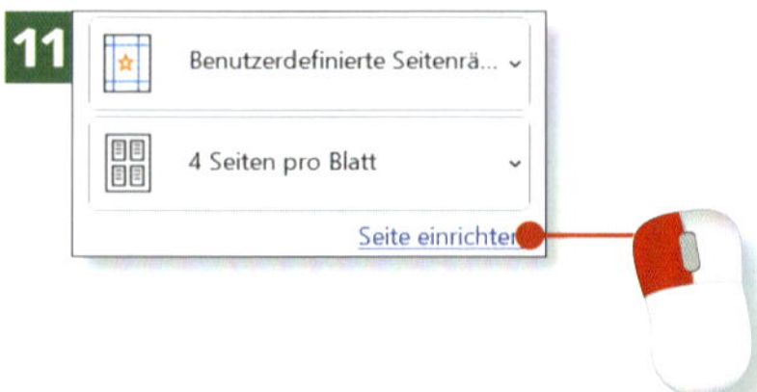

Schritt 12

Wenn Sie mehrere Exemplare eines mehrseitigen Dokuments drucken, wählen Sie über das Menü **Sortiert** aus, in welcher Reihenfolge die Seiten aus dem Drucker kommen.

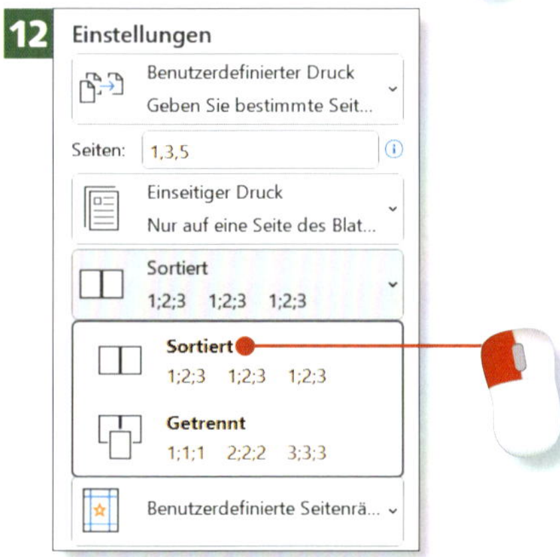

Machen Sie Ihrem Drucker Beine

Bei vielen Druckern beschleunigen Sie den Ausdruck mehrerer Exemplare, wenn Sie die Sortierung **Getrennt** wählen, sodass erst alle Exemplare der Seite 1, dann alle Exemplare der Seite 2 etc. ausgedruckt werden.

Einzelne Seiten drucken

Es gibt viele Möglichkeiten, einzelne Seiten zu drucken. Sogar abschnittsweise können Sie differenzieren.

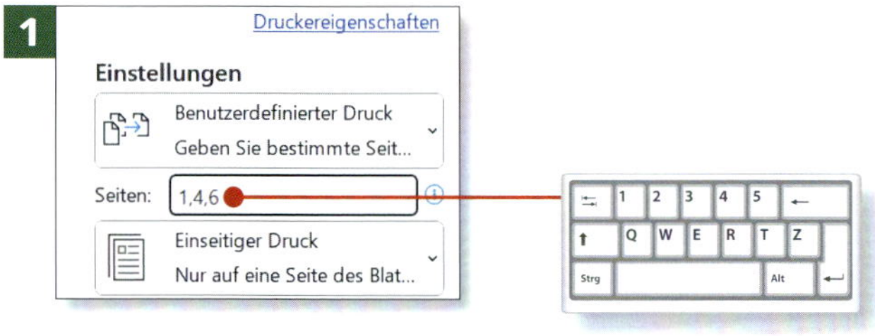

Schritt 1

Es kommt vor, dass Sie nur bestimmte Seiten eines Dokuments ausdrucken möchten. Öffnen Sie das Fenster **Drucken**, und geben Sie im Feld **Seiten** die Seitenzahlen durch Komma (oder Semikolon) getrennt ein.

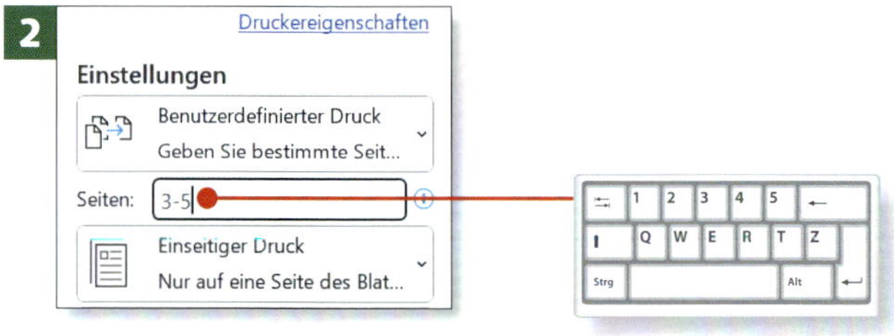

Schritt 2

Wenn die Seiten, die Sie ausdrucken möchten, hintereinanderliegen, ist es schneller, den ganzen Bereich anzugeben. Schreiben Sie im Feld **Seiten** einfach »3-5«. Im Klartext bedeutet dies: Seite 3 bis Seite 5 werden gedruckt.

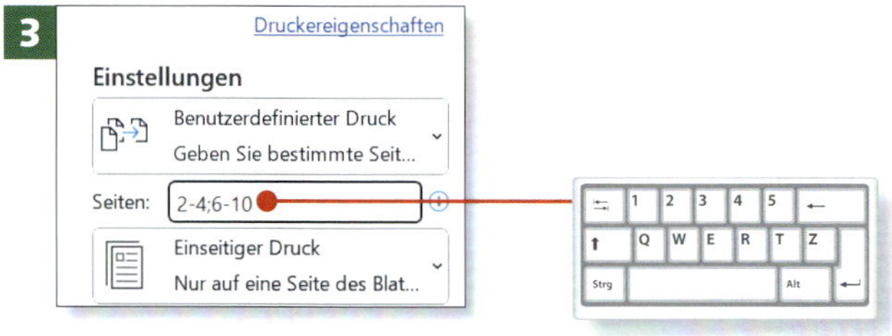

Schritt 3

Solche Bereiche können Sie auch kombinieren. Trennen Sie die einzelnen Bereiche mit einem Komma oder Semikolon. Schreiben Sie z. B. »2-4,6-10«. Auch die Kombination »1;3;6-10« funktioniert.

Sortiert drucken

Word berücksichtigt die Reihenfolge, in der Sie die Seitenzahlen angeben. Geben Sie z. B. »3,1« ein, druckt Word zuerst die Seite 3 und dann die Seite 1. Auch bei Bereichen verfährt Word so: Bei »10-7« kommt z. B. zuerst die Seite 10 aus dem Drucker.

Schritt 4

Etwas knifflig ist der Ausdruck einzelner Seiten bestimmter Abschnitte im Dokument (die jeweils wieder mit Seite 1 beginnen). Geben Sie z. B. Folgendes ein: »1$2«. So wird die Seite 1 des zweiten Abschnitts im Dokument ausgedruckt.

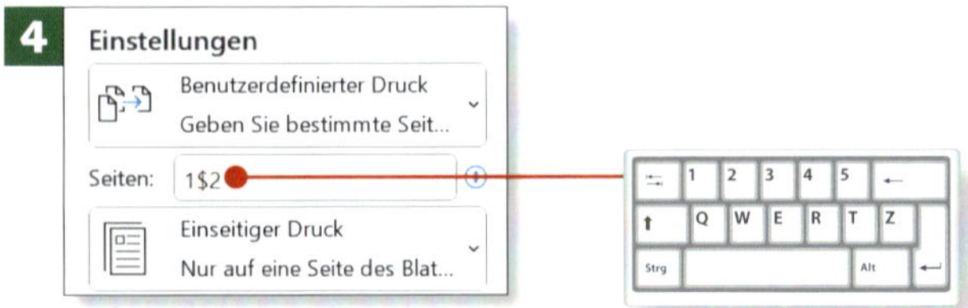

Schritt 5

Sie können Word aber auch anweisen, einen ganzen Abschnitt zu drucken. Sie lassen dann einfach die Seitenzahl weg und schreiben »$2«. Damit drucken Sie den gesamten Abschnitt 2. Auch bei Abschnitten können Sie Minuszeichen, Komma und Semikolon zur Trennung verwenden.

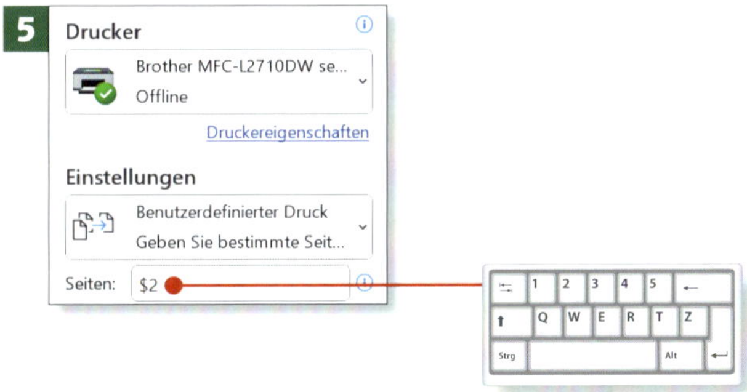

Schritt 6

Standardmäßig werden Abschnitte nicht in der Statuszeile angezeigt. Klicken Sie sie mit rechts an und wählen Sie im Kontextmenü **Abschnitt**. Fortan erscheint auch diese Angabe in der Statuszeile ❶.

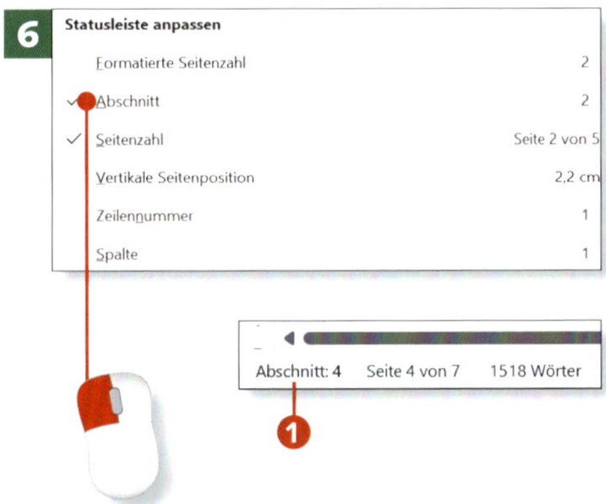

Tipps und Tricks beim Drucken

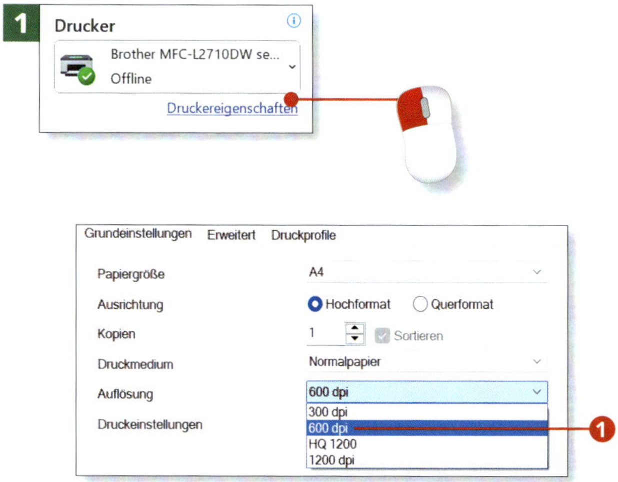

Beim Drucken von Dokumenten gibt es manchmal Stolpersteine, die den Ausdruck vermiesen. Hier ein paar Tipps für gute Ergebnisse.

Schritt 1

Die meisten Drucker bieten unterschiedliche Betriebsmodi und Einstellungen für spezielle Ausdrucke und Papiere. Achten Sie z. B. darauf, die gewünschte Auflösung einzustellen. Klicken Sie dazu auf den Link **Druckereigenschaften** und wählen Sie eine Auflösung ❶.

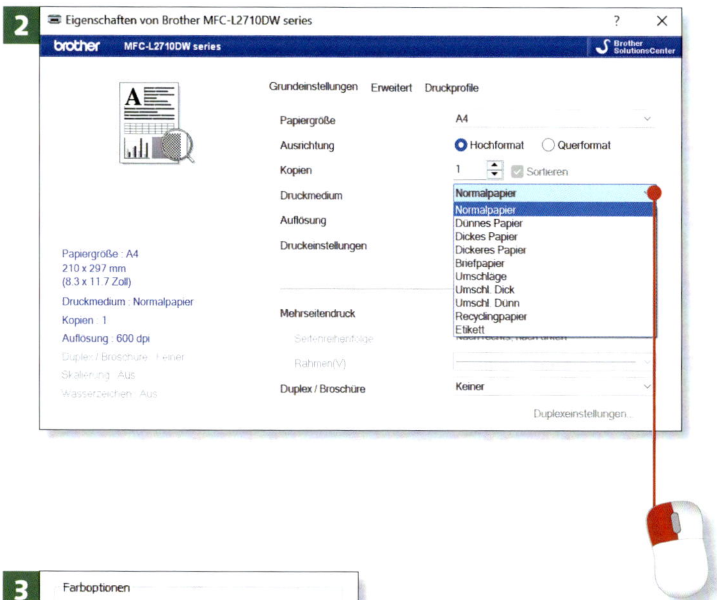

Schritt 2

Achten Sie auch auf den richtigen Papiertyp. Insbesondere bei Tintenstrahldruckern ist das wichtig. Was nutzt das teure Hochglanzpapier für ein optimales Druckergebnis, wenn Sie Ihrem Drucker nicht Bescheid geben?

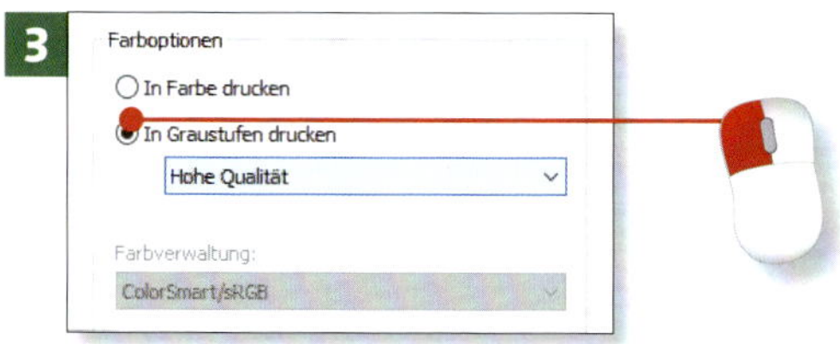

Schritt 3

Wenn die Qualität des Ausdrucks nicht von Bedeutung ist und/oder Sie auf Farbe verzichten können, aktivieren Sie **Entwurf** und/oder aktivieren die Option **In Graustufen drucken** (oder eine vergleichbare Option). Das beschleunigt den Ausdruck und spart Tinte.

Schritt 4

Ärgern Sie sich darüber, dass das Nachfüllen der Tintenpatronen teurer ist als der Drucker selbst? Versuchen Sie, Tinte zu sparen. Dabei hilft die Auswahl der Schriftart: Nehmen Sie z. B. *Century Gothic*. Auch *Times New Roman* ist sparsam. Oder Sie installieren eine frei verfügbare Eco-Font-Schrift.

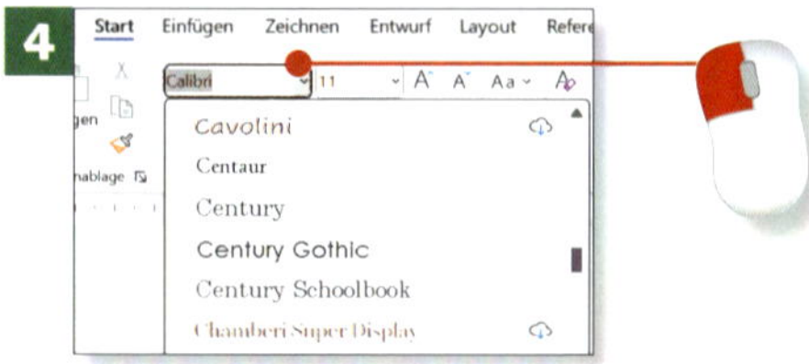

Schritt 5

Wenn der Ausdruck nicht optimal wirkt, hilft es bei Tintenstrahldruckern oft, die Druckpatronen zu reinigen bzw. neu auszurichten. Der Weg dahin variiert von Drucker zu Drucker. Mitunter finden Sie die Funktion im Dialog der Druckereigenschaften und/oder in den Einstellungen über **Bluetooth und Geräte ▸ Drucker und Scanner**.

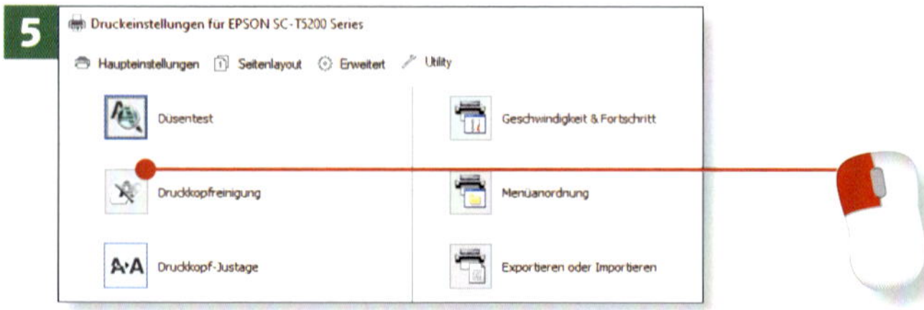

Schritt 6

Wenn Ihr Drucker einmal komplett spinnt, nehmen Sie ihn vom Stromnetz, damit intern gespeicherte Druckaufträge gelöscht werden. Löschen Sie dann den Auftrag in der Druckerwarteschlange (**Einstellungen ▸ Bluetooth und Geräte ▸ Drucker und Scanner**).

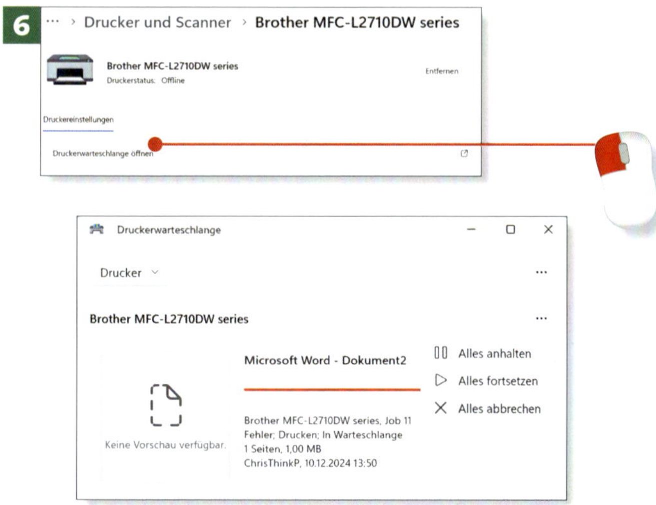

Druckereigenschaften

Der Dialog für die Druckereigenschaften sieht bei jedem Drucker bzw. Hersteller anders aus. Auch die genauen Einstellungsmöglichkeiten unterscheiden sich, doch fast alle Hersteller bieten die genannten Grundfunktionen an.

Word-Dokumente extern drucken

1

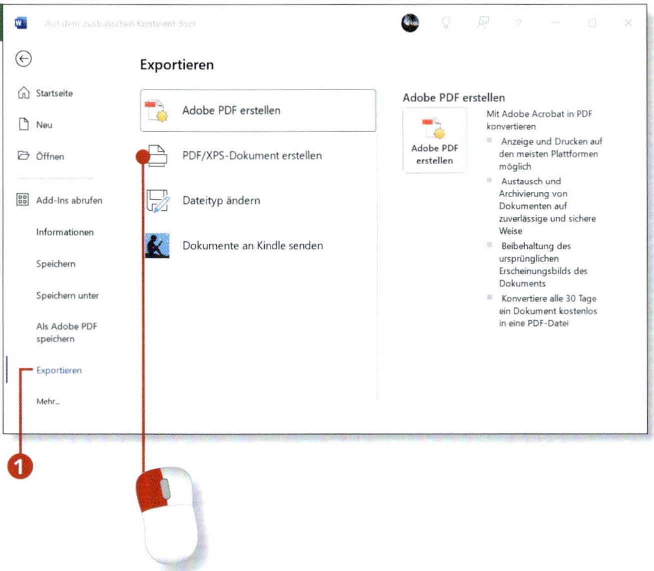

2

3

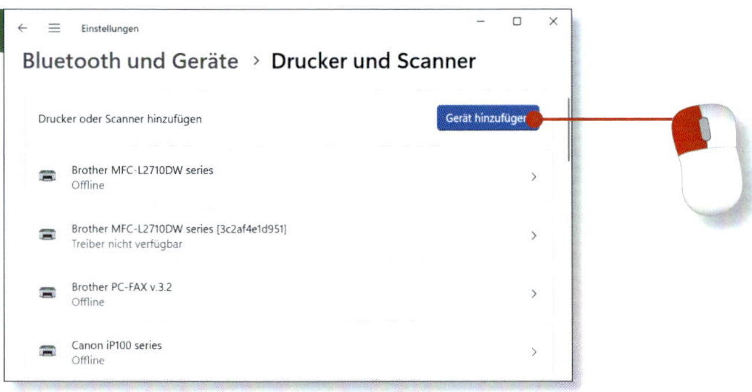

Dokumente sehen im Ausdruck verschiedener Drucker oft unterschiedlich aus. Dafür gibt es Lösungen.

Schritt 1

Damit ein als E-Mail-Anhang verschicktes Word-Dokument leicht ausgedruckt werden kann, speichern Sie es am besten im PDF-Format. Klicken Sie auf **Datei ▸ Exportieren** 1 und dann auf **PDF/XPS-Dokument erstellen**.

Schritt 2

Die nächste Variante ist etwas aufwendiger. Wenn Sie den gleichen Druckertreiber wie der Empfänger installieren und diesen Drucker auswählen, bevor Sie mit der Formatierung des Dokuments beginnen, wird es genauso aussehen wie nachher im Ausdruck.

Schritt 3

Um den Treiber zu installieren, öffnen Sie das Startmenü, klicken auf **Einstellungen ▸ Bluetooth und Geräte** und dann auf **Drucker und Scanner**. Im nächsten Fenster klicken Sie auf die Schaltfläche **Gerät hinzufügen**.

Schritt 4

Zunächst werden vorhandene Drucker gesucht. Klicken Sie hier auf **Manuell hinzufügen**, da der Drucker ja nicht bei Ihnen angeschlossen ist. Aktivieren Sie die Option, dass Sie einen lokalen Drucker hinzufügen möchten ❷, und klicken Sie auf **Weiter**.

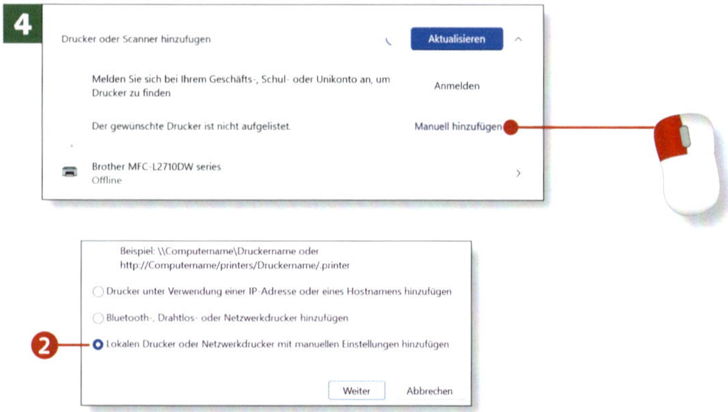

Schritt 5

Wählen Sie einen Anschluss und klicken Sie wieder auf **Weiter**. Wählen Sie das Modell des Druckers ❸, um den richtigen Treiber zu installieren, oder klicken Sie – wenn Sie einen Treiber aus dem Internet gezogen haben – auf **Datenträger** ❹ und geben Sie an, wo der Treiber gespeichert ist.

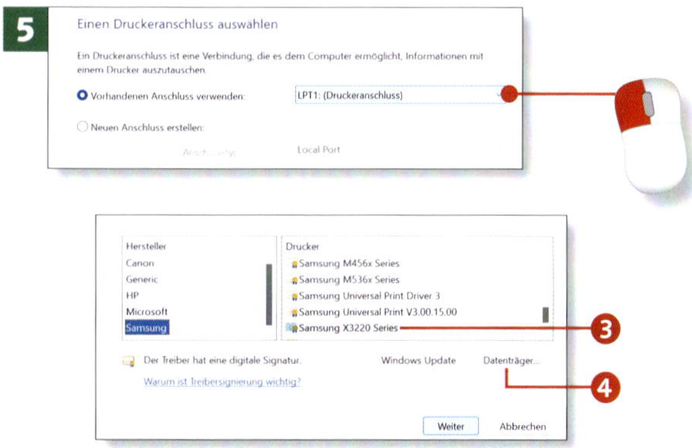

Schritt 6

Geben Sie dem Drucker einen Namen und klicken Sie auf **Weiter**. Lassen Sie ihn *nicht* im Netzwerk ❺ freigeben. Nach einem erneuten Klick auf **Weiter** erhalten Sie eine Erfolgsmeldung. Klicken Sie auf **Fertig stellen** ❻. Jetzt wird Ihr Dokument so aussehen wie im Ausdruck des Empfängers.

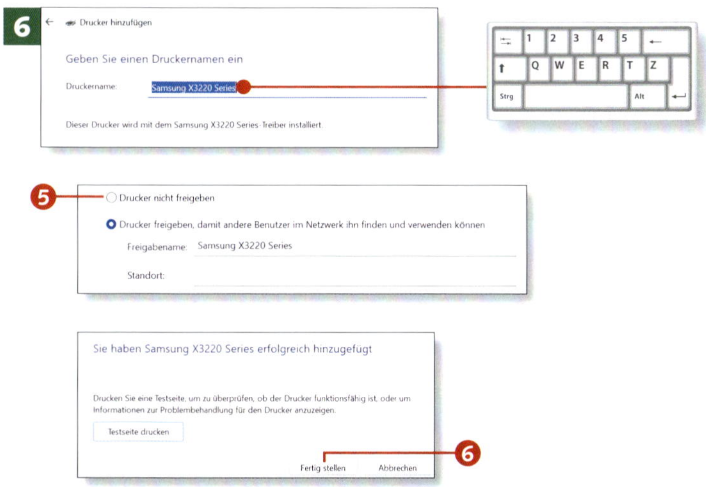

Kapitel 7
Nummerierungen und Aufzählungen

Inhaltsverzeichnisse und Listen sind hilfreich für das Textverständnis, jedoch nur, wenn sie übersichtlich gegliedert sind. Welche Möglichkeiten Ihnen Word 2024 dazu bietet, erfahren Sie in diesem Kapitel.

Aufzählungszeichen
Sie können zwischen fortlaufenden Nummerierungen oder symbolhaften Aufzählungszeichen wählen, die nicht mit Zahlen arbeiten. Natürlich gibt es auch die Möglichkeit, Symbole anstelle der üblichen Spiegelstriche einzufügen oder sie z. B. andersfarbig zu gestalten.

Schöne Listen
Für die Übersicht ist es sehr nützlich und für wissenschaftliche Gliederungen mehr oder weniger zwingend, Listen mit mehreren Ebenen zu erstellen, also z. B. 1.1, 1.1.1 etc. Diese lassen sich in Word automatisch einfügen. Wenn Sie Formatvorlagen wie **Überschrift 1**, **Überschrift 2** etc. genutzt haben, können Sie auch nachträglich leicht eine Nummerierung für alle Überschriften ergänzen.

1 Sie können Listen mit fortlaufender Nummerierung oder einfachen Aufzählungszeichen anlegen.

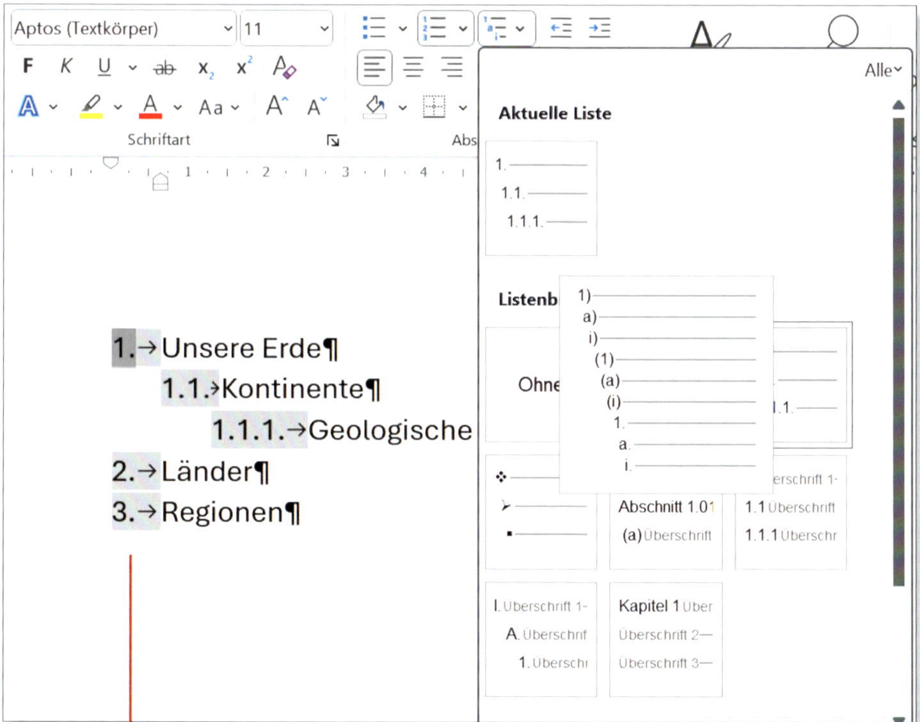

2 Listen mit mehreren Ebenen dienen der Übersicht und lassen sich in Word schnell einfügen.

Eine einfache Nummerierung einfügen

Überschriften oder Listen durchzunummerieren gehört zur gängigen Strukturierung eines Textes. Damit dies reibungslos klappt, zeige ich Ihnen in diesem Abschnitt die wichtigsten Schritte und erklären Ihnen, was Sie beachten sollten.

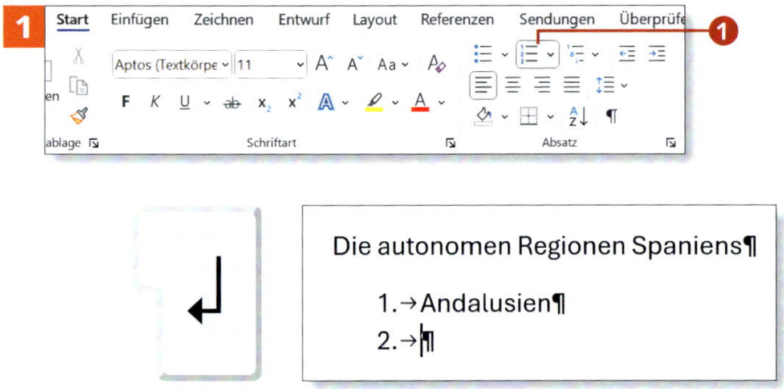

Schritt 1

Für eine einfache Nummerierung klicken Sie auf der Registerkarte **Start** auf die Schaltfläche **Nummerierung** ❶. Es erscheint eine eingerückte 1. Schreiben Sie Ihren Text. Sobald Sie ↵ drücken, wird die Nummerierung fortgesetzt.

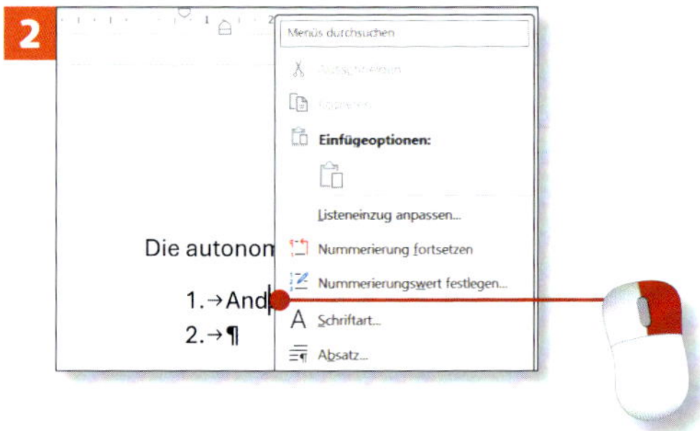

Schritt 2

Sowohl die Zahl als auch der Text werden etwas eingerückt. Sie können diese Einzüge verändern. Klicken Sie den betreffenden Absatz mit rechts an und wählen Sie **Listeneinzug anpassen**.

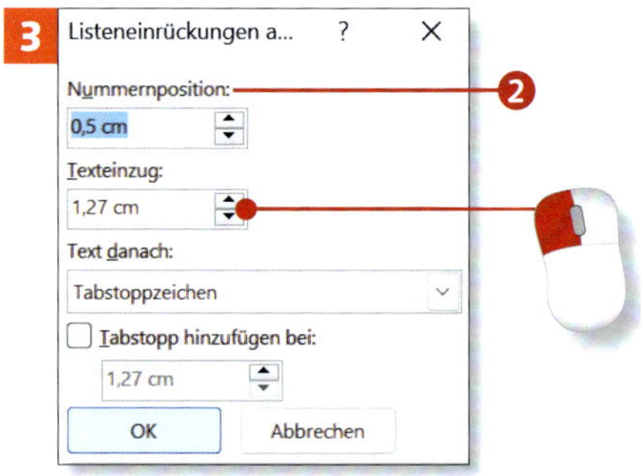

Schritt 3

Im Dialog **Listeneinrückungen anpassen** geben Sie die gewünschten Maße in die Felder **Nummernposition** ❷ und **Texteinzug** ein. Bestätigen Sie Ihre Eingabe, indem Sie auf **OK** klicken.

Einzüge im Lineal verändern

Sie können die Einzüge auch mithilfe der Markierungen im Lineal verändern (gegebenenfalls auf der Registerkarte **Ansicht** zu aktivieren). Verschieben Sie einfach die Symbole für den Einzug nach links bzw. rechts.

Schritt 4

Andere Nummerierungszeichen erhalten Sie, wenn Sie auf den Pfeil an der Schaltfläche **Nummerierung** klicken. Wählen Sie aus der **Nummerierungsbibliothek** per Mausklick die gewünschte Art der Nummerierung, z. B. eine Ziffer mit Klammer.

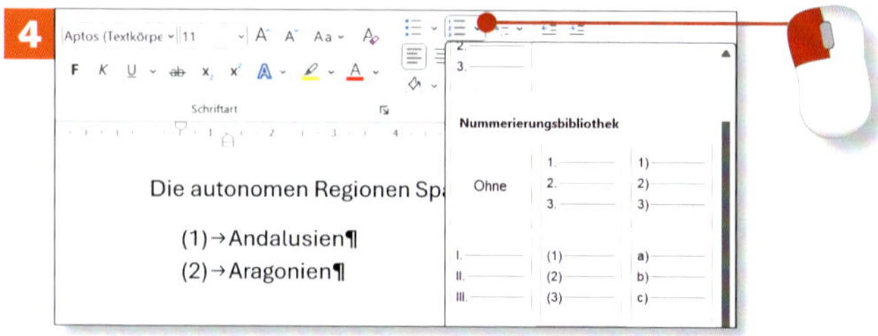

Schritt 5

Wenn die Auswahl nichts Passendes anbietet und Sie ein eigenes Format bzw. eine andere Formatierung erstellen möchten, klicken Sie unten im Menü auf den Eintrag **Neues Zahlenformat definieren** ❸. Im gleichnamigen Dialog gibt es u. a. die Schaltfläche **Schriftart**. Klicken Sie darauf.

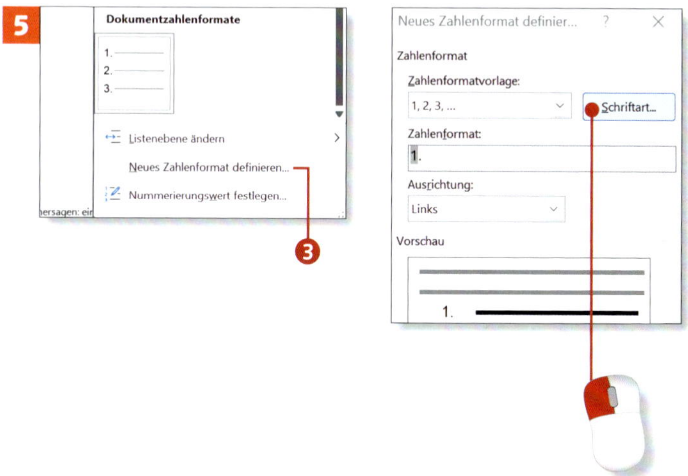

Schritt 6

Daraufhin erscheint der Dialog mit den üblichen Zeichenformatierungen. Hier können Sie z. B. eine Farbe für die Nummerierung einstellen.

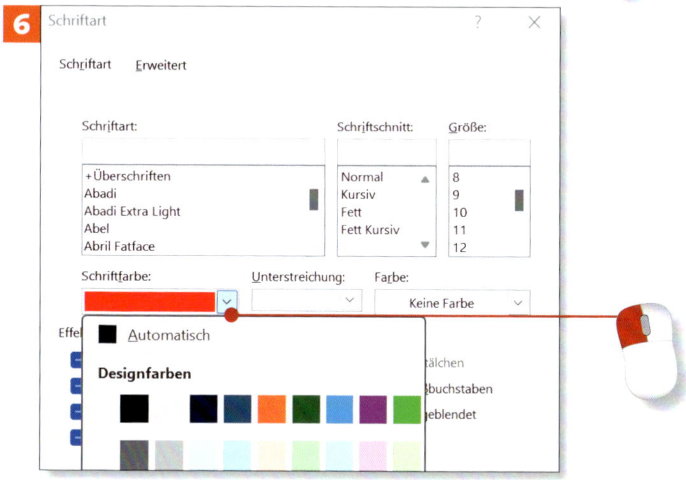

Nummerierungszeichen

Wenn Sie eine Liste schreiben und die Schaltfläche **Nummerierung** aktivieren, nutzt Word automatisch das zuletzt verwendete Zeichen.

Die automatische Nummerierung ausschalten

Word nummeriert automatisch, sobald Sie »1.« schreiben und die Leertaste drücken. Das kann mitunter störend sein. Sie können es abstellen.

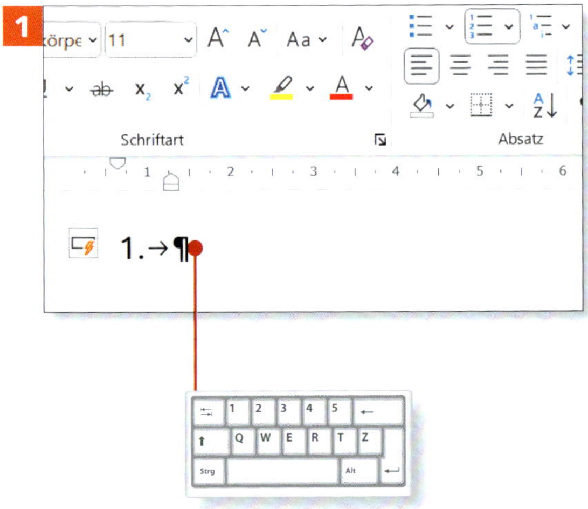

Schritt 1

Wenn Sie eine Zeile mit einer Ordinalzahl (wie »1.«) beginnen (oder z. B. mit »a.«), erkennt Word, sobald Sie daraufhin ein Leerzeichen eingeben, eine Nummerierung/Liste und stellt automatisch die entsprechende Formatierung für Nummerierungen ein.

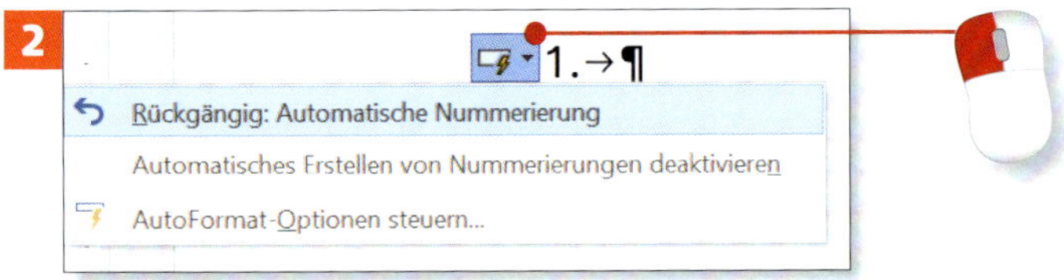

Schritt 2

Diese automatische Nummerierung können Sie zurücknehmen. Klicken Sie dazu auf das *Smarttag* **AutoKorrektur-Optionen** (das kleine Symbol neben der Zahl) und wählen Sie im zugehörigen Menü den Eintrag **Rückgängig: Automatische Nummerierung**.

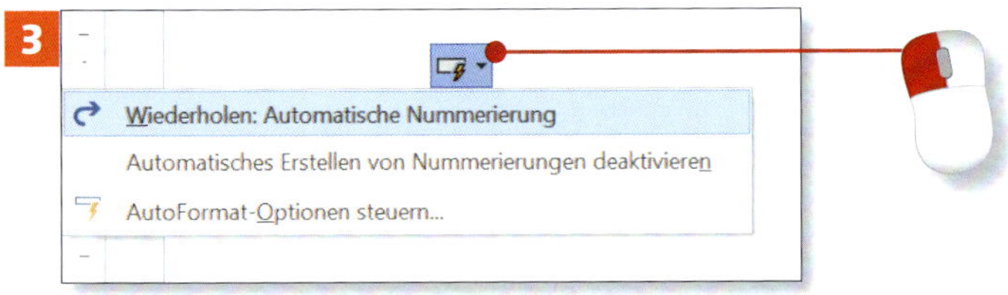

Schritt 3

Mithilfe des Smarttags können Sie die zuvor entfernte Nummerierung auch wieder »zurückholen«. Dazu klicken Sie auf **Wiederholen: Automatische Nummerierung**.

Schritt 4

Im Menü des Smarttags finden Sie zudem die Option, die Nummerierung regelrecht auszuschalten. Klicken Sie dazu auf **Automatisches Erstellen von Nummerierungen deaktivieren**.

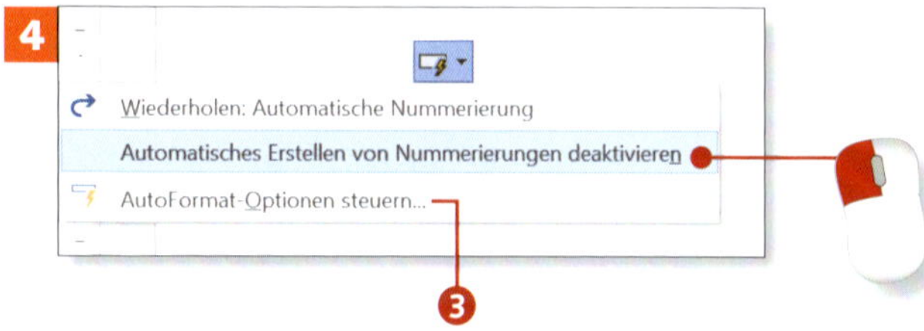

Schritt 5

Sie können die Nummerierung auch in den Word-Optionen deaktivieren (falls das Smarttag nicht auftaucht). Klicken Sie dazu auf **Datei ▸ Optionen ▸ Dokumentprüfung** ❶. Hier finden Sie die Schaltfläche **AutoKorrektur-Optionen**. Klicken Sie darauf.

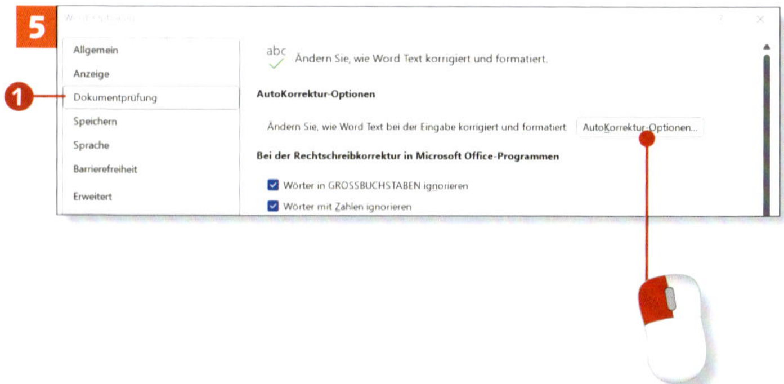

Schritt 6

Dies öffnet den Dialog **AutoKorrektur**. Wechseln Sie zur Registerkarte **AutoFormat während der Eingabe** ❷. Hier deaktivieren Sie die Option **Automatische Nummerierung**. Bestätigen Sie dies mit **OK**.

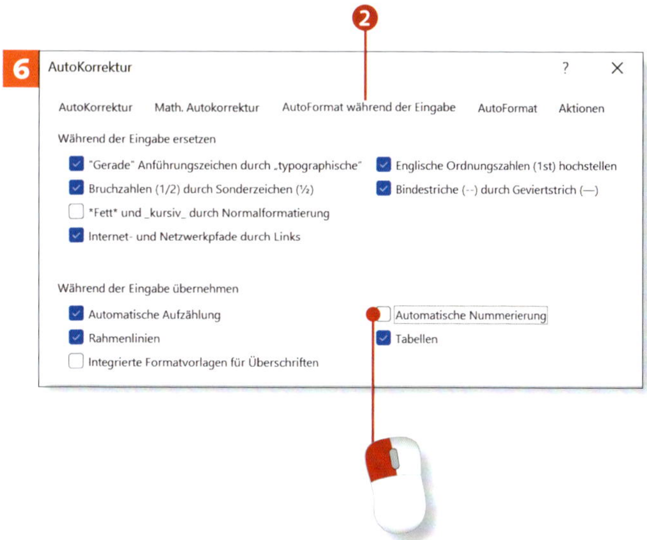

AutoFormat-Optionen

Die Optionen der AutoKorrektur können Sie auch mithilfe des Smarttags aufrufen. Klicken Sie einfach auf den Eintrag **AutoFormat-Optionen steuern** ❸.

Nummerierungen fortsetzen

1

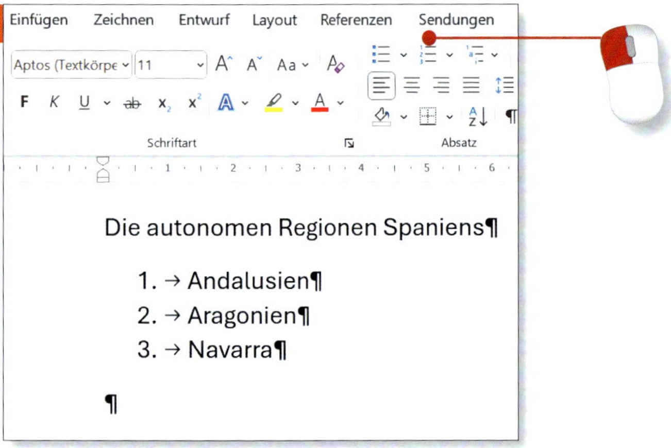

2

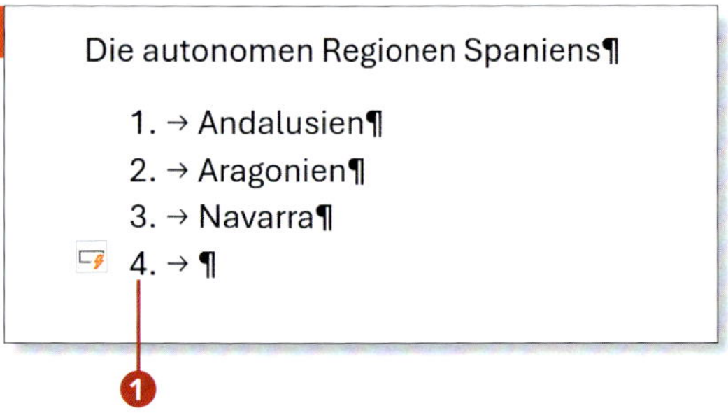

3

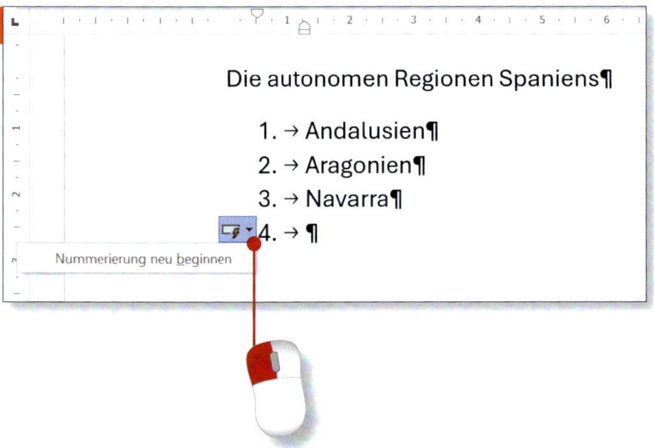

Word setzt Nummerierungen zwar automatisch fort, aber was ist, wenn Sie die Liste unterbrechen und Word beginnt, wieder von vorn zu zählen?

Schritt 1

Sie beenden eine Nummerierung, indem Sie den Cursor in eine neue Zeile setzen und einfach erneut auf die Schaltfläche **Nummerierung** klicken. Die Liste wird abgeschlossen, und Sie können jetzt wieder ganz normalen Text eingeben.

Schritt 2

Möchten Sie die begonnene Liste nach einem normalen Absatz fortsetzen? Setzen Sie den Cursor in eine neue Zeile und klicken Sie auf **Nummerierung**. Anschließend erhalten Sie eine Nummerierung, die wieder mit »1.« beginnt oder die Liste fortsetzt ❶.

Schritt 3

Falls die Nummerierung fortgesetzt wird, Sie aber eine neue nummerierte Liste starten möchten, klicken Sie auf den Pfeil am Smarttag und wählen **Nummerierung neu beginnen**. Erscheint ein »1.« und soll die Liste fortgesetzt werden, heißt die Option **Nummerierung fortsetzen**.

Schritt 4

Wenn Ihnen das Smarttag abhandengekommen ist, bestimmen Sie die Fortsetzung bzw. den Neubeginn der Nummerierung über das Menü der Schaltfläche **Nummerierung**. Klicken Sie hier auf **Nummerierungswert festlegen**.

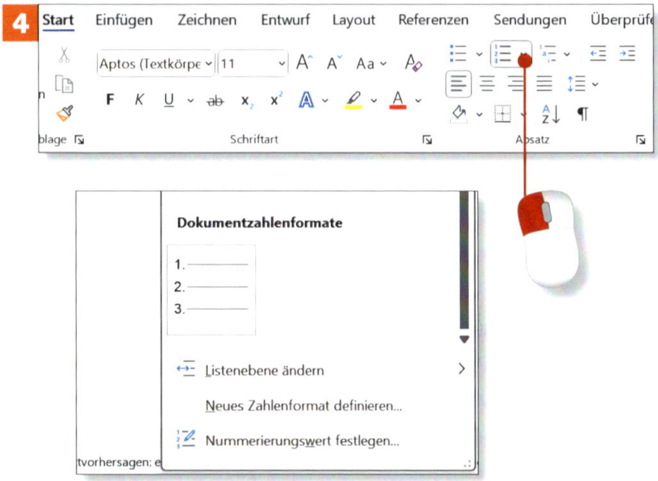

Schritt 5

Im Dialog aktivieren Sie je nach Wunsch die Option **Neue Liste beginnen** oder **Vorherige Liste fortsetzen**. Mit der ersten Option könnten Sie hier einen anderen Anfangswert für die Nummerierung festlegen ❷.

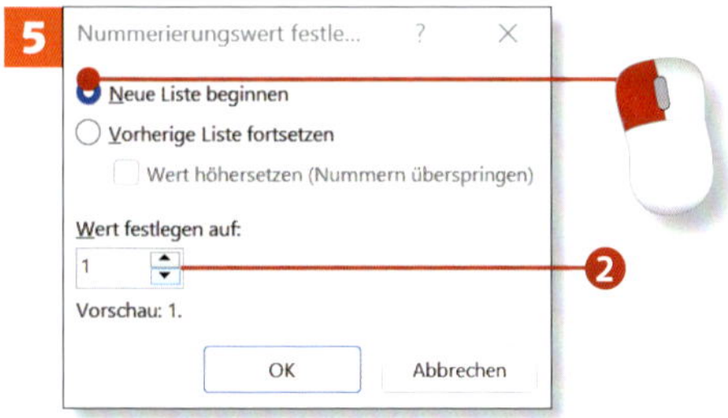

Schritt 6

Auch über das Kontextmenü lässt sich steuern, ob eine Nummerierung fortgesetzt werden soll oder nicht. Klicken Sie die Nummerierung mit der rechten Maustaste an und wählen Sie **Nummerierung fortsetzen** oder **Neu beginnen mit 1**.

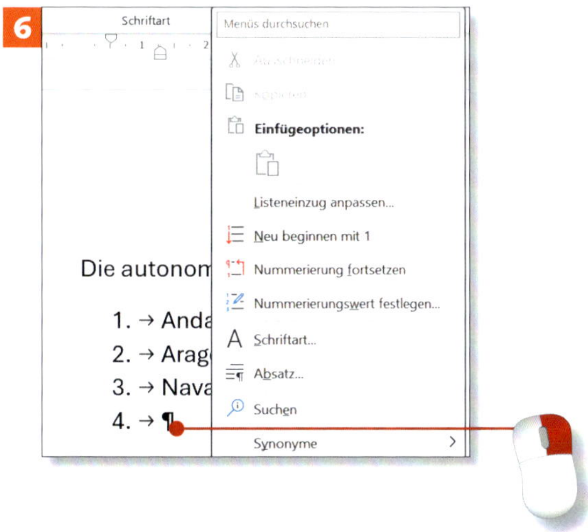

Aufzählungszeichen einfügen und ändern

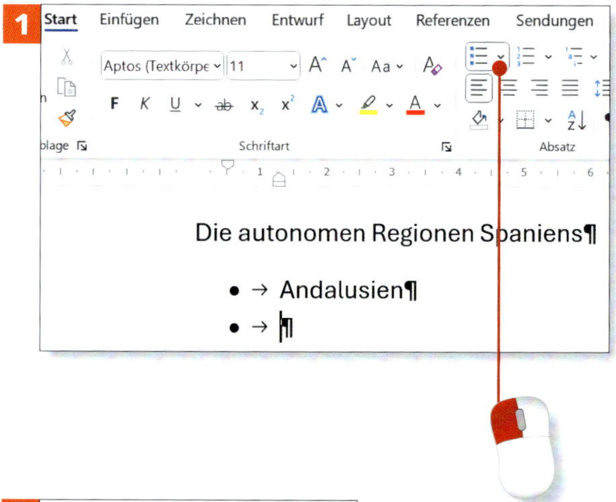

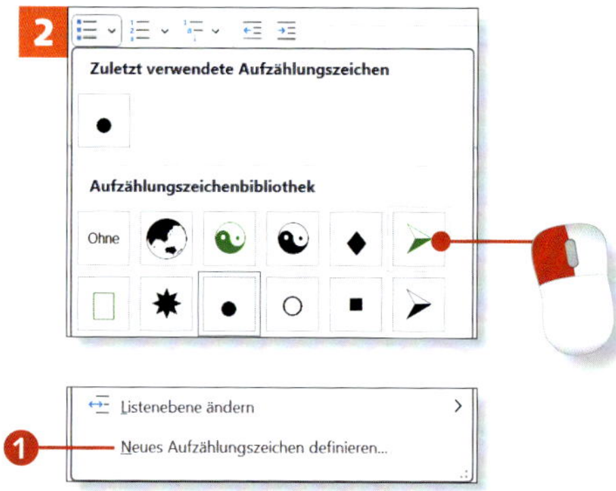

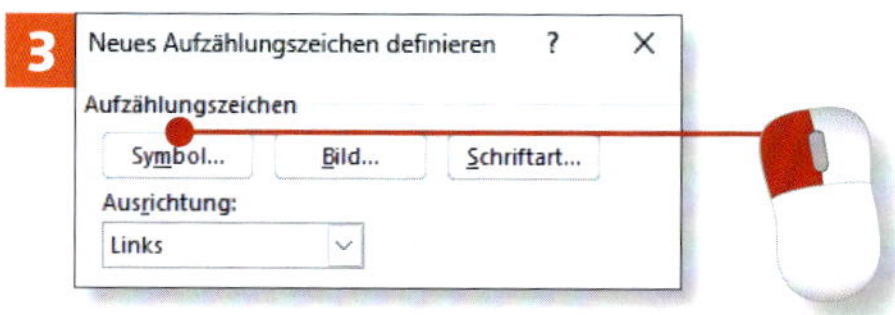

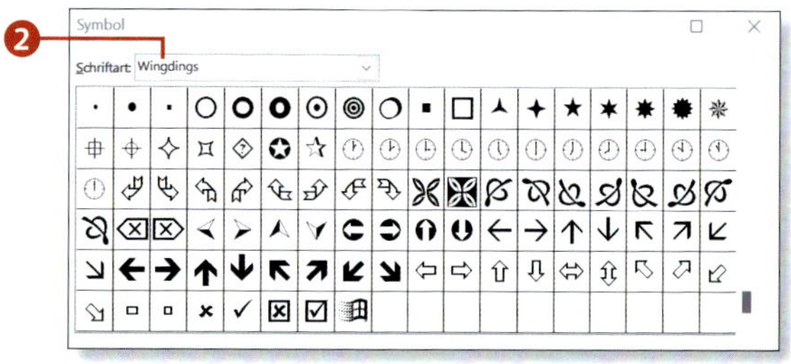

Auch Aufzählungszeichen strukturieren einen Text bzw. eine Liste. Ähnlich wie Nummerierungen lassen sie sich per Mausklick zuweisen.

Schritt 1

Auf der Registerkarte **Start** gibt es die Schaltfläche **Aufzählungszeichen**. Wenn Sie darauf klicken, wird dem Absatz, in dem der Cursor steht, das zuletzt verwendete Aufzählungszeichen zugewiesen. Das nächste Aufzählungszeichen erscheint, sobald Sie [↵] drücken.

Schritt 2

Um ein anderes Aufzählungszeichen einzufügen, klicken Sie auf den Pfeil an der Schaltfläche **Aufzählungszeichen**. Wählen Sie per Mausklick ein Zeichen aus der **Aufzählungszeichenbibliothek**, sofern diese nicht leer ist. (In ihr werden die zuletzt genutzten Zeichen gesammelt.)

Schritt 3

Ein größeres Angebot erhalten Sie per Klick auf **Neues Aufzählungszeichen definieren** ❶. Im Dialog klicken Sie auf die Schaltfläche **Symbol**. Der Dialog **Symbol** bietet dann je nach eingestellter Schriftart ❷ viele Zeichen.

Schritt 4

Um die Aufzählungszeichen zu formatieren (größer, kleiner, farbig etc.), klicken Sie im Dialog **Neues Aufzählungszeichen definieren** auf **Schriftart**. Nehmen Sie im Dialog **Schriftart** die gewünschten Einstellungen vor und bestätigen Sie sie mit **OK**.

Schritt 5

Um bestimmte Zeilen der Auflistung als Unterpunkte weiter einzurücken, klicken Sie im Menü der Schaltfläche **Aufzählung** auf **Listenebene ändern**. Im Untermenü wählen Sie die gewünschte Ebene.

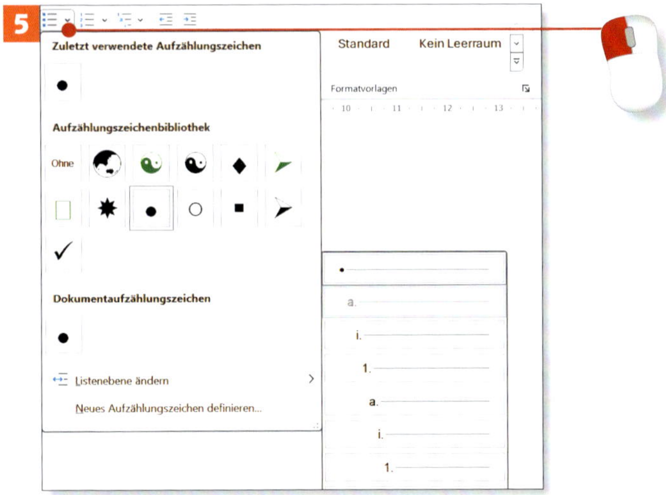

Schritt 6

Wenn Sie Aufzählungszeichen wieder loswerden wollen, markieren Sie die Liste und klicken erneut auf die Schaltfläche **Aufzählungszeichen**.

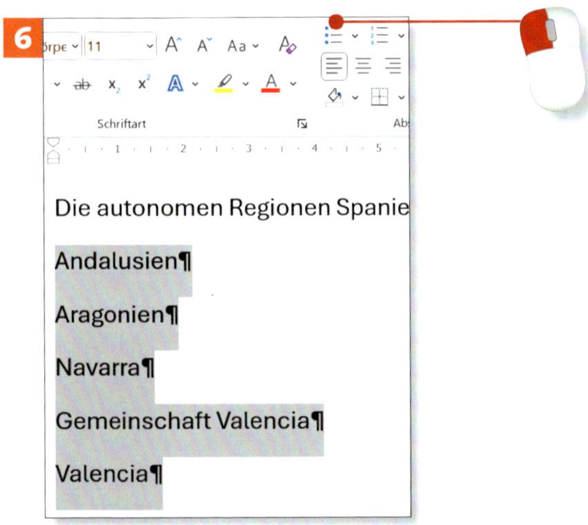

Grafische Symbole
Besondere Symbole finden Sie vor allem in den Schriftarten *Wingdings* und *Webdings*.

Listen mit mehreren Ebenen

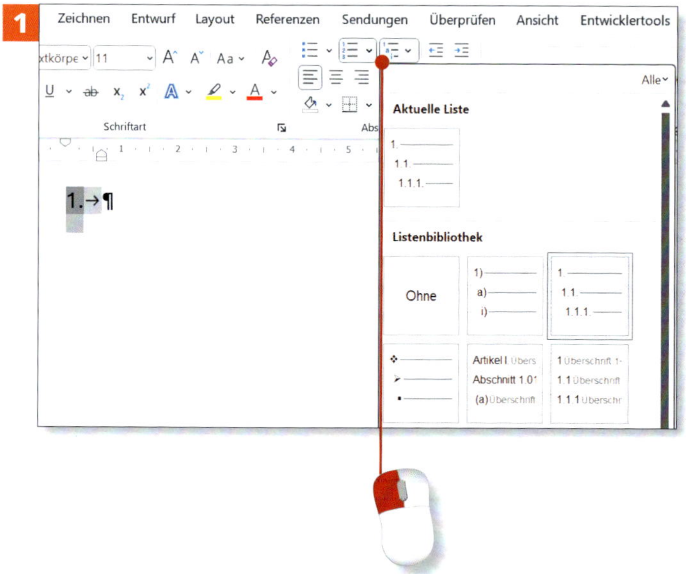

Word bietet auch die Möglichkeit, Text und Gliederungen so zu strukturieren, wie es oft in wissenschaftlichen Texten erforderlich ist. Üblich ist die dezimale Gliederung nach dem Muster 1., 1.1, 1.2, 1.3 etc.

Schritt 1

Wenn Sie eine dezimale Gliederung verwenden möchten, klicken Sie auf der Registerkarte **Start** auf **Liste mit mehreren Ebenen** und wählen eine Option aus der **Listenbibliothek**.

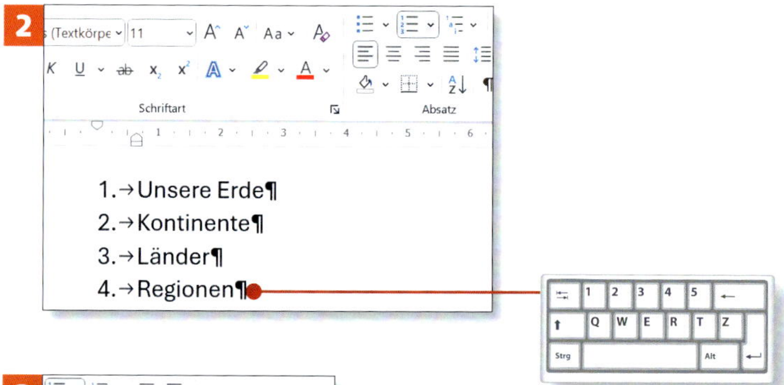

Schritt 2

Geben Sie die Überschriften ein und drücken Sie dazwischen immer [↵]. Zunächst stehen alle Punkte nummeriert untereinander. Im Menüband wird die Schaltfläche **Nummerierung** hervorgehoben.

Schritt 3

Danach beginnen Sie, die Überschriften hierarchisch zu gliedern. Setzen Sie den Cursor in die Zeile mit der zweiten Überschrift und klicken Sie im Menü des Symbols **Nummerierung** auf **Listenebene ändern**.

Schritt 4

Im Untermenü wählen Sie die Ebene **1.1**, um die Überschrift eine Ebene herunterzustufen. Falls die nächste Überschrift eine Überschrift der gleichen Hierarchiestufe ist, wiederholen Sie den Schritt. Diese Überschrift wird dann mit der Nummer 1.2 versehen.

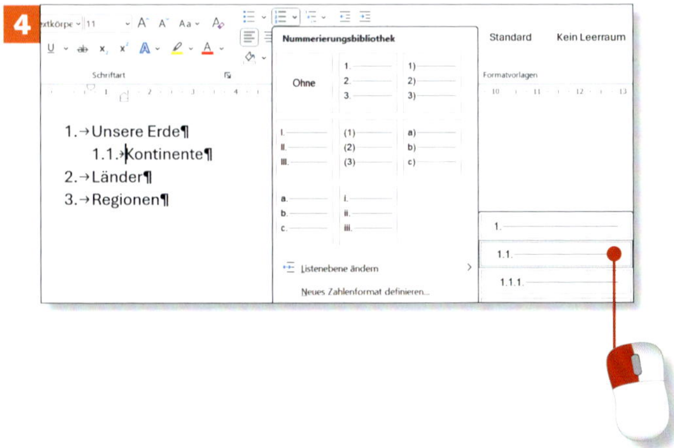

Schritt 5

Wenn die folgende Überschrift ein Unterpunkt von 1.1 ist, öffnen Sie das Menü erneut und wählen die nächste Ebene. Klicken Sie also auf **1.1.1**. Die Überschrift wird eingerückt und erhält die Nummer 1.1.1.

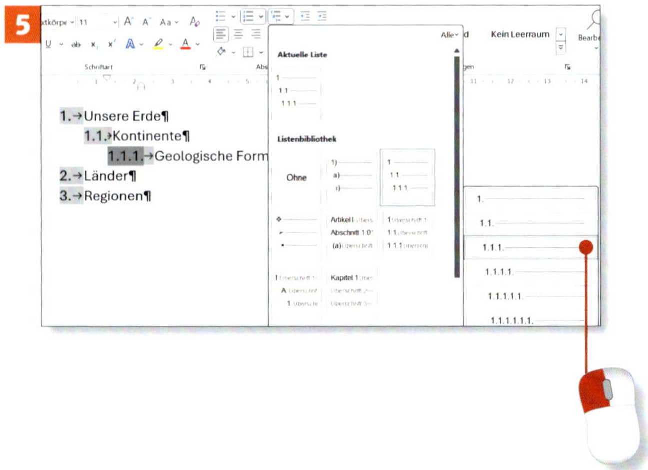

Schritt 6

Auf diese Weise strukturieren Sie die gesamte Gliederung. Die jeweilige Hierarchie können Sie auch mithilfe der Schaltflächen **Einzug verkleinern** und **Einzug vergrößern** ❶ ändern.

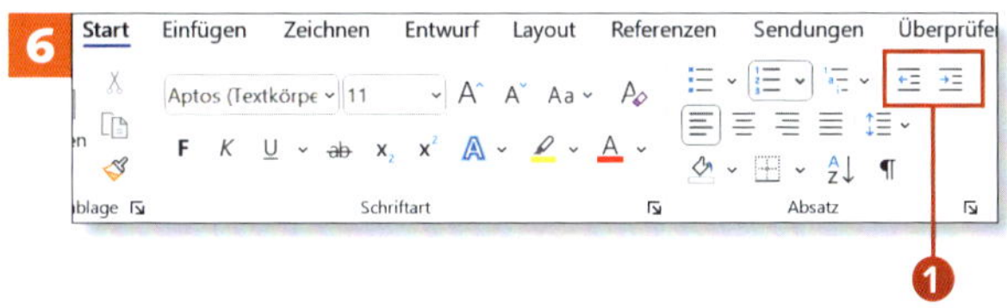

Neu strukturieren

Falls Sie sich bezüglich der gewählten Hierarchie nicht sicher sind, können Sie alles rückgängig machen: Markieren Sie den gesamten Text und wählen Sie im Menü **Listenebene ändern** den Eintrag **1.** aus.

Listen formatieren

1

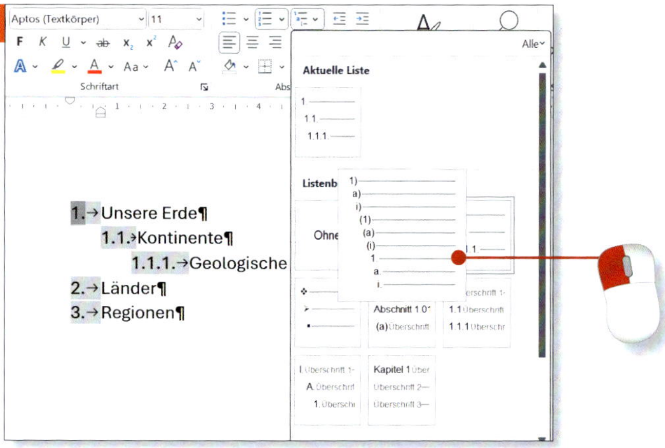

Wenn Ihnen die Angebote in der Listenbibliothek nicht ausreichen, können Sie Ihre Listen an Ihre Anforderungen anpassen. Die neu formatierten Listen werden im Bereich »Listen im aktuellen Dokument« im Listen-Menü angezeigt.

Schritt 1

Einige Möglichkeiten, das Layout zu bearbeiten, bietet das Menü der Schaltfläche **Liste mit mehreren Ebenen**. Setzen Sie den Cursor einfach irgendwo in den Text und treffen Sie im Bereich **Listenbibliothek** Ihre Auswahl.

2

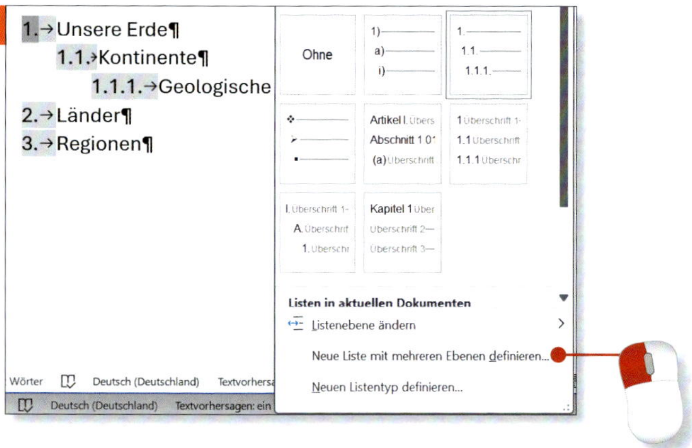

Schritt 2

Um das Aussehen einzelner Zeilen oder Ebenen zu ändern, setzen Sie den Cursor in die betreffende Zeile und wählen **Liste mit mehreren Ebenen ▸ Neue Liste mit mehreren Ebenen definieren**.

3

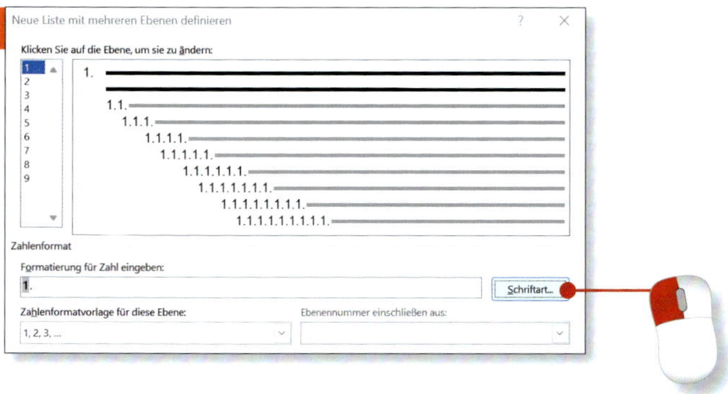

Schritt 3

Im gleichnamigen Dialog klicken Sie auf **Schriftart**, wenn Sie die Formatierung der Zahlen dieser Ebene bearbeiten möchten (Farbe, Schriftgröße, Schriftart etc.).

Schritt 4

Im Dialog **Schriftart** nehmen Sie die gewünschten Einstellungen vor. Sie können z. B. die Schrift selbst, ihre Größe oder ihre Farbe ändern. Die Einstellungen wirken sich nach zwei Klicks auf **OK** auf alle Texte der aktuellen Ebene aus.

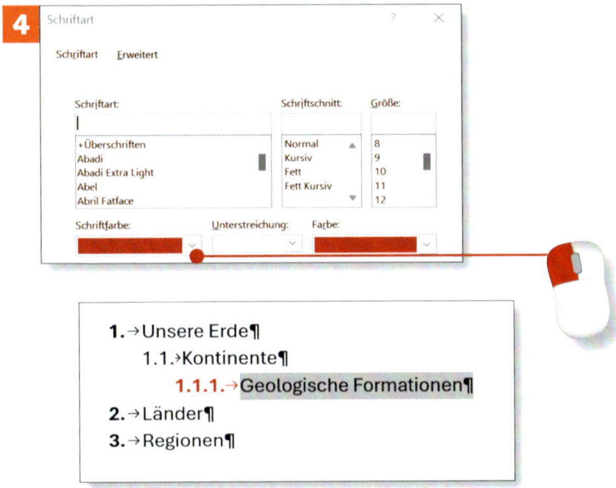

Schritt 5

Die Einzüge der jeweiligen Listenebene können Sie ebenfalls ändern. Im Dialog **Neue Liste mit mehreren Ebenen definieren** legen Sie im Bereich **Position** fest, an welcher Stelle die Nummerierung (**Ausrichtung**) und wo der nachfolgende Text (**Texteinzug bei** ❶) beginnt. Beide Werte werden vom Seitenrand aus gemessen.

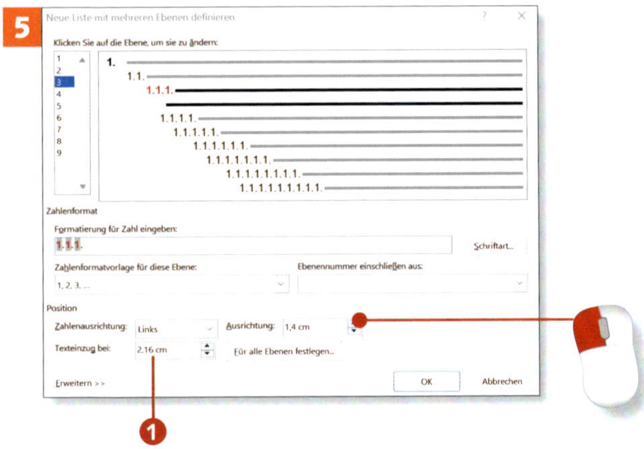

Schritt 6

Um die Formatierung für mehrere Ebenen vorzunehmen, müssen Sie den Dialog nicht jedes Mal schließen, um den Cursor neu zu positionieren. Sie wählen die zu formatierende Ebene einfach oben links im Dialog aus. In der Vorschau rechts wird die ausgewählte Ebene hervorgehoben.

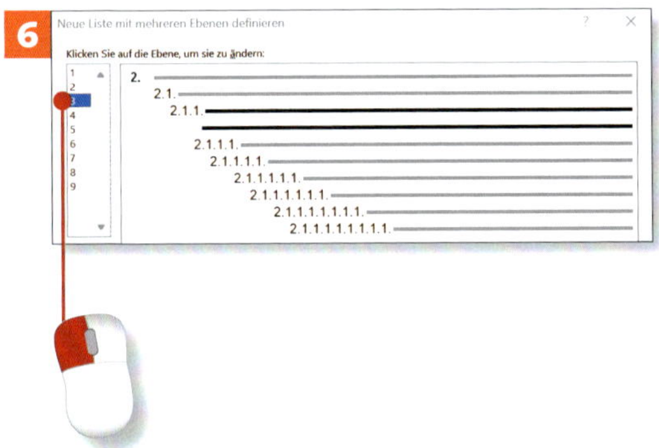

Überschriften nummerieren

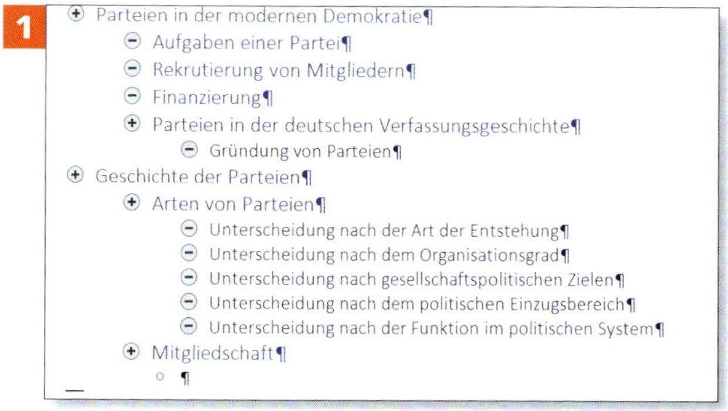

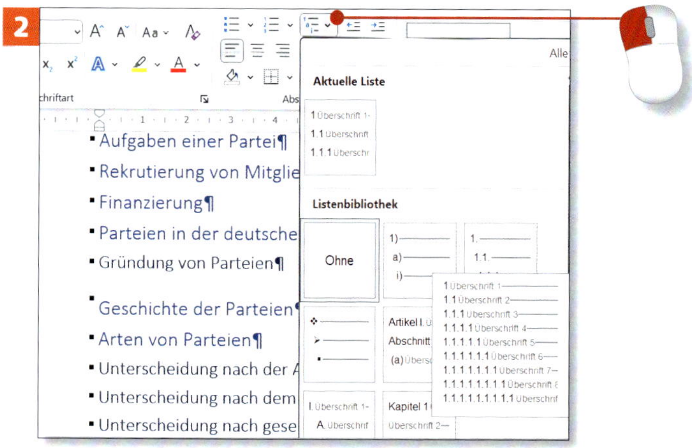

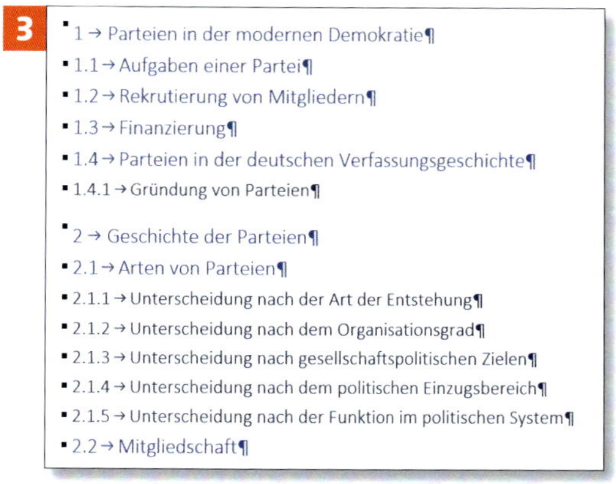

Wenn Sie die Listenfunktion für die Nummerierung von Überschriften einsetzen möchten, können Sie auf vorgefertigte Formate zurückgreifen oder eine bestehende Liste anpassen.

Schritt 1

Wenn Sie Ihren Text geschrieben und die Überschriften mit den Formatvorlagen **Überschrift 1**, **Überschrift 2** etc. formatiert haben, reichen wenige Mausklicks, um die Nummerierung für alle Überschriften zu übernehmen. Die Abbildung zeigt das Dokument in der Gliederungsansicht.

Schritt 2

Verlassen Sie die Gliederungsansicht und klicken Sie auf der Registerkarte **Start** auf die Schaltfläche **Liste mit mehreren Ebenen**. In der Listenbibliothek wählen Sie eine Variante, in der die Bezeichnung **Überschrift** auftaucht.

Schritt 3

Alle Überschriften, deren Formatvorlagen in die Listendefinition aufgenommen sind, werden jetzt mit der Nummerierung versehen.

Schritt 4

Wenn Sie jetzt eine neue Überschrift schreiben und ihr die entsprechende Formatvorlage zuweisen, z. B. **Überschrift 2**, wird automatisch die Nummerierung der gewählten Liste angewandt.

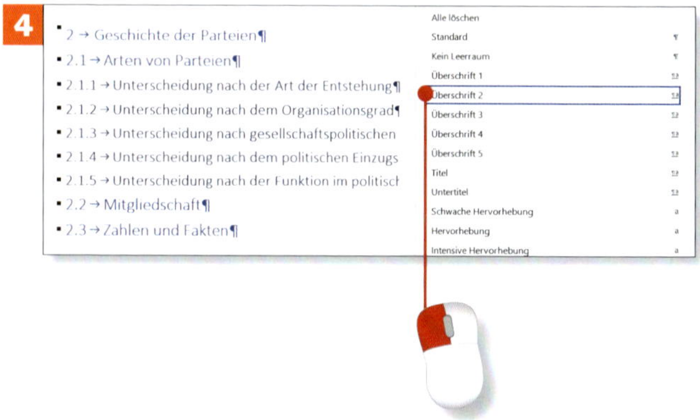

Schritt 5

Um eine eigene Formatliste zu erstellen, wählen Sie im Menü der Schaltfläche **Liste mit mehreren Ebenen** den Punkt **Neue Liste mit mehreren Ebenen definieren** (siehe Seite 158). Erweitern Sie den Dialog mit einem Klick auf **Erweitern**.

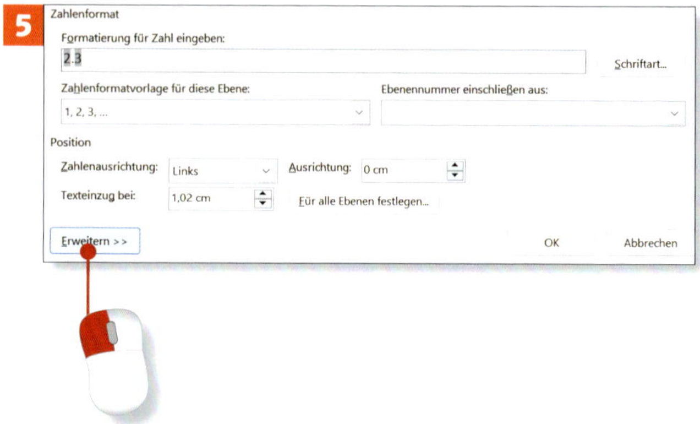

Schritt 6

Wählen Sie links oben zunächst eine Ebene aus. Im Feld **Verbinden mit Formatvorlage** ❶ legen Sie fest, welche Formatvorlage nummeriert werden soll. Dann geben Sie die Nummerierung vor ❷. Wiederholen Sie das für alle Ebenen Ihrer Liste. Ab der zweiten Ebene müssen Sie mithilfe der Felder **Formatierung für Zahl eingeben** ❸ und **Ebenennummer einschließen aus** ❹ die Nummern der übergeordneten Ebenen aufnehmen.

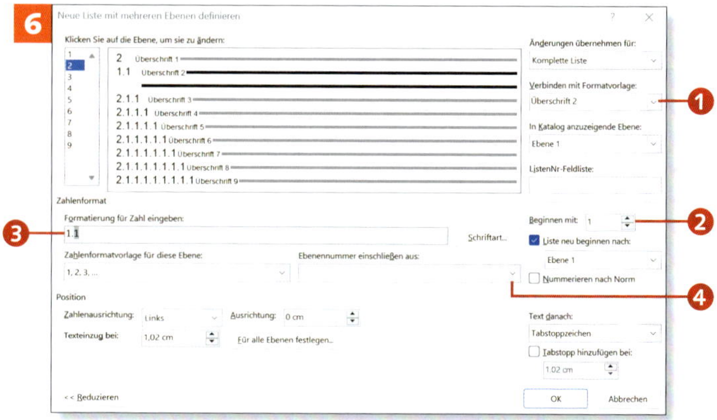

Kapitel 8
Tabellen erstellen und bearbeiten

Auch wenn in Word die Arbeit mit Tabellen nicht vorrangig ist, bietet das Programm diese Möglichkeit. Wie Sie Tabellen in Ihr Dokument einfügen und anschaulich gestalten, zeigen wir Ihnen in diesem Kapitel.

Erstellen oder übernehmen?
Es könnte kaum leichter sein, eine Tabelle einzufügen, denn es geschieht über zwei einfache Mausklicks. Sie können auch Excel-Tabellen mit Word verknüpfen oder aus Text eine Tabelle machen.

In Form bringen
Für die Bearbeitung und Gestaltung von Tabellen stehen zwei spezielle Registerkarten parat: **Tabellenlayout** und **Tabellenentwurf**. Auf der Registerkarte **Tabellenentwurf** gibt es u. a. spezielle Tabellenformatvorlagen für eilige Fälle; die Registerkarte **Tabellenlayout** bietet viele nützliche Funktionen, die Sie brauchen, um z. B. Zeilen/Spalten einzufügen oder zu löschen, Zellen zu teilen und Text auszurichten.

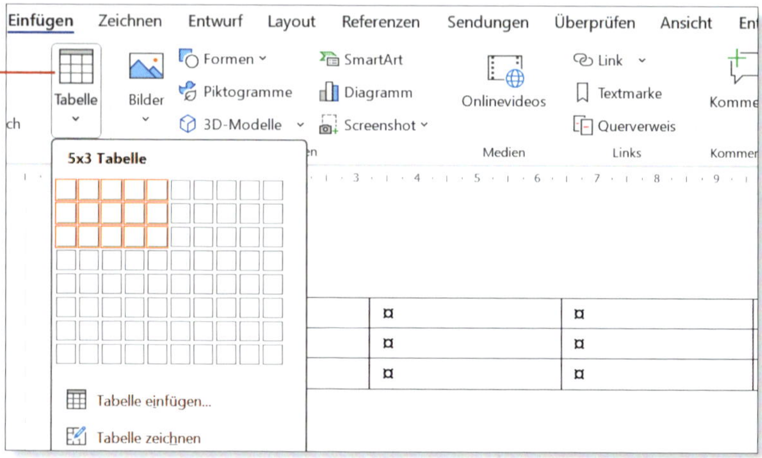

Eine Tabelle in Word einzufügen ist ganz einfach. Nur zwei Mausklicks, und die Tabelle steht.

Das Aussehen der Tabelle können Sie vielfältig gestalten. Dazu finden Sie auf der Registerkarte **Tabellenentwurf** zahlreiche Gestaltungsoptionen.

Eine Tabelle per Klick erzeugen

Sollen Texteinträge geordnet untereinander und nebeneinander in Spalten und Zeilen stehen, sind Tabellen das Mittel der Wahl. Sie lassen sich blitzschnell einfügen!

1
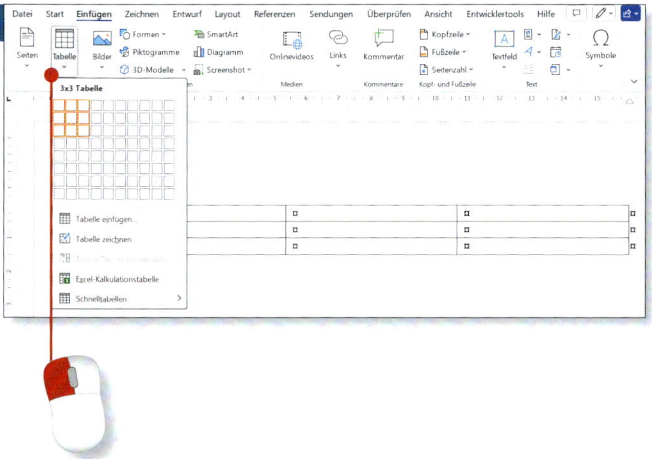

Schritt 1

Klicken Sie auf der Registerkarte **Einfügen** auf die Schaltfläche **Tabelle**. Fahren Sie im Menü über die Anzahl der Spalten und Zeilen, die Sie einfügen möchten (die Kästchen werden farbig umrandet), und klicken Sie darauf.

2
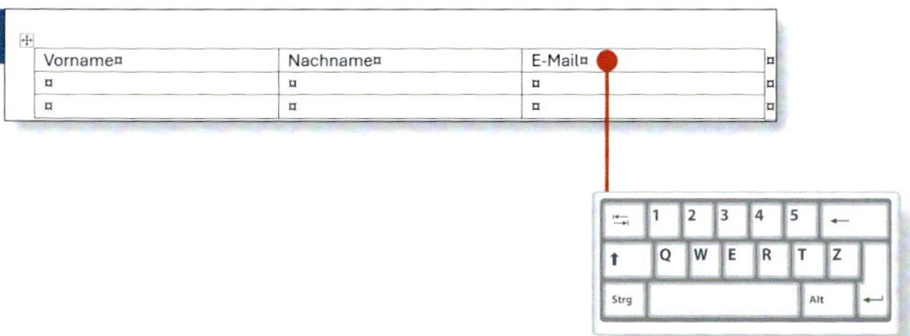

Schritt 2

Sie können sofort losschreiben. Mit ⇆ oder → springen Sie bequem in die nächste Zelle. Sie können aber auch die Maus benutzen oder – bei einem Touchbildschirm – einfach die Zelle antippen.

3
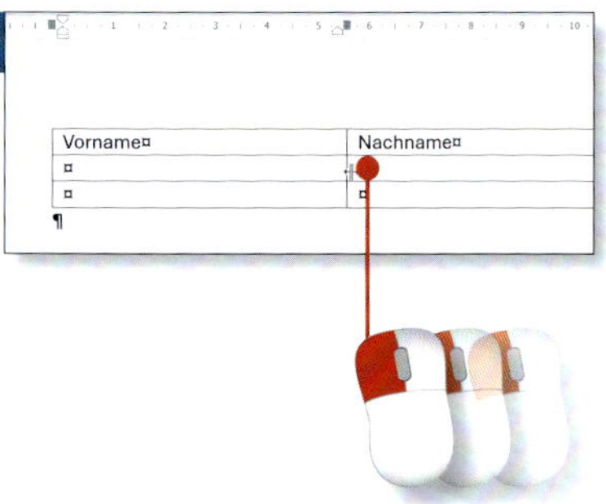

Schritt 3

Um die Spaltenbreite zu verändern, führen Sie den Mauszeiger an die vertikale Linie zwischen zwei Spalten. Der Mauszeiger verwandelt sich in einen Strich mit zwei Pfeilen. Ziehen Sie die Linie nach links oder rechts. Genauso verändern Sie die Zeilenhöhe, nur dass Sie hier an der horizontalen Linie ziehen.

Tabelleneigenschaften aufrufen

Den Dialog **Tabelleneigenschaften** können Sie auf verschiedenen Wegen aufrufen, z. B. auch im Kontextmenü der Tabelle.

Schritt 4

Brauchen Sie eine exakte Spaltenbreite und Zeilenhöhe? Auf der Registerkarte **Tabellenlayout** (eingeblendet, wenn der Cursor in der Tabelle steht) sehen Sie die Felder **Tabellenzeilenhöhe** und **Tabellenspaltenbreite** ❶. Hier geben Sie die Maße für die Zeile oder Spalte ein (in der der Cursor steht).

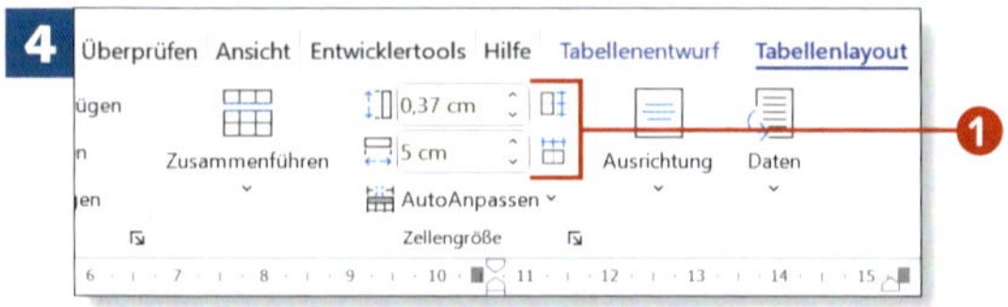

Schritt 5

In der Standardeinstellung werden Tabellen mit fester Spaltenbreite eingefügt, längerer Text wird umbrochen. Man kann die Spaltenbreite aber auch an den Text anpassen. Dazu klicken Sie auf der Registerkarte **Tabellenlayout** auf **AutoAnpassen ▸ Automatisch an Inhalt anpassen**.

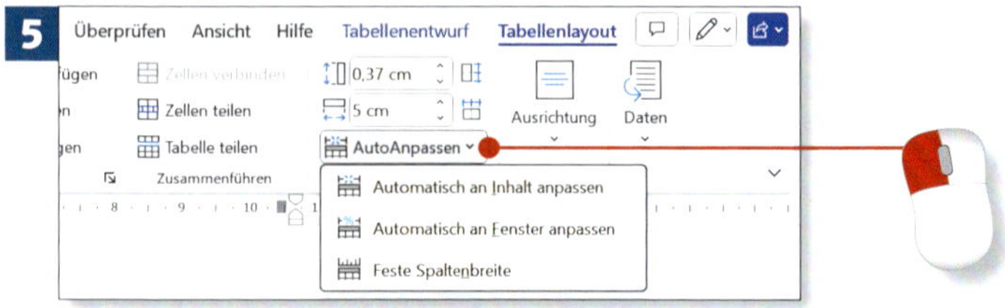

Schritt 6

Spaltenbreite, Zeilenhöhe sowie die Ausrichtung der Tabelle und des Textes in einer Tabelle lassen sich auch in einem Rutsch im Dialog **Tabelleneigenschaften** festlegen. Klicken Sie links auf der Registerkarte **Tabellenlayout** auf **Eigenschaften**. Im Dialog **Tabelleneigenschaften** wechseln Sie zwischen den benötigten Registerkarten ❷.

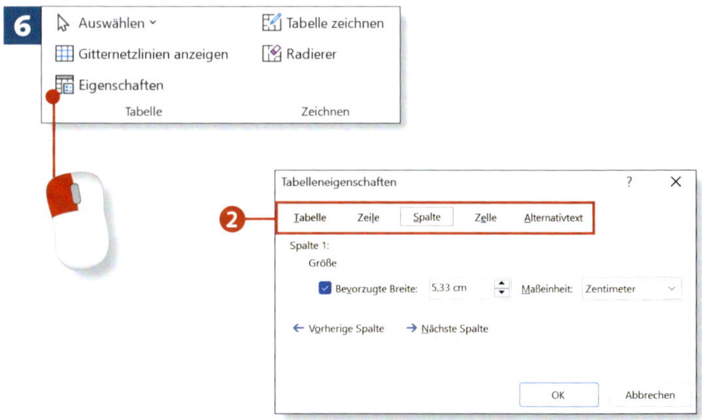

Zeilen und Spalten einfügen und löschen

1
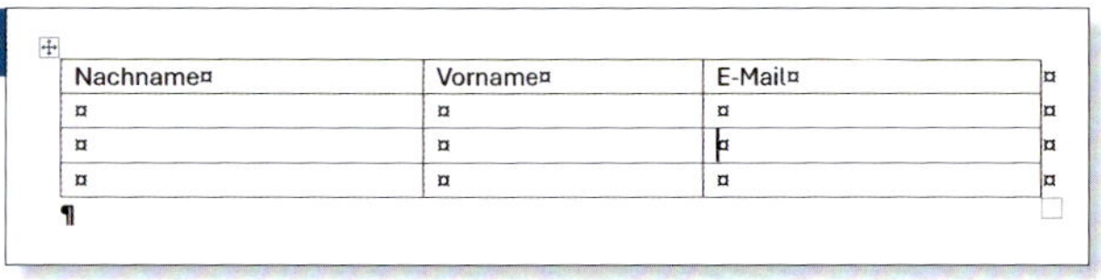

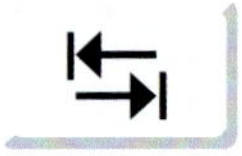

2
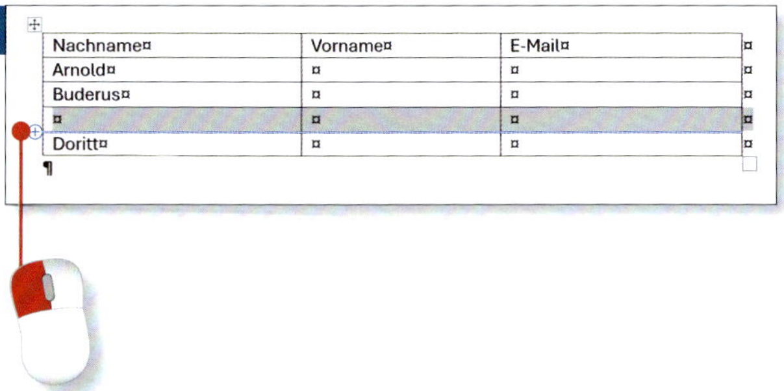

3
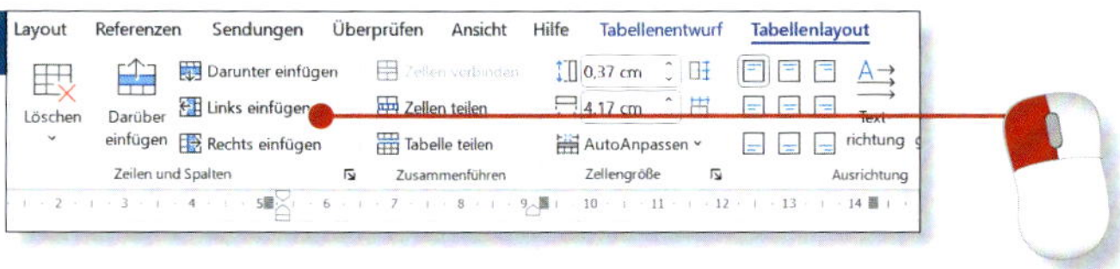

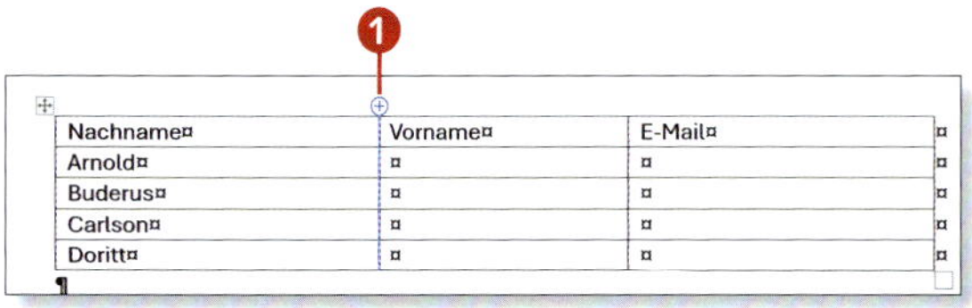

Sie haben eine Tabelle eingefügt und brauchen später doch mehr Spalten und/oder Zeilen? Das ist kein Grund, eine neue Tabelle einzufügen – ergänzen Sie einfach die vorhandene.

Schritt 1

Es ist leicht, die Tabelle durch weitere Zeilen zu verlängern. Setzen Sie den Cursor in die letzte Zelle der Tabelle und drücken Sie [Tab]. So erzeugen Sie eine weitere Zeile.

Schritt 2

Brauchen Sie eine neue Zeile mitten in der Tabelle, zeigen Sie mit der Maus auf den linken Rand der Zeile, *unter* der Sie eine Zeile einfügen möchten. Es erscheint eine Linie mit einem Pluszeichen. Klicken Sie darauf, wird eine Zeile eingefügt.

Schritt 3

Fehlt eine Spalte, setzen Sie den Cursor in die Spalte, *neben* der Sie eine Spalte einfügen möchten. Klicken Sie auf der Registerkarte **Tabellenlayout** z. B. auf **Links einfügen**. Oder Sie zeigen mit der Maus auf den oberen Rand einer vertikalen Linie und klicken Sie auf das Pluszeichen ❶.

Eine Spalte verbreitern

Wenn Sie mit gedrückter Maustaste an der vertikalen Linie ziehen, wird die gesamte Spalte verbreitert. Um die Breite einer einzigen Zelle zu vergrößern, müssen Sie die Zelle zunächst markieren. Dann ziehen Sie an der Linie.

Schritt 4

Es ist auch möglich, eine Zelle in weitere Spalten oder Zeilen aufzuteilen: Setzen Sie den Cursor in die Zelle und klicken Sie auf **Zellen teilen**. Im Dialog geben Sie an, in wie viele Spalten (oder Zeilen) die Zelle unterteilt werden soll ❷.

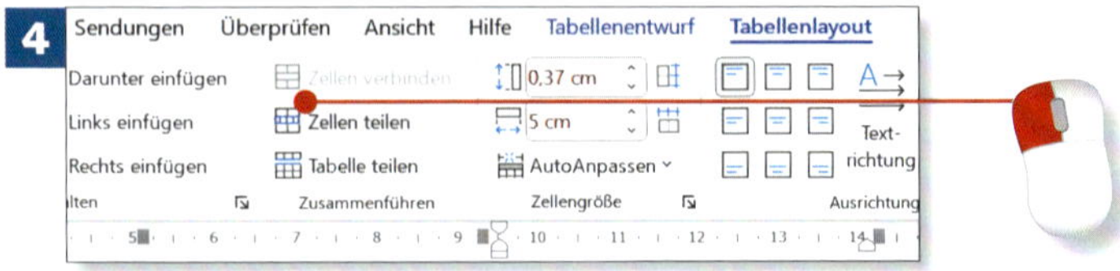

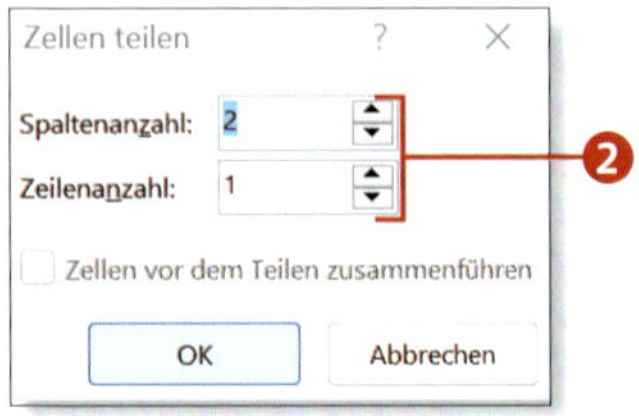

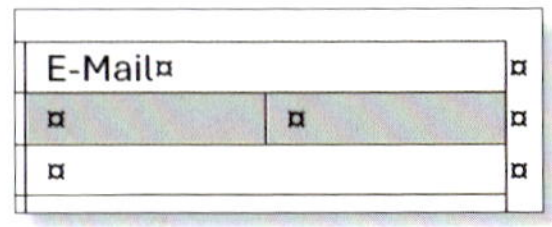

Schritt 5

Sie werden Zeilen oder Spalten schnell wieder los. Platzieren Sie den Cursor entsprechend und klicken Sie auf **Löschen**. Entscheiden Sie im Menü, was Sie löschen möchten, z. B. **Zeilen löschen**. Damit wird die Zeile gelöscht, in der der Cursor steht.

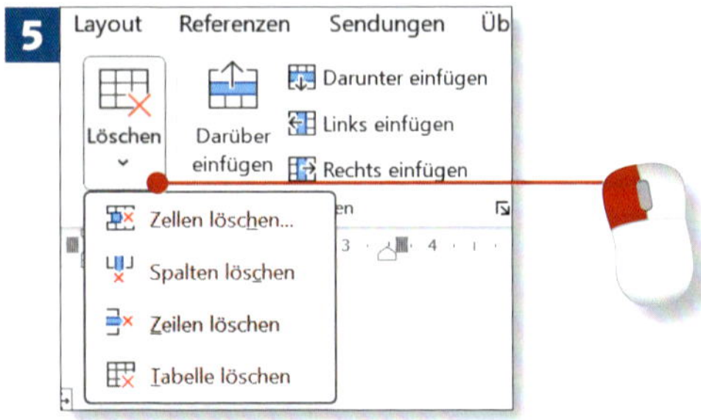

Schritt 6

Es gibt auch einen Radierer ❸, mit dem Sie löschen können, z. B. einzelne Linien zwischen den Zellen. Klicken Sie auf **Radierer** und damit dann auf eine Linie.

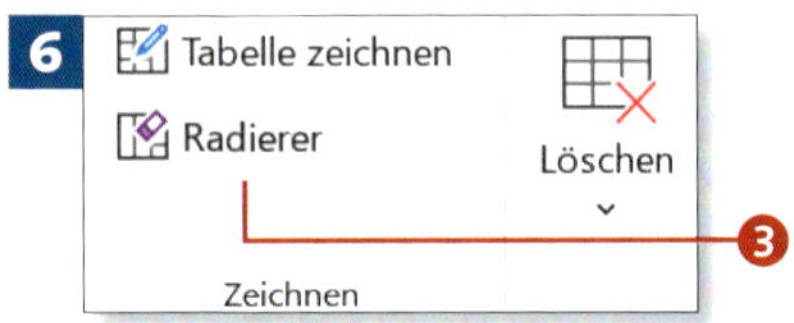

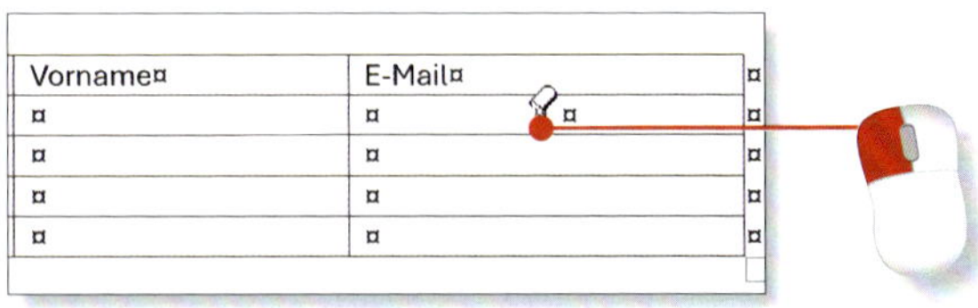

Tabellen in Tabellen

Sogar eine neue Tabelle lässt sich in eine Zelle einfügen. Gehen Sie dabei genauso vor wie beim Einfügen von Tabellen (siehe den Abschnitt »Eine Tabelle per Klick erzeugen« auf Seite 164).

Die Tabelle bearbeiten und formatieren

1
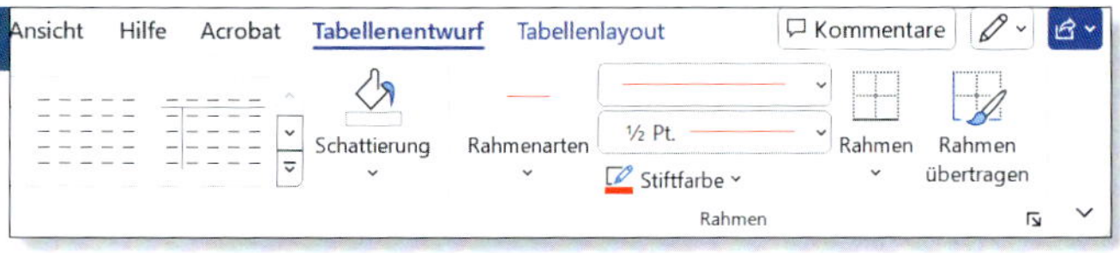

2
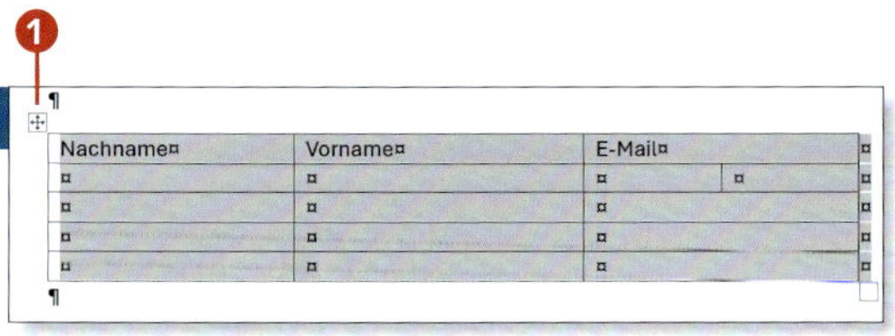

3
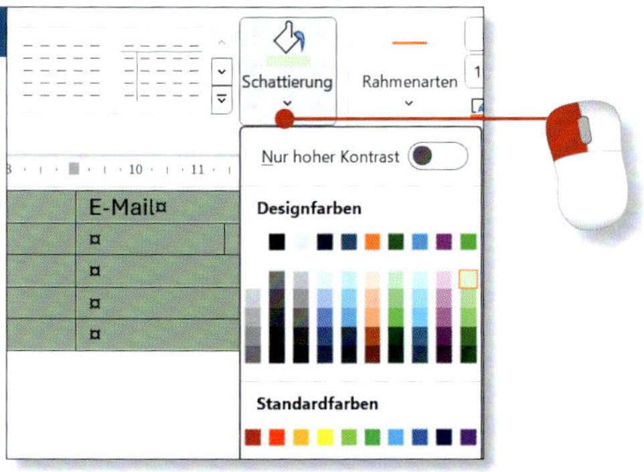

Tabellen lassen sich optisch auf vielerlei Art und Weise gestalten. Aus einer schlichten Tabelle kann mit wenigen Handgriffen ein eindrucksvolles Werk werden.

Schritt 1

Die meisten Möglichkeiten der Formatierung einer Tabelle finden Sie auf der Registerkarte **Tabellenentwurf**: Rahmen, Schattierungen und vieles mehr.

Schritt 2

Um der ganzen Tabelle einen farbigen Hintergrund zu gönnen, muss sie zunächst markiert werden. Nutzen Sie dazu den Tabellenmarkierer ❶ (den Vierfachpfeil an der oberen linken Ecke der Tabelle).

Schritt 3

Nun wählen Sie über **Tabellenentwurf ▸ Schattierung** eine Farbe für den Hintergrund aus.

Text in Tabellen formatieren

Den Text in Tabellen können Sie natürlich auch formatieren. Dazu markieren Sie den Text und nutzen die üblichen Formatierungsbefehle.

Schritt 4

Ganz ähnlich gehen Sie vor, wenn Sie einzelnen Zellen einen farbigen Hintergrund zuweisen möchten, nur dass Sie dann nur die Zelle bzw. die Zeilen markieren.

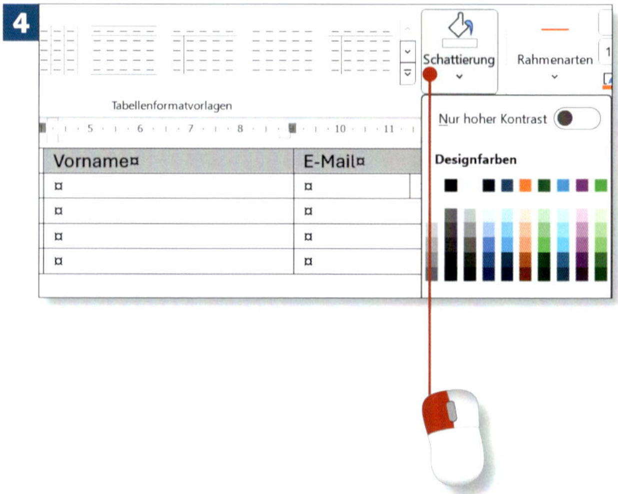

Schritt 5

Die eingefügte Tabelle hat Rahmenlinien innen und außen. Sie können diese Rahmenlinien komplett oder teilweise entfernen. Alle Rahmenlinien werden unsichtbar, wenn Sie die Tabelle markieren und auf der Registerkarte **Tabellenentwurf** auf **Rahmen ▸ Kein Rahmen** ❷ klicken.

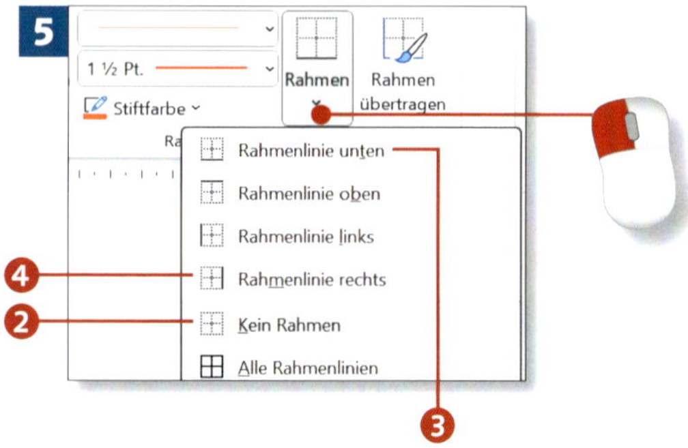

Schritt 6

Einzelne Linien setzen Sie folgendermaßen: Markieren Sie z. B. die oberste Zeile; klicken Sie dann auf **Rahmen ▸ Rahmenlinie unten** ❸. Markieren Sie die erste Spalte, und wählen Sie **Rahmenlinie rechts** ❹.

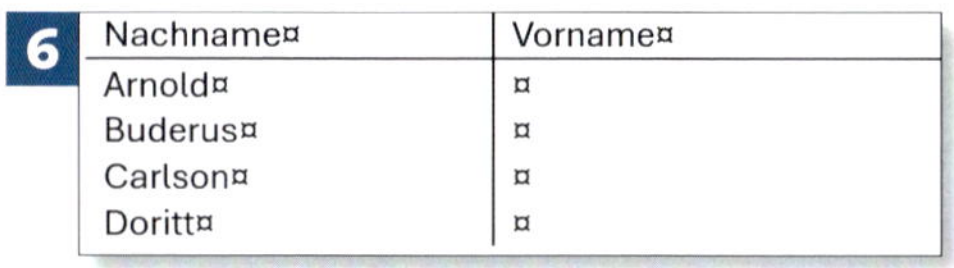

Spalten/Zeilen markieren

Eine Spalte markieren Sie bequem, indem Sie mit der Maus auf den oberen Rand der Spalte zeigen (es erscheint ein kleiner schwarzer Pfeil) und dann klicken. Um eine Zeile zu markieren, zeigen Sie auf den linken Rand neben der Zeile und klicken, wenn Sie den weißen Pfeil sehen.

Die Tabelle formatieren (Forts.)

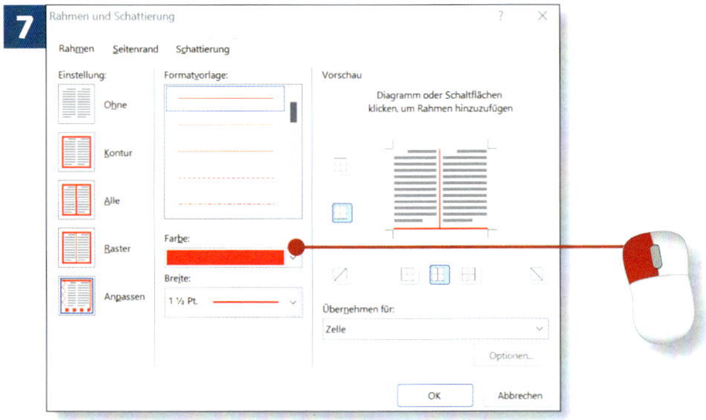

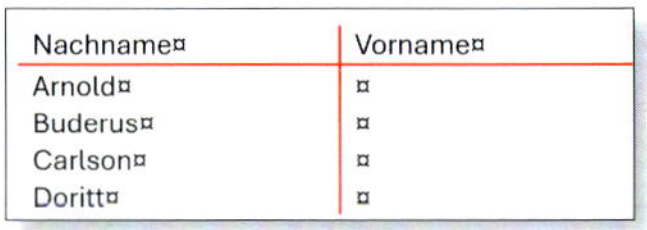

Schritt 7

Für farbige Rahmenlinien oder andere Stricharten öffnen Sie über **Rahmen ▸ Rahmen und Schattierung** den gleichnamigen Dialog. Hier können Sie eine Linienart wählen sowie eine andere Farbe und die Breite der Linien anpassen (siehe dazu den Abschnitt »Rahmen und Linien um Texte setzen« auf Seite 102). Denken Sie daran, die Spalten/Zeilen zuvor zu markieren.

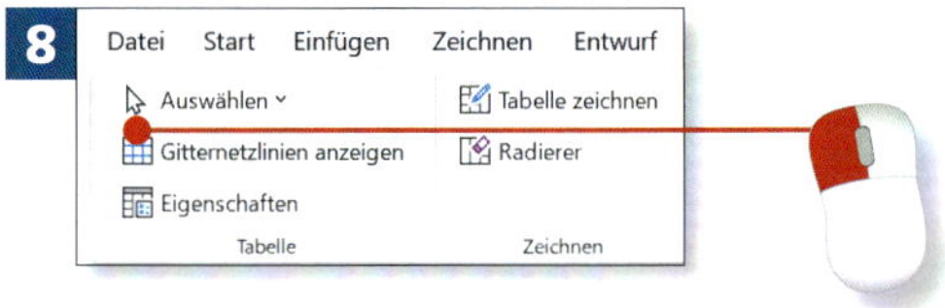

Schritt 8

Auch wenn Sie alle Rahmenlinien entfernt haben (siehe Schritt 5), ist die Arbeit in der Tabelle angenehmer, wenn weiterhin Linien sichtbar sind. Aktivieren Sie auf der Registerkarte **Tabellenlayout** die Option **Gitternetzlinien anzeigen**. Die Gitternetzlinien sind nur auf dem Bildschirm zu sehen.

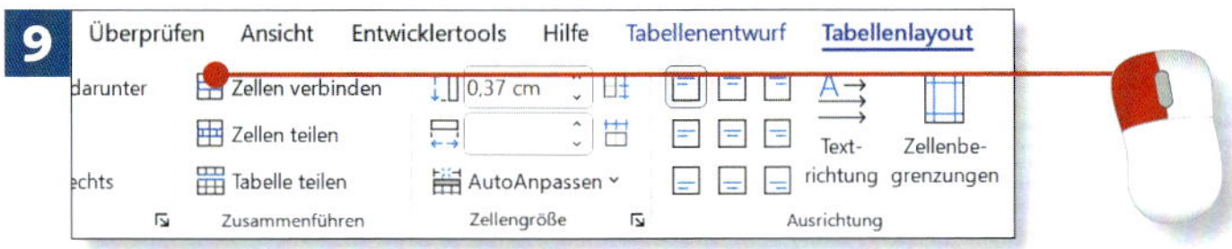

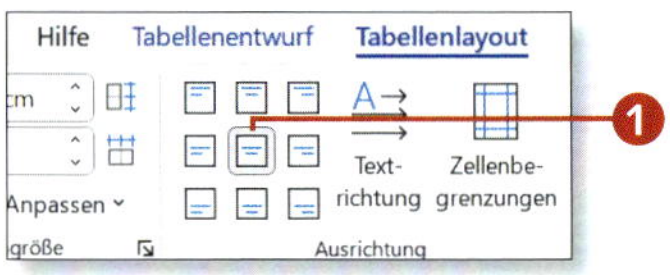

Schritt 9

In der ersten Zeile einer Tabelle soll eine zentrierte Überschrift stehen? Markieren Sie die Zeile und klicken Sie auf **Zellen verbinden**. Um die Überschrift zu zentrieren, klicken Sie auf die Schaltfläche **Zentriert ausrichten** ❶.

Designrahmen

Im Menü **Rahmenarten** (Registerkarte **Tabellenentwurf**) werden diverse Designrahmen angeboten. Nach Auswahl einer solchen Linienart wird der Mauszeiger zu einem Stift. Klicken Sie einfach an die Linien der Zellen, um die Formatierung zuzuweisen.

Schritt 10

Zwischen den Rahmenlinien der Zellen gibt es standardmäßig keinen Abstand. Das lässt sich ändern. Soll zwischen den Linien jeweils ein kleiner Abstand sein, klicken Sie auf der Registerkarte **Layout** auf **Zellenbegrenzungen**.

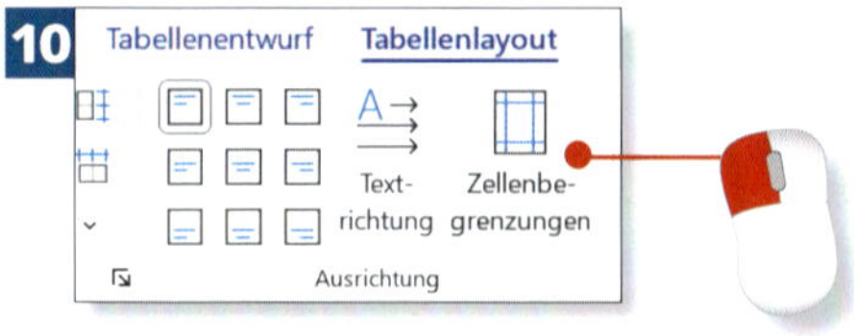

Schritt 11

Im Dialog **Tabellenoptionen** aktivieren Sie zunächst **Abstand zwischen Zellen zulassen**. Im Feld daneben geben Sie dann einen Wert für den Abstand ein, z. B. »0,1 cm«.

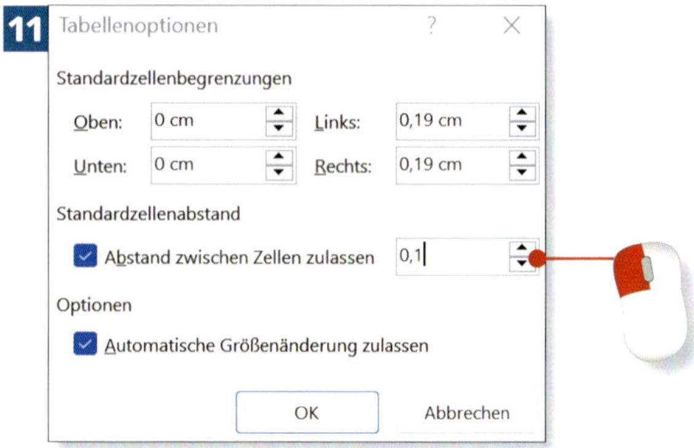

Schritt 12

Die Schaltflächen für eine unterschiedliche horizontale/vertikale Ausrichtung des Textes finden Sie in der Gruppe **Ausrichtung**. Standardmäßig ist **Oben links ausrichten** ❷ eingestellt. Wählen Sie z. B. **Zentriert ausrichten**. Damit rutscht der Text horizontal und vertikal in die Mitte der Zelle.

Kursbezeichnung¤	**Kursleiter/in¤**	**Raum¤**	¤
BBP¤	Katja¤	Raum·B¤	¤
Fitness·50+¤	Katja¤	Raum·B¤	¤
Pilates¤	Hartmann¤	Raum·A¤	¤

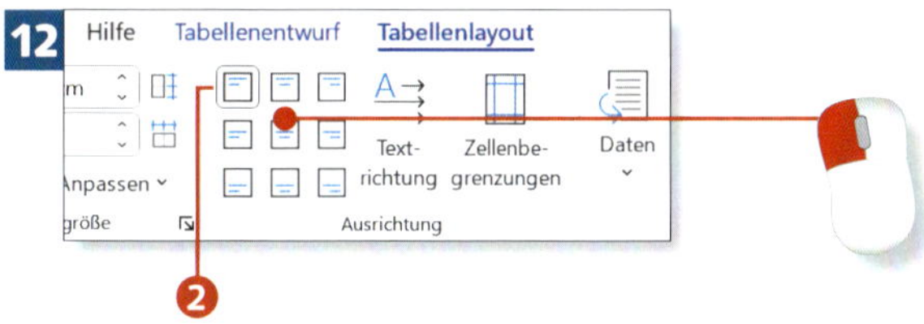

Kursbezeichnung¤	**Kursleiter/in¤**	**Raum¤**	¤
BBP¤	Katja¤	Raum·B¤	¤
Fitness·50+¤	Katja¤	Raum·B¤	¤

Zellenbegrenzungen

Mit den Feldern unter **Standardzellenbegrenzungen** im Dialog **Tabellenoptionen** legen Sie fest, wie groß der Abstand zwischen dem Text und der Zelllinie ist.

Formatvorlagen für Tabellen nutzen

Mit speziellen Tabellenformatvorlagen können Sie Tabellen quasi per Mausklick gestalten. Wählen Sie einfach ein schickes Layout aus.

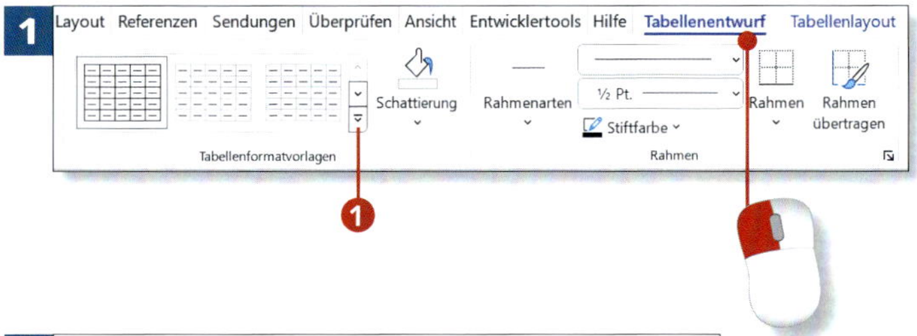

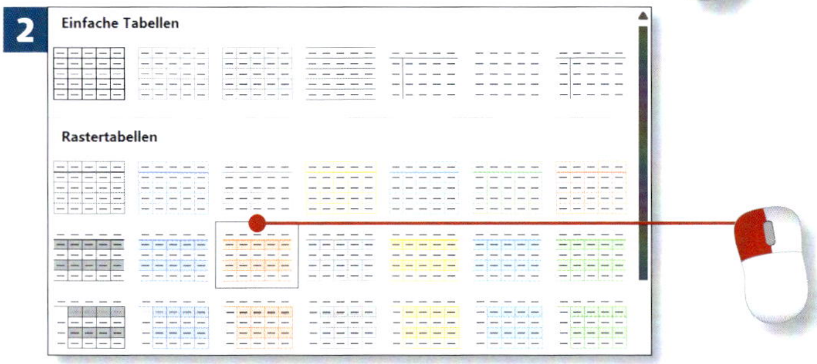

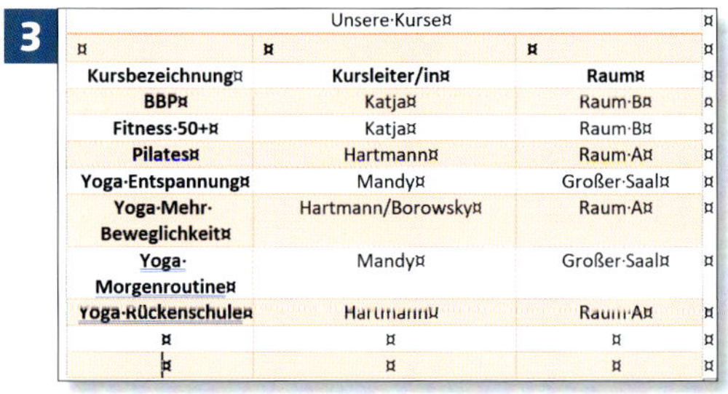

Unsere·Kurse¤		
¤	¤	¤
Kursbezeichnung¤	Kursleiter/in¤	Raum¤
BBP¤	Katja¤	Raum·B¤
Fitness·50+¤	Katja¤	Raum·B¤
Pilates¤	Hartmann¤	Raum·A¤
Yoga·Entspannung¤	Mandy¤	Großer·Saal¤
Yoga·Mehr·Beweglichkeit¤	Hartmann/Borowsky¤	Raum·A¤
Yoga·Morgenroutine¤	Mandy¤	Großer·Saal¤
Yoga·Rückenschule¤	Hartmann¤	Raum·A¤
¤	¤	¤
¤	¤	¤

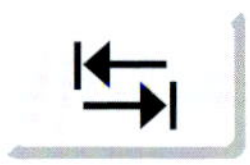

Schritt 1

Am wenigsten Arbeit ist es, eine Tabelle mithilfe einer Vorlage zu formatieren: Setzen Sie den Cursor irgendwo in die Tabelle und aktivieren Sie die Registerkarte **Tabellenentwurf**.

Schritt 2

Klicken Sie auf den Pfeil ❶ an der Auswahl der Tabellenformatvorlagen und fahren Sie über die Vorschauen. Klicken Sie dann einfach auf das gewünschte Format.

Schritt 3

Die Tabelle nimmt das Aussehen der Formatvorlage an. Sie können nun problemlos Spalten/Zeilen hinzufügen; die Formatierung wird fortgesetzt, und das einheitliche Layout der Tabelle bleibt erhalten.

Eigene Vorlagen für Tabellen

Um eine eigene Formatvorlage zu erstellen, wählen Sie im Menü der Tabellenvorlagen **Neue Tabellenformatvorlage**. Im Dialog legen Sie einen Namen und alle Einstellungen für die Elemente der Tabelle fest. Nach Bestätigung mit **OK** finden Sie Ihre Vorlage im Menü der Tabellenformatvorlagen in der Rubrik **Benutzerdefiniert**.

Schritt 4

Wenn Sie mit dem gewählten Tabellenformat nicht hundertprozentig zufrieden sind, können Sie es bearbeiten. Öffnen Sie das Menü der Tabellenformatvorlagen und klicken Sie darin auf **Tabellenformatvorlage ändern**.

4

Schritt 5

Im Dialog **Formatvorlage ändern** können Sie andere Einstellungen für einzelne Elemente der Vorlage vornehmen. Klicken Sie z. B. auf den Pfeil am Feld **Rahmenfarbe** und wählen Sie eine andere Farbe. Diese Änderung wirkt sich auf die Rahmenlinie und die inneren Linien der Tabelle aus.

5

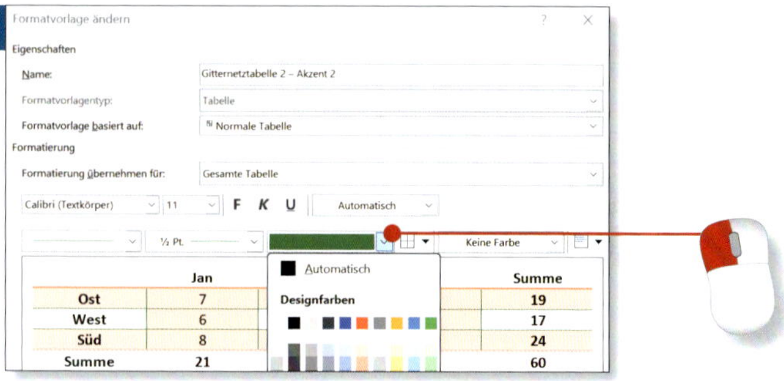

Schritt 6

Um die Formatierung einer Tabelle mit einer Vorlage wieder zurückzunehmen, klicken Sie im Menü der Tabellenformatvorlagen auf den vorletzten Eintrag: **Löschen**.

6

Text in Tabellen umwandeln

1
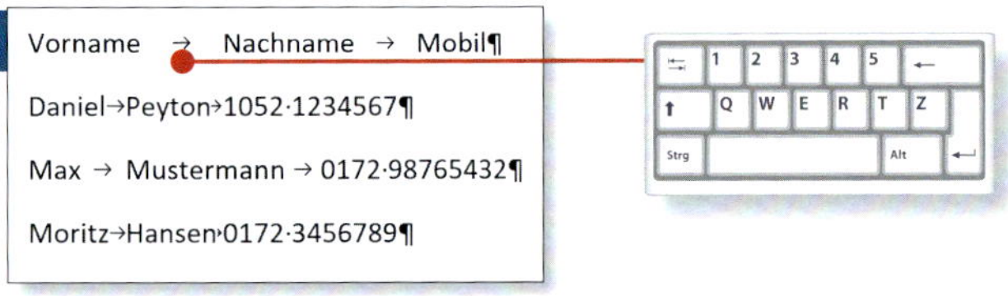

Text lässt sich auch nachträglich in eine Tabellenform bringen. Das geht problemlos, wenn Sie ein paar Regeln beachten.

2
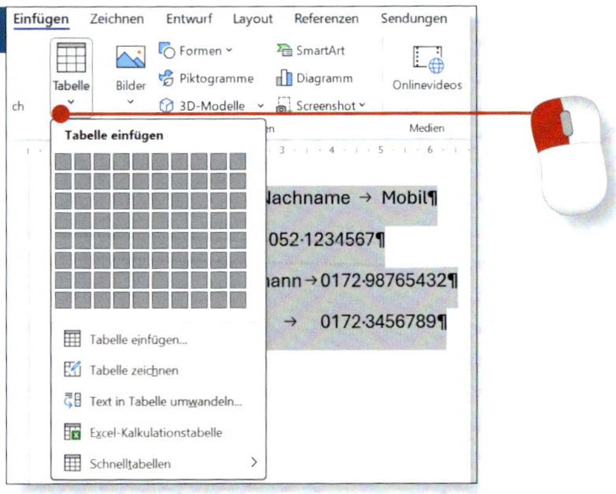

Schritt 1

Text, der nachträglich in eine Tabelle umgewandelt werden soll, muss mit bestimmten Trennzeichen geschrieben werden. Die Umwandlung funktioniert gut, wenn Sie die (zukünftigen) Spalteneinträge durch Tabstopps trennen. Schreiben Sie also z. B. »Vorname ⇥ Nachname«.

Schritt 2

Markieren Sie den mit Tabstopps geschriebenen Text. Klicken Sie auf der Registerkarte **Einfügen** auf **Tabelle ▸ Text in Tabelle umwandeln**.

3
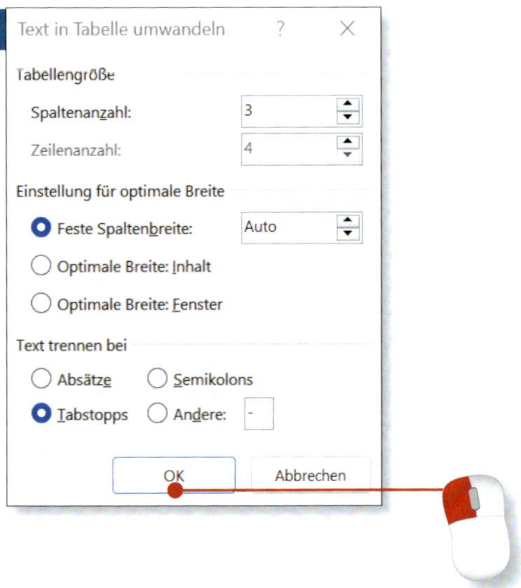

Schritt 3

Im zugehörigen Dialog sollte die passende Spalten- und Zeilenanzahl bereits eingetragen sein, da Word die festgelegten Trennzeichen erkennt. Klicken Sie also auf **OK**.

Schritt 4

Ihr Text wird umgehend in eine normale Tabelle verwandelt. Wahrscheinlich müssen Sie die Breite der Spalten noch anpassen, da diese meist zu großzügig ausfällt.

Schritt 5

Sie können den Text auch durch ein anderes Zeichen trennen, z. B. durch ein Komma (ohne Leerzeichen nach dem Komma). Dies müssen Sie aber im Dialog **Text in Tabelle umwandeln** angeben, falls Word das Trennzeichen in Ihrem Text nicht automatisch erkannt hat.

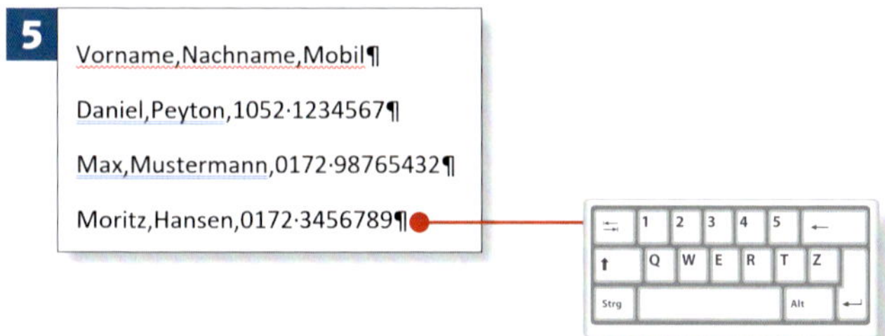

Schritt 6

Um das Komma als Trennzeichen einzusetzen, verfahren Sie, wie in Schritt 2 beschrieben. Aktivieren Sie im Dialog **Text in Tabelle umwandeln** die Option **Andere** und geben Sie ein Komma in das Kästchen ein.

Von Hand korrigieren

Wenn der Text, den Sie in eine Tabelle umwandeln möchten, nicht sauber mit Trennzeichen versehen ist (also z. B. ein Trennzeichen in der Überschrift fehlt), müssen Sie die Spaltenzahl von Hand eingeben.

Tabellen in Text umwandeln

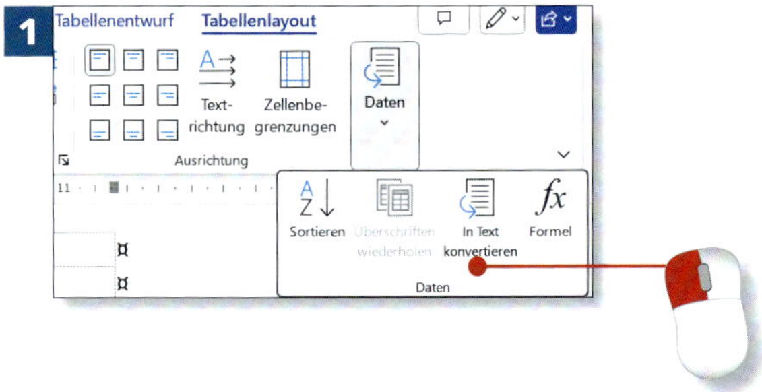

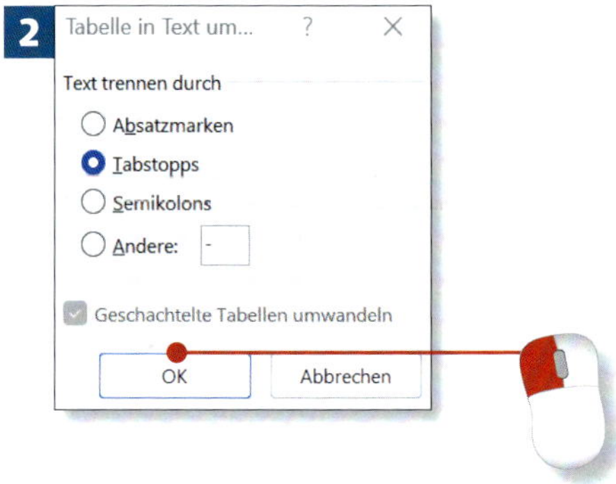

Tabellen sind wandlungsfähig – Sie können aus einer Tabelle auch mit wenigen Klicks normalen Text machen.

Schritt 1

Sie brauchen eine Tabelle als normalen Text? Setzen Sie den Cursor in die Tabelle. Aktivieren Sie die Registerkarte **Tabellenlayout** und klicken Sie auf die Schaltfläche **In Text konvertieren**.

Schritt 2

Im zugehörigen Dialog belassen Sie es am besten bei **Tabstopps** oder wählen ein anderes von Ihnen gewünschtes Trennzeichen aus und klicken auf **OK**. Daraufhin verschwindet die Tabelle und der Text steht mit dem Trennzeichen solo da.

Schritt 3

Aus der hier verwendeten Tabelle wird eine einfache Liste, in der Vornamen und Nachnamen durch Tabstopps getrennt sind. Jede Tabellenzeile wird eine Zeile im Text.

! Tabstopps in Tabellenzellen

Wenn Sie innerhalb einer Tabellenzelle einen normalen Tabstopp setzen möchten, müssen Sie [Strg] gedrückt halten und dann [⇆] drücken.

Schritt 4

Einige Dinge sind zu beachten: War in der Tabelle eine Zelle in zwei Spalten unterteilt, ergibt das Umwandeln in Text an dieser Stelle ein zusätzliches Trennzeichen. (In dem gezeigten Beispiel wird ein zusätzlicher Tabstopp erzeugt.)

4

Pilates¤	Hartmann¤		Raum·A¤
Yoga·Entspannung¤	Mandy¤		Großer·Saal¤
Mehr·Beweglichkeit¤	Hartmann¤	Borowsky¤	Raum·A¤
Yoga·Morgenroutine¤	Mandy¤		Großer·Saal¤

Pilates → Hartmann → Raum·A¶
Yoga·Entspannung → Mandy → Großer·Saal¶
Mehr·Beweglichkeit → Hartmann → Borowsky → Raum·A¶
Yoga·Morgenroutine → Mandy → Großer·Saal¶

Schritt 5

Wenn in der Tabelle eine Zelle in zwei Zeilen unterteilt wurde, erhalten Sie nach dem Umwandeln eine Liste mit einer zusätzlichen Zeile.

5

Yoga·Entspannung¤	Mandy¤
Mehr·Beweglichkeit¤	Hartmann,·Borowsky¤
Yoga¤	Mandy¤
Morgenroutine¤	
Yoga·Rückenschule¤	Hartmann¤

Mehr·Beweglichkeit → Hartmann,·Borowsky → Raum·A¶
Yoga → Mandy → Großer·Saal¶
Morgenroutine → → ¶
Yoga·Rückenschule → Hartmann → Raum·A¶

Schritt 6

Achten Sie darauf, dass das verwendete Trennzeichen nicht in der Tabelle vorkommt (im Beispiel das Semikolon). Ansonsten können Sie später nicht mehr zuordnen, welche Inhalte in welcher Spalte gestanden haben. Für leere Tabellenzeilen erhalten Sie eine leere Textzeile, gefüllt mit den Trennzeichen.

6

Pilates¤	Hartmann¤	Raum·A¤
¤	¤	¤
Yoga·Entspannung¤	Mandy¤	Großer·Saal¤
Mehr·Beweglichkeit¤	Hartmann;·Borowsky¤	Raum·A¤

Fitness·50+;·Katja;·Raum·B¶
Pilates;·Hartmann;·Raum·A¶
;·;·¶
Yoga·Entspannung;·Mandy;·Großer·Saal¶
Mehr·Beweglichkeit;·Hartmann;·Borowsky;·Raum·A¶
Yoga·Morgenroutine;·Mandy;·Großer·Saal¶

!

Tabellen importieren

Da das Umwandeln in Text oft verwendet wird, um Informationen, die in Word-Tabellen vorliegen, in Datenbanken zu importieren, ist es wichtig, die in den Schritten 4 bis 6 gezeigten Besonderheiten zu vermeiden.

Tabellen aus Excel übernehmen

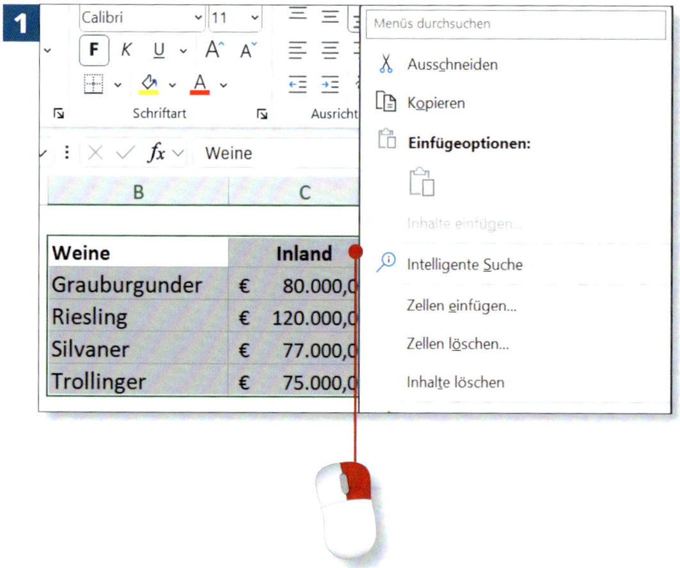

Als Programm zur Tabellenkalkulation bietet Excel sich zwar für die Arbeit mit Tabellen an, doch mitunter möchte man diese Tabellen in ein Word-Dokument einfügen. Das ist auf verschiedenen Wegen möglich.

Schritt 1

Markieren Sie in Excel die Daten, die Sie in Ihr Word-Dokument einfügen möchten, und kopieren Sie sie.

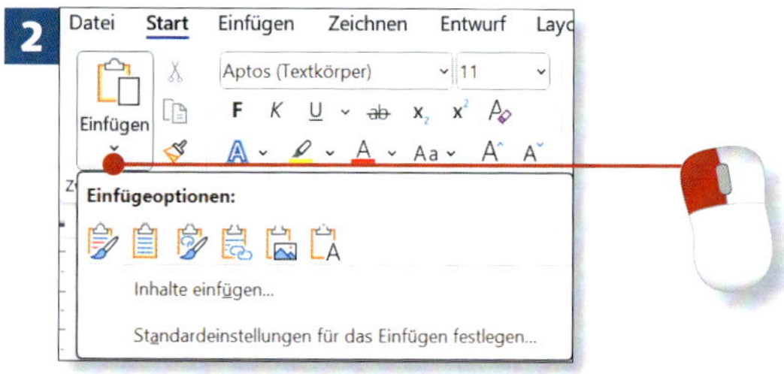

Schritt 2

Wechseln Sie in Ihr Word-Dokument und setzen Sie den Cursor an die Position, an der die Tabellendaten eingefügt werden sollen. Klicken Sie auf der Registerkarte **Start** auf den Pfeil an der Schaltfläche **Einfügen**.

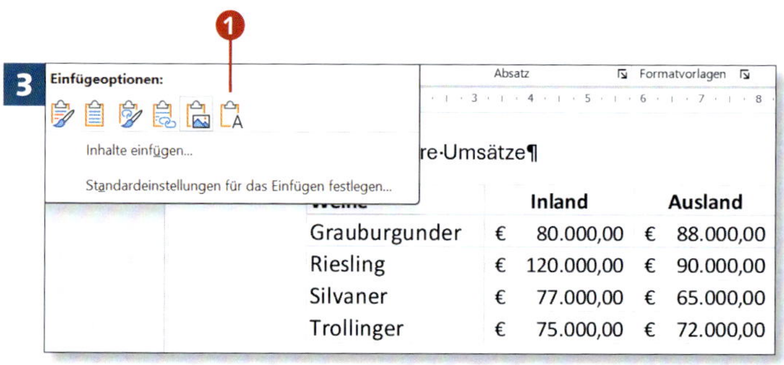

Schritt 3

Im Untermenü entscheiden Sie, wie die Daten eingefügt werden sollen ❶. Prinzipiell müssen Sie festlegen, ob die Daten verknüpft werden oder nicht, wie sie formatiert sein sollen und ob die Daten als Grafik oder als reiner Text eingefügt werden (die letzte Option).

Schritt 4

Wenn Sie die Daten als Verknüpfung einfügen (mit ursprünglicher Formatierung oder Zielformatierung), bedeutet dies, dass alle Änderungen, die Sie an der Tabelle in Excel vornehmen, automatisch an die Tabelle in Word weitergeleitet werden.

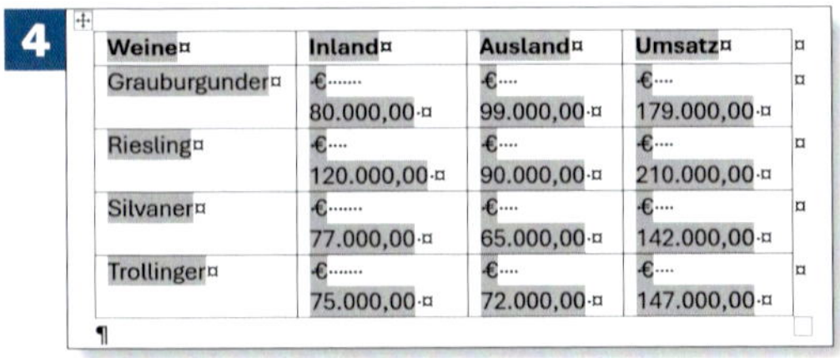

Weine	Inland	Ausland	Umsatz
Grauburgunder	€ 80.000,00	€ 99.000,00	€ 179.000,00
Riesling	€ 120.000,00	€ 90.000,00	€ 210.000,00
Silvaner	€ 77.000,00	€ 65.000,00	€ 142.000,00
Trollinger	€ 75.000,00	€ 72.000,00	€ 147.000,00

Schritt 5

Beim Einfügen als Grafik erhalten Sie als Ergebnis ein Bild, das Sie so bearbeiten können wie jedes andere eingefügte Bild. Es gibt Ziehpunkte ❷ und Layoutoptionen.

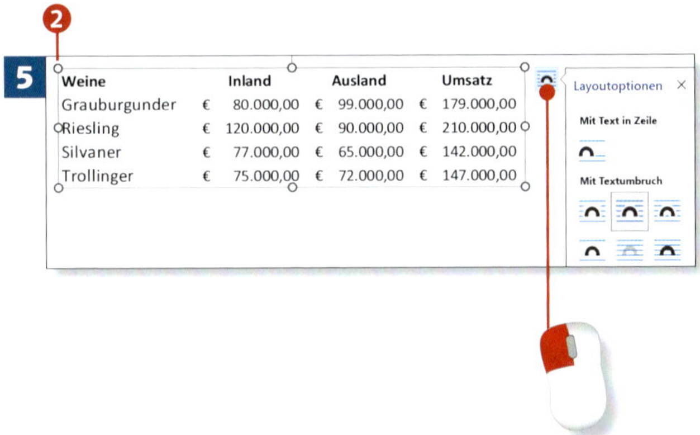

Schritt 6

Sollen die Excel-Daten als Grafik vorliegen, können Sie auch so vorgehen: Markieren Sie den Zellbereich und klicken Sie dann im Menü der Schaltfläche **Kopieren** auf **Als Bild kopieren**. Anschließend legen Sie fest, wie die Grafik erstellt werden soll. Fügen Sie die Grafik dann ganz normal in Word ein.

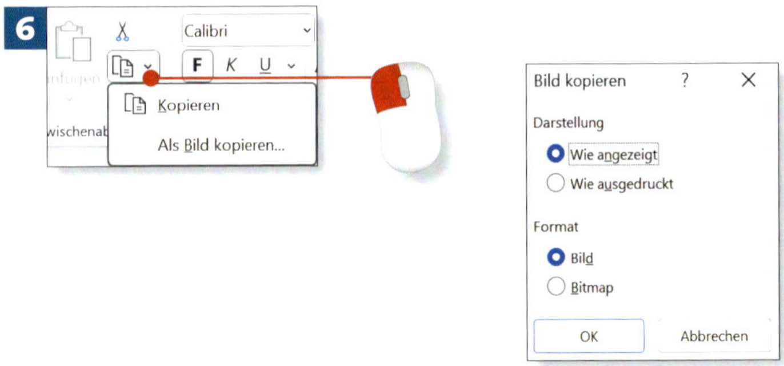

Smarttags am Text

Nachdem Sie die Daten eingefügt haben, erscheint am Text ein *Smarttag*. In dessen Menü können Sie die Art und Weise des Einfügens nachträglich ändern.

Profitipps für Tabellen

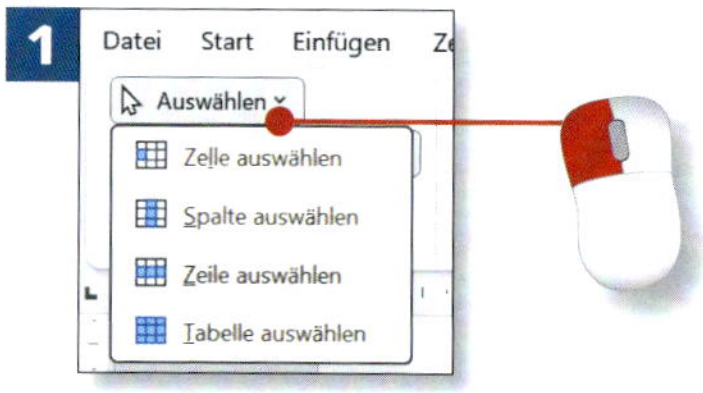

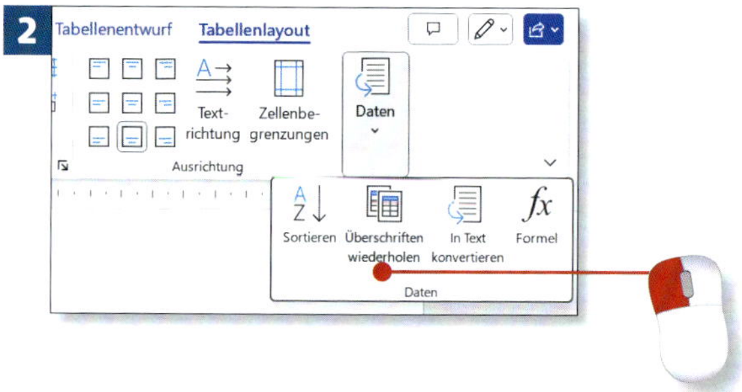

Tabellen sind ein tolles Instrument, um Texteinträge sorgfältig untereinander zu setzen. Der Umgang mit Tabellen ist noch einfacher, wenn Sie ein paar Kniffe kennen.

Schritt 1

Ganze Tabellen oder einzelne Spalten und Zeilen lassen sich sehr einfach markieren. Klicken Sie ganz links auf der Registerkarte **Tabellenlayout** auf **Auswählen**. Im Menü klicken Sie z. B. auf **Zeile auswählen**, um die Zeile zu markieren, in der der Cursor steht.

Schritt 2

Bei einer Tabelle, die sich über mehrere Seiten erstreckt, ist es praktisch, wenn sich die Spaltenüberschriften auf jeder Seite wiederholen. Klicken Sie in die Zeile mit der Überschrift und dann auf die Funktion **Überschriften wiederholen**.

Schritt 3

Um eine Tabelle in zwei Teile zu splitten, klicken Sie auf die Zeile, die als erste Zeile in der zweiten Tabelle angezeigt werden soll. Dann klicken Sie auf der Registerkarte **Tabellenlayout** auf **Tabelle teilen**.

Schritt 4

Um Text in einer Zelle vertikal auszurichten, klicken Sie auf der Registerkarte **Tabellenlayout** in der Gruppe **Ausrichtung** (mehrfach) auf die Schaltfläche **Textrichtung**.

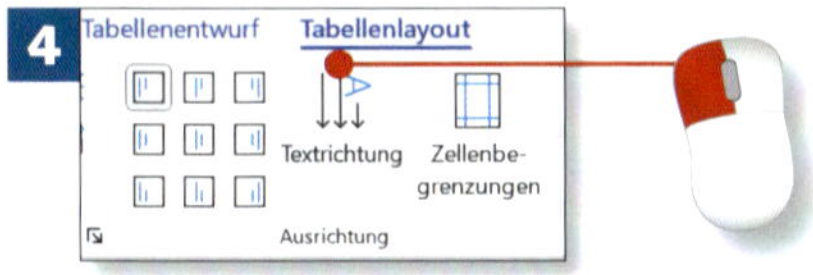

Schritt 5

Eine gleichmäßige Spaltenbreite erzeugen Sie auf die Schnelle, indem Sie auf der Registerkarte **Tabellenlayout** das Symbol **Spalten verteilen** klicken.

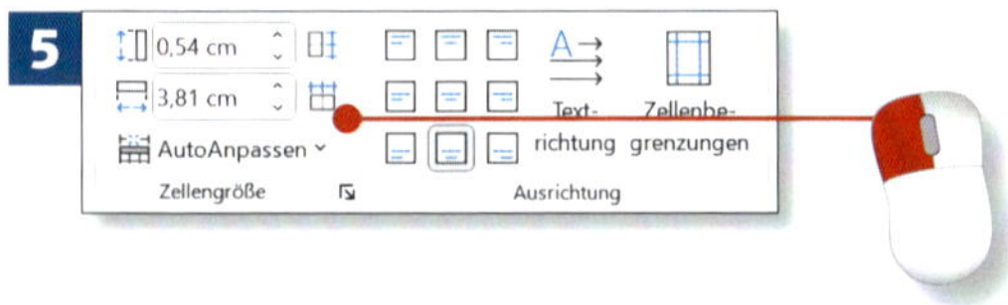

Weine· Weiß¤	Inland¤	Ausland¤
Grauburgunder¤	·€·80.000,00·¤	·€·99.000,00·¤

Schritt 6

Wenn die Einträge der Tabelle alphabetisch geordnet werden sollen, kann Word das übernehmen. Setzen Sie den Cursor in die Spalte mit den zu sortierenden Einträgen. Klicken Sie dann auf der Registerkarte **Tabellenlayout** auf **Sortieren** und im Dialog – sofern Sie die Einstellungen übernehmen wollen – auf **OK**.

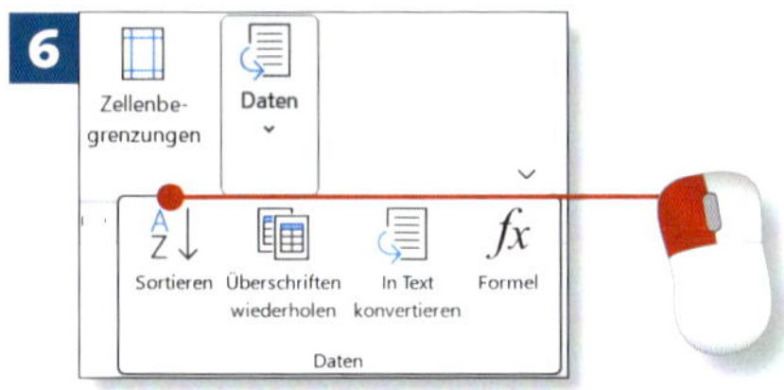

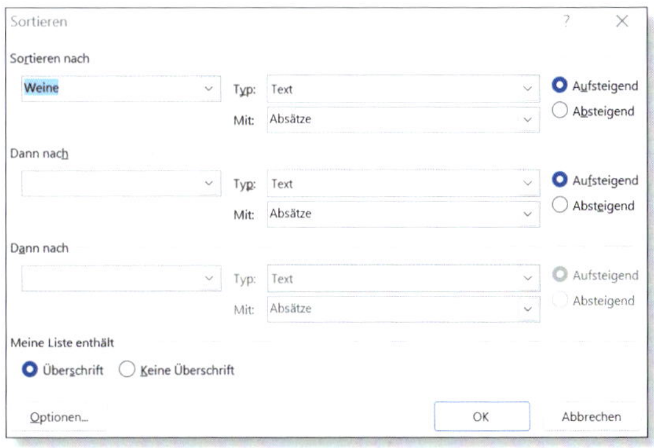

Die Höhe der Zelle verringern

Wenn Sie eine vertikale Textrichtung gewählt haben, wird die Zelle sehr groß. Diese Größe bleibt erhalten, wenn Sie den Text wieder horizontal setzen. Öffnen Sie über das Kontextmenü den Dialog **Tabelleneigenschaften** und deaktivieren Sie auf der Registerkarte **Zeile** die Option **Höhe definieren**.

Profitipps für Tabellen (Forts.)

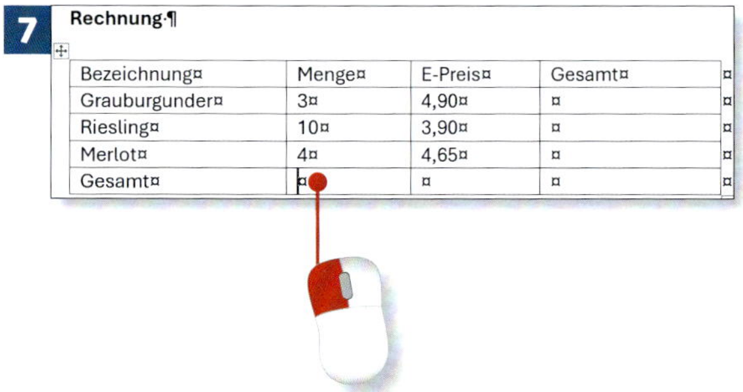

Schritt 7

Für einfache Berechnungen müssen Sie nicht Excel bemühen. Schreiben Sie z. B. eine einfache Rechnung mithilfe einer Word-Tabelle. Setzen Sie den Cursor in die Zelle, in der das Ergebnis berechnet werden soll (im Beispiel zunächst die Menge).

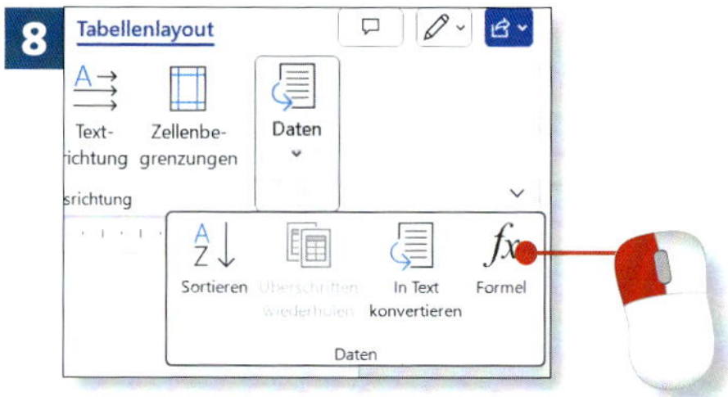

Schritt 8

Klicken Sie auf der Registerkarte **Tabellenlayout** auf die Schaltfläche **Formel**, um den Dialog zum Zusammenstellen der Formel zu öffnen.

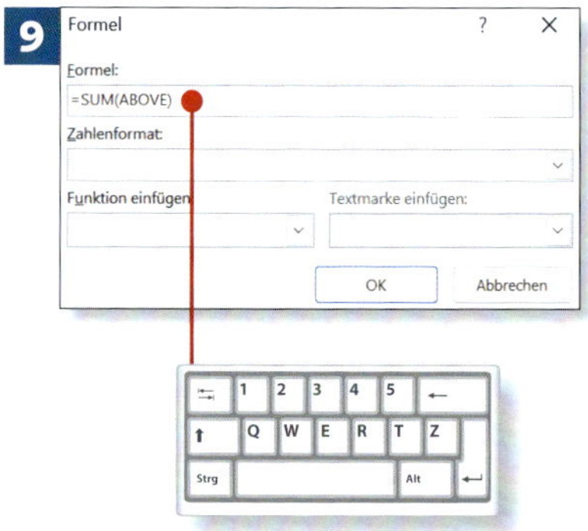

Schritt 9

Im Dialog **Formel** steht (vermutlich) die Formel =*SUM()*; in der Klammer die Position der Zahlen, mit denen gerechnet werden soll (vom Cursor aus gesehen): LEFT, RIGHT, ABOVE oder BELOW. Wenn die Formel stimmt, klicken Sie auf **OK**, ansonsten passen Sie sie an (siehe Schritt 10). Das Ergebnis erscheint in der Zelle.

Bezeichnung¤	Menge¤
Grauburgunder¤	3¤
Riesling¤	10¤
Merlot¤	4¤
Gesamt¤	17¤

Word versteht auch Deutsch!

In den Formeln müssen Sie nicht die englischen Begriffe verwenden. Die Position der Zahlen können Sie auch mit »links«, »rechts«, »über« und »unter« angeben.

Schritt 10

Um z. B. eine Multiplikation durchführen zu lassen, löschen Sie *SUM* (aber nicht das Gleichheitszeichen) und wählen in der Auswahlliste des Feldes **Funktion einfügen** den Eintrag **PRODUCT**. In Klammern schreiben Sie die Position der Zahlen, z. B. »left« (oder »links«).

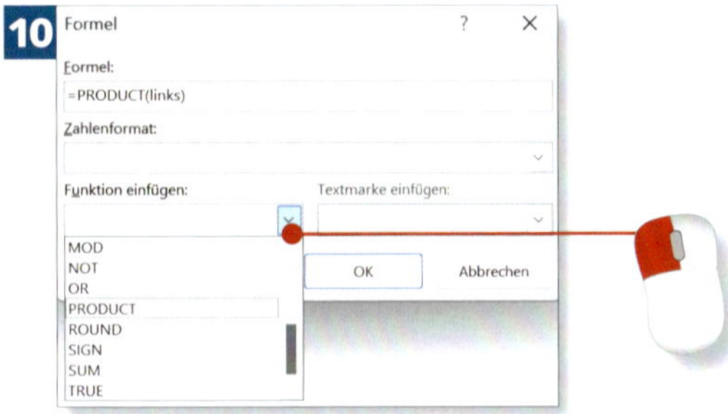

Schritt 11

Wählen Sie dann über die Auswahlliste ein Zahlenformat, z. B. **#.##0,00**, und klicken Sie auf **OK** (siehe dazu den Kasten »Zahlenformate« unten auf dieser Seite). Voilà, das Ergebnis wird präsentiert. Die graue Unterlegung besagt, dass es sich um ein Feld handelt, dessen Inhalt aktualisiert werden kann.

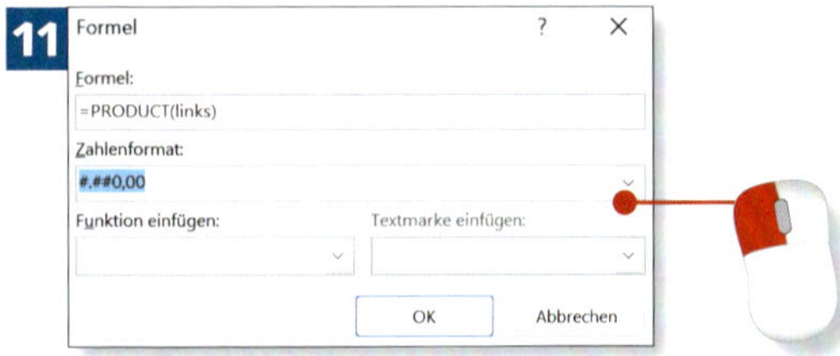

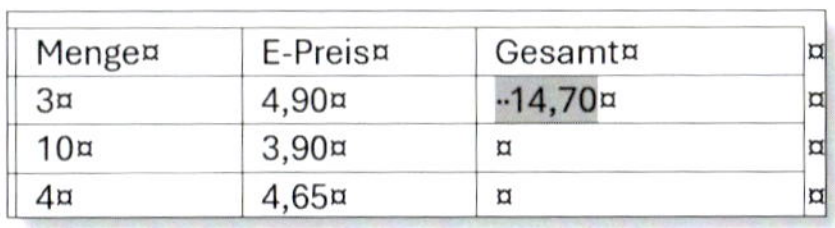

Menge	E-Preis	Gesamt
3	4,90	14,70
10	3,90	
4	4,65	

Schritt 12

Zwei Tabellen nebeneinander erhalten Sie, indem Sie zunächst eine zweispaltige Tabelle einfügen. Markieren Sie diese Tabelle und klicken Sie auf der Registerkarte **Tabellenentwurf** auf die Schaltfläche **Rahmen ▸ Kein Rahmen**. Dann fügen Sie in die linke Zelle und in die rechte Zelle jeweils eine neue Tabelle ein.

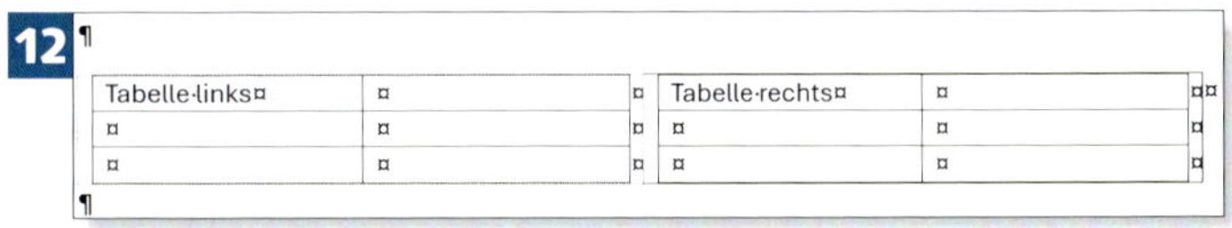

Zahlenformate

»0« zeigt an, dass an dieser Stelle immer eine Ziffer erscheint. Wenn die zu formatierende Zahl keine Ziffer an dieser Stelle hat, wird eine 0 gesetzt. Die Raute steht für beliebige Ziffern, die auch weggelassen werden dürfen.

Kapitel 9
Grafiken, Diagramme und Links einfügen

Verschönern Sie Ihre Word-Dokumente mit grafischen Elementen. Dies hat nicht nur eine ästhetische Wirkung: Mithilfe von Diagrammen können Sie Ihre Aussagen untermauern, und sogar Excel-Daten sind in Word verwendbar.

Grafiken einfügen
Fügen Sie Bilder, Fotos, Formen oder Onlinegrafiken in Ihr Dokument ein. Mit der Bing-Bildersuche finden Sie Tausende von Bildern zu jedem erdenklichen Thema.

Grafiken bearbeiten
Haben Sie ein Grafikelement eingefügt, können Sie es über die Registerkarte **Bildformat** bearbeiten. Schneiden Sie es zu, fügen Sie z. B. einen Rahmen ein oder nutzen Sie künstlerische Effekte.

Diagramme
Word selbst bietet eine Diagrammfunktion, bei der Sie aus diversen Vorlagen wählen können. Genauso leicht binden Sie aber auch ein bestehendes Excel-Diagramm ein, wenn Sie möchten.

In Word können Sie Bilder, Fotos, Formen und Onlinegrafiken in Ihre Dokumente einfügen und sogar Videos einbinden! ❶

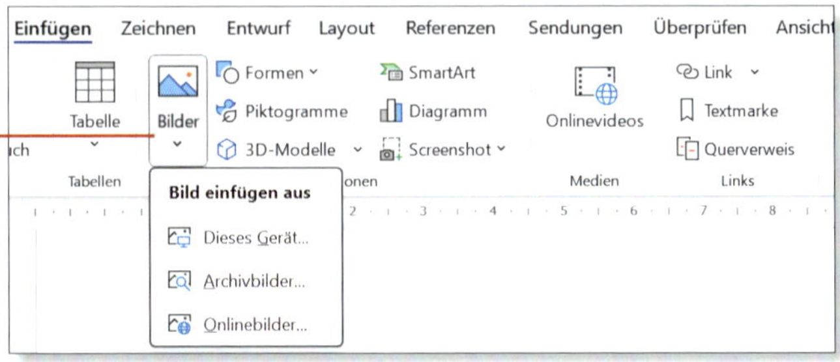

Über die Registerkarte **Bildformat** lassen sich eingefügte Grafikelemente vielfältig bearbeiten und sogar künstlerisch verfremden. ❷

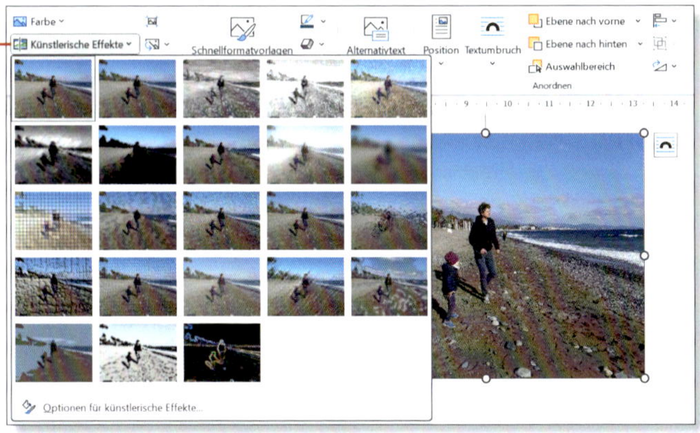

❸ Die Diagrammfunktion bringt zahlreiche Vorlagen mit; auch Diagramme aus Excel können in Word-Dokumenten genutzt werden.

Bilder einfügen

1
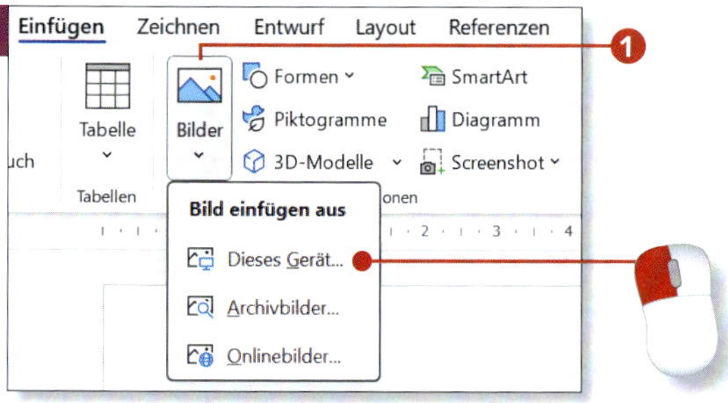

2
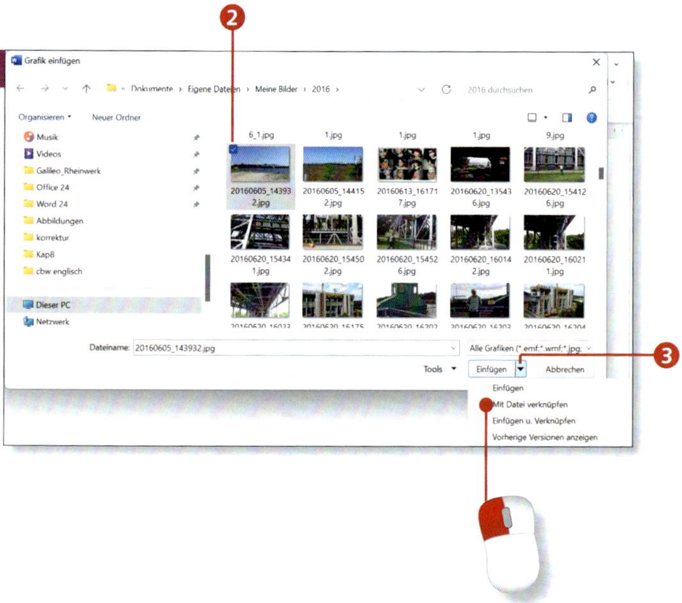

3
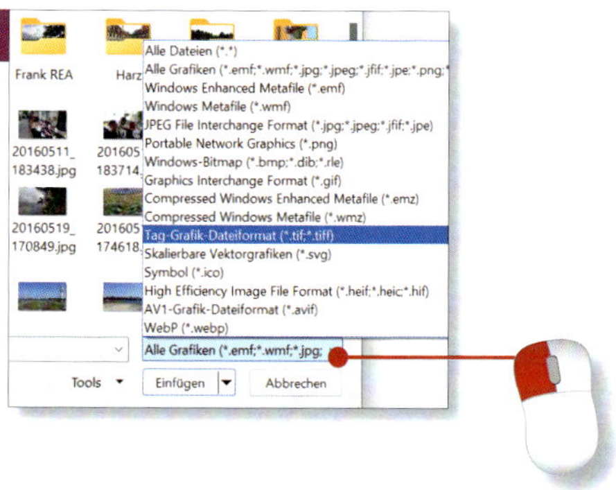

Sie sind in Word nicht darauf beschränkt, mit Texten zu arbeiten. Das Programm kann auch bestens mit Bildern umgehen.

Schritt 1

Um ein lokal abgespeichertes Bild in Ihr Dokument einzufügen, klicken Sie auf der Registerkarte **Einfügen** auf **Bilder** ❶ und im Menü auf **Dieses Gerät**. Im Dialog **Grafik einfügen** suchen Sie das Bild, markieren es ❷ und klicken entweder direkt auf **Einfügen** oder auf den Pfeil daneben ❸.

Schritt 2

Die Option **Einfügen** bettet das Bild in das Dokument ein. Weil es dann Teil des Dokuments ist, wächst jedoch die Größe der Gesamtdatei. Mit dem Befehl **Mit Datei verknüpfen** können Sie diesen Effekt vermeiden.

Schritt 3

Falls Sie beim Einfügen viele Bilder durchsuchen möchten, lässt sich die Suche auf einen bestimmten Dateityp einschränken. Klicken Sie im Dialog **Grafik einfügen** auf den Pfeil am Feld **Alle Grafiken**. Wählen Sie das gewünschte Format aus.

Schritt 4

Beim Verknüpfen eines Bildes mit der Datei (siehe Schritt 2) wird nicht das Bild in der Datei gespeichert, sondern nur ein Verweis auf die Bilddatei. Folglich blicken Sie auf einen leeren Kasten mit einer Fehlermeldung, wenn Sie die Bilddatei verschieben oder löschen.

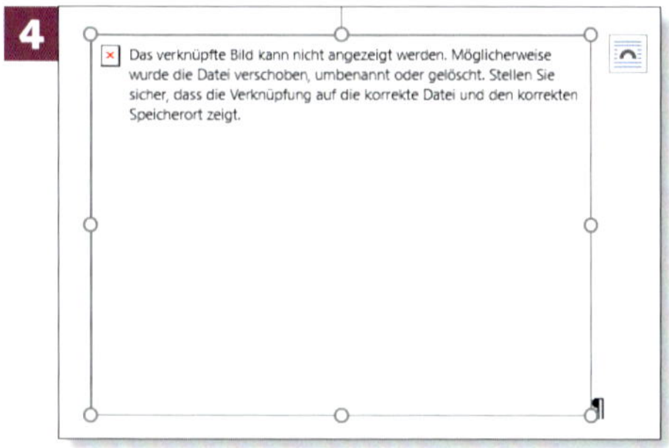

Schritt 5

Haben Sie das verknüpfte Bild lediglich verschoben, können Sie es sich wieder anzeigen lassen, indem Sie die Quelle anpassen. Markieren Sie den leeren Kasten und klicken Sie auf **Datei ▸ Informationen**. Dann klicken Sie ganz rechts unten auf **Verknüpfungen mit Dateien bearbeiten**.

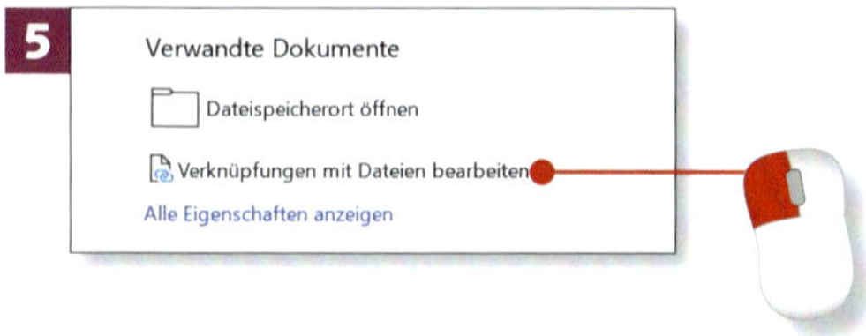

Schritt 6

Im Dialog **Links** markieren Sie die vermisste Bilddatei und klicken auf **Quelle ändern**. Dies öffnet den gleichnamigen Dialog. Hier suchen Sie nach dem Bild, markieren es und klicken auf **Öffnen** ❹.

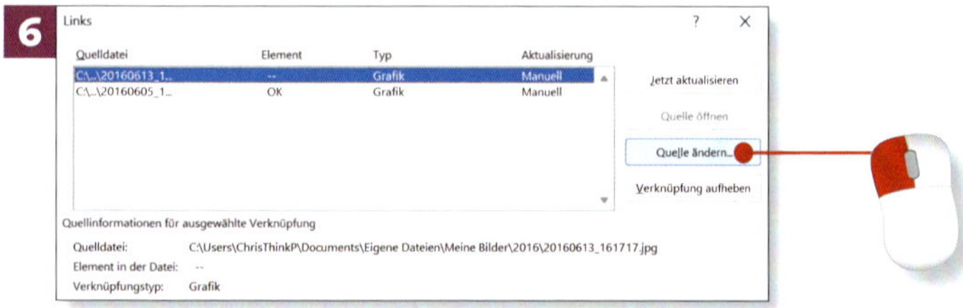

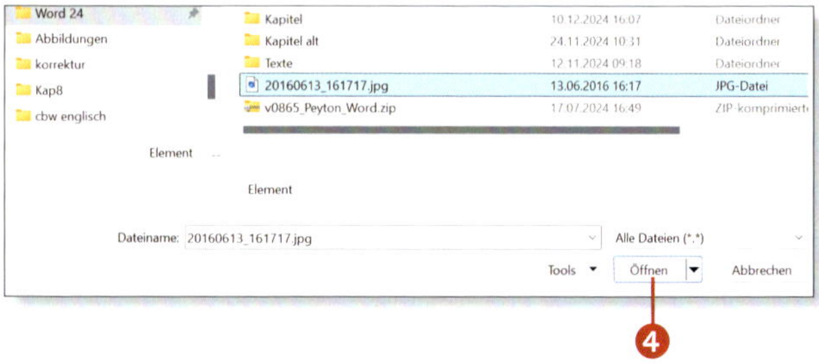

Einfügen per Doppelklick

Auch mit einem Doppelklick landet das Bild im Dokument, wobei zu beachten ist, dass Sie es damit einfügen und nicht verknüpfen.

Bilder einfügen (Forts.)

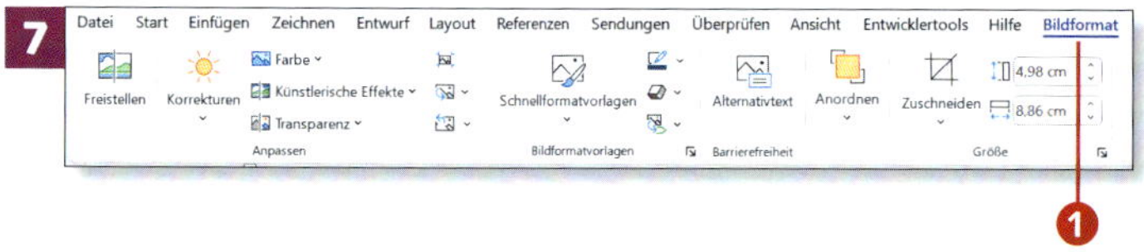

Schritt 7

Sobald Sie ein Bild eingefügt haben und es markiert ist, wird die Registerkarte **Bildformat** ❶ eingeblendet. Sie finden hier zahlreiche Funktionen zum Umgang mit eingefügten Bildern und Grafiken.

Schritt 8

Der Textumbruch legt fest, wie sich ein Bild zum Text verhält. Klicken Sie auf die Schaltfläche **Layoutoptionen**, die rechts am Bild auftaucht, wenn es markiert ist. Sie sehen, dass die Option **Mit Text in Zeile** markiert ist. Dies ist die Einstellung, mit der standardmäßig Bilder eingefügt werden (mehr dazu im nächsten Abschnitt).

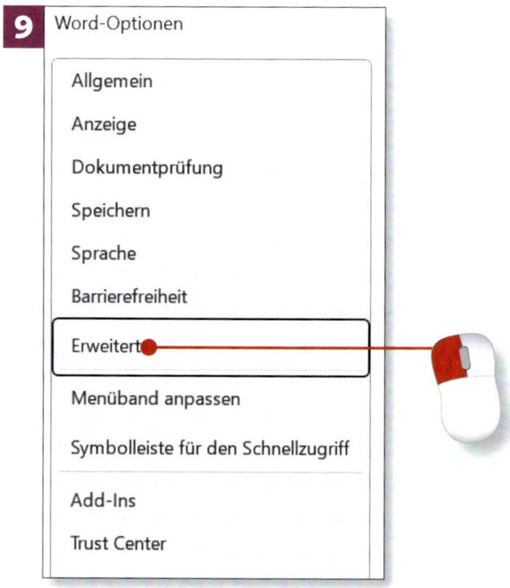

Schritt 9

Sie können diese Einstellung generell ändern, wenn eine andere Umbruchart besser zu Ihren meisten Vorhaben passt. Rufen Sie über **Datei ▸ Optionen** die Word-Optionen auf, und wählen Sie die Kategorie **Erweitert**.

Textumbruch »Mit Text in Zeile«
Mit der Einstellung **Mit Text in Zeile** kann ein Bild ausgerichtet werden wie Text, es kann aber nicht völlig frei verschoben werden.

Schritt 10

Scrollen Sie in dem Fenster ein wenig nach unten bis zur Überschrift **Ausschneiden, Kopieren und Einfügen**. Öffnen Sie die Auswahl des Feldes **Bilder einfügen als** und markieren Sie hier die gewünschte Einfügeart, z. B. **Genau**.

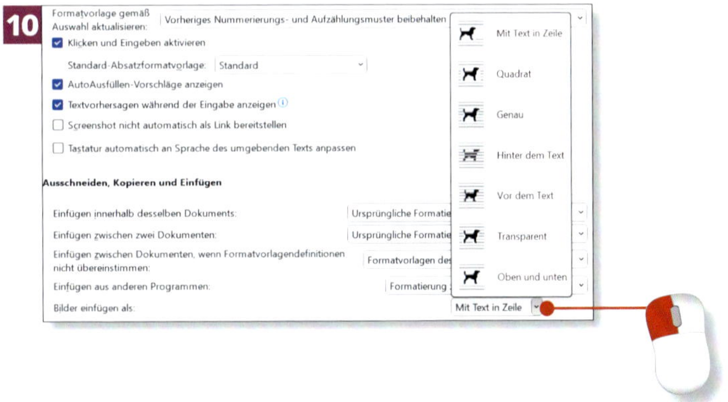

Schritt 11

Da Sie an Ort und Stelle sind: Zur Komprimierung des eingefügten Bildes wird die Auflösung 220 ppi verwendet. Diese Einstellung können Sie gegebenenfalls ändern. Scrollen Sie zum Bereich **Bildgröße und -qualität**. Legen Sie dort zunächst den Geltungsbereich fest. Die Dateigröße steuern Sie mit einer verringerten Auflösung. Wählen Sie z. B. **96 ppi** ❷.

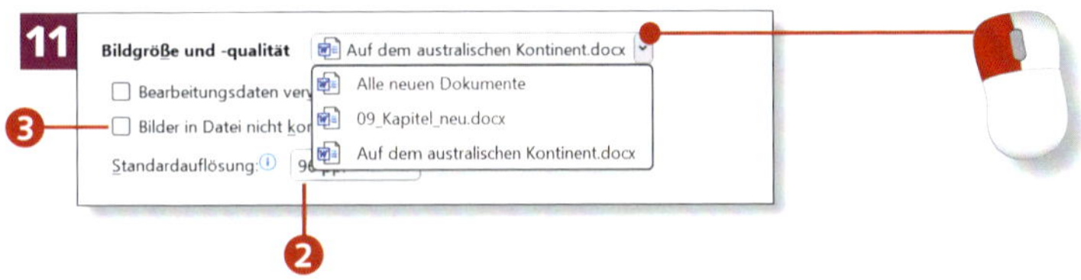

Schritt 12

Ein eingefügtes Bild werden Sie auch ganz schnell wieder los: Markieren Sie es per Mausklick und drücken Sie [Entf].

Komprimierung deaktivieren

Ist die Bildqualität besonders wichtig, können Sie die Komprimierung komplett deaktivieren. Setzen Sie im Bereich **Bildgröße und -qualität** ein Häkchen vor **Bilder in Datei nicht komprimieren** ❸.

Grafikelemente positionieren

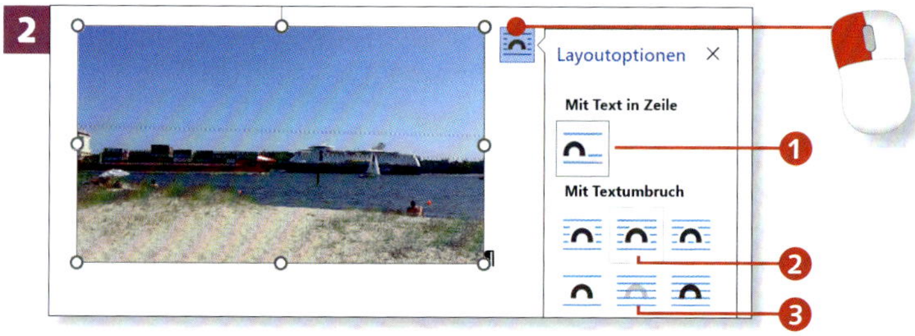

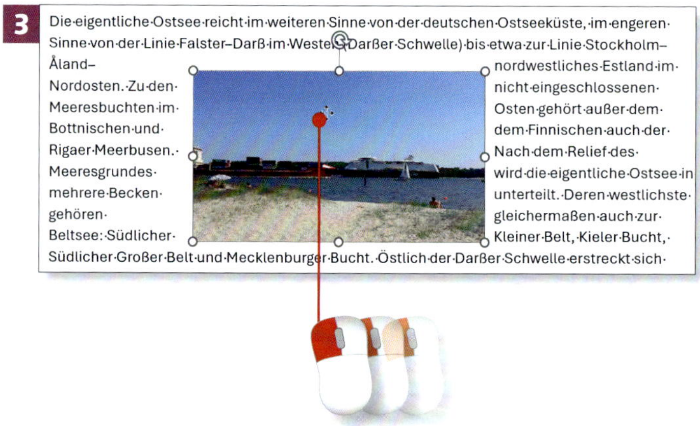

Bilder sitzen nach dem Einfügen oft nicht an der richtigen Stelle. Sie lassen sich aber nachträglich an den passenden Ort verschieben.

Schritt 1

Wie Sie ein Bild positionieren können, hängt vom Textumbruch ab. Die Standardeinstellung ist **Mit Text in Zeile** ❶. Damit lässt sich ein Bild wie ein Textzeichen zentrieren oder rechtsbündig ausrichten.

Schritt 2

Um ein Bild an eine beliebige Stelle im Dokument ziehen zu können, muss der Textumbruch geändert werden. Klicken Sie auf die Schaltfläche **Layoutoptionen**, die rechts neben dem Bild erscheint, sobald Sie es anklicken, und wählen Sie z. B. **Eng** ❷.

Schritt 3

Mit der Einstellung **Eng** (oder jeder anderen außer **Mit Text in Zeile**) können Sie ein Bild mit der Maus frei positionieren. Zeigen Sie mit dem Mauszeiger auf das Bild und ziehen Sie es mit gedrückter Maustaste – oder mit dem Finger – an die gewünschte Stelle.

Bilder mit Anker

Bilder, die mit dem Text verschoben werden, sind an einen Absatz gekoppelt (zu erkennen ist das an einem kleinen Anker ❹, zu sehen im Bild zu Schritt 6). Verschiebt sich der Absatz, wird auch das Bild verschoben.

Schritt 4

Probieren Sie verschiedene Einstellungen des Textumbruchs aus. Mit der Option **Hinter den Text** ❸ lässt sich ein Bild – wie der Name sagt – hinter den Text legen. In dem Fall bietet es sich an, das Foto transparent zu gestalten. Die entsprechende Option (**Tranparenz**) finden Sie auf der Registerkarte **Bildformat**.

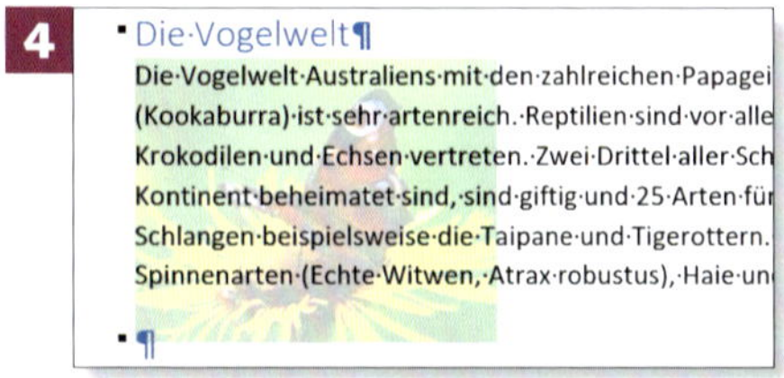

Schritt 5

Um ein Bild zu positionieren, klicken Sie im Kontextmenü des Bildes auf **Größe und Position**. Auf der Registerkarte **Position** ❺ des Dialogs **Layout** können Sie in den Feldern **Absolute Position** (und **rechts von** bzw. **unterhalb**) die Position des Bildes genau bestimmen.

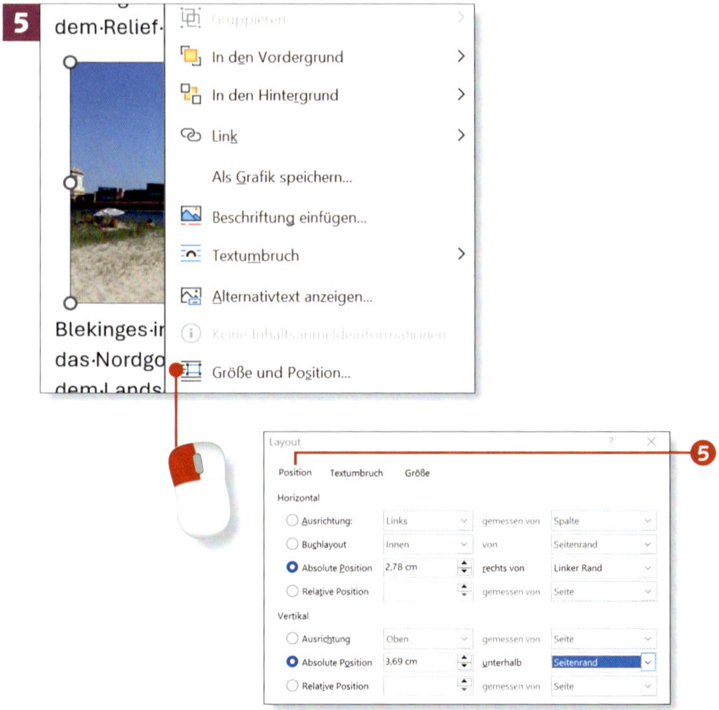

Schritt 6

Standardmäßig wird ein Bild mit dem Absatz verschoben. Soll es an Ort und Stelle bleiben, muss es über **Layoutoptionen ▸ Position auf der Seite fixieren** fixiert werden.

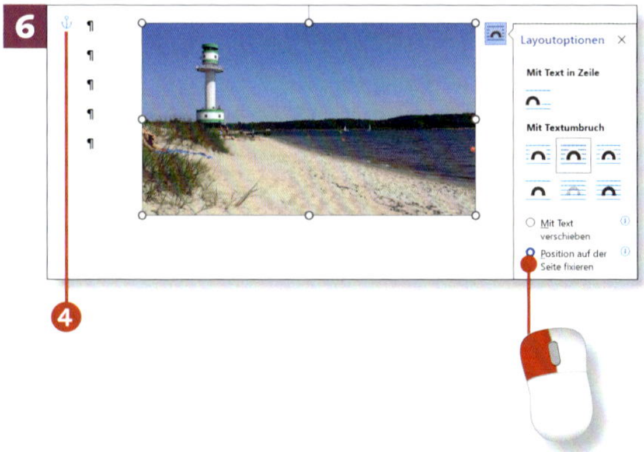

Bilder verankern

Um die Position eines Bildes an einem festen Absatz auszurichten, setzen Sie den Anker an diesen Absatz. Aktivieren Sie die Option **Verankern** auf der Registerkarte **Position** des Dialogs **Layout**.

Bilder zuschneiden und bearbeiten

1

2

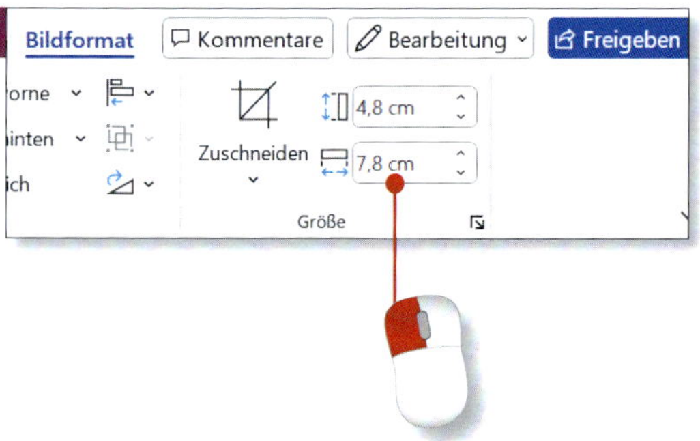

3

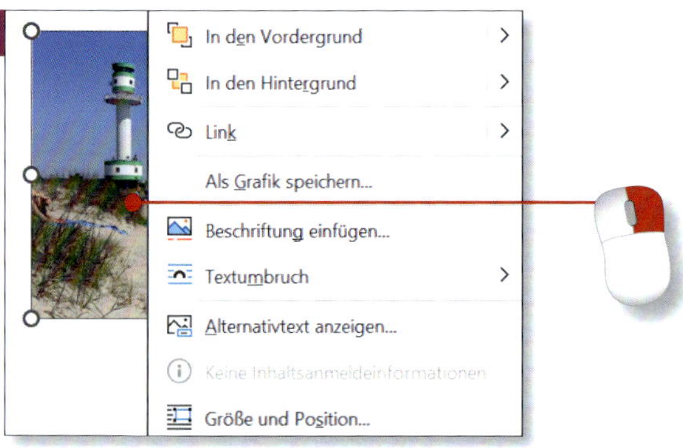

Eingefügte Bilder haben selten auf Anhieb die passende Größe. Kein Problem: Sie können die Größe von Bildern nach Herzenslust verändern.

Schritt 1

Klicken Sie das eingefügte Bild an. Führen Sie den Mauszeiger auf einen der acht Ziehpunkte (am besten auf einen der Eckpunkte, um die Proportionen beizubehalten) und ziehen Sie mit gedrückter Maustaste nach innen oder außen. Das geht auch mit dem Finger.

Schritt 2

Brauchen Sie genaue Bildmaße? Dann nutzen Sie auf der Registerkarte **Bildformat** die Felder **Formenhöhe** und **Formenbreite**. Hier ändern Sie die Maße, indem Sie auf die Pfeile klicken oder eine Größe eingeben. In der Grundeinstellung bleibt das Größenverhältnis erhalten.

Schritt 3

Natürlich können Sie die Größe eines Bildes auch im Dialog bestimmen. Klicken Sie das Bild mit rechts an und wählen Sie im Kontextmenü den Eintrag **Größe und Position**.

Schritt 4

Geben Sie auf der Registerkarte **Größe** in den Feldern **Höhe** und **Breite** die gewünschten Maße ein. Wenn Sie **Seitenverhältnis sperren** 1 aktiviert lassen, verändert sich die Größe der Höhe und Breite passend zueinander.

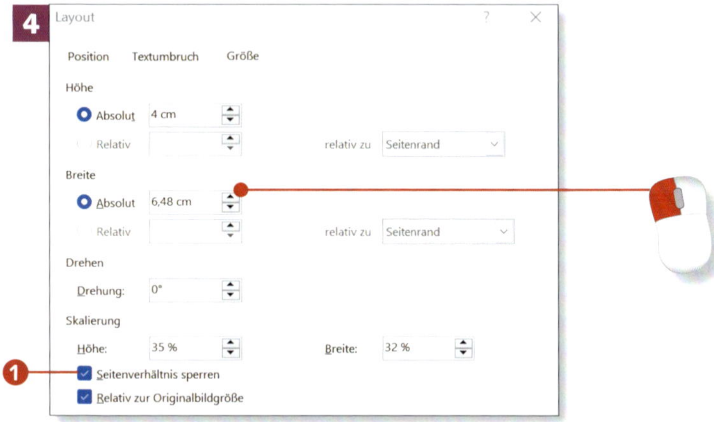

Schritt 5

Hilfreich ist die Funktion des Zuschneidens. Damit verändern Sie nicht die Größe, sondern legen einen Ausschnitt fest. Klicken Sie auf der Registerkarte **Bildformat** auf den Pfeil bei **Zuschneiden** und im Menü erneut auf **Zuschneiden**.

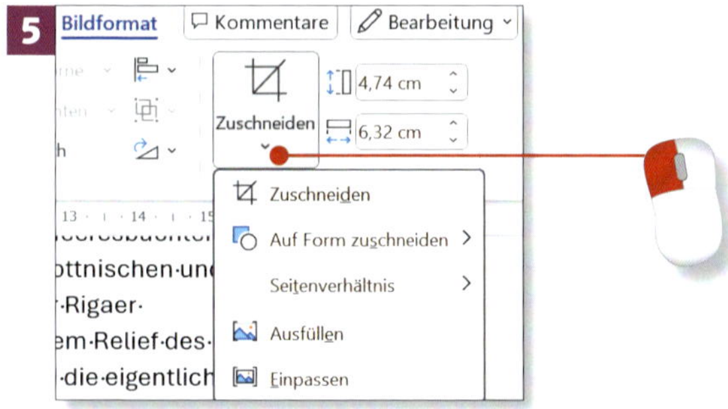

Schritt 6

Sie sehen nun acht *Zuschneidemarken*. Ziehen Sie eine Marke mit gedrückter Maustaste nach innen und klicken Sie zur Bestätigung irgendwo außerhalb des Bildes. Der Ausschnitt lässt sich wieder bearbeiten, indem Sie erneut auf die Schaltfläche **Zuschneiden** klicken.

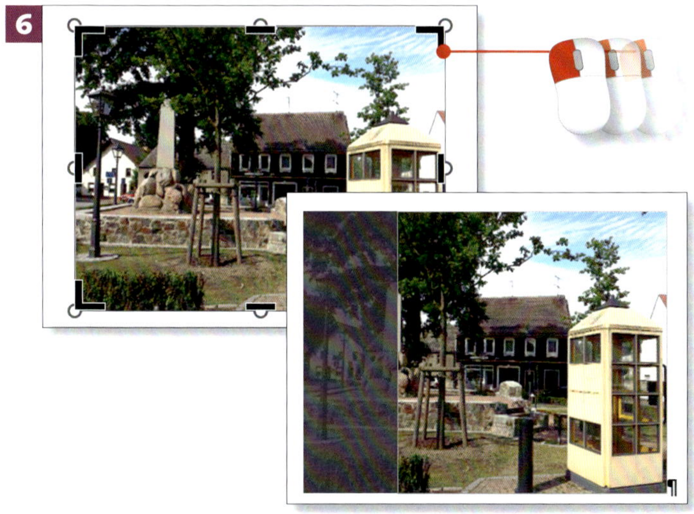

Bildeffekte

Weitere Bildeffekte, die sich größtenteils auf die Umrandung des Bildes beziehen (siehe Schritt 8), erzeugen Sie mithilfe der Optionen der Schaltfläche **Bildeffekte**. Lassen Sie den Rahmen z. B. leuchten.

Bilder zuschneiden und bearbeiten (Forts.)

Schritt 7

Nett ist der Effekt, Bilder auf eine Form zuzuschneiden. Wählen Sie **Zuschneiden ▸ Auf Form zuschneiden** und entscheiden Sie sich im Menü für eine Form.

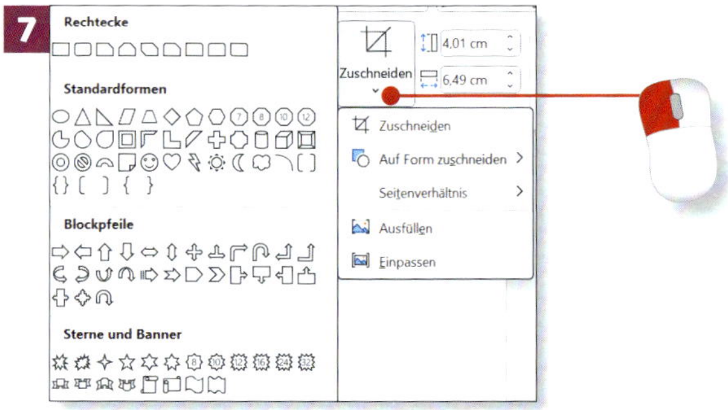

Schritt 8

Manche Bilder machen sich mit einem Rahmen gut. Markieren Sie das Bild und klicken Sie auf der Registerkarte **Bildformat** auf **Bildrahmen**. Wählen Sie hier eine Farbe ❶ und aus der Auswahl des Menüpunkts **Stärke** die Breite des Rahmens.

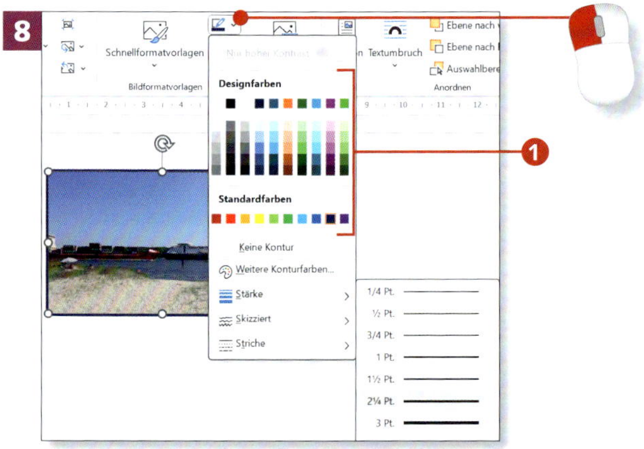

Schritt 9

Auf der Registerkarte **Bildformat** finden Sie auch *Bildformatvorlagen*. Mit ihnen können Sie Bildern auf die Schnelle ein anderes Aussehen verpassen. Wandern Sie einfach durch die Angebote, um sich die Effekte anzuschauen. Wie wäre es z. B. mit **Oval mit weichen Kanten**?

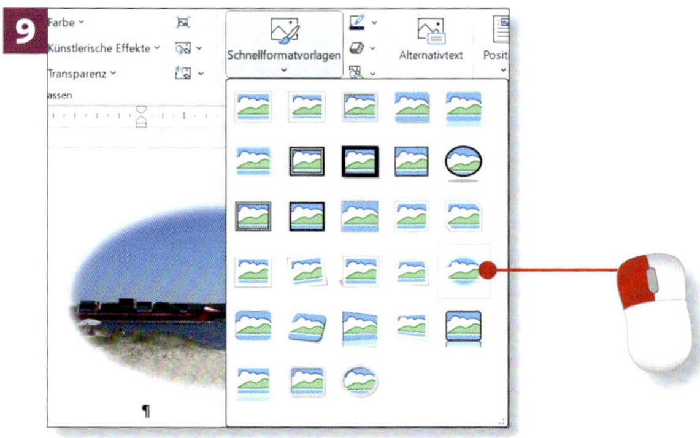

Schritt 10

Helligkeit, Kontrast und Schärfe eines Bildes lassen sich ebenfalls korrigieren. Klicken Sie auf **Korrekturen**. Im Menü wandern Sie durch die verschiedenen Optionen, um einen Eindruck von den jeweiligen Effekten zu bekommen.

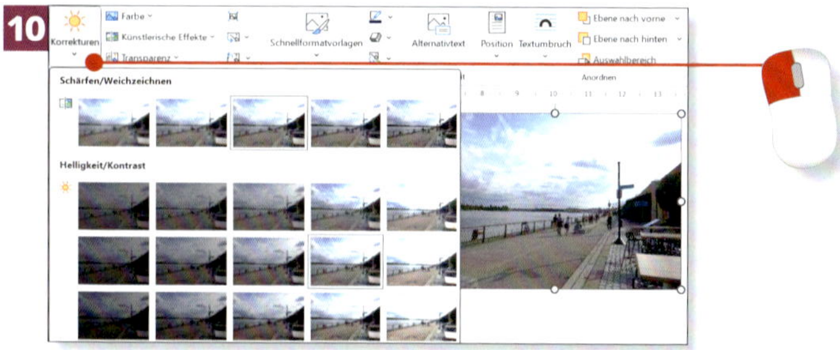

Schritt 11

Klicken Sie auf die Schaltfläche **Künstlerische Effekte**, um die Möglichkeiten der Verfremdung (**Glas**, **Mosaik** etc.) zu entdecken.

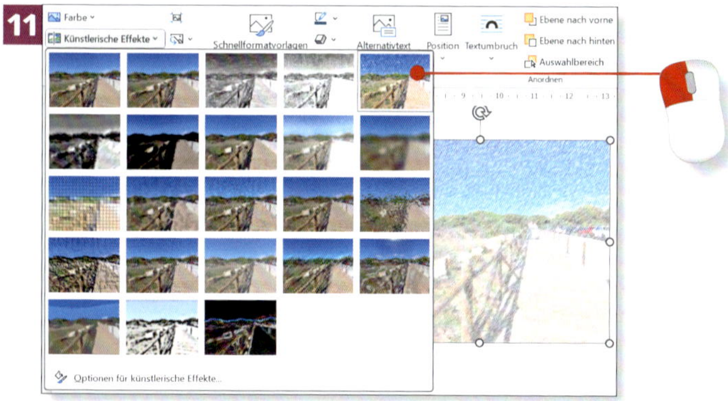

Schritt 12

Zum Freistellen klicken Sie auf **Freistellen**. Word ermittelt anhand ähnlicher Farben den freizustellenden Bereich. Mit dem Plus- bzw. Minuszeichen auf der Registerkarte **Freistellen** ❷ korrigieren Sie die Bereiche, die Word nicht richtig erkannt hat. Sie schließen die Freistellung mit **Änderungen beibehalten** ab.

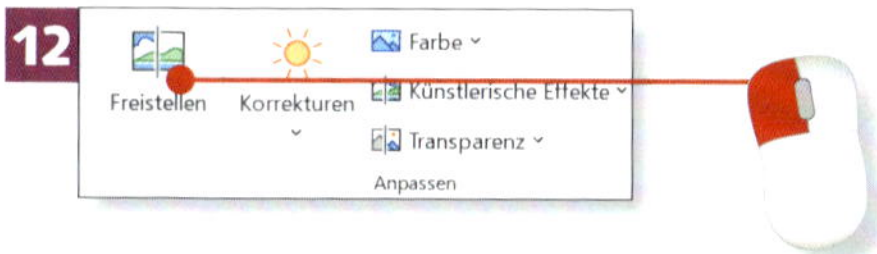

Bilder freistellen

Wenn Word die Bereiche, die Sie ein- oder ausblenden möchten, partout nicht erkennt, können Sie auch mit gedrückter Maustaste an der Kontur entlangwandern.

Onlinebilder einfügen

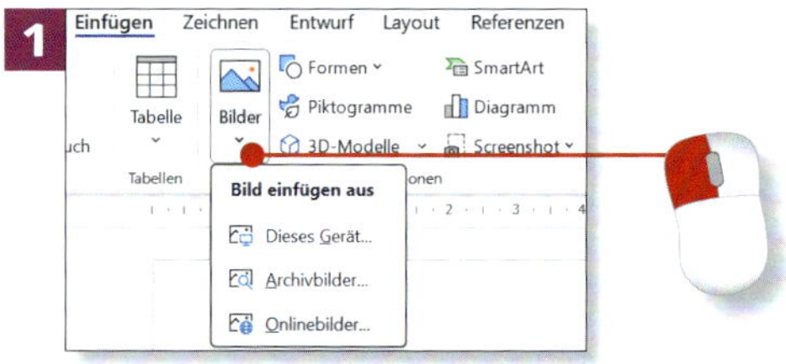

Im Internet gibt es Bilder in Hülle und Fülle. Nutzen Sie die Online-Bildersuche von Bing, um schöne oder interessante Bilder in Ihr Dokument einzufügen.

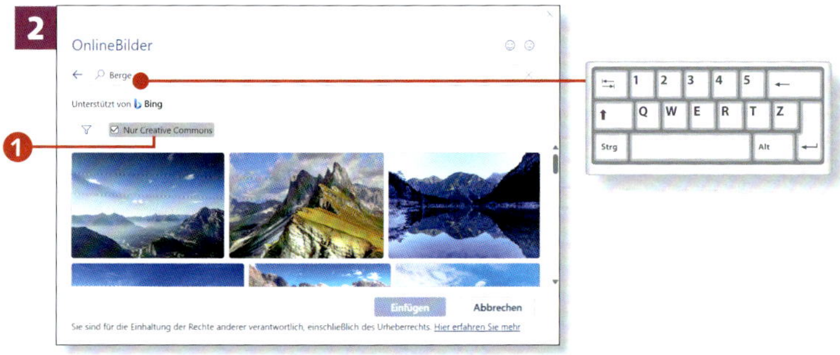

Schritt 1

Um Ihrem Dokument Onlinebilder hinzuzufügen, wechseln Sie zur Registerkarte **Einfügen** und klicken auf die Schaltfläche **Bilder** und im Menü auf **Onlinebilder**.

Schritt 2

Geben Sie in das Suchfeld der Online-Bildersuche einen Suchbegriff ein, z. B. »Berge«. Drücken Sie dann einfach [↵], um sich Bilder zu diesem Thema anzeigen zu lassen.

Schritt 3

Wandern Sie durch das Angebot, markieren Sie das gewünschte Bild und klicken Sie auf **Einfügen**. Daraufhin wird das Bild in Ihr Word-Dokument eingefügt.

Urheberrecht

Bilder unterliegen dem Urheberrechtsschutz. Die Organisation *Creative Commons* macht mit unterschiedlichen Lizenztypen möglichst viele Bilder der Allgemeinheit zugänglich. Daher ist es rechtlich sicherer, bei der Bildauswahl den Filter **Nur Creative Commons** (1) aktiviert zu lassen. Aber auch die Verwendung dieser Bilder unterliegen Bedingungen, wie z. B. die Angabe der Quelle.

Schritt 4

Wenn Sie mit der Maus auf ein Bild zeigen, sehen Sie in der rechten unteren Ecke drei Punkte. Mit einem Klick darauf erhalten Sie einige Informationen zum Bild, z. B. die Adresse der Webseite, von der das Bild stammt.

4

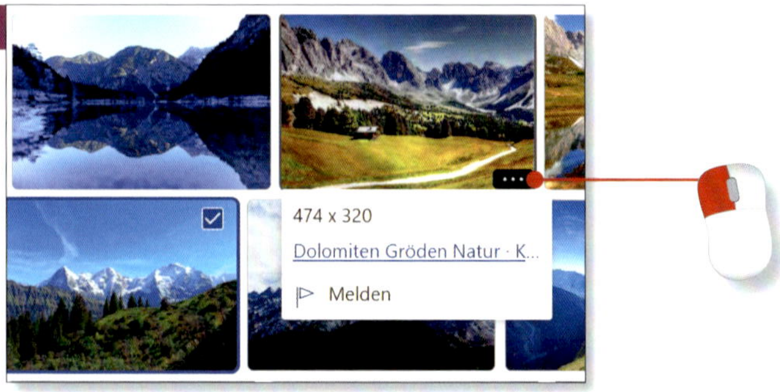

Schritt 5

Abgesehen von einem möglichst präzisen Suchbegriff (»Berge« ist in diesem Sinn kein gutes Beispiel) schränken Sie die Trefferliste mithilfe eines Filters ein. Klicken Sie auf **Filter** und wählen Sie im Menü die Kriterien für Ihre Auswahl, z. B. nur eine bestimmte Größe.

5

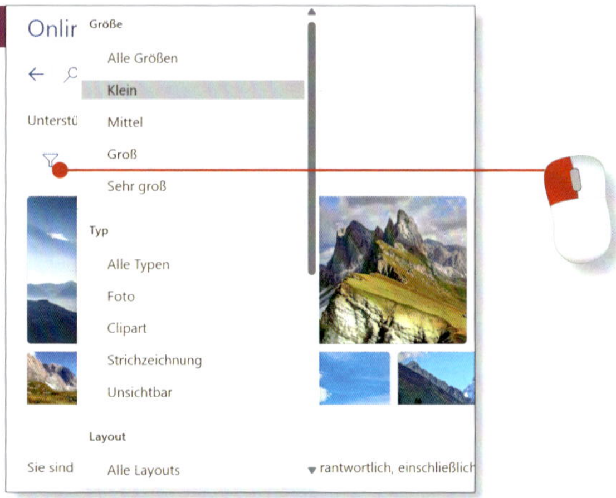

Schritt 6

Um ein eingefügtes Bild lokal zu speichern, klicken Sie es mit rechts an. Im Kontextmenü wählen Sie **Als Grafik speichern**. Im gleichnamigen Dialog wandern Sie zum gewünschten Ordner und speichern das Bild.

6

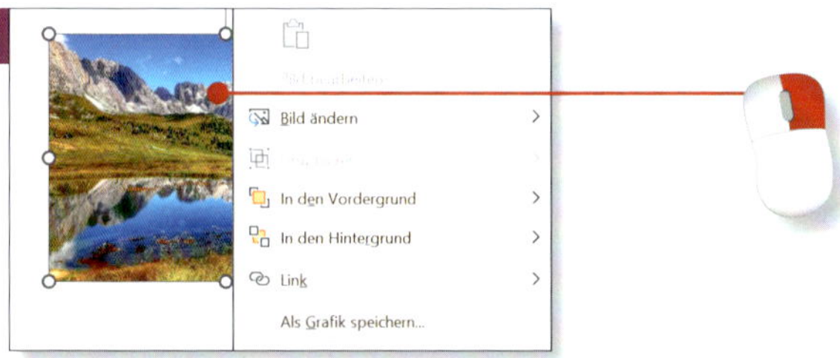

Bilder aus dem Internet

Für das Einfügen von Onlinebildern müssen Sie mit dem Internet verbunden sein. Nach dem Einfügen sind die Bilder im Dokument gespeichert. Beachten Sie aber den Kasten zum Urheberrecht.

3D-Bilder einfügen

Die neueren Versionen von Word haben ein schickes Feature an Bord: 3D-Modelle. Aus vielen Kategorien können Sie ein Bild auswählen und einfügen und es dann von allen Seiten betrachten.

1
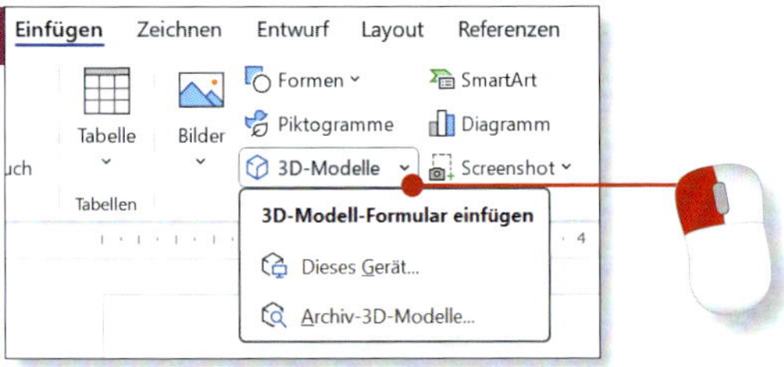

2
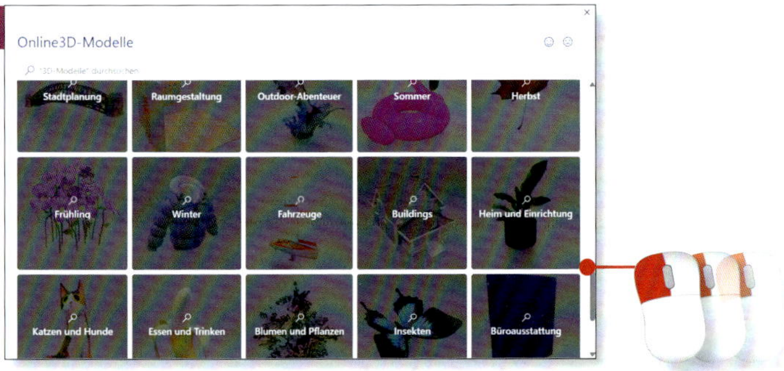

3

Schritt 1

Wechseln Sie zur Registerkarte **Einfügen** und klicken Sie auf den Pfeil an der Schaltfläche **3D-Modelle**. Im Menü klicken Sie auf **Archiv-3D-Modelle**.

Schritt 2

Im Fenster **Online3D-Modelle** wandern Sie durch die Auswahl und klicken auf die gewünschte Kategorie.

Schritt 3

Im nächsten Fenster setzen Sie per Klick ein Häkchen an das gewünschte Motiv und klicken dann auf die Schaltfläche **Einfügen**. Sie können auch mehrere Bilder gleichzeitig einfügen.

Schwenken und Zoomen

Die Bezeichnung der Schaltfläche ist nicht ganz stimmig. Sie dient lediglich zum Zoomen von Bildteilen; zum Schwenken nutzen Sie wie beschrieben das Symbol in der Mitte des Bildes.

Schritt 4

Sobald Sie das eingefügte Bild markieren, erscheint die Registerkarte **3D-Modell**. Hier gibt es die üblichen Symbole zum Bearbeiten eines Bildes und die 3D-Modellansichten, mit denen Sie das Bild aus unterschiedlichen Perspektiven betrachten können.

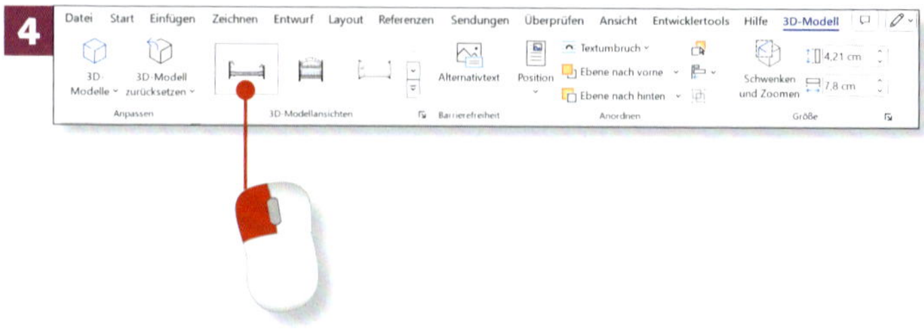

Schritt 5

Um das Bild manuell in alle möglichen Richtungen zu schwenken, drehen Sie es mit gedrückter Maustaste an dem Symbol in der Mitte (den zwei gegenläufigen Pfeilen mittig auf dem Bild).

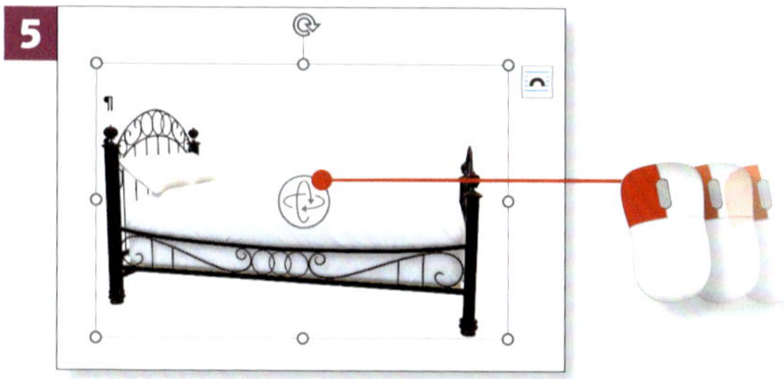

Schritt 6

Wenn Sie auf der Registerkarte **3D-Modell** auf die Schaltfläche **Schwenken und Zoomen** ❶ klicken, erscheint am rechten Rand des Bildes eine kleine Lupe. Mithilfe dieser Lupe (und gedrückter Maustaste) vergrößern Sie Bildbereiche und legen damit neue Ausschnitte fest.

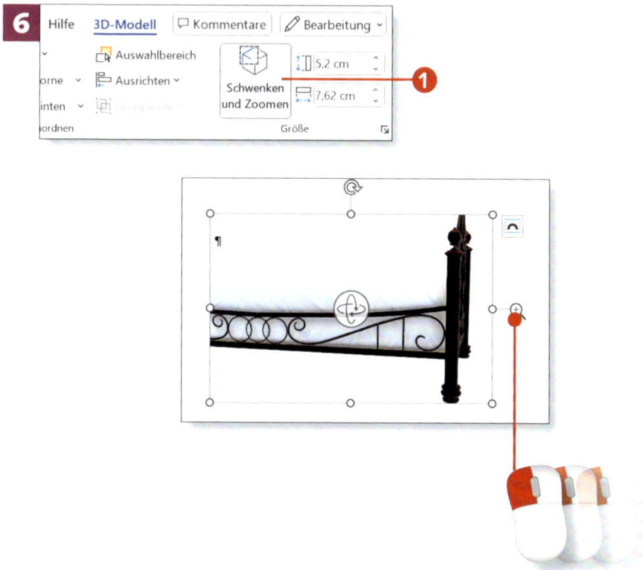

Formen hinzufügen

Mit dem Einfügen von Bildern und Grafiken sind Sie noch nicht am Ende der grafischen Gestaltungsmöglichkeiten. Mit der Formenpalette können Sie besonders kreativ sein.

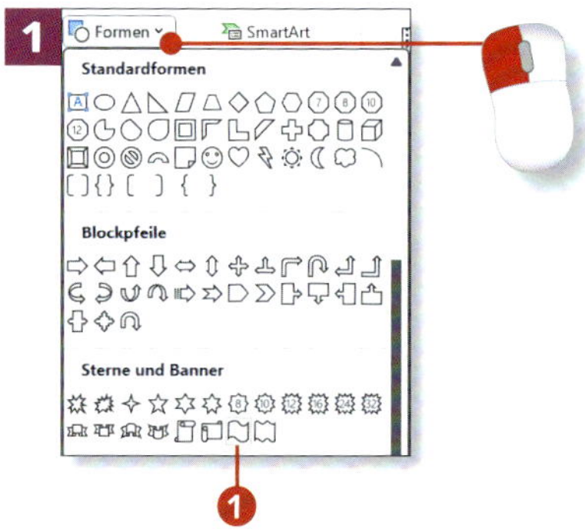

Schritt 1

Klicken Sie auf der Registerkarte **Einfügen** auf **Formen**. Um eine Form aus dem Menü auf das Blatt zu zaubern, klicken Sie sie an ❶, führen den Mauszeiger an die passende Stelle auf dem Blatt und ziehen die Form mit gedrückter Maustaste auf.

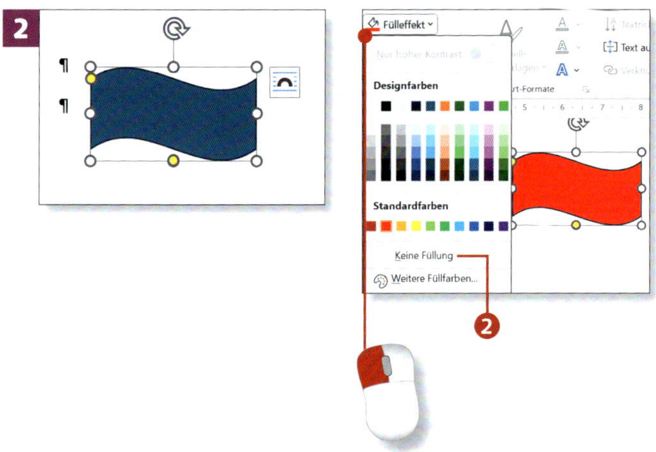

Schritt 2

Sie sehen eine blau eingefärbte Form. Die Füllfarbe können Sie ändern. Markieren Sie die Form und klicken Sie auf der Registerkarte **Formformat** auf **Fülleffekt**. In der Palette wählen Sie die gewünschte Farbe oder **Keine Füllung** ❷.

Schritt 3

Die Größe verändern Sie durch Ziehen an den Ziehpunkten ❸. Da als Umbruchart standardmäßig **Vor den Text** eingestellt ist (und nicht **Mit Text in Zeile**), können Sie die Form ohne Weiteres mit gedrückter Maustaste an jede gewünschte Position ziehen.

Schritt 4

Auf der Registerkarte **Formformat** (die Form muss markiert sein) entdecken Sie viele Möglichkeiten der Bearbeitung: **Formkontur** für eine Umrandung, **Formeffekte**, u. a. für **Schatten**, **Spiegelung** oder **Abschrägung** (dies zeigt die Abbildung, der Farbverlauf wird in Schritt 6 beschrieben).

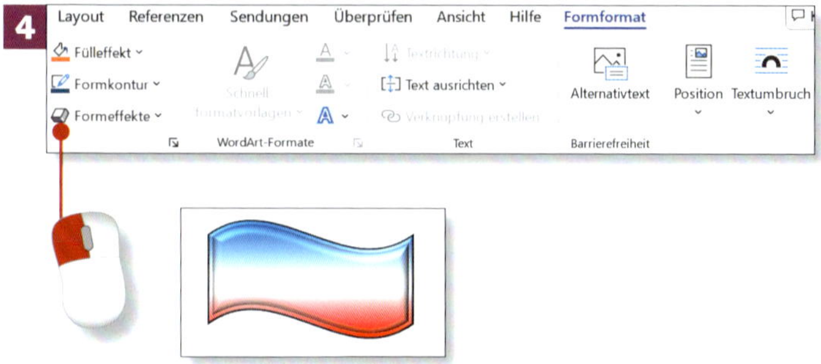

Schritt 5

Noch mehr Optionen bietet der Aufgabenbereich **Form formatieren**, den Sie öffnen, indem Sie ganz unten im Kontextmenü der Form auf **Form formatieren** klicken.

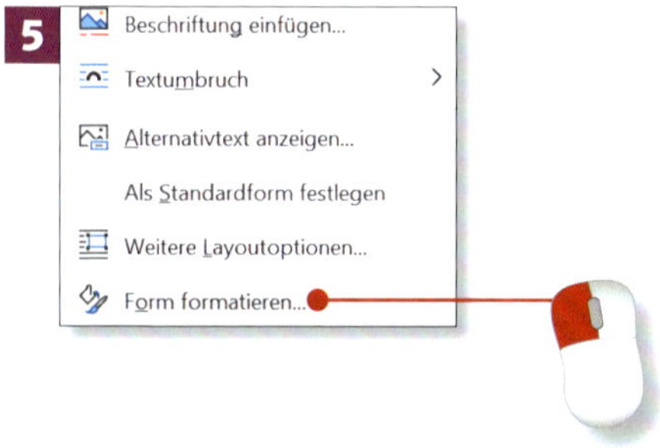

Schritt 6

Klicken Sie im Aufgabenbereich auf **Füllung** und aktivieren Sie z. B. **Farbverlauf**. Einen Farbverlauf mit drei Farben (siehe die Abbildung zu Schritt 3) stellen Sie über die **Farbverlaufstopps** ❹ ein: Markieren Sie jeweils einen der Stopps und wählen Sie über das Menü **Farbe** ❺ die passende bzw. gewünschte Farbe.

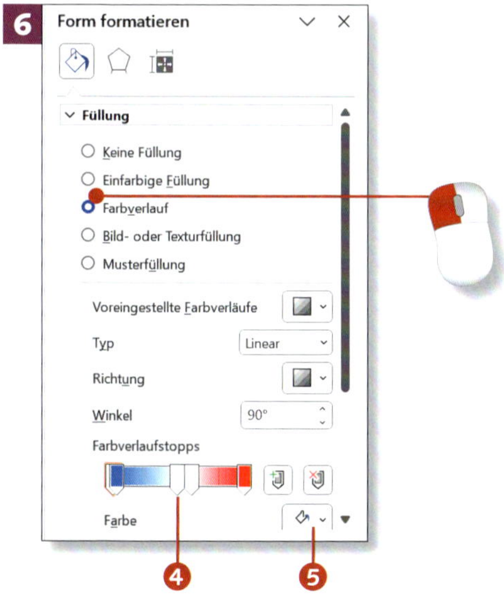

Text hinzufügen
Soll in einer Form auch Text stehen, klicken Sie im Kontextmenü der Form auf **Text hinzufügen**.

Formatierte Schriftzüge – WordArt

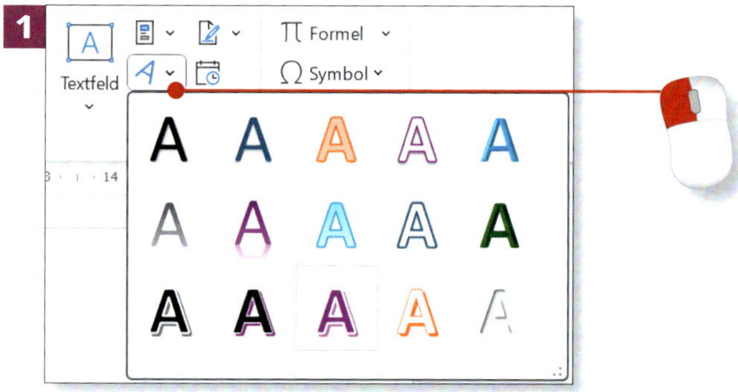

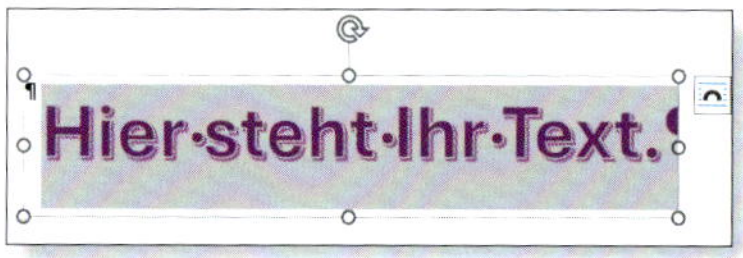

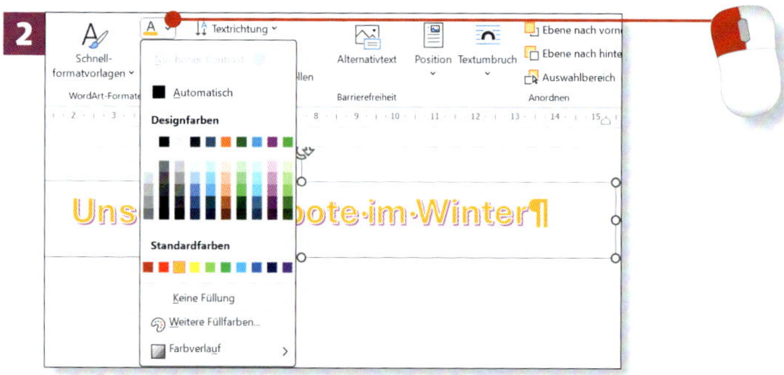

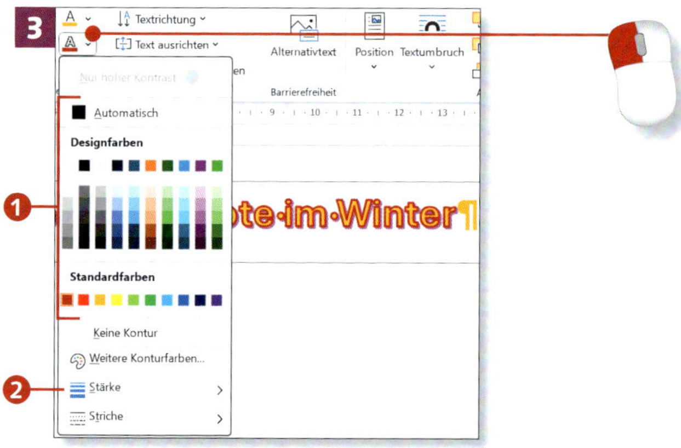

Mit WordArt wird aus einer Textzeile ein dekorativer, professionell anmutender Schriftzug, der für Werbezettel oder Plakattexte geeignet ist.

Schritt 1

Klicken Sie rechts auf der Registerkarte **Einfügen** auf **WordArt** und wählen Sie im Menü ein Design. Nun wird eine Grafik in Ihr Dokument eingefügt, in der zu lesen ist: »Hier steht Ihr Text«. Überschreiben Sie diesen Platzhaltertext.

Schritt 2

Um den Text mit einer anderen Farbe oder einem Farbverlauf zu füllen, klicken Sie auf der Registerkarte **Formatformat** auf den Pfeil an der Schaltfläche **Textfüllung**. Im Menü wählen Sie eine Farbe und/oder klicken auf **Farbverlauf** und wählen im Menü eine Option.

Schritt 3

Die Kontur des Schriftzugs ändern Sie, indem Sie auf den Pfeil an der Schaltfläche **Textkontur** klicken. Hier wählen Sie eine Farbe ❶, die Stärke der Kontur ❷ und die Strichart.

Schritt 4

Um einen Grafikeffekt auf den Text anzuwenden, klicken Sie auf **Texteffekte**. Im Menü und in den jeweiligen Untermenüs finden Sie eine Vielzahl von Effekten, z. B. **Spiegelung**, **Leuchten** und **Abschrägung**.

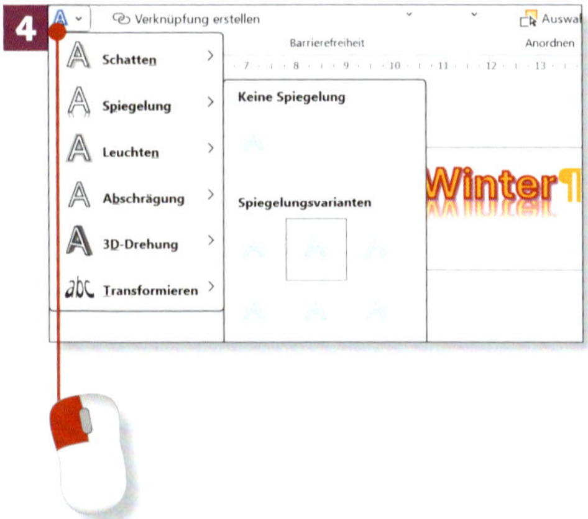

Schritt 5

Überraschende Manipulationen bietet der Punkt **Transformieren**. Im Untermenü finden Sie viele unterschiedliche Formen (**Kreis**, **Bogen**, **Wellen** etc.), die der Schriftzug dann annimmt.

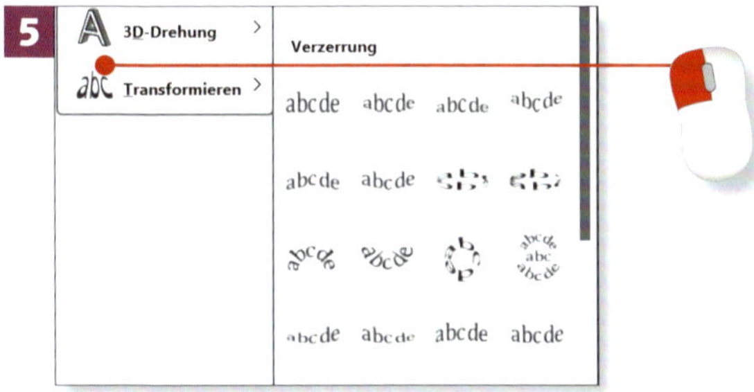

Schritt 6

Für einen farbigen Hintergrund klicken Sie auf **Fülleffekt**. Hier wählen Sie eine Farbe, einen Farbverlauf ❸ oder eine Struktur ❹. Für ein Foto als Hintergrund wählen Sie **Bild**, klicken im nächsten Fenster auf **Aus Datei** oder suchen nach Bildern im Internet (**Onlinebilder**).

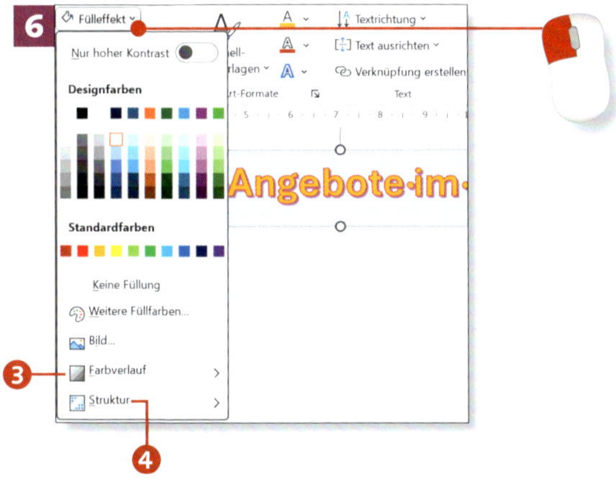

Transformation bearbeiten

Haben Sie der WordArt eine Transformation zugewiesen, erhält sie meistens zusätzliche Ziehpunkte, mit denen Sie die Transformation manipulieren können.

Mehrere Grafiken kombinieren

Bilder, Grafiken und Formen lassen sich problemlos nebeneinander- oder übereinanderlegen. Soll daraus eine einzige Grafik werden, kann man alle Objekte gruppieren.

Schritt 1

Am besten gruppieren Sie Objekte erst, wenn Sie mit der Bearbeitung der einzelnen Elemente fertig sind. Wichtig ist die Objekt-Reihenfolge, die Sie selbst festlegen können.

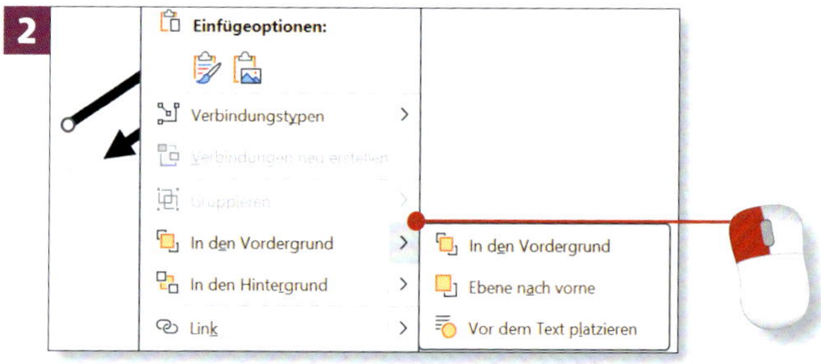

Schritt 2

Zum Anordnen markieren Sie das jeweilige Objekt und klicken im Kontextmenü auf den Pfeil neben **In den Vordergrund** (bzw. **In den Hintergrund**). Wählen Sie eine Option aus dem Menü.

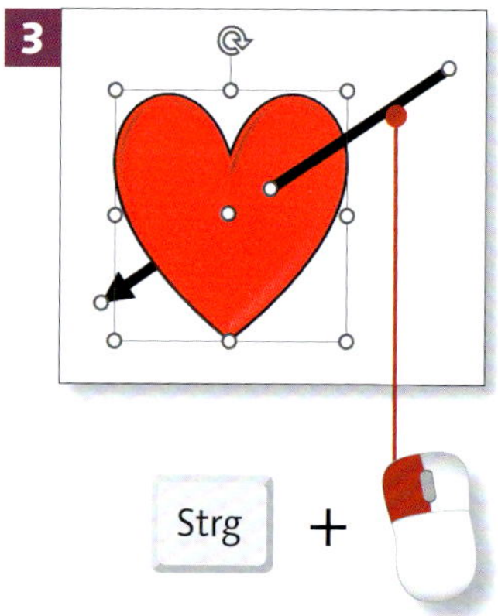

Schritt 3

Ist alles durch entsprechende Positionierung wunschgemäß angeordnet, markieren Sie alle Objekte/Formen, indem Sie das erste Objekt anklicken, Strg gedrückt halten und nach und nach die übrigen Objekte anklicken.

Uneindeutige Optionen

Die Optionen zur Ebene sind leider nicht immer eindeutig: Um z. B. eine Form hinter ein Bild zu legen, müssen Sie **Hinter den Text bringen** nutzen.

Schritt 4

Wenn alle Objekte markiert sind, klicken Sie mit der rechten Maustaste darauf und wählen im Kontextmenü **Gruppieren ▸ Gruppieren**.

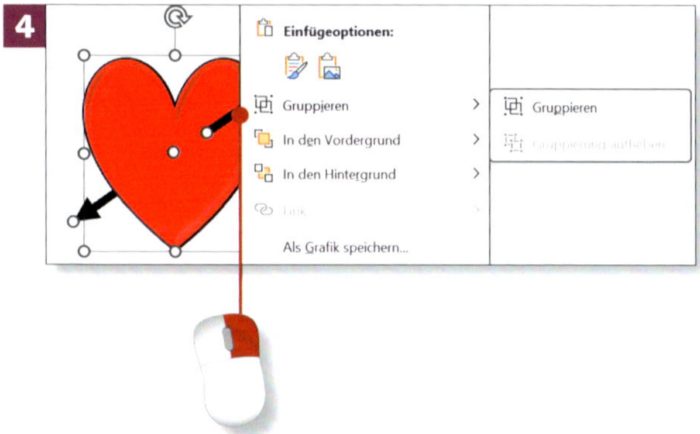

Schritt 5

Nun umgibt nur noch ein Markierungsrahmen die Objekte. Sie können die gruppierten Objekte jetzt *en bloc* mit der Maus verschieben und in ihrer Größe verändern. Leider werden die Proportionen nicht immer beibehalten, selbst wenn Sie die Größe von den Ecken aus verändern.

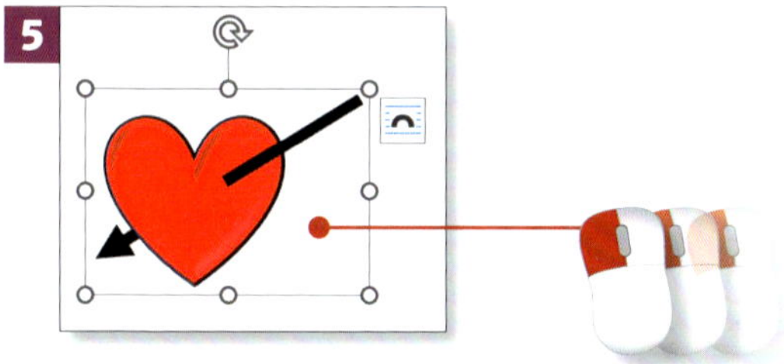

Schritt 6

Gruppierte Objekte lassen sich auch wieder in ihre Einzelteile auflösen. Klicken Sie das Objekt mit rechts an und wählen Sie im Kontextmenü **Gruppieren ▸ Gruppierung aufheben**.

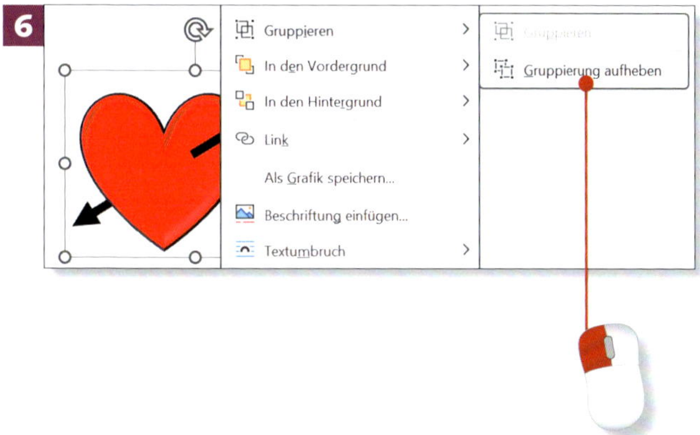

Reihenfolge der Elemente

Die Reihenfolge der Elemente anzupassen, ist mitunter etwas knifflig. Stellt sich der beabsichtigte Effekt nicht ein, versuchen Sie zunächst, ein Objekt ganz nach vorn zu legen (mit **Vor den Text legen**) und dann Ebene um Ebene nach hinten zu verschieben.

Organigramme einfügen

1

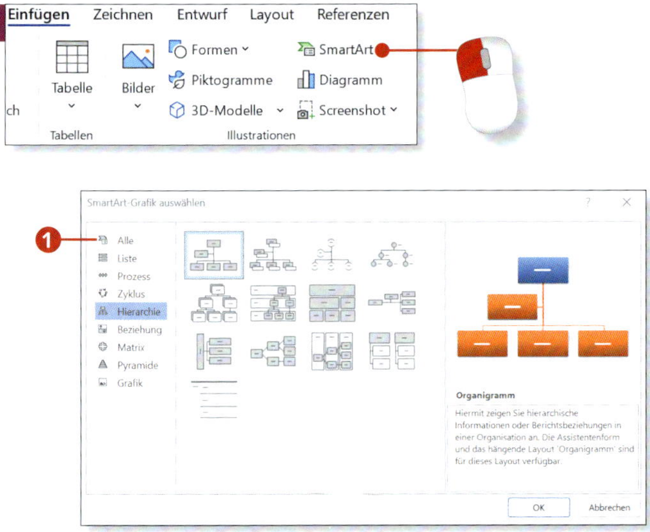

2

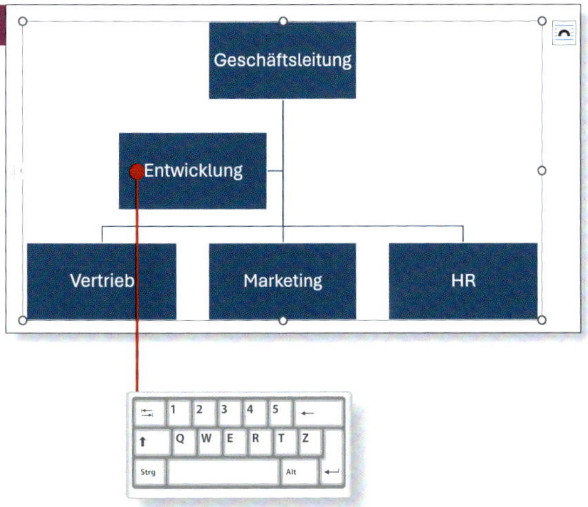

3

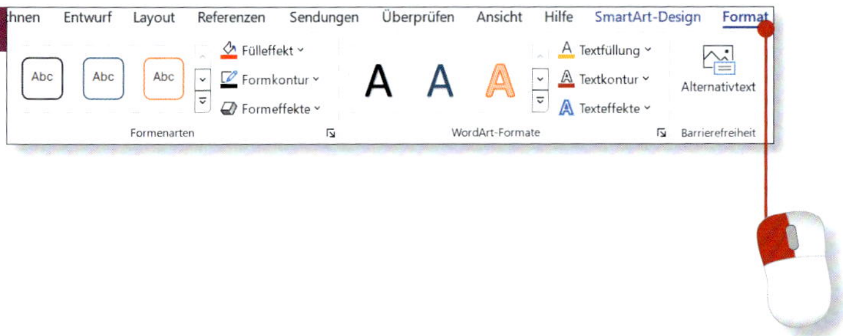

Mithilfe von Organigrammen lassen sich Hierarchien, Strukturen und Prozesse bestens grafisch darstellen. Word bietet eine große Auswahl an Vorlagen.

Schritt 1

Klicken Sie auf der Registerkarte **Einfügen** auf **SmartArt**. Im Dialog wählen Sie eine Kategorie aus oder belassen es bei **Alle** ❶. Entscheiden Sie sich per Klick für eine passende Vorlage (abhängig davon, was Sie darstellen möchten).

Schritt 2

Nachdem Sie eine Vorlage eingefügt haben, beginnen Sie damit, die Felder des Organigramms mit Ihrem Text zu füllen. Überschreiben Sie einfach den Platzhaltertext.

Schritt 3

Das Aussehen des Organigramms verändern Sie mit den Optionen auf der Registerkarte **Format**. Bei den Elementen handelt es sich im Prinzip um *Formen*, d. h., Sie bearbeiten sie genauso wie im Zusammenhang mit Formen bereits beschrieben wurde.

Schritt 4

Um eine neue Form einzufügen, markieren Sie die Form (der jeweiligen Ebene) und klicken auf der Registerkarte **SmartArt-Design** auf den Pfeil bei **Form hinzufügen**. Die angebotenen Optionen hängen von der jeweiligen SmartArt ab.

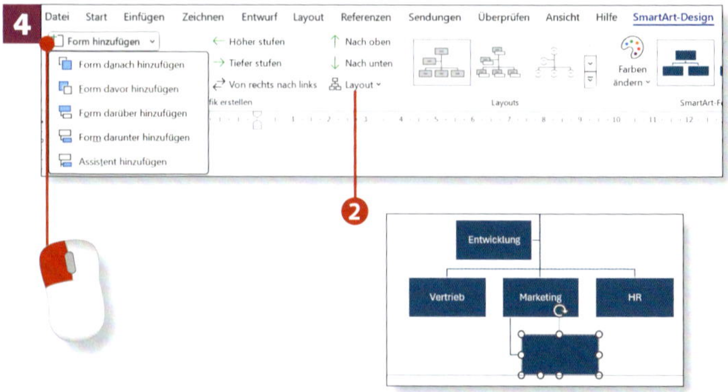

Schritt 5

Auf der Registerkarte **SmartArt-Design** können Sie auch die gesamte Struktur und das Layout des Organigramms verändern. Klicken Sie auf den Pfeil an der Auswahl der **Layouts** ❷ und wählen Sie beispielsweise ein Layout, das Felder zum Eintragen von Namen enthält.

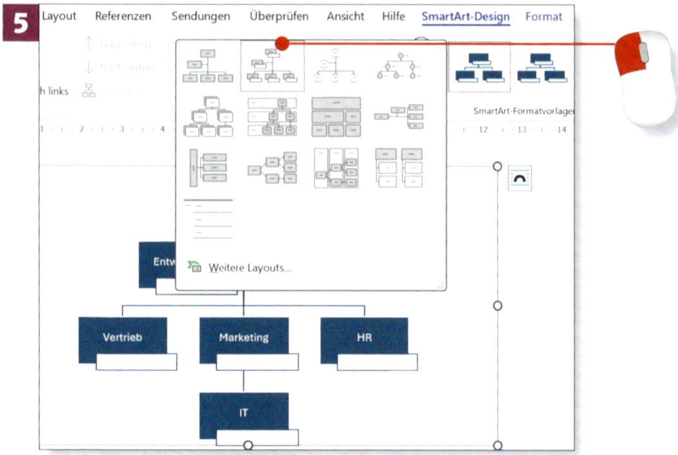

Schritt 6

Um die Hierarchie oder Anordnung zu verändern, markieren Sie die jeweilige Form und klicken dann entweder auf **Höher stufen**, **Tiefer stufen**, **Von rechts nach links**, **Nach oben** oder **Nach unten** (im Beispiel wurde »IT« höhergestuft).

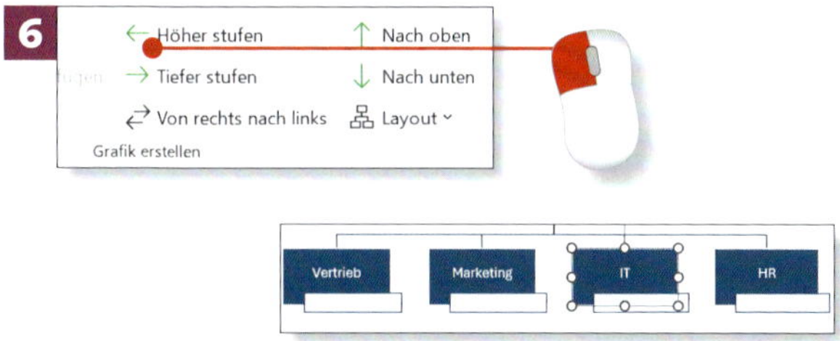

Textbereich

Den Textbereich blenden Sie mit der gleichnamigen Schaltfläche auf der Registerkarte **SmartArt-Design** oder mit dem kleinen Pfeil an der linken Linie des markierten Organigramms ein.

Diagramme erstellen und formatieren

1

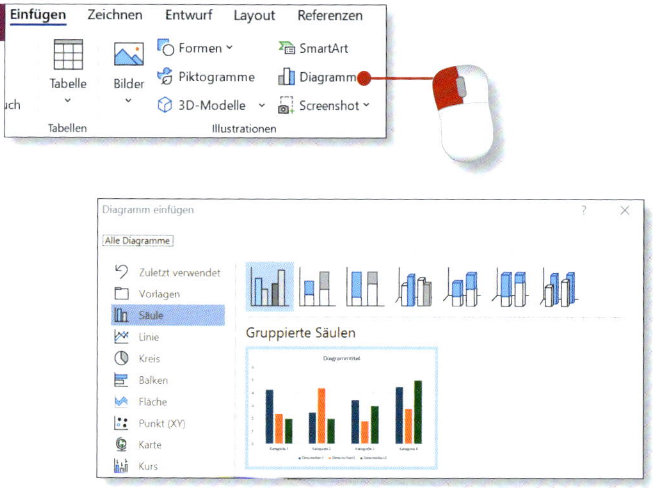

Diagramme sind die klassische Methode, um Zahlenmaterial grafisch darzustellen. Um mit Word ein Diagramm zu erstellen, arbeiten Sie eng mit Excel zusammen.

Schritt 1

Klicken Sie auf der Registerkarte **Einfügen** auf **Diagramm**. Im Dialog wählen Sie eine passende Vorlage aus und klicken auf **OK**.

2

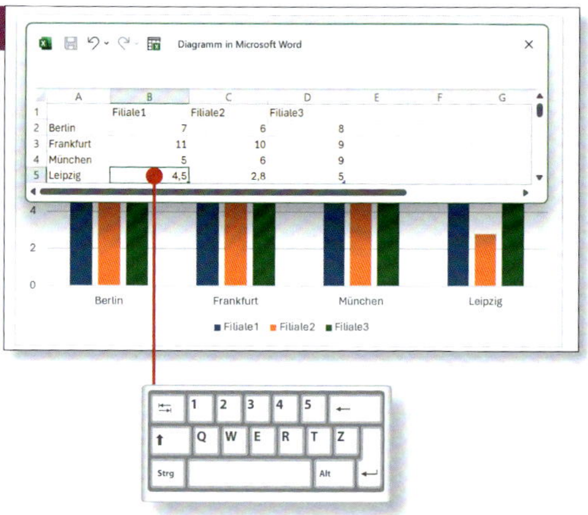

Schritt 2

Ein Diagramm wird eingefügt, und ein kleines Excel-Fenster mit einigen Mustereinträgen öffnet sich. Überschreiben Sie die Einträge mit Ihren Zahlen und Bezeichnungen. Die Veränderungen werden automatisch in das Diagramm übernommen. Dann schließen oder minimieren Sie das Excel-Fenster.

3

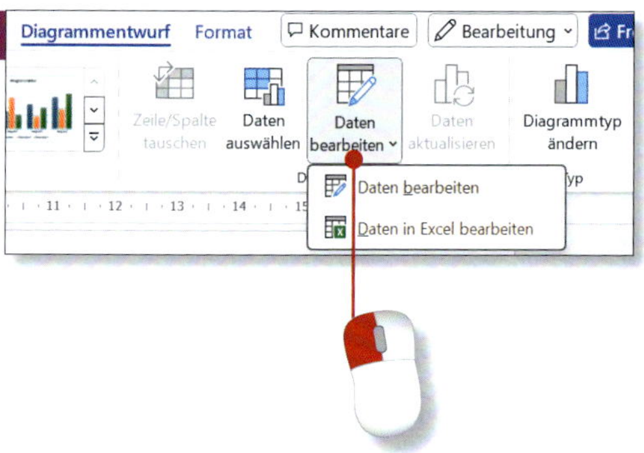

Schritt 3

Wenn Sie die Daten der Tabelle modifizieren möchten, aktivieren Sie die Registerkarte **Diagrammentwurf** und klicken dann auf **Daten bearbeiten** und erneut auf **Daten bearbeiten**. Das Excel-Fenster mit der Tabelle wird wieder eingeblendet.

Schritt 4

Für die schnelle optische Gestaltung sind die **Diagrammvorlagen** auf der Registerkarte **Diagrammentwurf** praktisch. Hier finden Sie eine Auswahl an Vorlagen, die das Aussehen des Diagramms verändern.

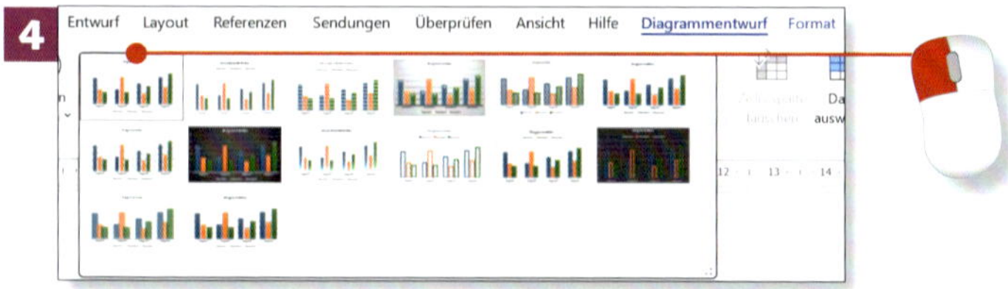

Schritt 5

Einzelne Elemente bearbeiten Sie im Prinzip wie Formen: Markieren Sie das jeweilige Element und wählen Sie auf der Registerkarte **Format** die gewünschte Funktion (**Füllung**, **Kontur** etc.). Im Kontextmenü finden Sie vergleichbare Funktionen, nur dass Sie dann entsprechende Aufgabenbereiche öffnen.

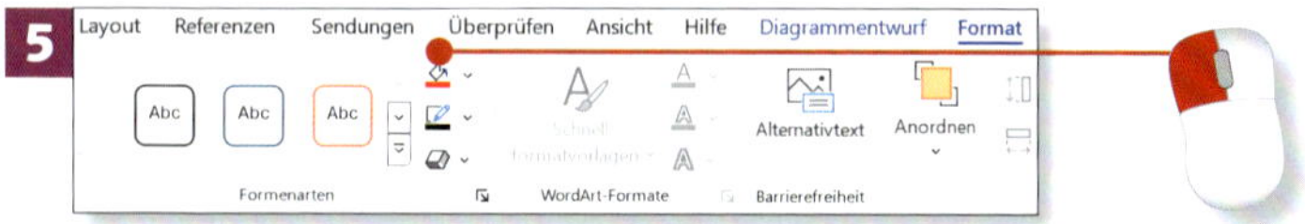

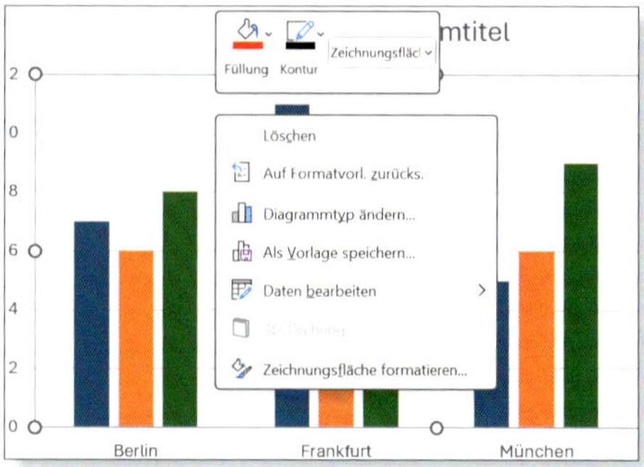

Schritt 6

Über das Pluszeichen rechts am markierten Diagramm lassen sich einzelne Diagrammelemente (**Diagrammtitel**, **Achsentitel** etc.) hinzufügen oder entfernen. Für die einzelnen Elemente erhalten Sie Untermenüs, wenn Sie auf den Pfeil am jeweiligen Eintrag klicken.

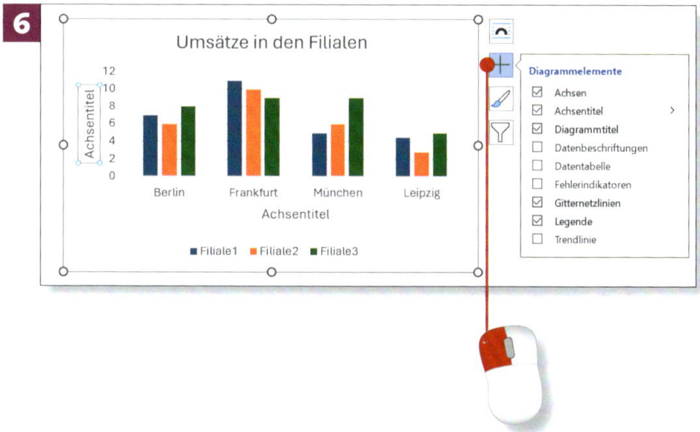

i

Elemente eines Diagramms

Ein Digramm besteht aus mehreren Elementen: *Diagrammbereich*, *Zeichnungsbereich*, *Datenreihen* etc. Sie bearbeiten jeweils das markierte Element.

Excel-Diagramme einfügen

1

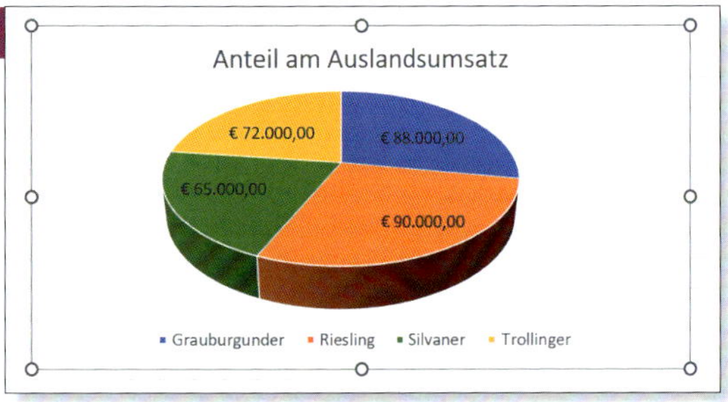

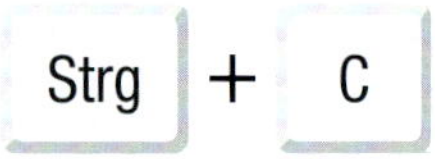

In der Regel wird in Excel in Tabellen gerechnet, und auch entsprechende Diagramme werden dort erzeugt. Ein solches Diagramm können Sie in ein Word-Dokument einfügen.

Schritt 1

Öffnen Sie eine Excel-Datei mit einem Diagramm. Klicken Sie das Diagramm an, um es zu markieren. Kopieren Sie es auf dem einen oder anderen Weg, z. B. mit Strg+C.

2

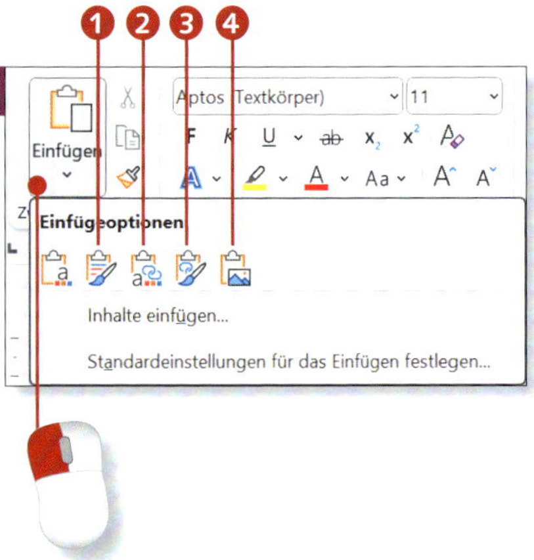

Schritt 2

Wechseln Sie zu Word und öffnen Sie die Datei, in die Sie das Diagramm einfügen möchten. Aktivieren Sie die Registerkarte **Start** und klicken Sie auf den Pfeil an der Schaltfläche **Einfügen**, um die verschiedenen Einfügeoptionen zu sehen. Diese Optionen werden auch im Kontextmenü angeboten.

3

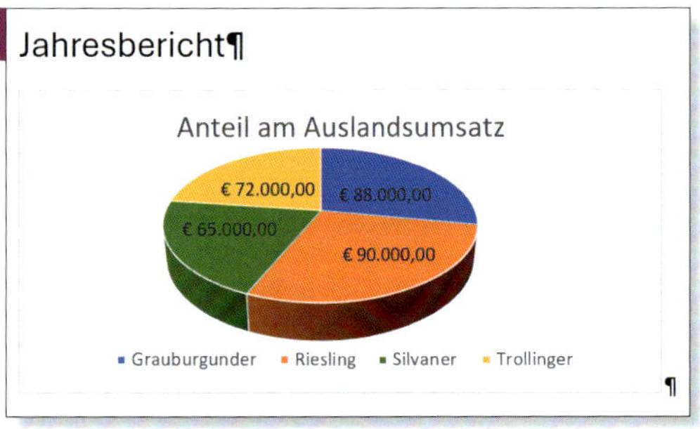

Schritt 3

Wir stellen Ihnen die wichtigsten Optionen vor. Mit **Ursprüngliche Formatierung beibehalten und Arbeitsmappe einbetten** ❶ sieht das Diagramm aus wie in Excel. Wenn Sie Daten in der Excel-Arbeitsmappe ändern, bleibt das Diagramm in Word aber unverändert.

Schritt 4

Bei **Zieldesign verwenden und Arbeitsmappe einbetten** ❷ nimmt das Diagramm die Farbgebung Ihres Word-Dokuments an. Änderungen an Daten in der Excel-Arbeitsmappe werden nicht übernommen.

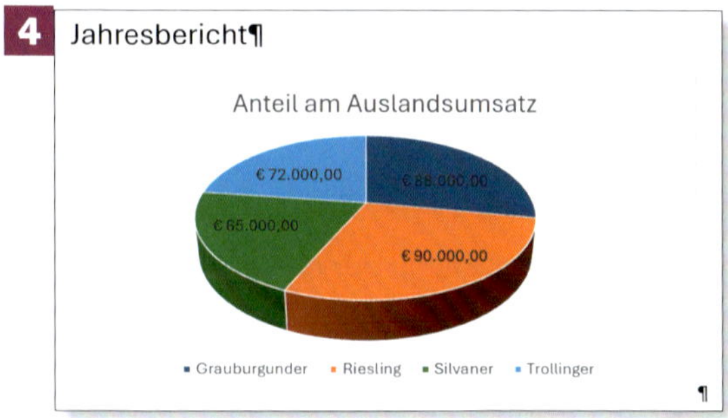

Schritt 5

Mit **Ursprüngliche Formatierung beibehalten und Daten verknüpfen** ❸ sieht das Diagramm aus wie in Excel, und die Daten werden angepasst, wenn Sie sie in der Arbeitsmappe ändern. Dies geschieht beim Öffnen des Word-Dokuments. Um eine Anpassung zu »erzwingen«, markieren Sie das Diagramm und drücken F9.

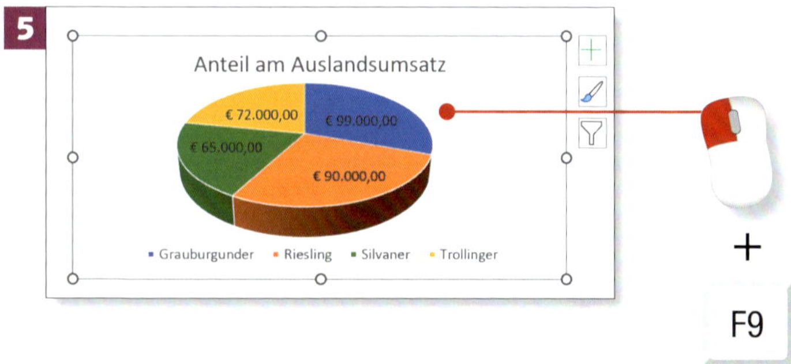

Schritt 6

Sie können das Diagramm auch als Grafik einfügen. Wählen Sie dazu die Einfügeoption **Grafik** ❹. Als Grafik lassen sich die einzelnen Diagrammelemente jedoch nicht nachbearbeiten und die Daten werden natürlich auch nicht aktualisiert.

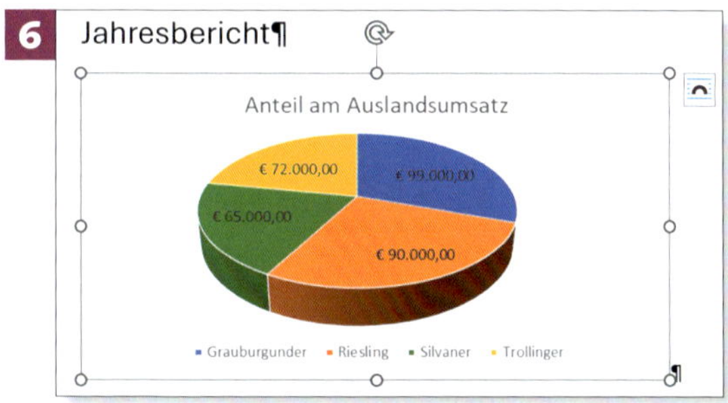

!

Verknüpfen

Achten Sie beim Verknüpfen von Informationen darauf, dass der Speicherort der Ursprungsdatei nicht verändert wird!

Links in ein Word-Dokument einfügen

1
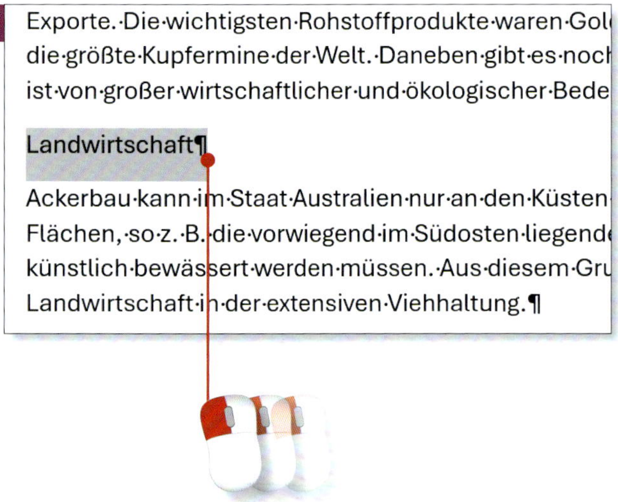

2
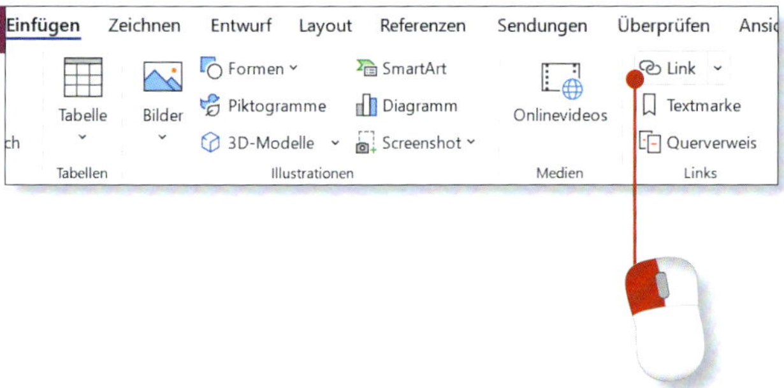

3
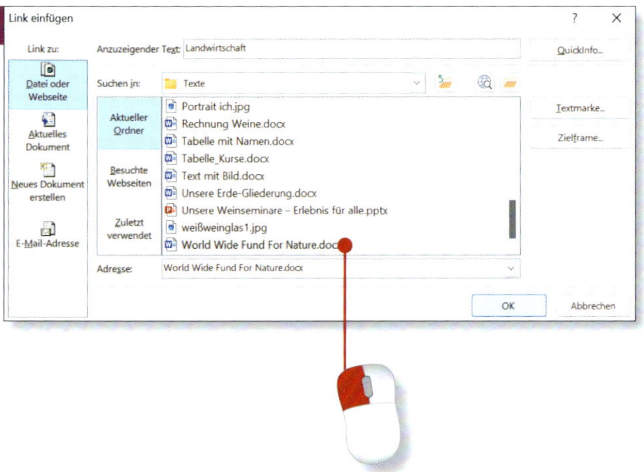

Sie alle kennen Links aus dem Internet. Sobald Sie mit der Maus auf einen Link zeigen, erscheint das berühmte Händchen. Dann klicken Sie, um zu einer anderen Stelle bzw. Website zu wandern. Solche Links können Sie auch einem Word-Dokument hinzufügen.

Schritt 1

Markieren Sie in dem geöffneten Dokument ein Wort, dem Sie einen Link hinzufügen möchten, der zu einer anderen Datei oder einer bestimmten Website führen soll.

Schritt 2

Öffnen Sie die Registerkarte **Einfügen** und klicken Sie auf die Schaltfläche **Link**. Genauso gut können Sie im Kontextmenü auf **Link** klicken.

Schritt 3

Im Dialog **Link einfügen** bestimmen Sie, wo der Link hinführen soll. Sofern sich die Zieldatei im aktuell geöffneten Ordner befindet, markieren Sie einfach diese Datei und klicken auf **OK**.

Schritt 4

Wenn sich die gesuchte Datei nicht in dem aktuellen Ordner befindet, wandern Sie über das Symbol **Einen Ordner nach oben** zum richtigen Ordner und öffnen ihn mit einem Doppelklick.

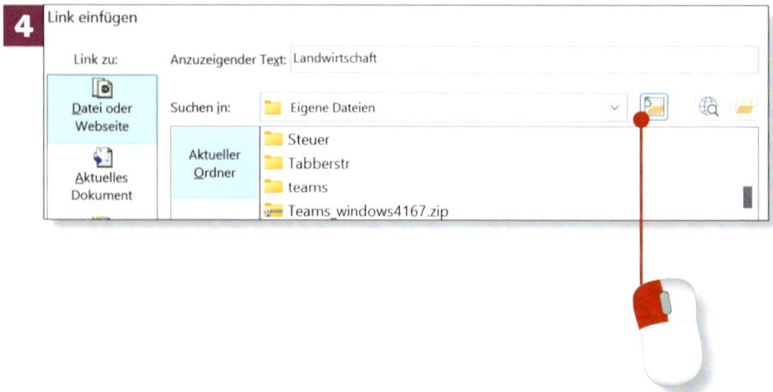

Schritt 5

Statt zu einer Datei kann ein Link auch direkt zu einer Website führen. Um als Ziel eine Website festzulegen, geben Sie die Adresse der Website in das Feld **Adresse** ein. (Oder kopieren Sie sie in der Adresszeile des Webbrowsers und fügen Sie sie hier ein.)

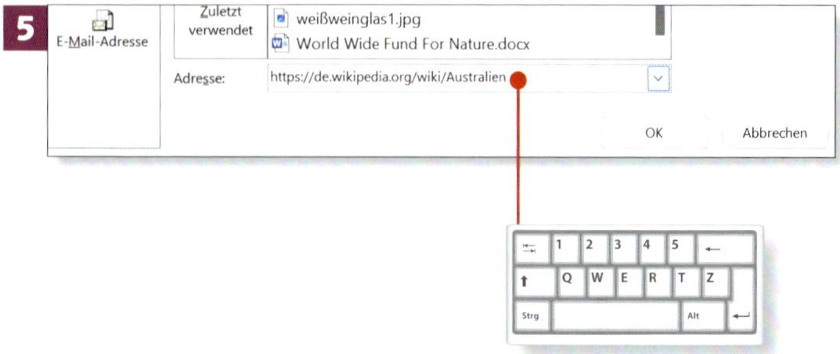

Schritt 6

Nachdem Sie den Dialog bestätigt haben, sehen Sie, dass aus dem zuvor markierten Wort ein *Link* geworden ist, zu erkennen an der bläulichen Schriftfarbe und der Unterstreichung ❶. Wenn Sie mit dem Mauszeiger auf das Wort zeigen, erscheint das berühmte Händchen. Per Klick springen Sie zum festgelegten Ziel (Datei oder Website).

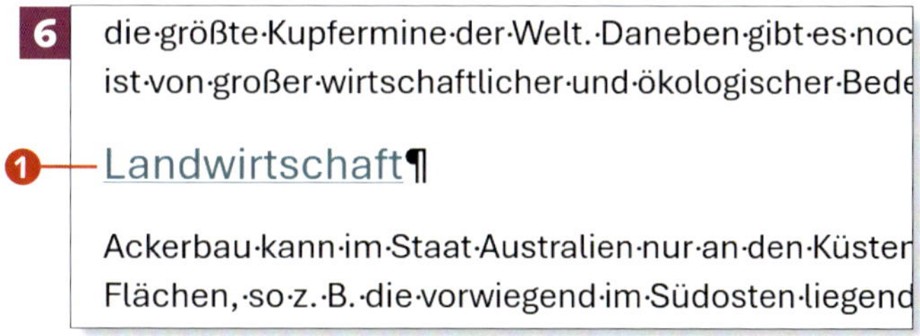

Links löschen

Sie löschen einen Link, indem Sie ihn mit der rechten Maustaste anklicken und im Kontextmenü **Link entfernen** wählen.

Kapitel 10
Verzeichnisse, Verweise und Co.

Ein Inhaltsverzeichnis, Verweise, Quellenangaben und ein Literaturverzeichnis gehören in jede seriöse wissenschaftliche Arbeit. Wie Word Sie bei diesen Aufgaben unterstützt, erfahren Sie in diesem Kapitel.

Inhaltsverzeichnis
Sofern Sie für die Überschriften in Ihrem Dokument Formatvorlagen verwendet haben, können Sie die Aufgabe, ein Inhaltsverzeichnis zu erstellen, mühelos an Word delegieren. Das geht fast per Mausklick.

Verweise und Indizes
Mit den Funktionen **Querverweis** und **Index festlegen/einfügen** bietet Word tolle Möglichkeiten, auf andere Abschnitte im Text zu verweisen und einen Index zu erstellen.

Literaturverzeichnis
Anstatt ein Literaturverzeichnis manuell zu tippen, können Sie es von Word erstellen lassen. Allerdings kommen Sie nicht umhin, die Quellenangaben zuvor sorgfältig einzutragen.

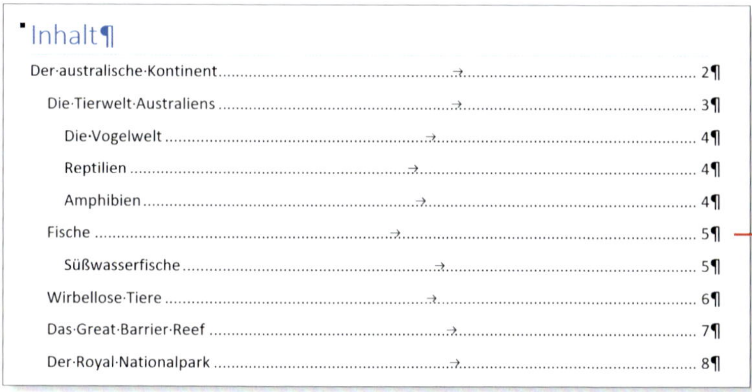

1 Haben Sie für Ihre Überschriften im Dokument Formatvorlagen genutzt, können Sie problemlos ein automatisches Inhaltsverzeichnis anlegen.

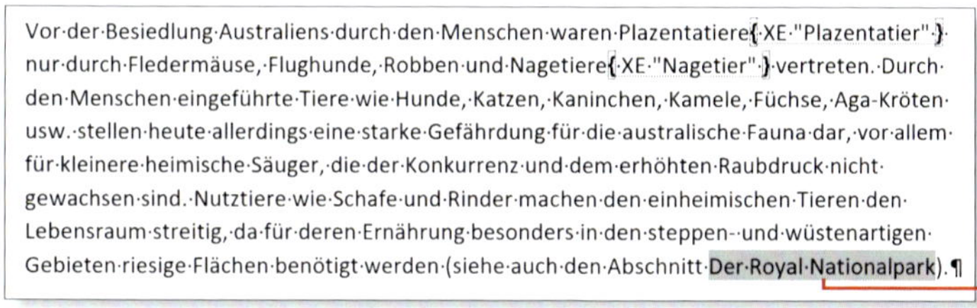

Mit Word können Sie ganz einfach auf Abschnitte im Text verweisen und einen Index erstellen. 2

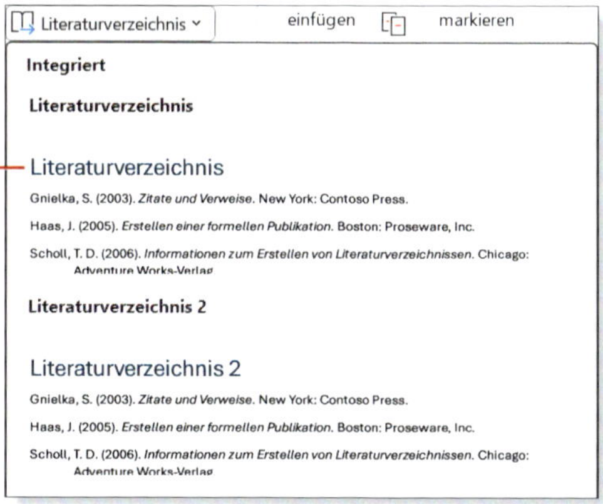

Auch für das Anlegen eines Literaturverzeichnisses hält Word komfortable Möglichkeiten bereit. 3

Ein Inhaltsverzeichnis erstellen

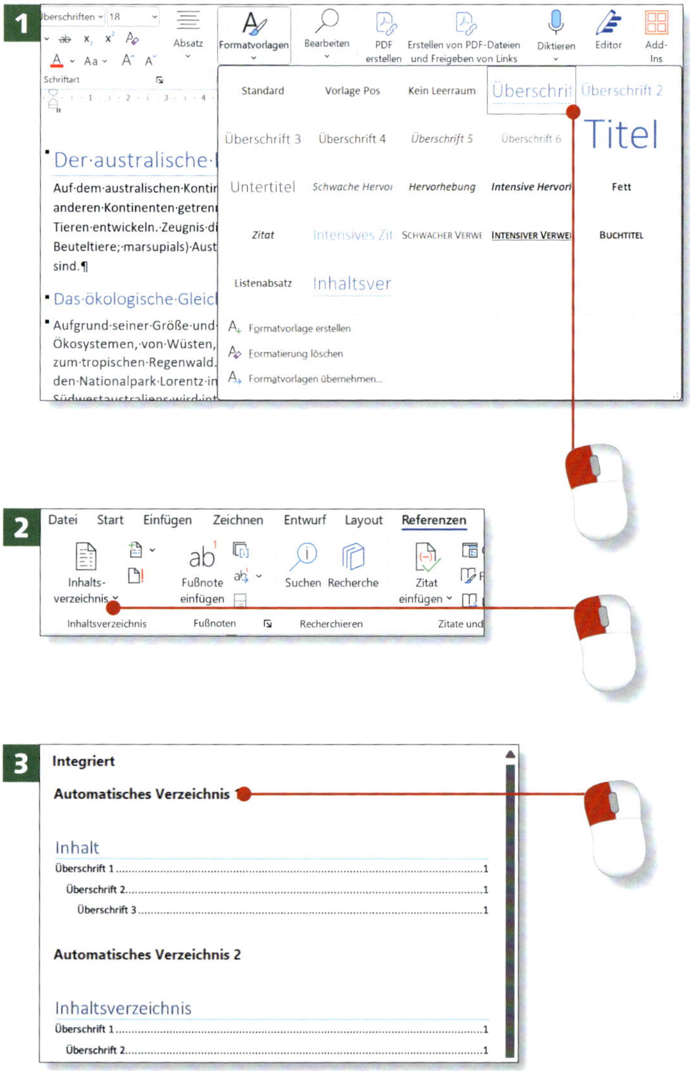

Lange Berichte, Abschlussarbeiten etc. benötigen ein Inhaltsverzeichnis. Sie müssen es aber nicht manuell tippen. Word steht Ihnen mit einer speziellen Funktion zur Seite.

Schritt 1

Damit Word ein Inhaltsverzeichnis erstellen kann, müssen die Überschriften im Dokument mit Formatvorlagen formatiert sein (mehr dazu im Abschnitt »Mit Formatvorlagen arbeiten« auf Seite 118). Wenn das noch nicht der Fall ist, müssen Sie es nachholen. Weisen Sie allen Überschriften je nach Ebene die Formatvorlage **Überschrift 1**, **Überschrift 2** etc. zu.

Schritt 2

Wenn das getan ist, setzen Sie den Cursor an den Anfang des Dokuments, also vor die erste Überschrift. Dann wechseln Sie zur Registerkarte **Referenzen**. Hier klicken Sie auf die Schaltfläche **Inhaltsverzeichnis**.

Schritt 3

Word bietet verschiedene Formate an. Für ein schlichtes Inhaltsverzeichnis klicken Sie im Menü einfach auf **Automatisches Verzeichnis 1**.

Einem Hyperlink folgen

Ob Sie einem Link mit einem Klick folgen können oder zusätzlich Strg gedrückt halten müssen, legen Sie in den Word-Optionen in der Kategorie **Erweitert ▸ Bearbeitungsoptionen** fest.

Schritt 4

Im Nu präsentiert Word das Inhaltsverzeichnis. Da es auf einer separaten Seite stehen soll, fügen Sie mit Strg + ↵ einen Seitenumbruch zwischen dem Inhaltsverzeichnis und dem Text ein.

4

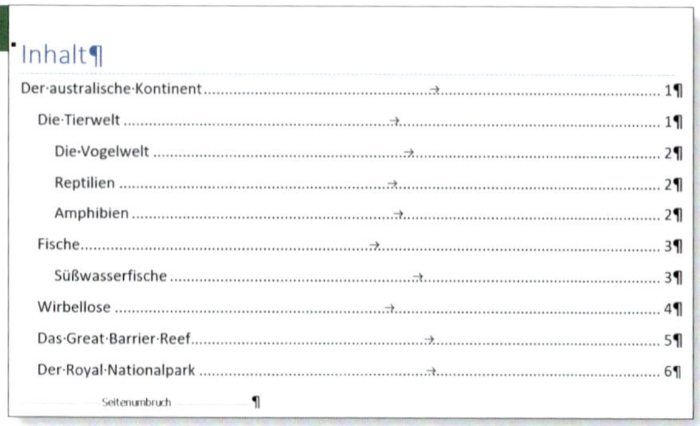

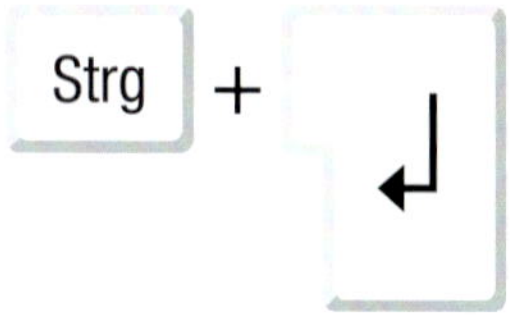

Schritt 5

Bei einem Inhaltsverzeichnis handelt es sich um ein *Feld*, also um ein Element, das aktualisiert werden kann. Das erkennen Sie u. a. an der sogenannten Feldschattierung ❶.

5

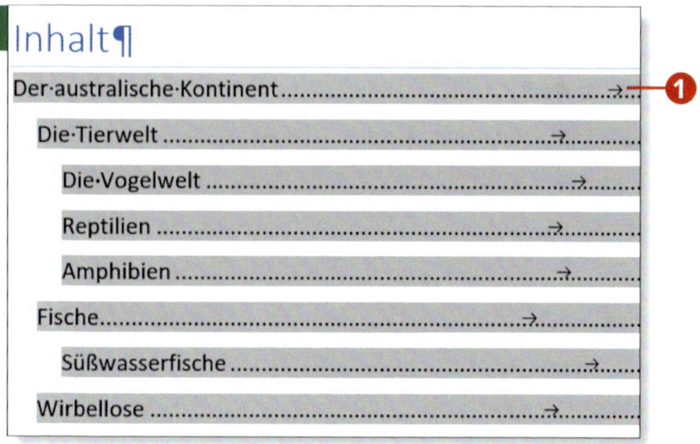

Schritt 6

Automatische Inhaltsverzeichnisse sind nicht nur praktisch, weil sie Ihnen Tipparbeit ersparen. Sie dienen auch der Navigation. Wenn Sie mit der Maus auf eine Überschrift zeigen, sehen Sie das für Links typische »Händchen« (siehe dazu auch den Kasten »Einem Hyperlink folgen« auf Seite 216). Mit einem Klick springen Sie direkt zu der Überschrift im Dokument.

6

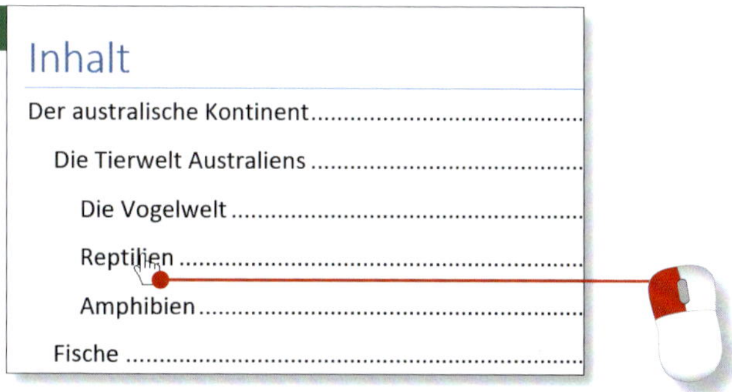

Ein Inhaltsverzeichnis erstellen (Forts.)

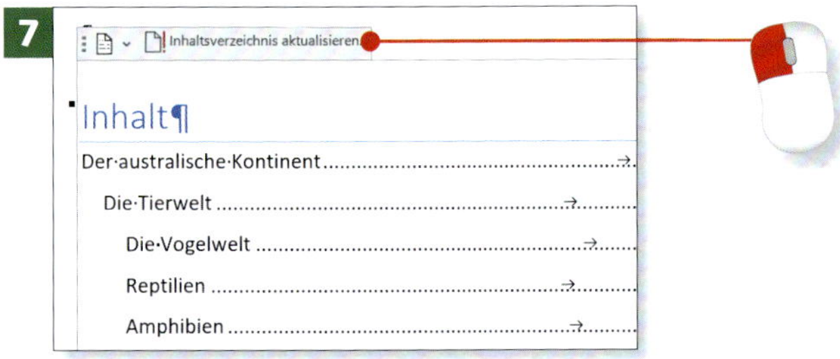

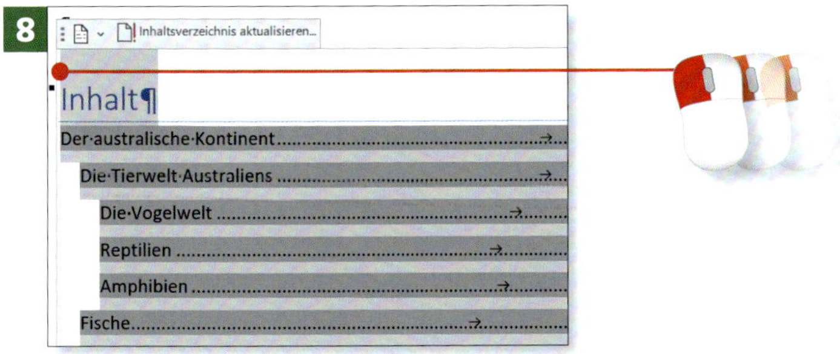

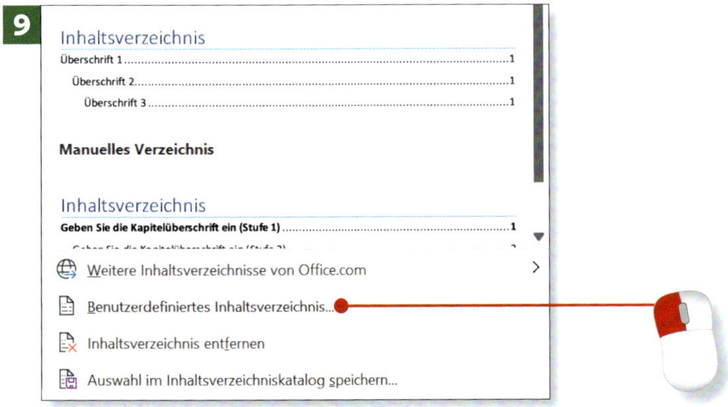

Schritt 7

Die Überschriften in einem Inhaltsverzeichnis sollen den Überschriften im Dokument entsprechen. Wenn Sie während des Schreibens Überschriften geändert haben, bietet Word die Schaltfläche **Inhaltsverzeichnis aktualisieren** oberhalb des Verzeichnisses an. (Klicken Sie das Inhaltsverzeichnis an, falls Sie die Schaltfläche nicht sehen. Aber Vorsicht, nicht auf einen Link klicken!)

Schritt 8

Nach Wunsch können Sie das Inhaltsverzeichnis manuell formatieren; dazu müssen Sie es markieren, was wegen der Links etwas knifflig ist. Am besten, Sie beginnen bei der Überschrift (»Inhalt«) und fahren mit der Maus über das Verzeichnis. Zum Formatieren nutzen Sie die üblichen Funktionen.

Schritt 9

Anstelle des bisher gezeigten einfachen Inhaltsverzeichnisses können Sie auch ein benutzerdefiniertes Inhaltsverzeichnis erstellen lassen. Dazu klicken Sie auf der Registerkarte **Referenzen** auf **Inhaltsverzeichnis ▸ Benutzerdefiniertes Inhaltsverzeichnis**.

!

Formatierungen gehen verloren

Beachten Sie, dass manuelle Formatierungen verloren gehen, wenn Sie das Inhaltsverzeichnis danach aktualisieren. Wenn Sie Ihr Inhaltsverzeichnis formatieren möchten, sollten Sie dies also ganz zuletzt machen.

Schritt 10

Der Dialog **Inhaltsverzeichnis** bietet diverse Optionen, das Layout des Inhaltsverzeichnisses festzulegen: Seitenzahlen, Füllzeichen, ein Format und die angezeigten Ebenen, die das Verzeichnis enthalten soll.

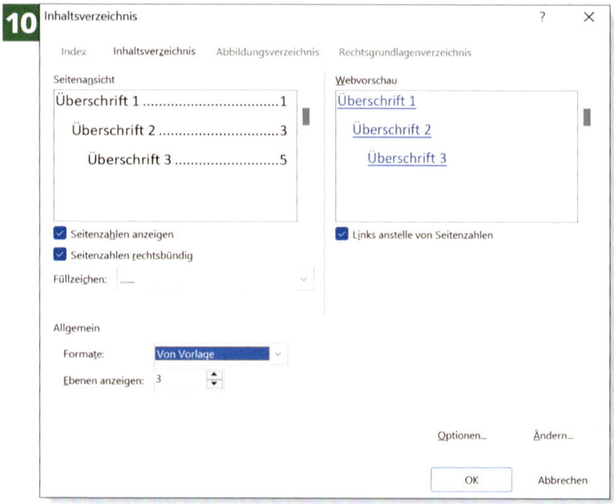

Schritt 11

Um sich ein schickes Format für das Verzeichnis auszusuchen, klicken Sie auf den Pfeil am Feld **Formate**. Wenn die Links im Verzeichnis eher störend als hilfreich sind, deaktivieren Sie die Option **Links anstelle von Seitenzahlen** ❶. Ihre Einstellungen bestätigen Sie mit **OK**.

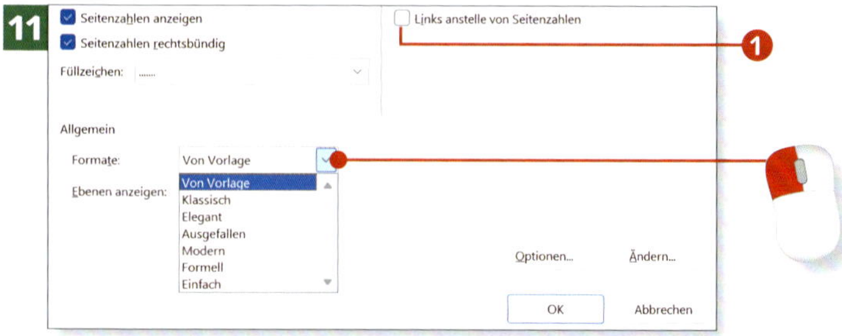

Schritt 12

Sofern Sie bereits ein Inhaltsverzeichnis eingefügt hatten, werden Sie gefragt, ob das vorhandene Verzeichnis ersetzt werden soll. Klicken Sie auf **Ja** – warum hätten Sie sich sonst die Mühe gemacht?

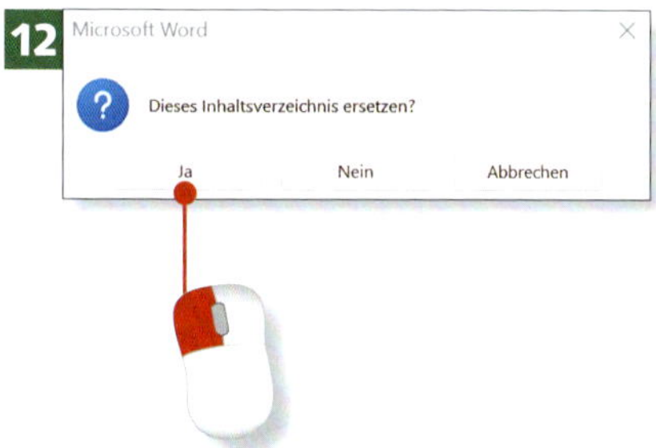

Zum Nachschlagen: Dokumente mit Index

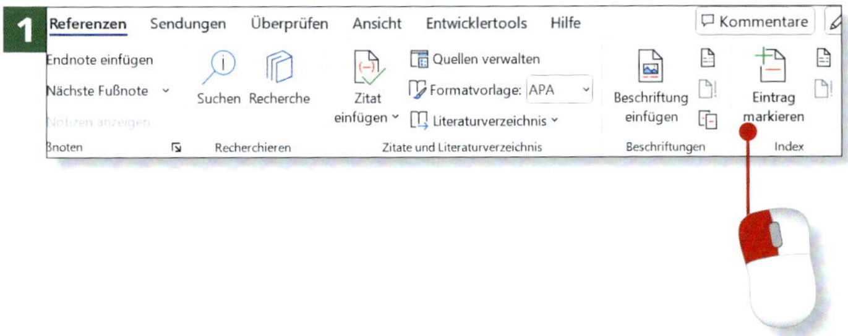

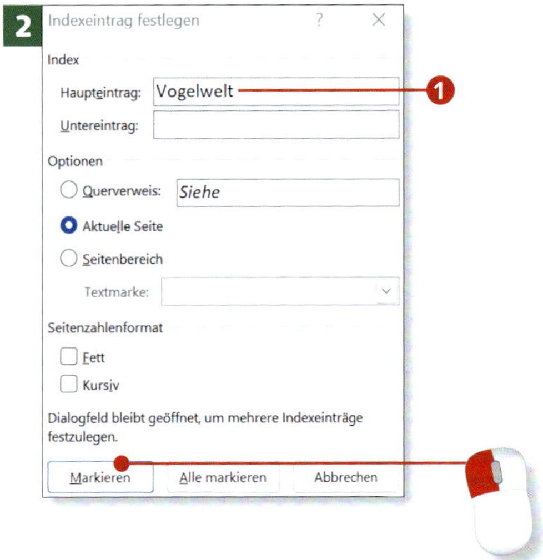

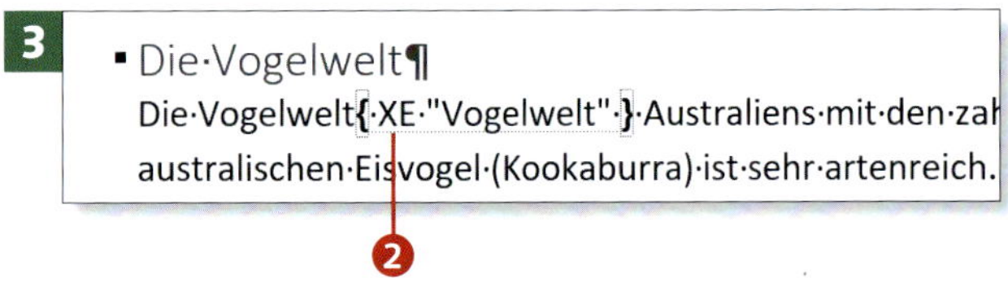

In einem Index können Sie gezielt nach Themen in einem Buch suchen und dann genau die richtige Seite aufschlagen. Das ist sehr praktisch.

Schritt 1

Am einfachsten erstellen Sie einen Index, wenn Sie Begriffe nutzen, die im Dokument vorkommen. Markieren Sie einen Begriff, den Sie in den Index aufnehmen wollen, und klicken Sie auf der Registerkarte **Referenzen** auf **Eintrag markieren**.

Schritt 2

Im Dialog **Indexeintrag festlegen** ist der markierte Begriff im Feld **Haupteintrag** bereits eingetragen ❶. Wenn Sie ihn so übernehmen möchten (Sie können anderenfalls auch den Cursor in das Feld setzen und Änderungen vornehmen), klicken Sie einfach auf **Markieren**.

Schritt 3

Damit ist der Begriff gekennzeichnet, und Word weiß, dass er in den Index aufgenommen werden soll. In Ihrem Dokument sehen Sie hinter dem Begriff den Indexeintrag in geschweiften Klammern. **XE** ❷ steht für ein Feld des Typs *Indexeintrag*.

Indexeinträge im Text sichtbar?

Die Indexeinträge im Text sehen Sie, wenn Sie die Formatierungszeichen mit der Option **Alle anzeigen** aktiviert haben (**Word-Optionen ▸ Anzeige**).

Schritt 4

Sie können einen Indexeintrag direkt im Text bearbeiten. Dazu setzen Sie den Cursor einfach in die geschweifte Klammer vor bzw. nach den Anführungszeichen und korrigieren oder ergänzen den Eintrag auf dem üblichen Weg.

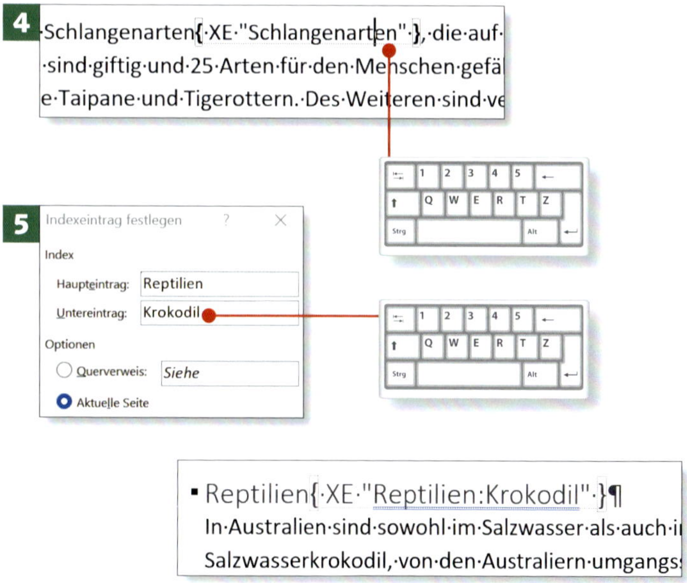

Schritt 5

Oftmals verwendet man für einen Index Haupt- und Untereinträge. Sie gehen vor, wie bisher beschrieben, geben im Dialog **Indexeintrag festlegen** aber auch einen Begriff in das Feld **Untereintrag** ein.

Schritt 6

Um aus den Indexeinträgen den Index erstellen zu lassen, setzen Sie den Cursor ans Ende des Dokuments und klicken auf der Registerkarte **Referenzen** auf **Index einfügen** ❸. Daraufhin wird der Dialog **Index** geöffnet. Darin klicken Sie einfach auf **OK**; schon wird Ihr Index erstellt.

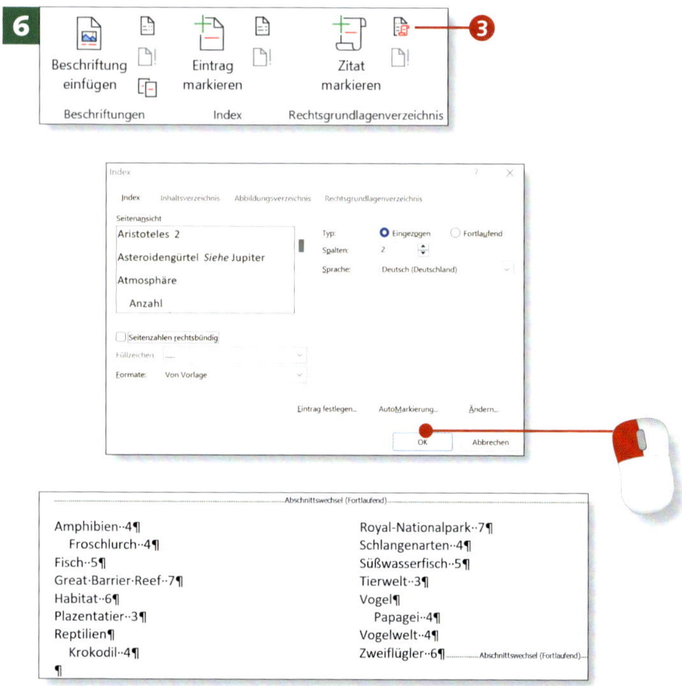

Auf Textstellen verweisen – Querverweise

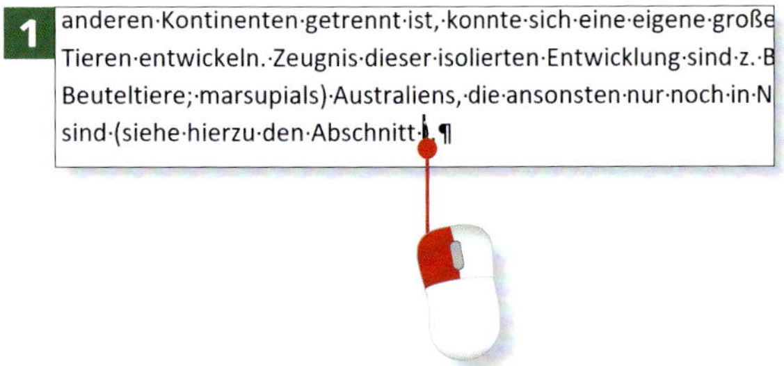

In längeren Dokumenten gibt es oft Verweise auf andere Elemente im Text, z. B. auf andere Abschnitte oder Fußnoten. Wenn Sie für solche Querverweise Word-Funktionen nutzen, stellen Sie sicher, dass der Verweis immer stimmt, auch wenn Sie Änderungen vorgenommen haben.

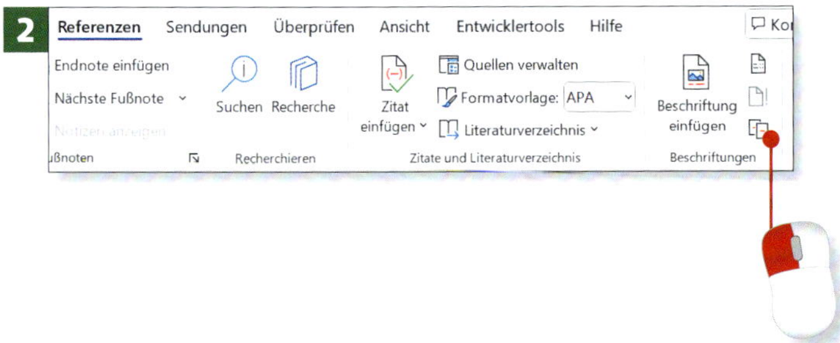

Schritt 1

Einen Querverweis einzufügen, ist einfach. Setzen Sie den Cursor an die Stelle, an der der Verweis eingefügt werden soll – oft nach einem Text wie »siehe hierzu den Abschnitt …«.

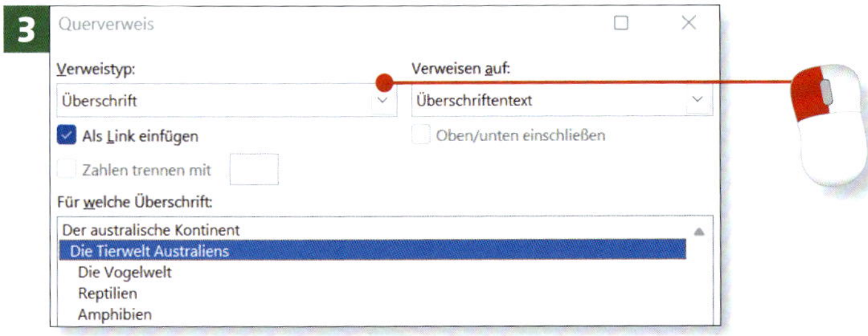

Schritt 2

Wechseln Sie zur Registerkarte **Referenzen** und klicken Sie in der Gruppe **Beschriftungen** auf **Einen Querverweis einfügen**. Dies öffnet den gleichnamigen Dialog.

Schritt 3

Hier bestimmen Sie zunächst, auf welchen Elementtyp der Querverweis hinweisen soll. Klicken Sie auf den Pfeil am Feld **Verweistyp**. Wählen Sie **Überschrift**, wenn Sie auf ein Kapitel bzw. einen Abschnitt hinweisen möchten. Nun tauchen die im Dokument vorhandenen Überschriften im unteren Bereich auf.

!

Überschriften mit Formatvorlagen

Die Überschriften der Kapitel, auf die Sie mit einem Querverweis verweisen, müssen mit Formatvorlagen wie **Überschrift 2**, **Überschrift 3** etc. formatiert sein! Manuell formatierte Überschriften tauchen in der Liste nicht auf.

Schritt 4

Bei **Verweisen auf** legen Sie fest, was im Querverweis auftauchen wird, z. B. **Überschriftentext**, **Seitenzahl** etc. Die Option **Als Link einfügen** ❶ ist standardmäßig aktiviert. (Damit wird der Querverweis als Hyperlink eingefügt, Sie springen also per Klick auf den Verweis zu der Stelle, auf die verwiesen wird.)

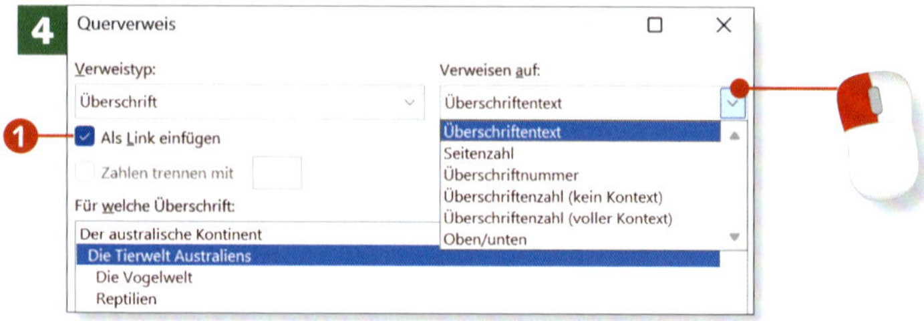

Schritt 5

Wenn Sie alle Einstellungen vorgenommen und eine Überschrift ausgewählt haben, klicken Sie auf **Einfügen** und danach auf **Schließen** ❷. Im Text sehen Sie dann den eben eingefügten Verweis auf die gewählte Überschrift.

Schritt 6

Der Vorteil dieser Querverweise ist, dass sie sich bei Änderungen aktualisieren lassen. Um die Aktualisierung gegebenenfalls manuell anzustoßen, markieren Sie den eingefügten Querverweis und klicken mit der rechten Maustaste auf ihn. Im Kontextmenü wählen Sie **Felder aktualisieren**. Alternativ drücken Sie einfach [F9].

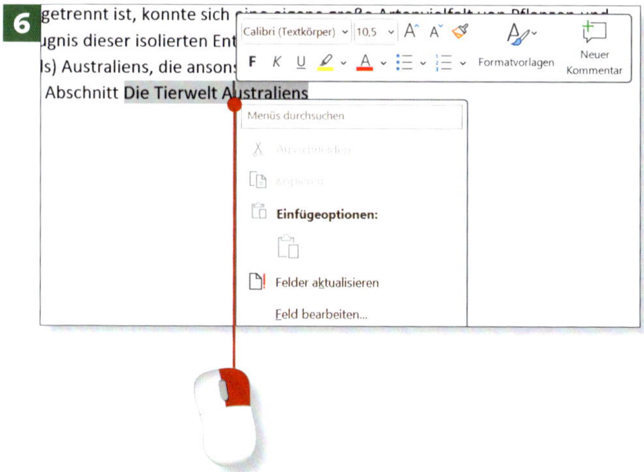

Literaturverzeichnisse nach den Regeln der Kunst

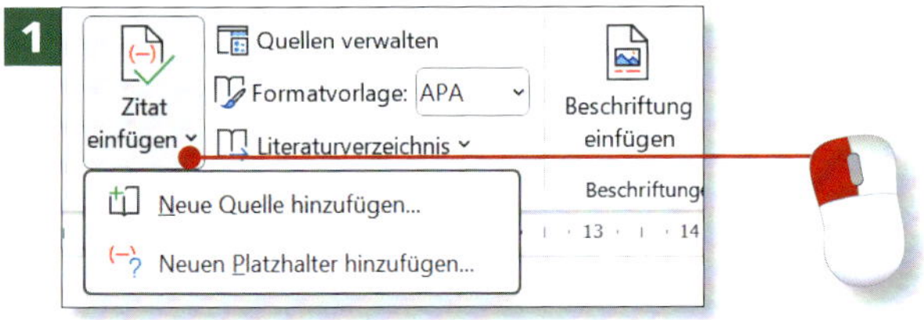

Ein Literaturverzeichnis gehört in jede wissenschaftliche Arbeit. Word hilft Ihnen dabei, ein solches Verzeichnis zu erstellen.

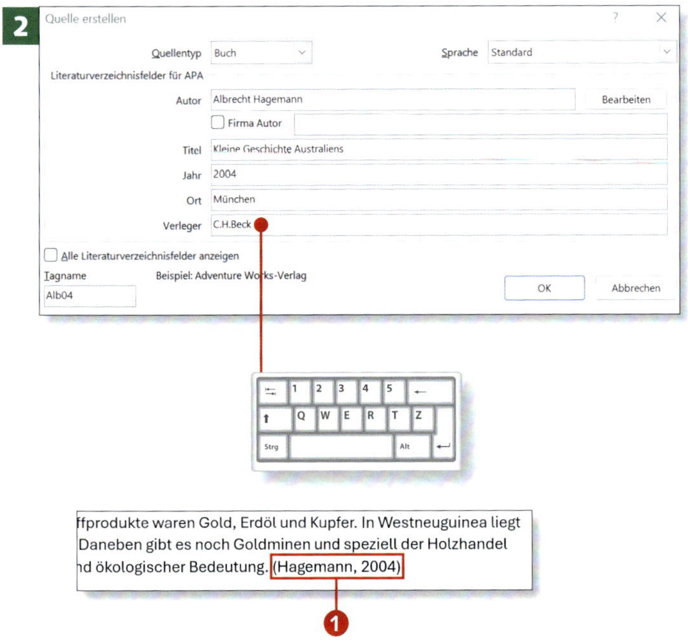

Schritt 1

Um ein Literaturverzeichnis zu erstellen, brauchen Sie entsprechende Quellenangaben. Setzen Sie den Cursor an die Stelle im Dokument, an der die Quelle erscheinen soll, und klicken Sie auf der Registerkarte **Referenzen** auf den Pfeil an der Schaltfläche **Zitat einfügen**. Im Menü wählen Sie **Neue Quelle hinzufügen**.

Schritt 2

Im Dialog **Quelle erstellen** geben Sie die Daten zu dem Literaturzitat ein und klicken abschließend auf **OK**. Die Quelle wird daraufhin automatisch in den Text eingefügt ❶.

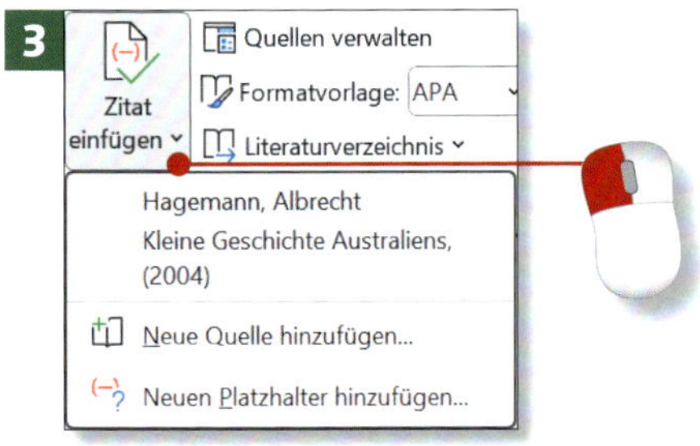

Schritt 3

Die einmal erstellte Quelle können Sie nun so oft wie nötig in das Dokument einfügen. Platzieren Sie den Cursor an die jeweilige Stelle und klicken Sie auf **Zitat einfügen**. Im Menü wählen Sie die benötigte Quellenangabe aus.

Schritt 4

Um weitere Quellenangaben zu erstellen, klicken Sie erneut auf **Zitat einfügen ▸ Neue Quelle hinzufügen** (Schritt 1). Wenn Sie für die Angaben mehr Felder benötigen, aktivieren Sie die Option **Alle Literaturverzeichnisfelder anzeigen**.

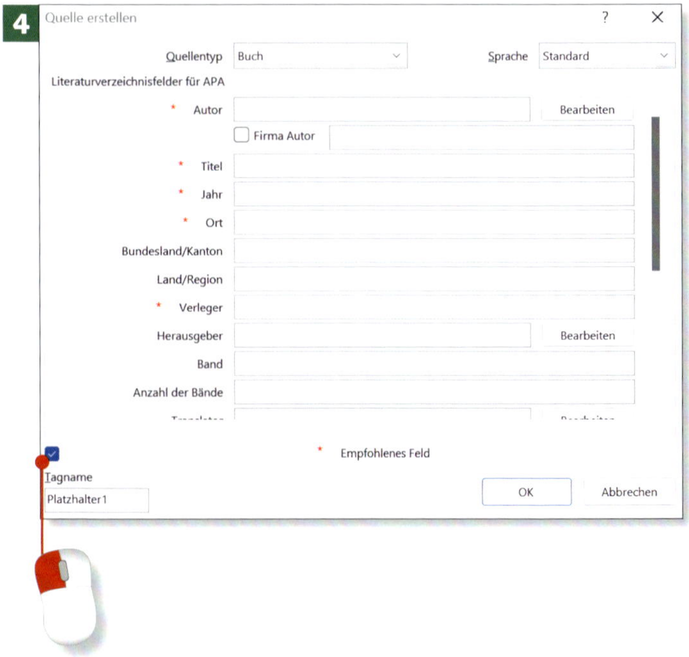

Schritt 5

Achten Sie auch auf das Feld **Quellentyp**. Im Menü dieses Feldes können Sie andere Quellen festlegen, sodass Sie die entsprechenden Felder für die Angaben erhalten, die Sie eintragen müssen.

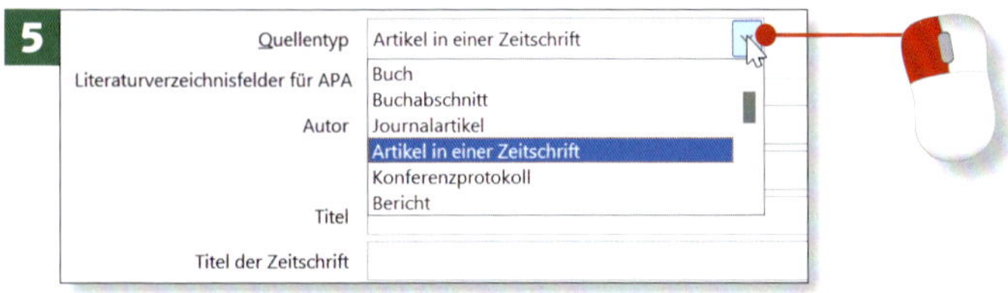

Schritt 6

Die Quellen lassen sich nachträglich bearbeiten/korrigieren. Markieren Sie die Quellenangabe im Text und klicken Sie auf den Pfeil rechts am Feld. Aus dem Menü wählen Sie **Quelle bearbeiten**. Dies öffnet den Dialog **Quelle bearbeiten**, der im Prinzip dem Dialog **Quelle erstellen** entspricht. Nehmen Sie hier nun Ihre Änderungen/Ergänzungen vor.

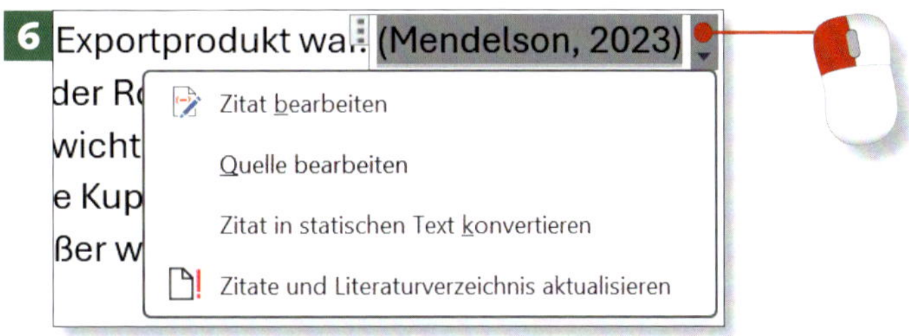

Literaturverzeichnisse (Forts.)

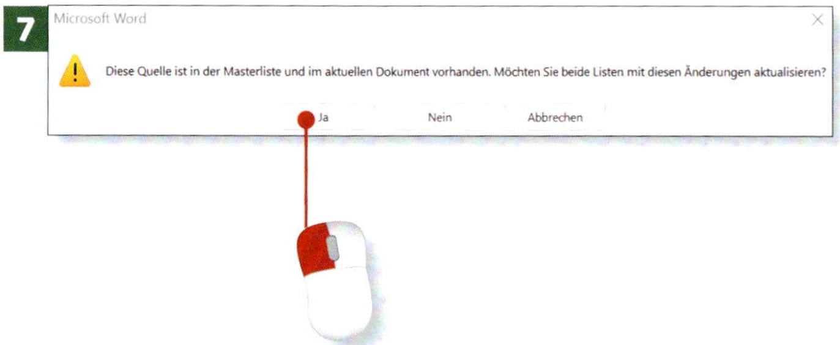

Schritt 7

Nachdem Sie auf **OK** geklickt haben, erhalten Sie einen Dialog mit der Nachfrage, ob Sie die Quelle in der Masterliste (der Liste, in der all Ihre Quellen gesammelt werden) und im aktuellen Dokument aktualisieren möchten. Klicken Sie auf **Ja**.

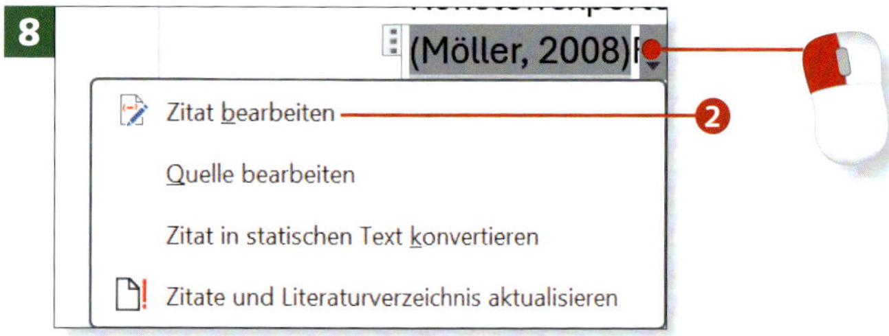

Schritt 8

Um zu beeinflussen, wie die Quellenangabe im Dokument erscheint, und der Angabe z. B. eine Seitenzahl hinzuzufügen, markieren Sie das Feld, klicken auf den Pfeil und wählen im Menü **Zitat bearbeiten** ❷.

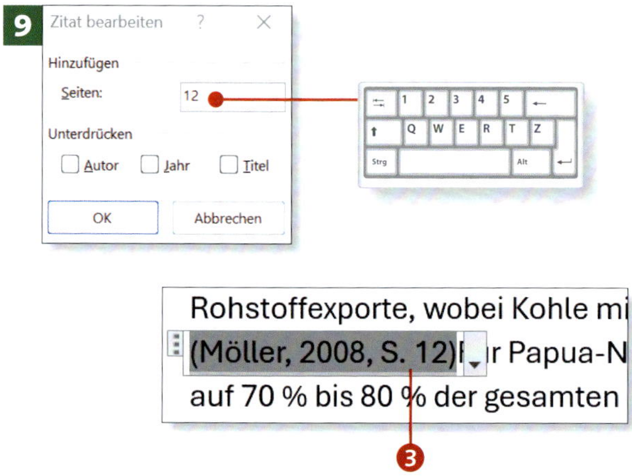

Schritt 9

Nun öffnet sich ein kleiner Dialog, über den Sie einzelne Elemente hinzufügen oder unterdrücken können. Tragen Sie die Seitenzahl ein. Im Text sehen Sie dann, dass in der Quelle auch die Seitenzahl angezeigt wird ❸.

Zitierstile

Es gibt verschiedene Zitierstile. Gängig sind u. a. APA oder die Havard-Variante. In Word ist APA voreingestellt. Sie ändern es im Feld **Formatvorlage** in der Gruppe **Zitate und Literaturverzeichnis**.

Schritt 10

Die Quellen, die Sie in Ihrer Arbeit verwendet haben, gehören in das Literaturverzeichnis. Setzen Sie den Cursor an das Ende Ihres Dokuments, und klicken Sie auf der Registerkarte **Referenzen** auf die Schaltfläche **Literaturverzeichnis**. Im Menü wählen Sie den Eintrag **Literaturverzeichnis**.

Schritt 11

Word erstellt das Verzeichnis anhand Ihrer Quellenangaben. Ähnlich wie beim Inhaltsverzeichnis (siehe dazu den Abschnitt »Ein Inhaltsverzeichnis erstellen« auf Seite 216) gibt es auch hier – wenn Sie es anklicken – oberhalb des Verzeichnisses die Schaltfläche **Zitate und Literaturverzeichnis aktualisieren**.

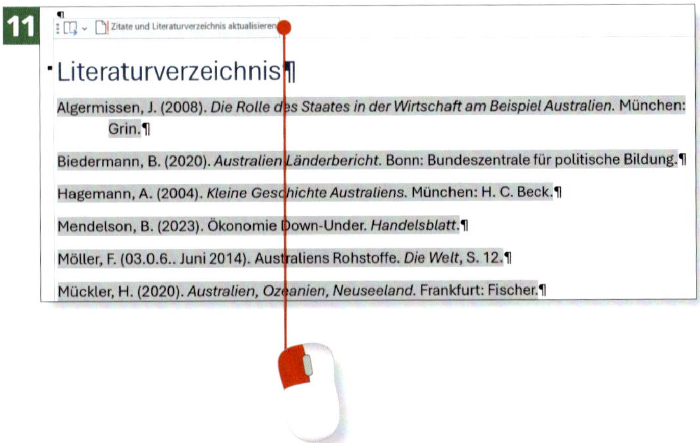

Schritt 12

Einmal erfasste Quellen können Sie in neue Dokumente übertragen. Klicken Sie auf **Quellen verwalten**, um den Dialog **Quellen-Manager** zu öffnen, und kopieren Sie die benötigten Quellenangaben dann vom linken Bereich (**Masterliste**) in den Bereich **Aktuelle Liste**.

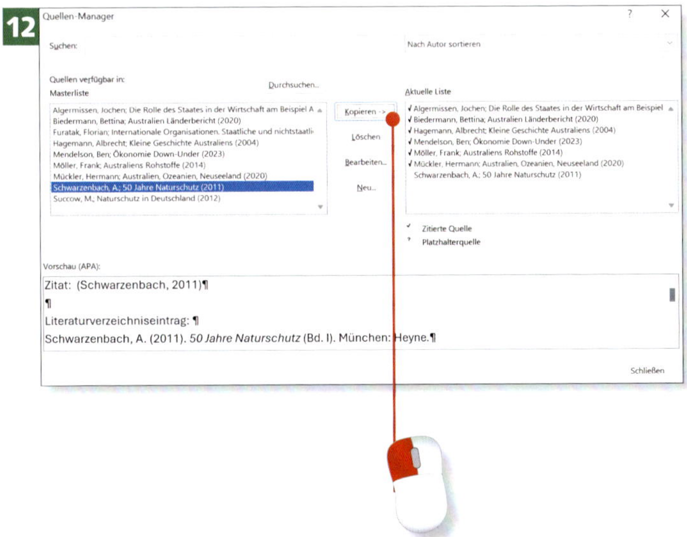

Kapitel 11
Die große Vorlagensammlung

In diesem Kapitel finden Sie Anleitungen für einige praktische Anwendungsfälle. Sicherlich ist auch für Sie ein nützliches Beispiel dabei.

Zum Mitmachen
Alle Beispiele werden Schritt für Schritt vorgestellt, sodass Sie jeden Klick und jeden Arbeitsschritt nachvollziehen können. Dabei steht es Ihnen selbstverständlich frei, eigene Ideen umzusetzen und die Vorlage nach Ihrem Geschmack umzugestalten.

Auch zum Herunterladen
Unsere Vorlagen lassen sich als Grundlage verwenden und individuell anpassen. Die fertigen Dateien stehen auf der Website *www.rheinwerk-verlag.de/6008* zum Download bereit, sodass Sie sofort loslegen können. Wenn Sie möchten, können Sie diese Vorlagen natürlich auch von Grund auf selbst einrichten.

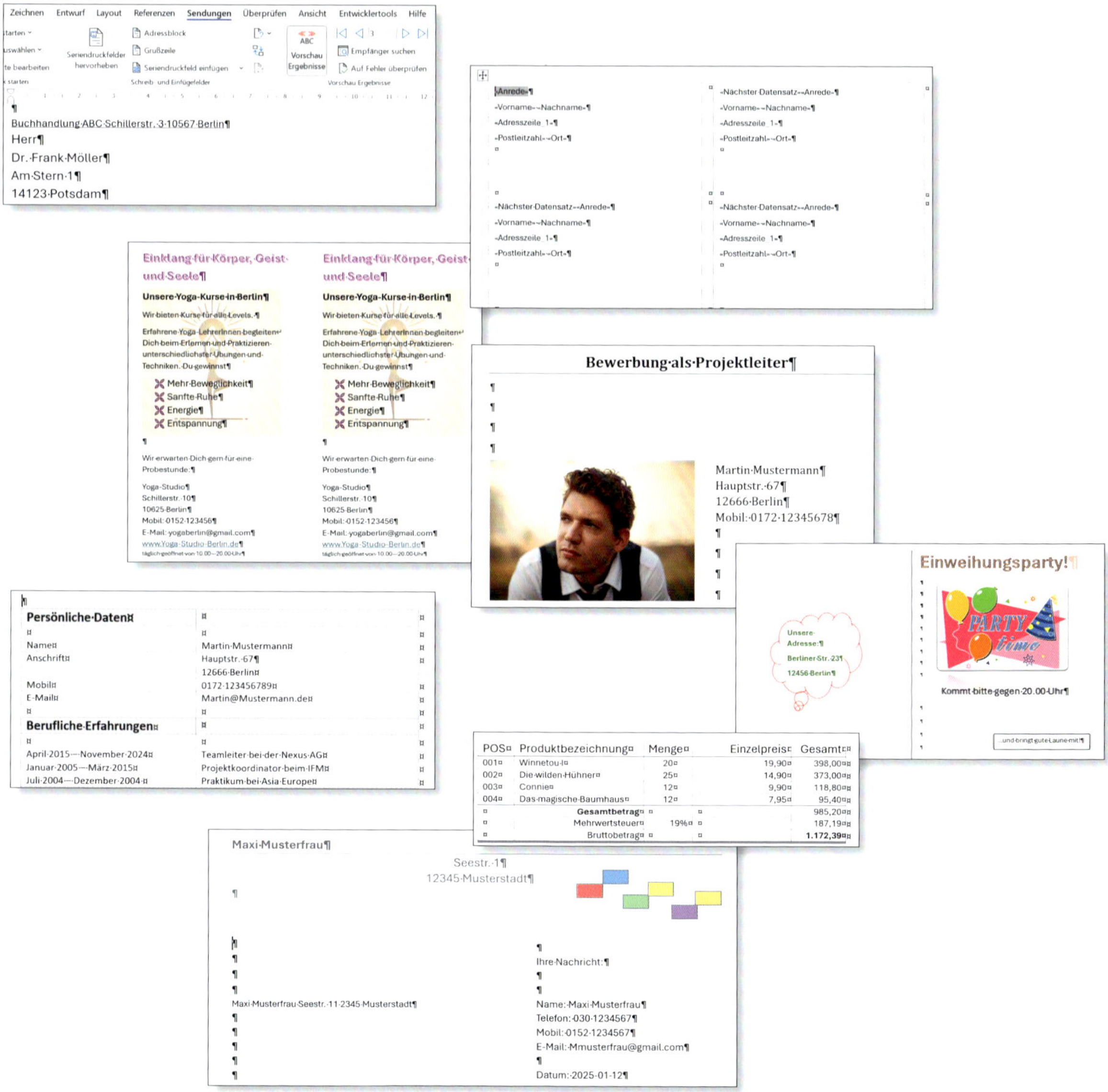
Zeichnen Entwurf Layout Referenzen Sendungen Überprüfen Ansicht Entwicklertools Hilfe
Adressblock
Grußzeile
Seriendruckfeld einfügen
Seriendruckfelder hervorheben
Vorschau Ergebnisse
Empfänger suchen
Auf Fehler überprüfen
Buchhandlung ABC Schillerstr. 3 10567 Berlin
Herr
Dr. Frank Möller
Am Stern 1
14123 Potsdam
Einklang für Körper, Geist und Seele
Unsere Yoga-Kurse in Berlin
Mehr Beweglichkeit
Sanfte Ruhe
Energie
Entspannung
Wir erwarten Dich gern für eine Probestunde:
Yoga-Studio
Schillerstr. 10
10625 Berlin
Mobil: 0152 123456
E-Mail: yogaberlin@gmail.com
www.Yoga-Studio-Berlin.de
«Anrede»
«Vorname» «Nachname»
«Adresszeile_1»
«Postleitzahl» «Ort»
«Nächster Datensatz»«Anrede»
Bewerbung als Projektleiter
Martin Mustermann
Hauptstr. 67
12666 Berlin
Mobil: 0172 12345678
Einweihungsparty!
Unsere Adresse:
Berliner Str. 23
12456 Berlin
Kommt bitte gegen 20.00 Uhr
Persönliche Daten
Name Martin Mustermann
Anschrift Hauptstr. 67 12666 Berlin
Mobil 0172 123456789
E-Mail Martin@Mustermann.de
Berufliche Erfahrungen
April 2015 – November 2024 Teamleiter bei der Nexus AG
Januar 2005 – März 2015 Projektkoordinator beim IFM
Juli 2004 – Dezember 2004 Praktikum bei Asia Europe
POS Produktbezeichnung Menge Einzelpreis Gesamt
001 Winnetou I 20 19,90 398,00
002 Die wilden Hühner 25 14,90 373,00
003 Connie 12 9,90 118,80
004 Das magische Baumhaus 12 7,95 95,40
Gesamtbetrag 985,20
Mehrwertsteuer 19% 187,19
Bruttobetrag 1.172,39
Maxi Musterfrau
Seestr. 1
12345 Musterstadt
Ihre Nachricht:
Maxi Musterfrau Seestr. 1 12345 Musterstadt
Name: Maxi Musterfrau
Telefon: 030 1234567
Mobil: 0152 1234567
E-Mail: Mmusterfrau@gmail.com
Datum: 2025-01-12

Serienbrief

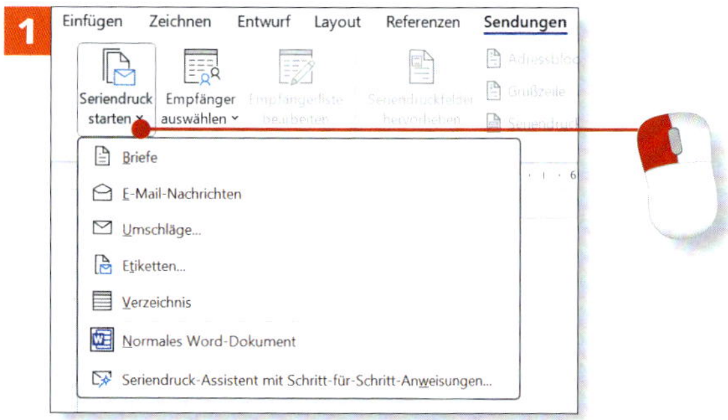

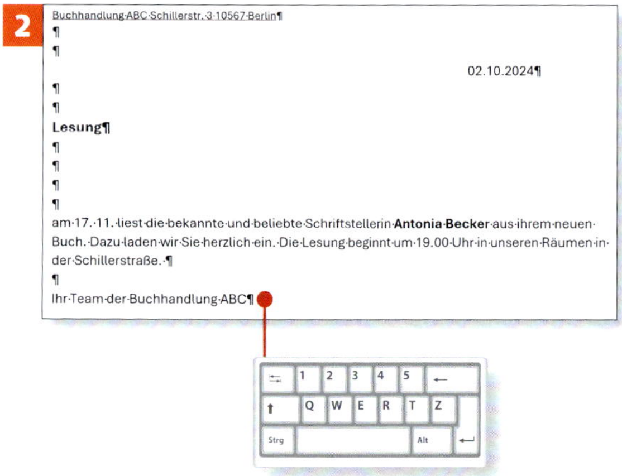

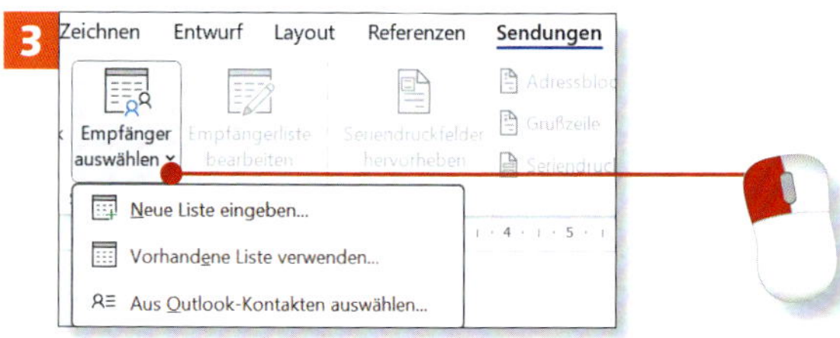

Wenn Sie den gleichen Brief an viele Empfänger schicken wollen, verwenden Sie die Seriendruckfunktion. Die variablen Elemente wie Namen und Adressen werden aus einer Datenquelle gezogen und mit dem Dokument verbunden.

Schritt 1

Sie beginnen ein Dokument, das ein Serienbrief werden soll, auf der Registerkarte **Sendungen**. Klicken Sie auf **Seriendruck starten ▸ Briefe**.

Schritt 2

In das leere Dokument (das sogenannte Hauptdokument) schreiben Sie den Text für den Serienbrief, allerdings nur den, der für alle Empfänger gilt, also keine variablen Elemente wie Namen oder Adressen. Speichern Sie das Dokument unter einem aussagekräftigen Namen.

Schritt 3

Als Nächstes klicken Sie auf **Empfänger auswählen**. Im Menü wählen Sie **Neue Liste eingeben**, da Sie noch nicht auf eine vorhandene Datenquelle zurückgreifen können.

Vorhandene Datenquelle

Gibt es bereits eine Empfängerliste, wählen Sie in Schritt 3 die Option **Vorhandene Liste verwenden**. Im Dialog **Datenquelle auswählen** öffnen Sie dann die gewünschte Datei mit den Daten.

Schritt 4

Im Dialog **Neue Adressliste** geben Sie nun die Daten des ersten Datensatzes (die Informationen für den ersten Adressaten des Briefes) in die dafür vorgesehenen Felder ein. Sie müssen nicht alle Felder füllen. Die Anrede tragen Sie in das Feld **Anrede** ein, den Straßennamen am besten in das Feld **Adresszeile 1** (da es standardmäßig kein Feld für den Straßennamen gibt).

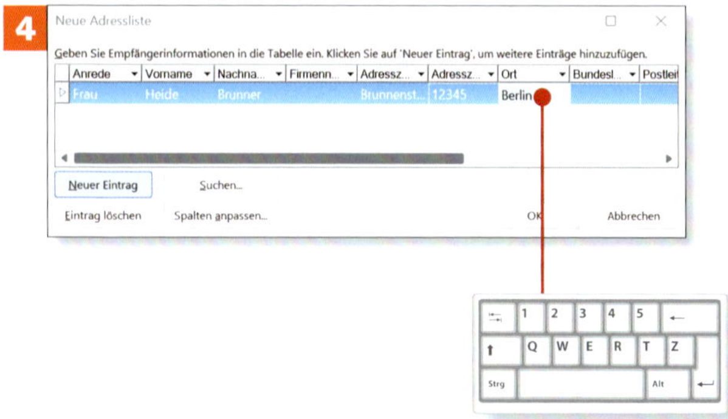

Schritt 5

Um den nächsten Datensatz einzugeben, klicken Sie auf **Neuer Eintrag**. Achten Sie darauf, dass Sie die gleichen Felder nutzen, also den Straßennamen wieder in das Feld **Adresszeile 1** eingeben. Erst wenn Sie alle Datensätze eingegeben haben, klicken Sie auf **OK**.

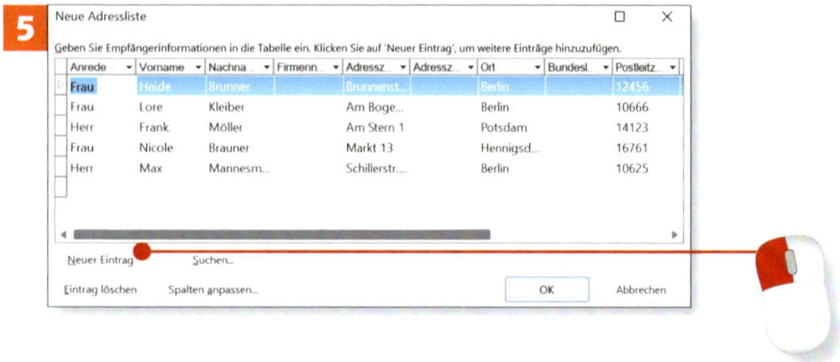

Schritt 6

Daraufhin wird der Dialog **Adressliste speichern** geöffnet, und zwar automatisch mit dem Ordner **Meine Datenquellen** ❶. Geben Sie der Adressliste einen Namen ❷, und klicken Sie auf **Speichern**.

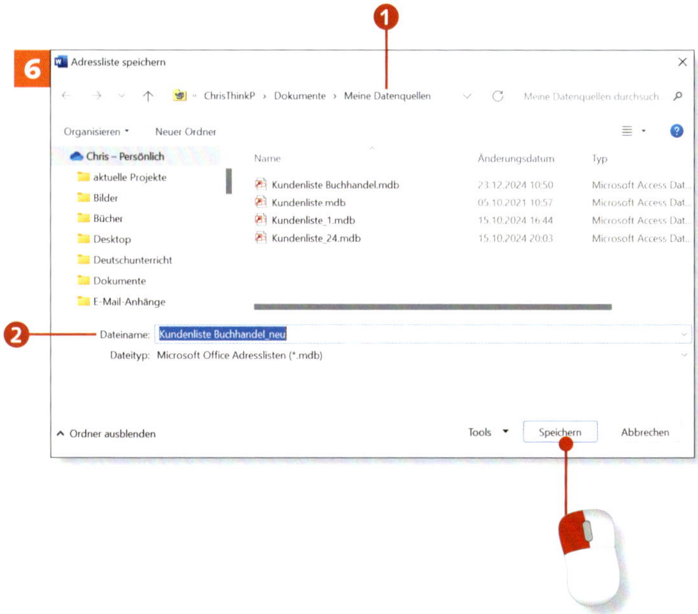

Serienbrief (Forts.)

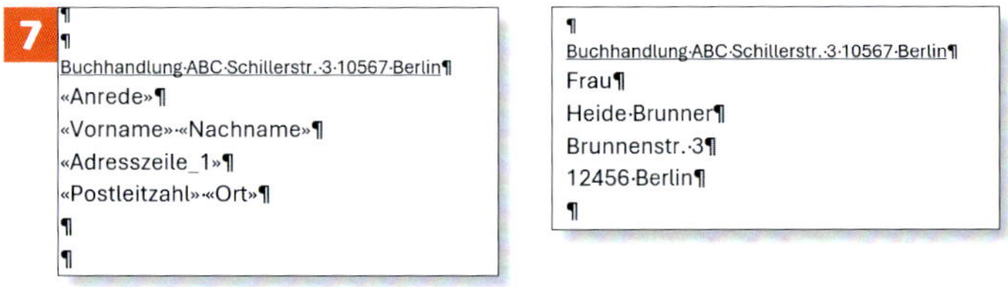

Schritt 7

Nun können Sie das Dokument um die Felder der Empfängerliste ergänzen. Diese dienen als Platzhalter und werden später durch die entsprechenden konkreten Daten ersetzt.

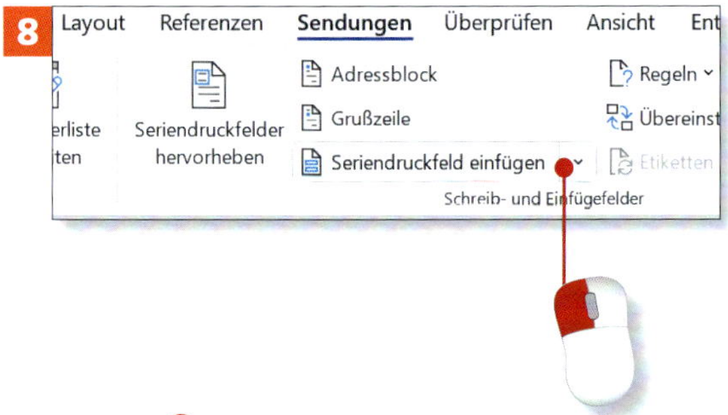

Schritt 8

Setzen Sie den Cursor in die Zeile des Dokuments, an der das Adressfeld beginnen soll. Die Felder der Empfängerliste nennt man *Seriendruckfelder*. Klicken Sie auf den Pfeil an der Schaltfläche **Seriendruckfeld einfügen**.

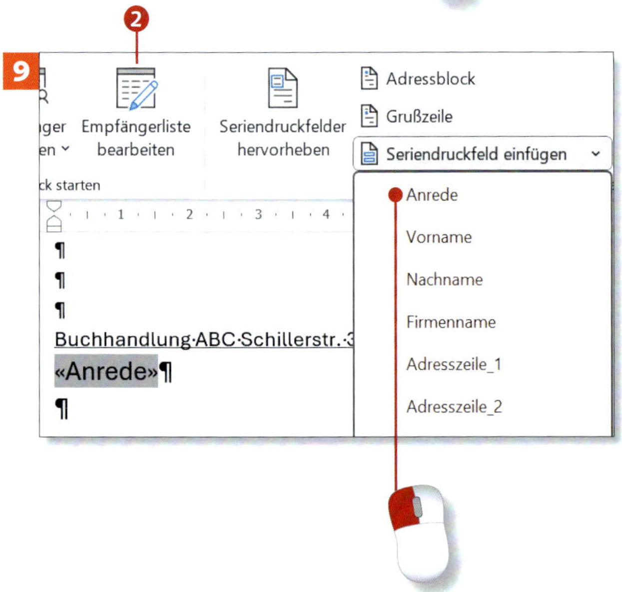

Schritt 9

Sie sehen nun die Liste mit den Feldern der Empfängerliste. Klicken Sie auf **Anrede**, um das Feld für die Anrede einzufügen. Im Text erscheint jetzt das Seriendruckfeld **«Anrede»**.

Herr oder Herrn

Obwohl die Anrede im Anschriftenblock offiziell »Herrn« heißt, wird in einer Datenquelle oft »Herr« eingegeben, da ein Feld mit »Herr« dann auch im Brieftext verwendet werden kann.

Schritt 10

Bauen Sie so das Adressfeld auf. Fügen Sie nur die Felder ein, in die Sie beim Erstellen der Empfängerliste Daten eingegeben haben, also **Anrede**, **Vorname**, **Nachname**, **Adresszeile 1** (für die Straße) etc.

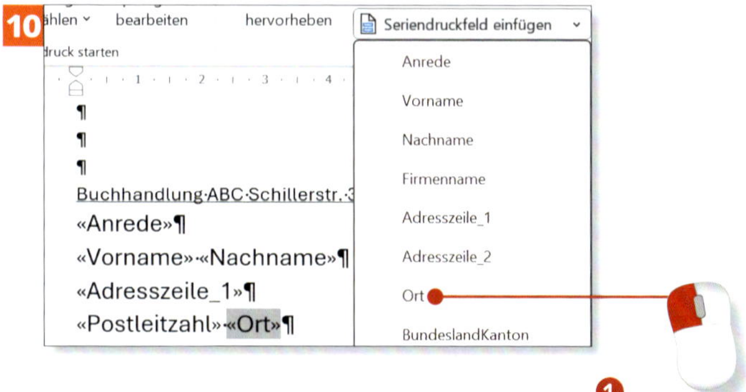

Schritt 11

Für einen ersten Eindruck blenden Sie die eingegebenen Adressdaten anstelle der Seriendruckfelder ein. Klicken Sie auf **Vorschau Ergebnisse**. Mit den Schaltflächen ❶ navigieren Sie durch die Datensätze. Per Klick auf **Vorschau Ergebnisse** schalten Sie die Vorschau wieder aus.

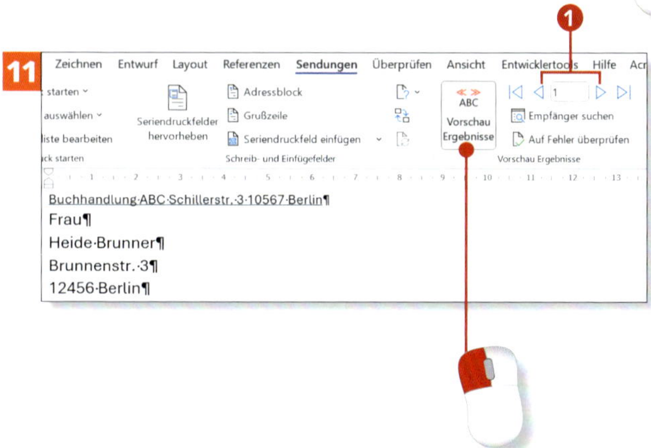

Schritt 12

Um die Empfängerliste zu bearbeiten, klicken Sie auf die Schaltfläche **Empfängerliste bearbeiten** ❷ (Schritt 9). Markieren Sie die Datenquelle ❸ und klicken Sie auf **Bearbeiten**. Im nächsten Dialog können Sie einzelne Datensätze ändern.

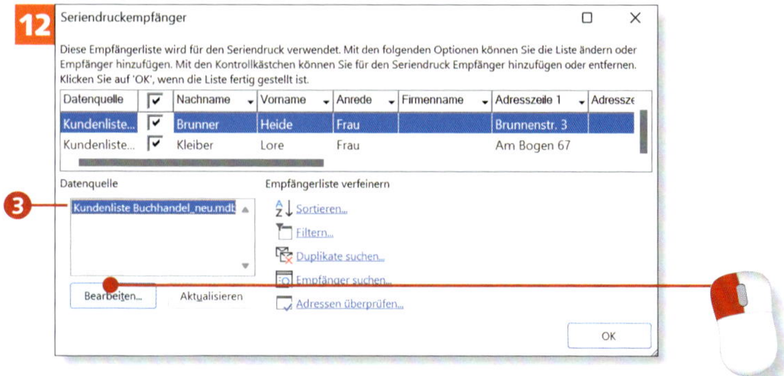

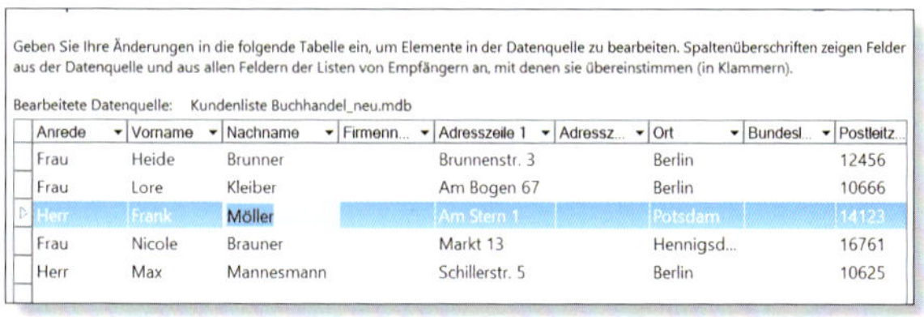

Einfügen der Seriendruckfelder

Sie können alle Felder nacheinander einfügen und sie nachträglich durch Leerzeichen/Absätze trennen, oder Sie platzieren den Cursor, klicken erneut auf **Seriendruckfeld einfügen** und wählen das nächste Feld aus.

Serienbrief (Forts.)

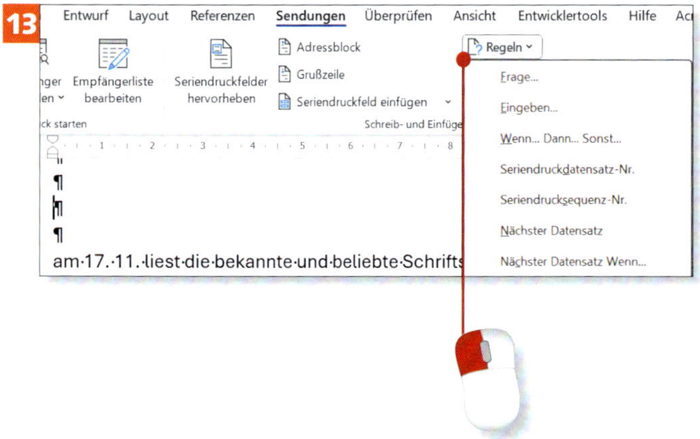

Schritt 13

Jetzt geht es um die Anredezeile, die ebenfalls individuell sein soll. Zwar bietet Word eine Grußzeile, die man einfach einfügen könnte, aber ich stelle Ihnen hier die Verwendung einer Regel vor, die Sie auch für andere individuelle Textzeilen einsetzen können. Setzen Sie den Cursor mit einer Freizeile über den Text und klicken Sie auf **Regeln**.

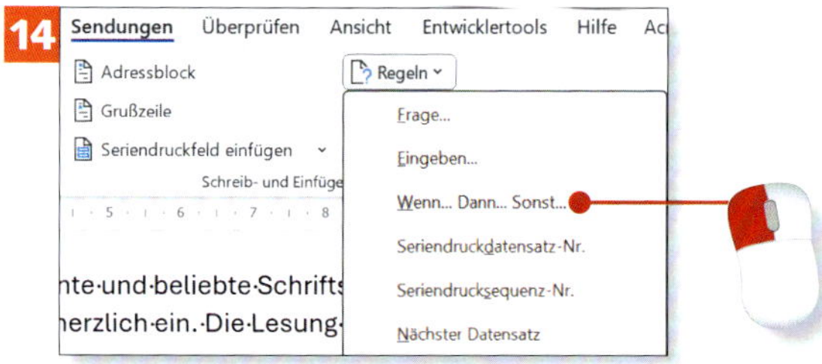

Schritt 14

Für das Zusammenstellen einer individuellen Anrede bietet sich die Regel **Wenn... Dann... Sonst...** an. Klicken Sie im Menü also auf diese Option.

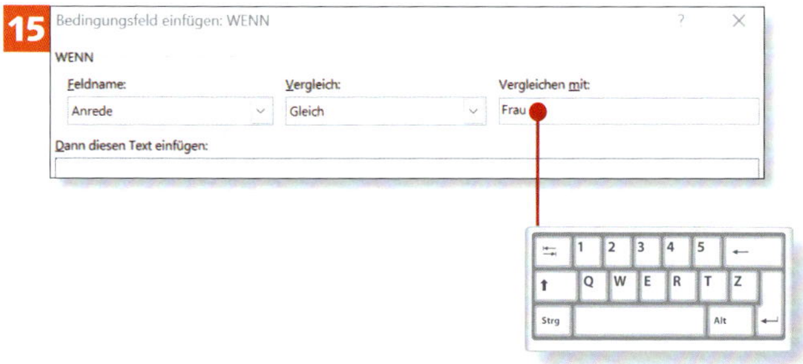

Schritt 15

Im Dialog **Bedingungsfeld einfügen: WENN** definieren Sie die Bedingung. Belassen Sie es im Feld **Feldname** bei **Anrede**. Im Feld **Vergleich** wählen Sie den Vergleichsoperator **Gleich** und im Feld **Vergleichen mit** tragen Sie »Frau« ein.

!

»Herr« oder »Frau« als »Anrede«

Die hier verwendete Bedingung funktioniert natürlich nur, wenn Sie im Feld **Anrede** der Empfängerliste nur die Anreden »Herr« und »Frau« eingegeben haben.

Schritt 16

Die Bedingung lautet im Klartext: Wenn im Feld **Anrede** das Wort »Frau« zu finden ist, soll die Anrede einen bestimmten Text haben. Wie die Anrede genau lautet, geben Sie im Feld **Dann diesen Text einfügen** an. Tragen Sie hier also z. B. »Sehr geehrte Frau« ein.

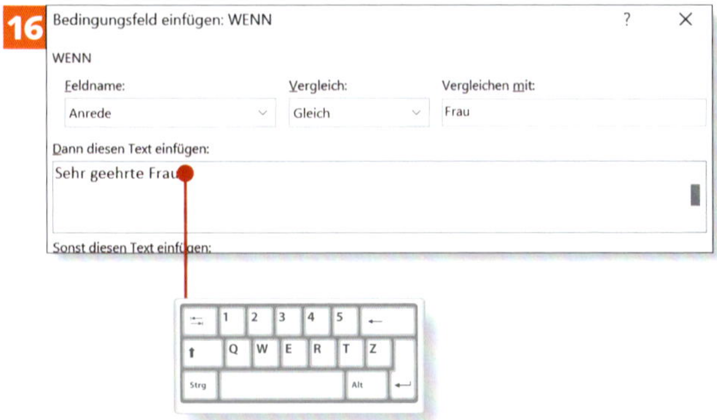

Schritt 17

In den Bereich **Sonst diesen Text einfügen** schreiben Sie die Anrede, die auftauchen soll, wenn die Bedingung *Anrede = Frau* nicht erfüllt ist, also »Sehr geehrter Herr«. Klicken Sie dann auf **OK**. Der Text des Feldes wird im Dokument angezeigt.

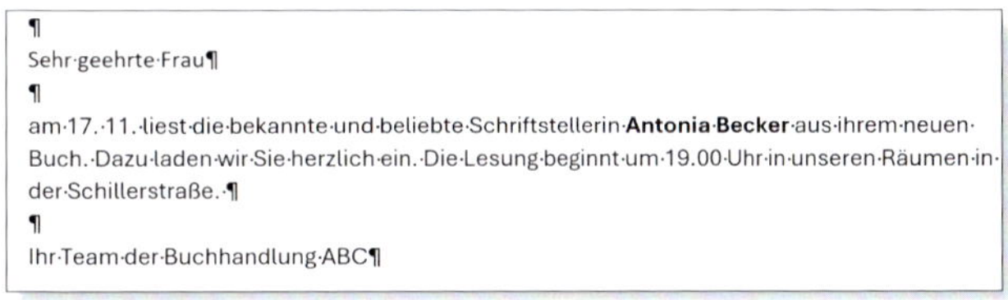
¶
Sehr·geehrte·Frau¶
¶
am·17.·11.·liest·die·bekannte·und·beliebte·Schriftstellerin·**Antonia·Becker**·aus·ihrem·neuen·Buch.·Dazu·laden·wir·Sie·herzlich·ein.·Die·Lesung·beginnt·um·19.00·Uhr·in·unseren·Räumen·in·der·Schillerstraße.·¶
¶
Ihr·Team·der·Buchhandlung·ABC¶

Schritt 18

Da in der Anredezeile erneut der Name des Empfängers auftauchen soll, brauchen Sie nach dem bisherigen Text nochmals das Seriendruckfeld **Nachname**. Klicken Sie also auf **Seriendruckfeld einfügen ▸ Nachname**. Setzen Sie hier auch gleich das benötigte Komma.

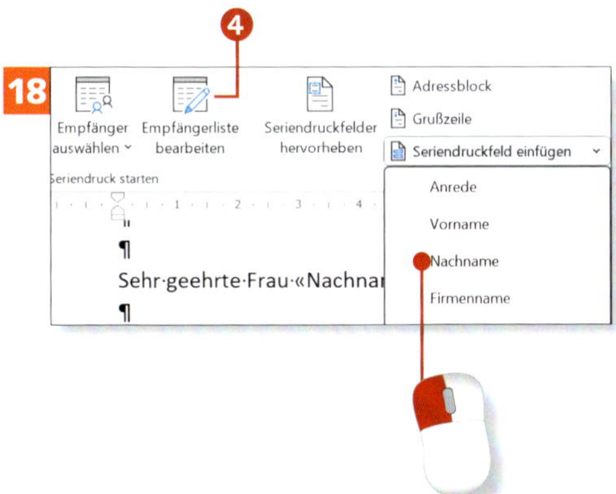

Grußzeile

Für eine »fertige« Grußzeile mit dem Format »Sehr geehrte(r) «Nachname»« klicken Sie auf der Registerkarte **Sendungen** auf **Grußzeile**.

Serienbrief (Forts.)

19

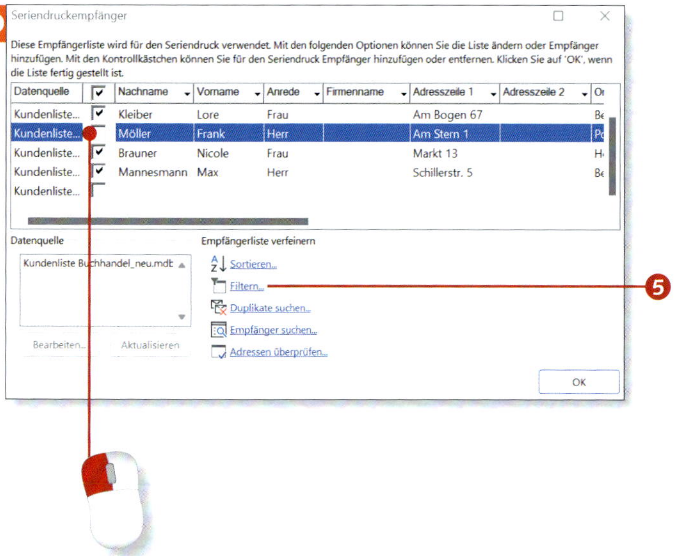

20

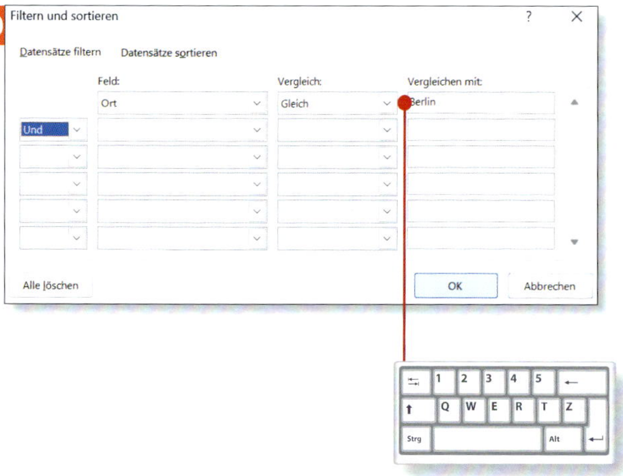

21

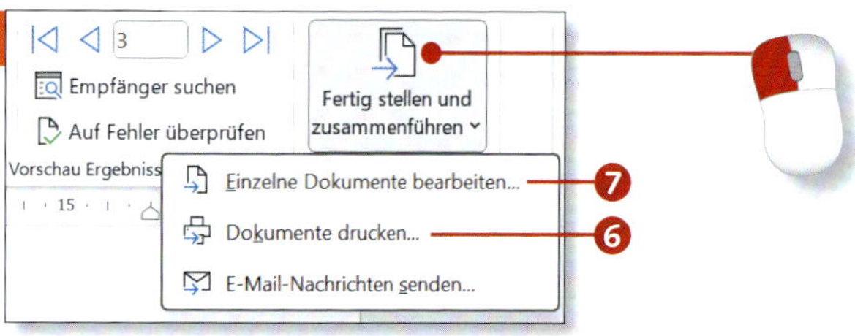

Schritt 19

Gibt es in der Adressliste Empfänger, die diesen Brief nicht erhalten sollen, streichen Sie sie kurzfristig aus der Liste. Klicken Sie auf **Empfängerliste bearbeiten** ❹ (siehe Schritt 18) und entfernen Sie im zugehörigen Dialog das Häkchen vor dem entsprechenden Namen.

Schritt 20

Um für die Briefempfänger einen Filter anzuwenden, klicken Sie im Dialog **Seriendruckempfänger** auf **Filtern** ❺. Ähnlich wie bei der »Wenn...Dann...Sonst«-Bedingung aus Schritt 14 legen Sie in den drei Feldern die Bedingungen fest. (Mit dem Filter hier in der Abbildung würden nur die Berliner Kunden die Einladung erhalten.)

Schritt 21

Wenn alles so weit vorbereitet ist, können Sie den Seriendruck abschließen und die Datenquelle mit dem Dokument verbinden. Klicken Sie auf den Pfeil an der Schaltfläche **Fertig stellen und zusammenführen**.

Schritt 22

Das Menü bietet drei Optionen. Wenn Sie keine weiteren Korrekturen vornehmen möchten, wählen Sie **Dokumente drucken** ❻. Im nächsten Dialog aktivieren Sie **Alle** und klicken auf **OK**. Anschließend öffnet sich der Drucken-Dialog.

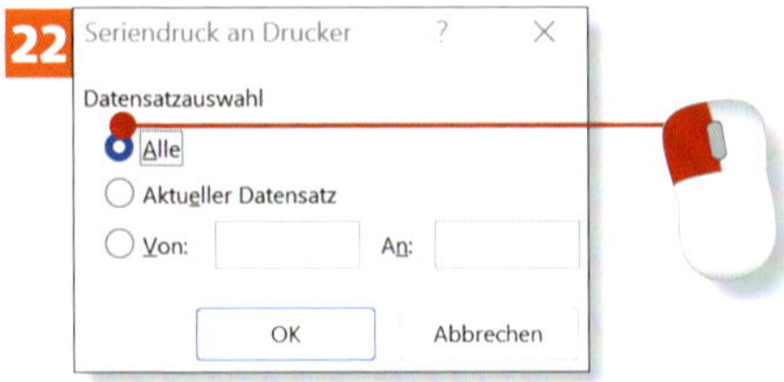

Schritt 23

Sollen die Briefe am Bildschirm angezeigt werden, wählen Sie die Option **Einzelne Dokumente bearbeiten** ❼. Nun wird eine neue Datei präsentiert, die die Briefe getrennt durch Abschnitte enthält. Sie können hier einzelne Briefe korrigieren, bevor Sie sie zum Drucker schicken.

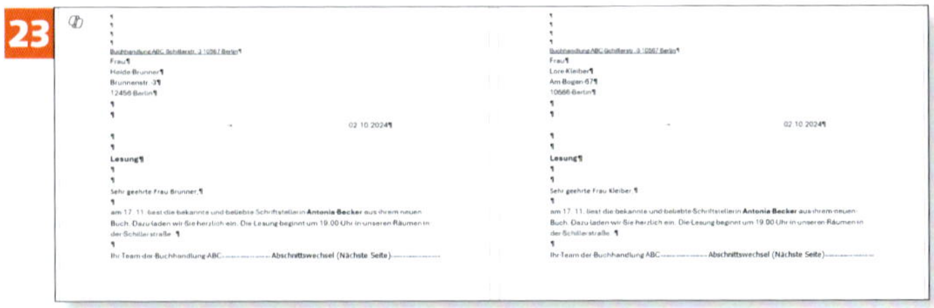

Schritt 24

Grundsätzliche Veränderungen am Text nehmen Sie stets im Hauptdokument vor ❽. (Schließen Sie also gegebenenfalls die Datei mit den »fertigen« Briefen, ohne sie zu speichern). Nach den Korrekturen klicken Sie wieder auf **Fertig stellen und zusammenführen** und auf eine der Optionen.

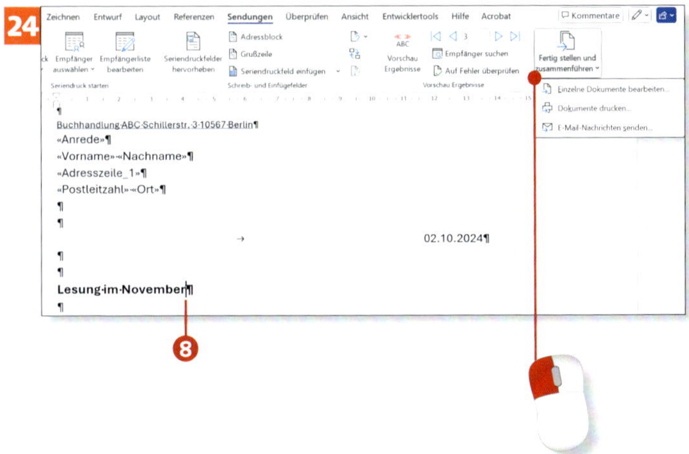

Filter löschen

Sofern Sie die Empfängerliste nach Kriterien gefiltert haben, müssen Sie daran denken, den Filter wieder zu löschen, wenn der Brief an alle verschickt werden soll (**Alle löschen** im Dialog **Filtern und Sortieren**).

Serienbrief (Forts.)

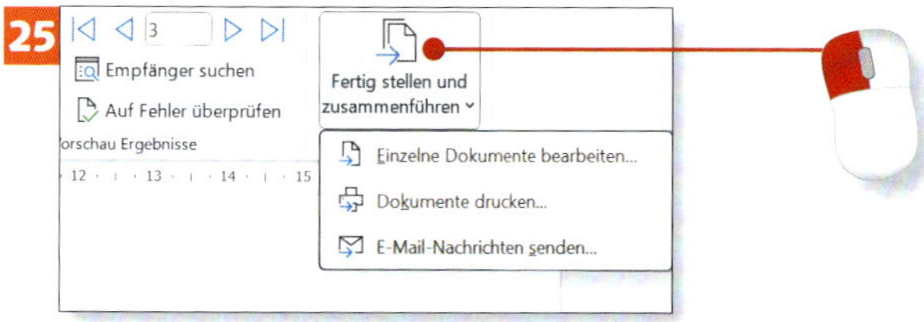

Schritt 25

Die Option **E-Mail-Nachrichten senden** im Menü **Fertig stellen und zusammenführen** ist heutzutage besonders relevant. Wie zu erwarten, versenden Sie Ihre Briefe damit einfach per Mail.

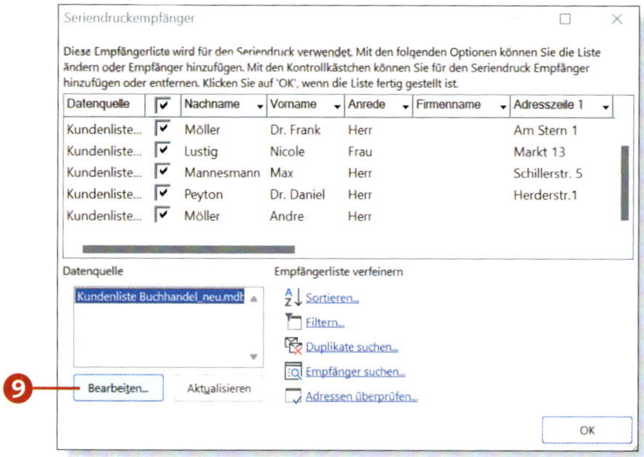

Schritt 26

Damit dies klappt, muss in den einzelnen Datensätzen naturgemäß eine E-Mail-Adresse eingetragen sein. Falls Sie dies nachholen möchten, klicken Sie auf **Empfängerliste bearbeiten**. Im nächsten Dialog markieren Sie den Dateinamen der Datenquelle und klicken auf **Bearbeiten** ❾.

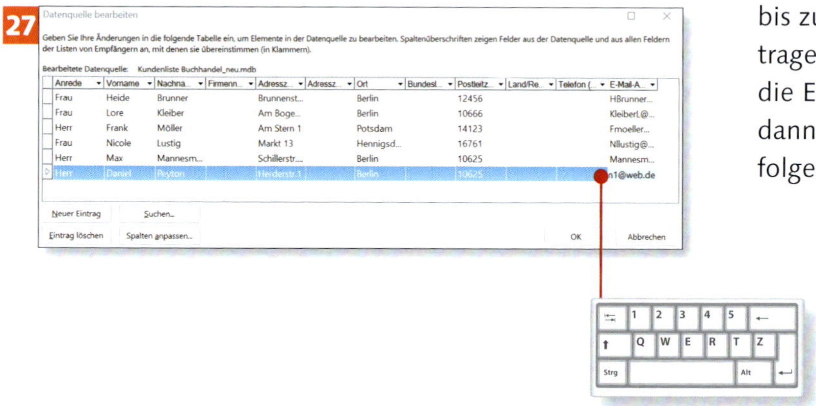

Schritt 27

Im Dialog **Datenquelle bearbeiten** wandern Sie ganz nach rechts bis zum Feld **E-Mail-Adresse**. Hier tragen Sie nun für jeden Datensatz die E-Mail-Adresse ein. Klicken Sie dann auf **OK** und bestätigen Sie den folgenden Dialog.

Schritt 28

In einem Serienbrief, der per Mail verschickt werden soll, muss es die Seriendruckfelder für die Anschrift nicht geben. Löschen Sie sie also einfach aus dem Hauptdokument (oder fügen Sie sie gar nicht erst ein). Auch einen Absender und einen »Betreff« brauchen Sie in diesem Dokument nicht.

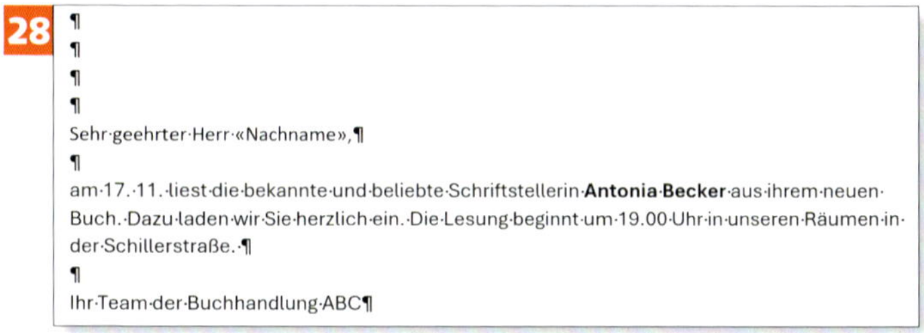

Schritt 29

Zum Zusammenführen und Versenden klicken Sie nun auf **E-Mail-Nachrichten senden** im Menü **Fertig stellen und zusammenführen**. Im Dialog **Seriendruck in E-Mail** geben Sie noch einen Betreff für die Mails ein und klicken dann auf **OK**.

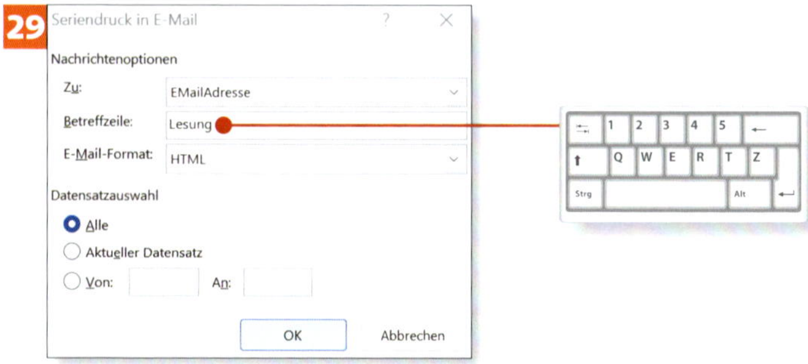

Schritt 30

Die Briefe werden nun mit Ihrem Mailprogramm (Outlook) verschickt, und alle Empfänger mit einer gültigen Mail-Adresse erhalten die Mail. Wenn es nicht geklappt hat, erhalten Sie eine entsprechende Meldung ⑩ in Ihrem Posteingang. Überprüfen Sie dann die Mail-Adresse in der Datenquelle.

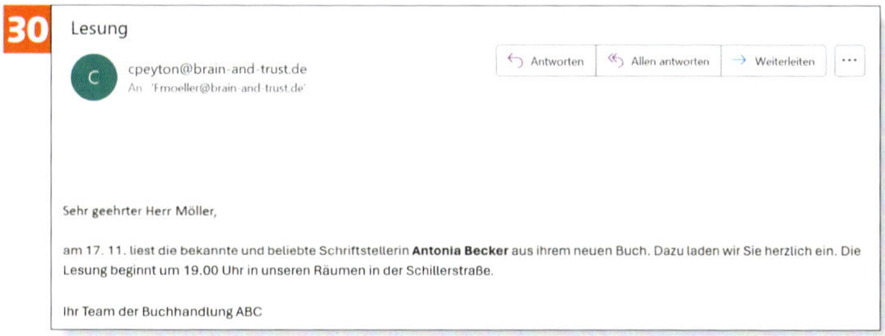

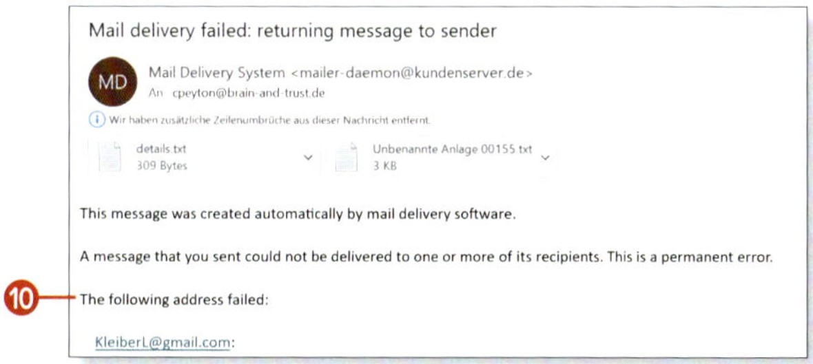

Brief nach DIN 5008 – Form A

Damit Briefe professionell wirken und sie in Fensterbriefhüllen passen, orientieren Sie sich an den Empfehlungen der DIN 5008. Hier geht es um die Form A für DIN-lang-Umschläge mit Fenster.

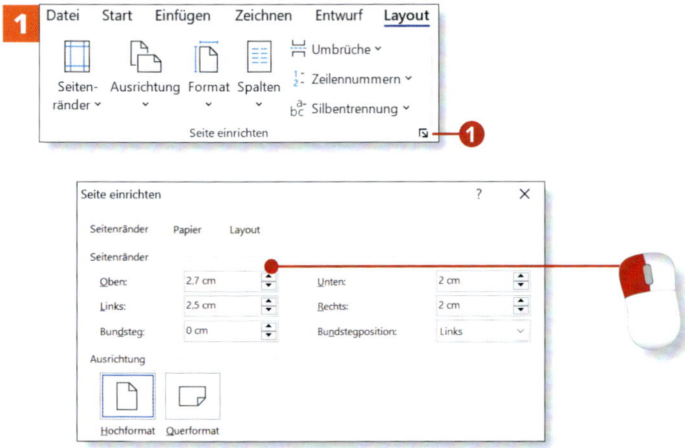

Schritt 1

Stellen Sie zuerst die Seitenränder ein. Klicken Sie auf der Registerkarte **Layout** auf den Pfeil an der Gruppe **Seite einrichten** ❶. Stellen Sie die Seitenränder ein: Für den oberen Rand 2,7 cm und als linken Rand 2,5 cm, rechts und unten 2 cm. Klicken Sie dann auf **OK**.

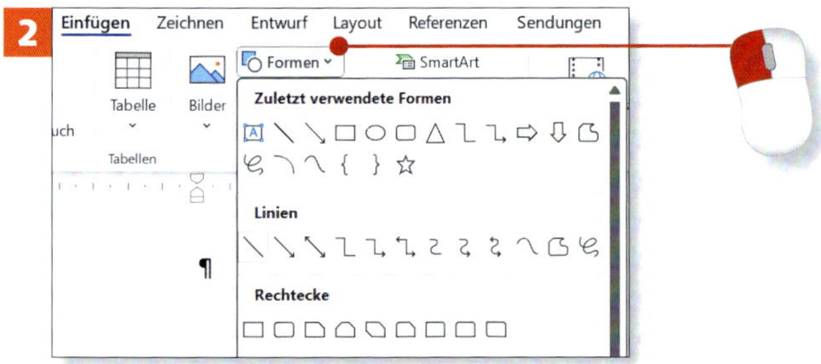

Schritt 2

Zum Brief gehören zwei Falzmarken. Diese sollen diskret am linken Rand als kurze Linien erscheinen. Aktivieren Sie die Registerkarte **Einfügen** und klicken Sie auf **Formen**. Im Menü wählen Sie **Linie**.

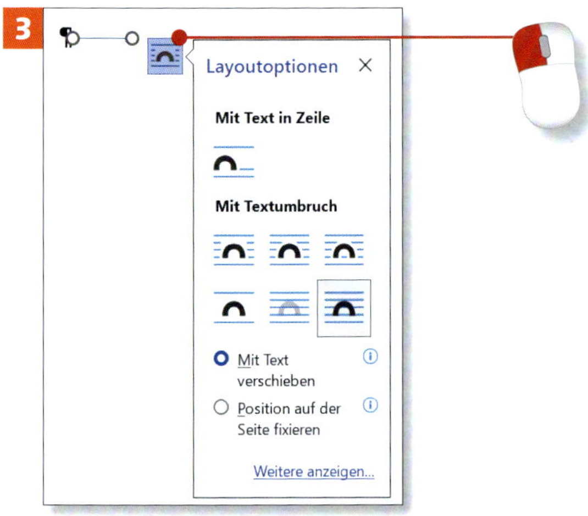

Schritt 3

Ziehen Sie mit gedrückter Maus- und `Strg`-Taste eine kurze horizontale Linie auf das Blatt. Markieren Sie die Linie. Klicken Sie auf die Schaltfläche **Layoutoptionen** und im Menü unten auf **Weitere anzeigen**.

Schritt 4

Im Dialog **Layout** geben Sie auf der Registerkarte **Position** unter **Horizontal** im Feld **Absolute Position** »0,1« ein, im Feld **rechts von** wählen Sie **Seite** ❷. Unter **Vertikal** geben Sie bei **Absolute Position** »8,7« ein und wählen im Feld **unterhalb** die Option **Seite** ❸. Bestätigen Sie alles mit **OK**.

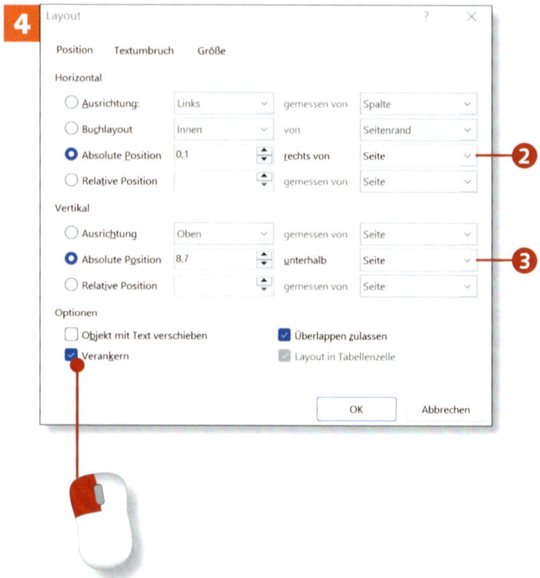

Schritt 5

Kopieren Sie die Linie und fügen Sie sie erneut ein. Verfahren Sie genau so wie bei der ersten Falzmarke, nur dass Sie jetzt im Feld **Absolute Position** »19,2« eingeben.

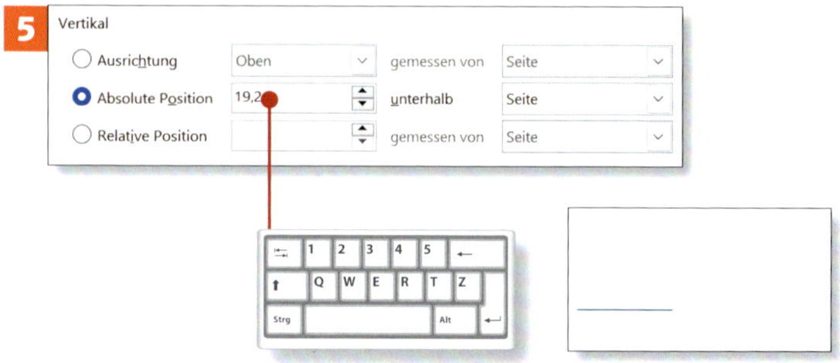

Schritt 6

Für die Absenderangaben nutzen Sie eine Kopfzeile. Klicken Sie also auf der Registerkarte **Einfügen** auf **Kopfzeile** und wählen Sie als Layout **Leer**.

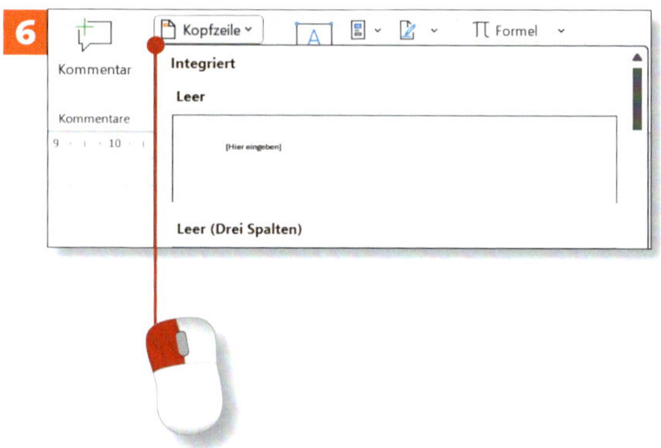

Lochmarke

Sie könnten zusätzlich noch eine Lochmarke am linken Rand in der Mitte des Briefbogens einfügen, also bei 14,85 cm.

Brief nach DIN 5008 – Form A (Forts.)

7

8

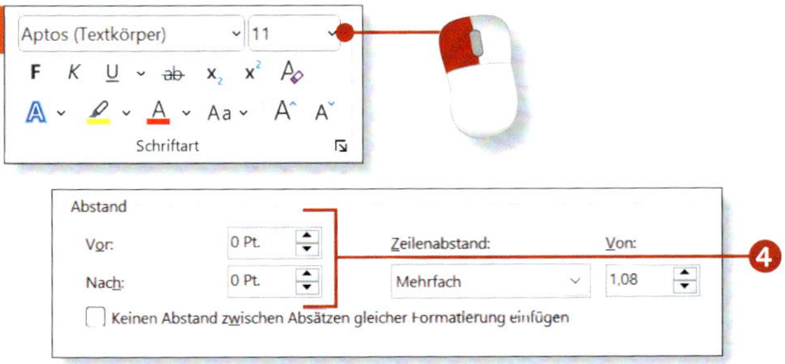

9

Schritt 7

In den Kopfzeilenbereich schreiben Sie Ihren Namen und die weiteren Angaben, die dort stehen sollen. Zum Formatieren nutzen Sie die üblichen Zeichen- und Absatzbefehle; für eine Linie unterhalb des Namens wählen Sie **Start ▸ Rahmen ▸ Rahmenlinie unten**. Klicken Sie doppelt in den »normalen« Bereich, um die Kopfzeile zu verlassen.

Schritt 8

Die folgenden Angaben beziehen sich auf die Schriftart **Aptos**, Schriftgröße **11** und Absatzabstand **0**. Für den Absatzabstand rufen Sie über das Kontextmenü den Dialog **Absatz** auf und tragen in den Feldern **Vor** und **Nach** im Bereich **Abstand** jeweils eine **0** ein **4**.

Schritt 9

Für das Adressfeld sind insgesamt elf Zeilen vorgesehen (5 für die Vermerkzone und 6 für die Anschriftenzone). Drücken Sie viermal ↵ und geben Sie dann die Adresszeile (Anschrift des Absenders) ein. Damit der Text nicht zu lang wird, nutzen Sie eine kleine Schriftgröße, z. B. 8 oder 9 Pt.

!

Kopfzeile

Bei den Eingaben in die Kopfzeile müssen Sie darauf achten, dass Sie innerhalb des Seitenrandes von 2,7 bleiben. Sonst stimmen die übrigen Maße/Angaben nicht mehr. Notfalls verringern Sie den Abstand zur oberen Blattkante (**Kopfzeilenposition von oben**).

Schritt 10

Die Punkte zum Trennen der Elemente finden Sie unter **Einfügen ▸ Symbol ▸ Weitere Symbole** ❺. Im Dialog **Symbol** wählen Sie eine Schriftart, die u. a. einen Punkt anbietet, z. B. **Windings** ❻.

10
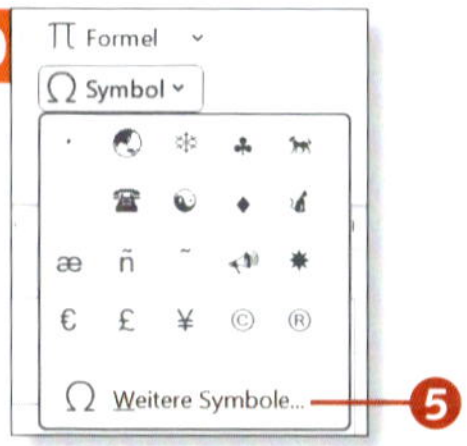

Schritt 11

Markieren Sie ihn, klicken Sie auf **Einfügen** und dann auf **Schließen**. Nutzen Sie Strg + C zum Kopieren des Punktes und Strg + V zum Einfügen.

11
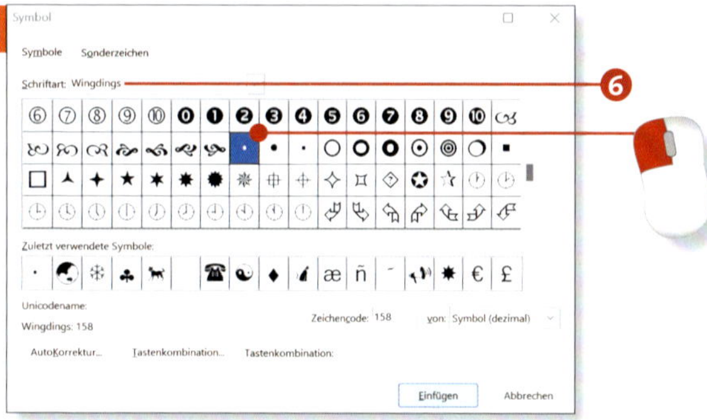

Schritt 12

Sie können das Dokument nun als Vorlage speichern. Wählen Sie **Datei ▸ Speichern unter ▸ Dieser PC**. Stellen Sie als Dateityp **Word-Vorlage (*.dotx)** ein. Vergeben Sie einen passenden Namen und klicken Sie auf **Speichern**.

12
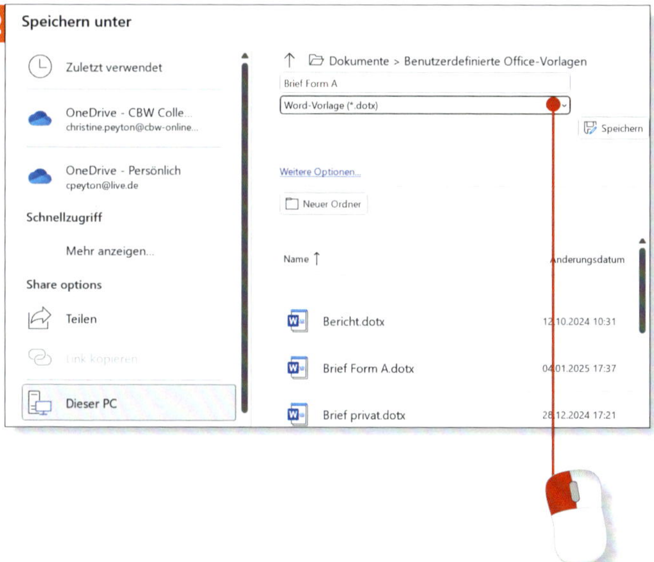

Als Vorlage speichern

Anstatt das Dokument an dieser Stelle als Vorlage zu speichern, könnten Sie es auch weiter vorbereiten, z. B. bis zu der Zeile mit dem Datum, und es dann erst als Vorlage speichern.

Brief nach DIN 5008 – Form A (Forts.)

13

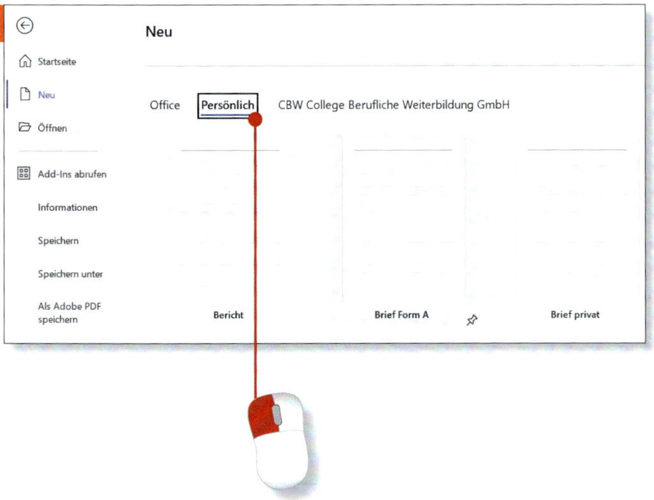

14

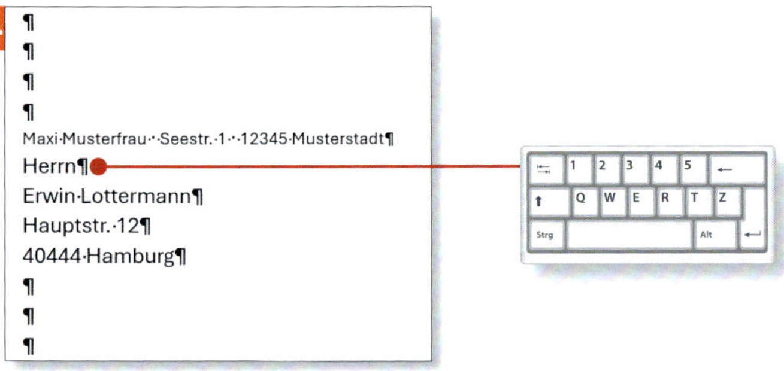

15

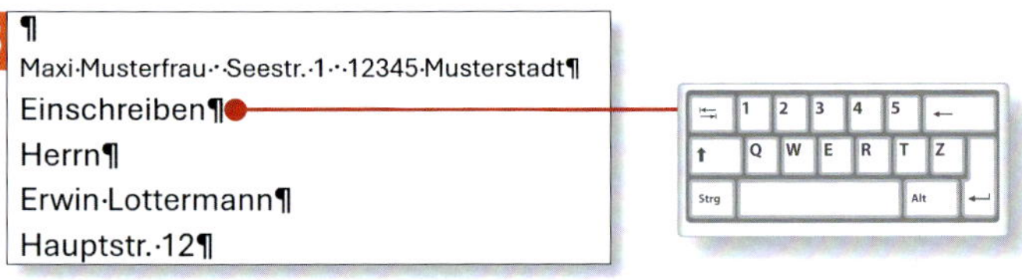

Schritt 13

Um die Vorlage zu nutzen, klicken Sie auf **Datei ▸ Neu** und dann auf den Link **Persönlich**. Nun werden die von Ihnen erstellten Dokumentvorlagen angezeigt. Klicken Sie hier auf die gewünschte Vorlage (im Beispiel also auf **Brief Form A**).

Schritt 14

Die Vorlage nutzen Sie nun für den neuen Brief. Die Anschrift beginnt unterhalb der Rücksendeangaben. Schreiben Sie die Anrede (Herrn/Frau/Herrn und Frau) oder den Firmennamen in die erste Zeile der Anschriftenzone und die weiteren Angaben ohne Leerzeile darunter. Insgesamt stehen noch sechs Zeilen zur Verfügung.

Schritt 15

Sollte es für den Brief Zusatzvermerke geben, (z. B. *Einschreiben* oder *Persönlich*) muss die Zeile mit den Rücksendeangaben nach oben rücken (sodass sie immer oben steht). Am schnellsten ziehen Sie sie per Drag & Drop zur richtigen Stelle, oder Sie nutzen Strg+X, Strg+V.

Schritt 16

Drücken Sie nach dem Adressblock (also nach der 11. Zeile) einmal [↵] und wählen Sie über das Symbol ganz links im Lineal einen rechtsbündigen Tabstop. Klicken Sie bei ca. 14,5 cm in das Lineal. Schreiben Sie das Datum (oder fügen Sie es ein: (**Einfügen ▸ Datum und Uhrzeit**) und befördern Sie es mit [⇥] zum Tabstopp.

16

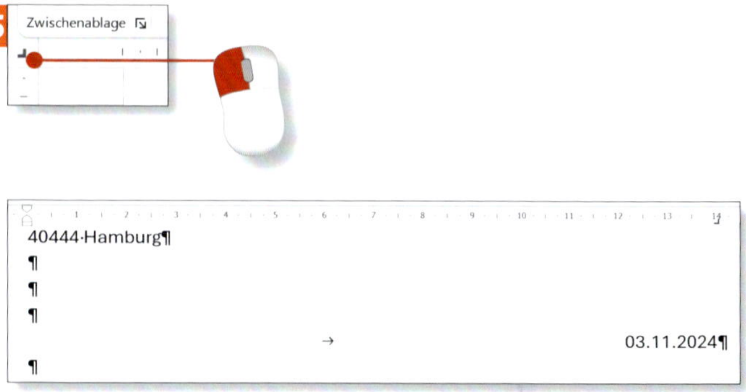

Schritt 17

Erzeugen Sie zwei Leerzeilen, um den Betreff einzugeben (ohne das Wort *Betreff*), und danach zwei weitere Leerzeilen. Schreiben Sie die Grußzeile und drücken Sie nach dem Komma zweimal [↵]. Nun verfassen Sie den Brieftext. Beginnen Sie ihn mit einem Kleinbuchstaben, es sei denn, es folgt z. B. ein Substantiv.

17

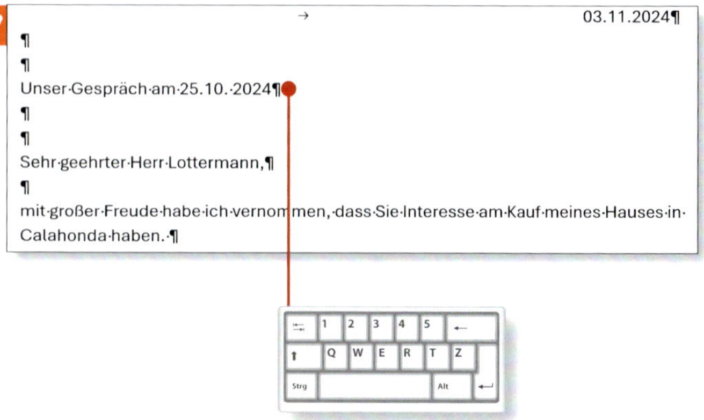

Schritt 18

Am Ende des Textes folgt eine Leerzeile, und dann schreiben Sie die Grußformel linksbündig ohne Einzug. Lassen Sie drei oder vier Leerzeilen bis zur Unterschrift frei. Für die Lesbarkeit wiederholen Sie Ihren Vor- und Nachnamen unterhalb der Unterschrift. Denken Sie daran, den Brief zu speichern ❼.

18

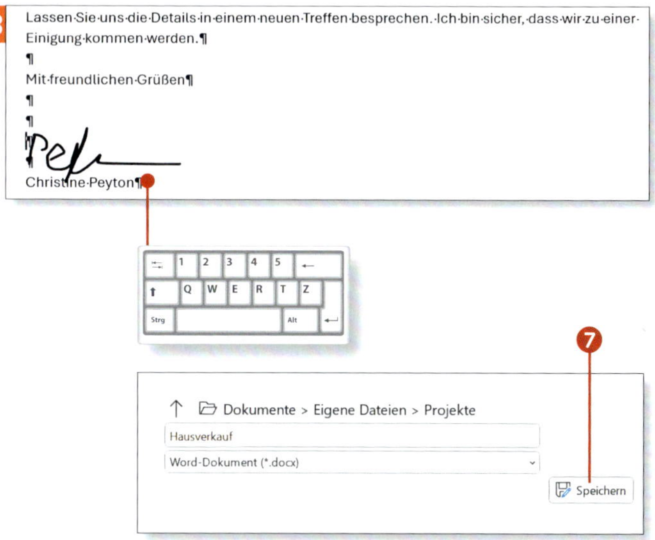

Brief nach DIN 5008 – Form B

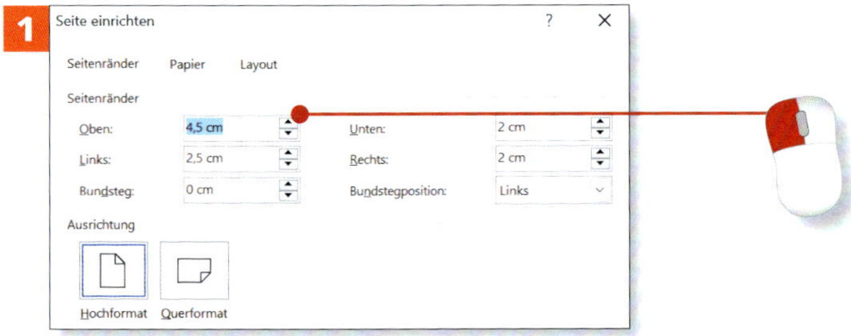

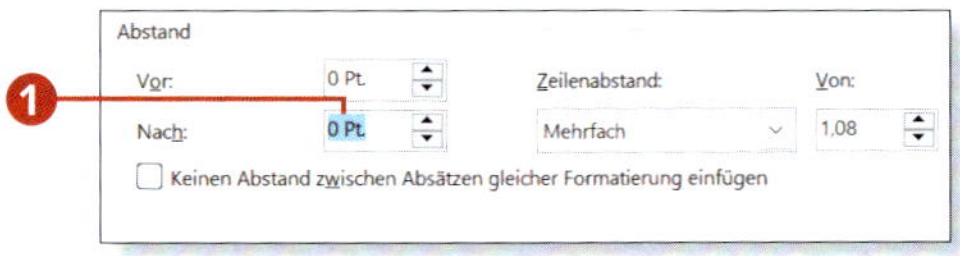

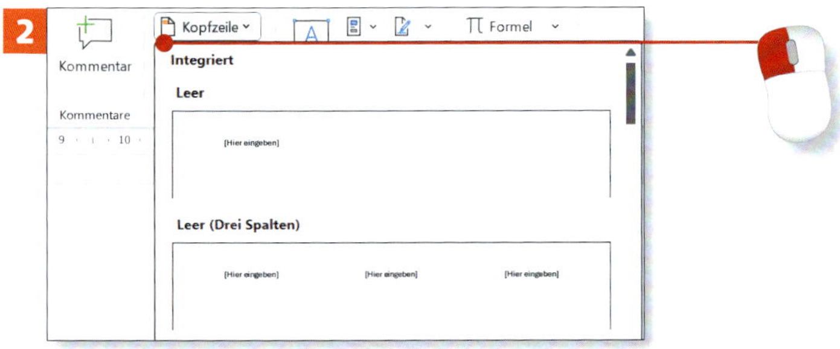

Erstellen Sie nun einen Brief mit dem Layout »Form B«. Er bietet mehr Platz für den oberen Briefkopf mit Informationsblock, der auch in Form A verwendbar ist. Alles, was nicht im Detail beschrieben wird, finden Sie in der vorherigen Anleitung.

Schritt 1

Im Unterschied zu Form A legen Sie einen oberen Seitenrand von 4,5 cm fest. Den Absatzabstand (im Dialog **Absatz** im Bereich **Abstand**) stellen Sie auf 0 Pt. (1) Als Schriftart eignen sich Aptos oder Calibri.

Schritt 2

Fügen Sie über **Einfügen ▸ Kopfzeile** eine Kopfzeile ein und tragen Sie in ihr Ihren Namen und Ihre Adresse ein. Außerdem haben Sie Platz für ein Logo oder Ähnliches. Gestalten Sie die Kopfzeile mit den üblichen Mitteln der Formatierung. Achten Sie darauf, dass Sie nur die 4,5 cm des oberen Seitenrandes nutzen.

Schritt 3

Der Inhalt des Informationsblocks ist variabel, aber er enthält häufig Kontaktinformationen und das Datum. Sie können dort Leitwörter wie z. B. »Ihr Zeichen« eintragen.

Schritt 4

Wechseln Sie zu Registerkarte Einfügen und klicken Sie auf **Textfeld ▸ Textfeld erstellen** ❷. Ziehen Sie das Textfeld mit gedrückter linker Maustaste auf; die Größe spielt zunächst keine Rolle.

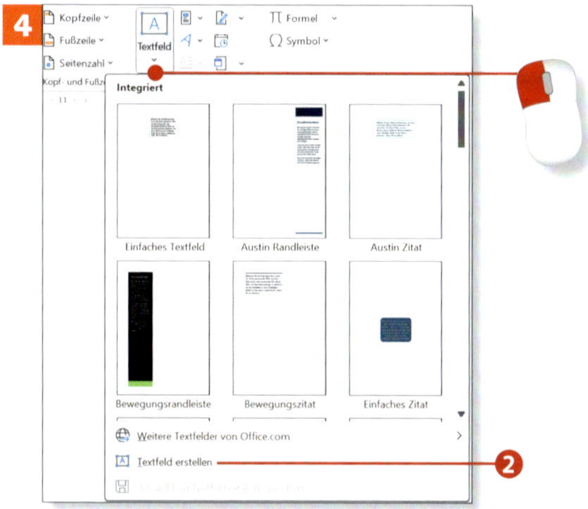

Schritt 5

Um es korrekt zu positionieren und auf die gewünschte Größe zu bringen, markieren Sie es und klicken auf das Symbol **Layoutoptionen**. Wählen Sie die Option **Weitere anzeigen** ❸.

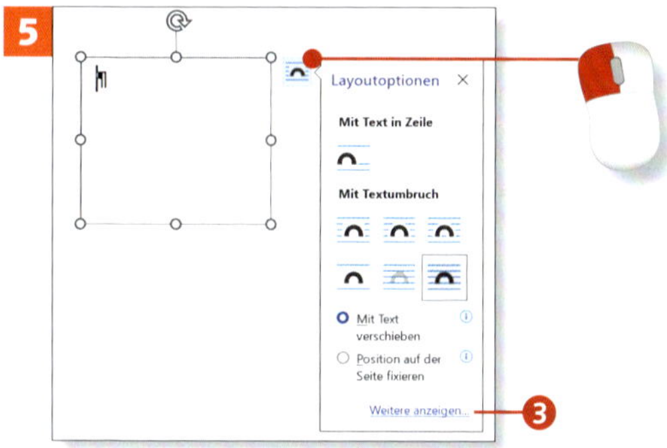

Schritt 6

Legen Sie die Größe des Textfeldes auf der Registergröße **Größe** fest: Als Höhe könnten Sie z. B. 5,0 einstellen, als Breite 7,5. (Diese Breite sollte nicht überschritten werden.) Um es zu positionieren, aktivieren Sie die Registerkarte **Position**; nehmen Sie hier die Einstellungen vor, die Sie in der Abbildung sehen (**Horizontal** 12,5, **Vertikal** 4,5).

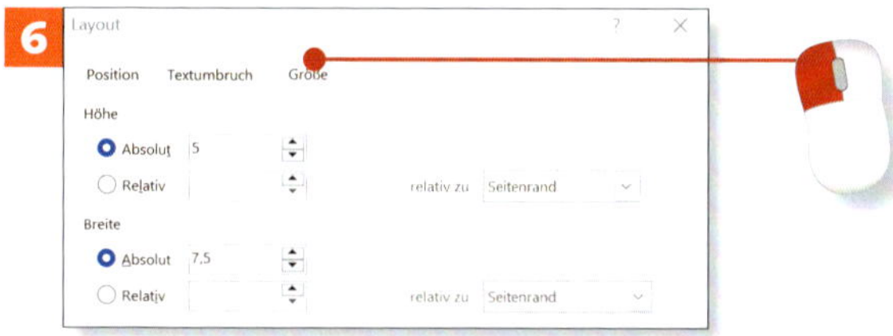

Brief nach DIN 5008 – Form B (Forts.)

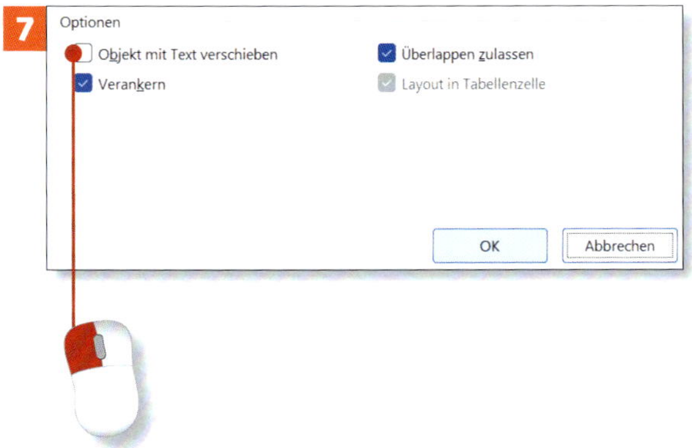

Schritt 7

Das Textfeld soll natürlich nicht verrutschen, sondern ordnungsgemäß an Ort und Stelle bleiben. Dazu verankern Sie es. Deaktivieren Sie gegebenenfalls die Option **Objekt mit Text verschieben** und aktivieren Sie **Verankern**. Bestätigen Sie alle Einstellungen mit **OK**.

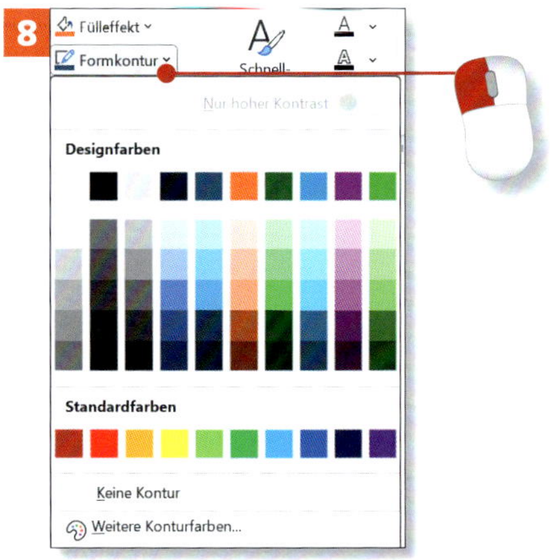

Schritt 8

Das Textfeld ist lediglich ein Hilfskonstrukt zum Positionieren von Text außerhalb des normalen Fließtextes. Daher darf der Rahmen gern unsichtbar sein. Markieren Sie das Textfeld und klicken Sie auf der Registerkarte **Formformat** auf **Formkontur ▸ Keine Kontur**.

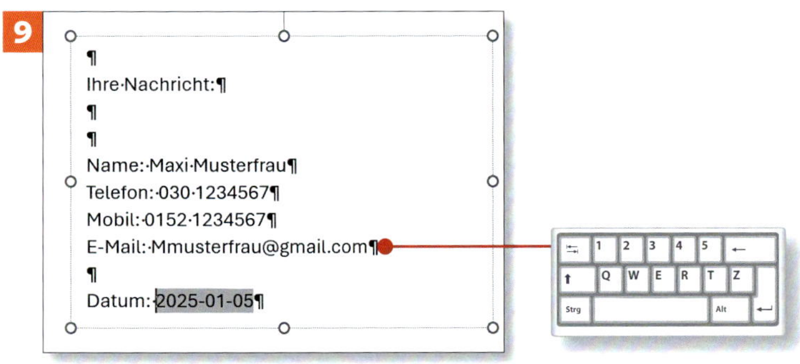

Schritt 9

Füllen Sie das Textfeld nun mit den sogenannten Leitwörtern und mit den Angaben, die nicht variabel sind, aus. Das Datum wird als aktualisierbares Datum (**Einfügen ▸ Datum und Uhrzeit ▸ Automatisch aktualisieren**) eingefügt.

Schritt 10

Das Anschriftenfeld gestalten Sie wie bereits für Form A beschrieben. Da die Empfängeranschriften und Vermerke variabel sind, gehören sie nicht in die Vorlage, aber Sie können durch [↵] bereits die Abstände festlegen: Elf Zeilen für die Vermerk- und Anschriftenzone, dann zwei Leerzeilen bis zum *Betreff*.

Schritt 11

Die Falzmarken erstellen Sie mit einer kurzen Linie (**Einfügen ▸ Formen**). Markieren Sie die Linie, klicken Sie auf **Layoutoptionen ▸ Weitere anzeigen** ④. Auf der Registerkarte **Position** stellen Sie im Bereich **Horizontal** 0,1 cm ein, im Bereich **Vertikal** 10,5 cm, jeweils bezogen auf **Seite**. Sofern Sie eine zweite Falzmarke haben möchten: Sie liegt vertikal bei 21,0 cm.

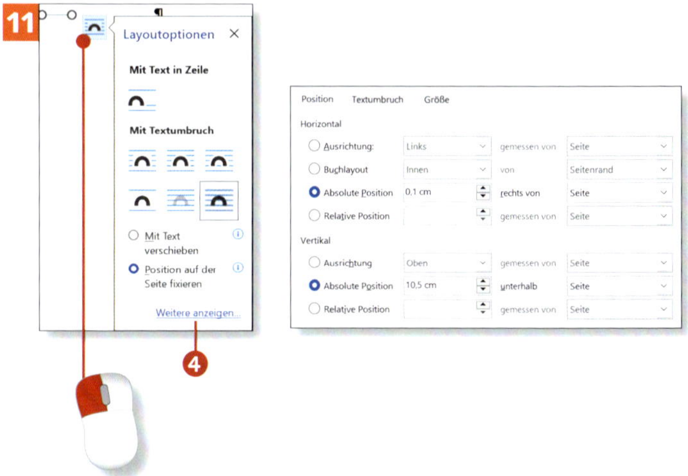

Schritt 12

Der Brief enthält nun die nichtvariablen Elemente. Speichern Sie ihn als Briefvorlage, damit Sie ihn für künftige Briefe nutzen können. (Im Fenster **Speichern unter** wählen Sie als Dateityp **Word-Vorlage (*.dotx)**, dann geben Sie der Vorlage einen passenden Namen und klicken auf **Speichern**.)

Falzmarken

Falzmarken sind auch nach DIN 5008 keineswegs zwingend (so wie auch die DIN-Regeln kein Gesetz sind, sondern Empfehlungen). Sie können sie setzen, müssen es aber nicht!

Ein Kündigungschreiben mithilfe von Copilot

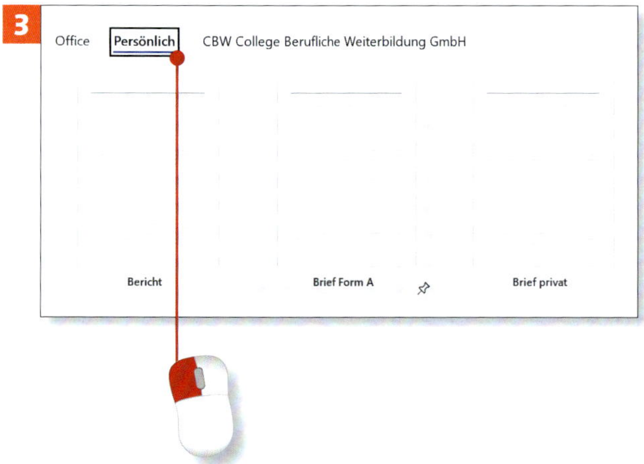

Eigene Vorlage nutzen

Erfahrungsgemäß liefert Copilot keinen Brief mit einem DIN-gerechten Layout. Daher haben Sie schneller ein Ergebnis, wenn Sie Ihre Vorlage nutzen und Copilot nur den Text generieren lassen.

Für ein Anschreiben an eine Versicherung soll nun Copilot zum Einsatz kommen. Copilot ist die mit Microsoft 365 verbundene KI-Assistenz.

Schritt 1

Als Erstes müssen Sie Copilot (zusätzlich) abonnieren/kaufen. (Es gibt auch eine kostenlose Testversion zum Ausprobieren.) Der Weg zu Copilot hängt davon ab, wie Sie Microsoft 365 auf Ihrem Rechner nutzen. Auf jeden Fall werden Sie auf der Seite *Microsoft.com* fündig.

Schritt 2

Sie sollten nun auf der Registerkarte **Start** ein neues Symbol sehen: **Copilot**. Und in einem neuen leeren Dokument sehen Sie das Copilot-Symbol mit einem Hinweis, was zu tun ist. Wenn Sie davon unbehelligt bleiben möchten, fangen Sie einfach »normal« an zu schreiben.

Schritt 3

Da es in diesem Beispiel um einen formellen Brief geht, soll die bereits erstellte Briefvorlage geöffnet werden. Klicken Sie auf **Datei ▸ Neu ▸ Persönlich**. Wählen Sie die gewünschte Briefvorlage aus.

Schritt 4

Füllen Sie das Anschriftenfeld aus. Je nach benötigten Zeilen für die Anschrift drücken Sie dann mehrfach ↵, um die erforderlichen Abstände einzuhalten (es sei denn, Ihre Vorlage ist bereits entsprechend vorbereitet).

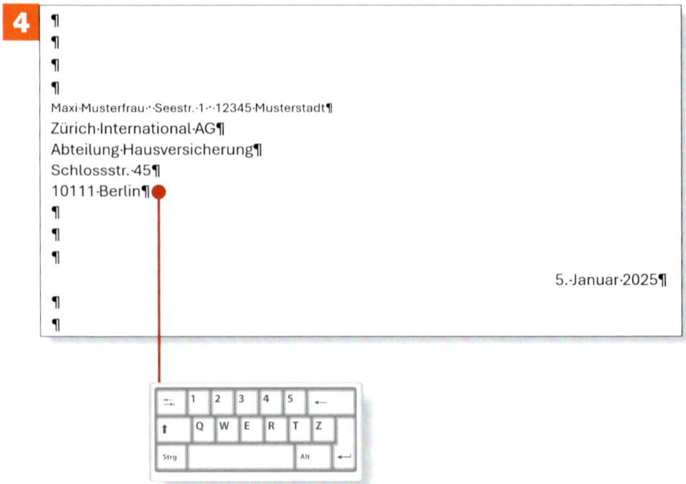

Schritt 5

Für den Text selbst ist nun Copilot an der Reihe. Da es um das Erstellen eines neuen Textes geht, soll Copilot mit dem Feld **Entwurf mit Copilot** genutzt werden. Klicken Sie das Copilot-Symbol an.

Schritt 6

In das Feld **Entwurf mit Copilot** beschreiben Sie in kurzen Sätzen bzw. Stichworten Ihr Anliegen. Dann klicken Sie auf **Generieren**. Nach kurzer Zeit wird ein Brieftext vorgeschlagen.

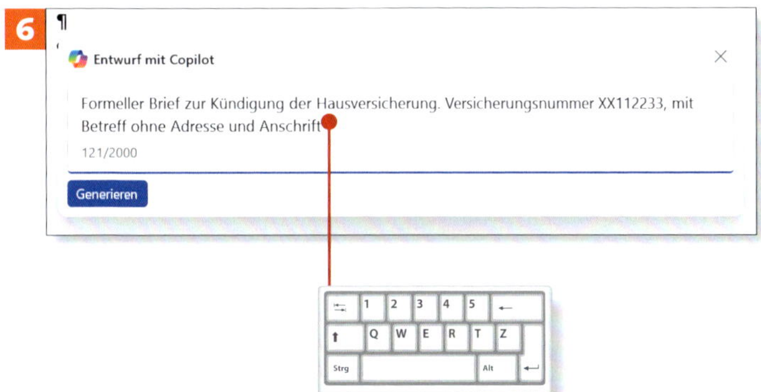

Ein Kündigungschreiben mithilfe von Copilot (Forts.)

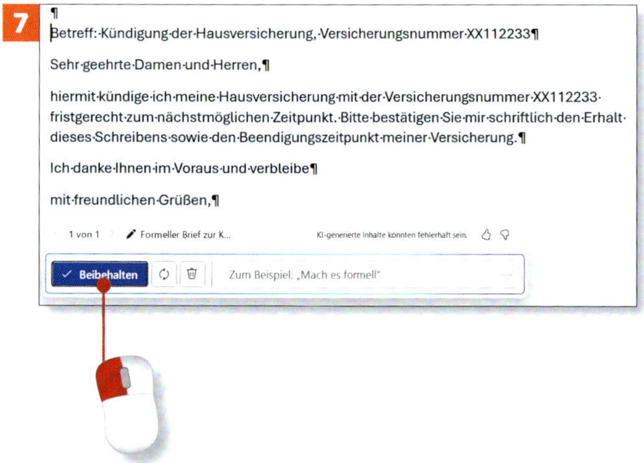

Schritt 7

Lesen Sie sich den Text durch. Wenn Sie fürs Erste damit einverstanden sind, klicken Sie auf **Beibehalten**. Korrigieren Sie dann den Text ein wenig: Löschen Sie das Wort »Betreff« in der Betreffzeile; auch die Formel »ich verbleibe« ist nicht mehr üblich. Außerdem gehört kein Komma in die Zeile »Mit freundlichen Grüßen«.

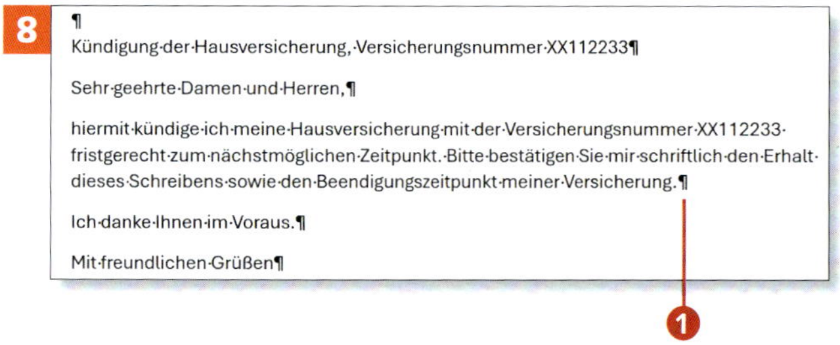

Schritt 8

Der Text wurde mit den in Word üblichen Absatzabständen generiert, also mit einem Absatzabstand von 8 Pt. nach einem Absatz **1**. Sie können es dabei belassen. Achten Sie aber auf die Betreffzeile. Der DIN 5008 zufolge sollten zwischen Betreff und der Anrede zwei Leerzeilen sein.

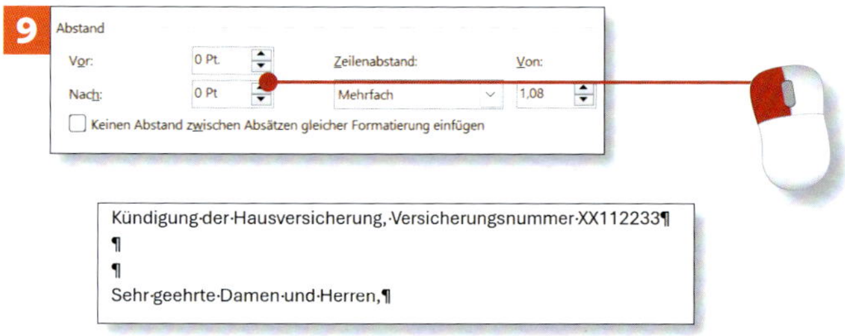

Schritt 9

Um genau diese zwei Leerzeilen einzufügen, markieren Sie diese von Copilot erzeugten Zeilen und rufen über das Kontextmenü den Dialog **Absatz** auf. Hier geben Sie im Bereich **Abstand** im Feld **Nach** eine **0** ein und korrigieren die Abstände dann manuell.

Schritt 10

Um Copilot per Sprach Ihren Wunsch mitzuteilen, klicken Sie auf das Symbol **Copilot** auf der Registerkarte **Start**. Im Aufgabenbereich **Copilot** aktivieren Sie das Mikrofon und formulieren in einem kurzen Satz, was Copilot erstellen soll. Klicken Sie dann auf das Symbol **Senden** ❷.

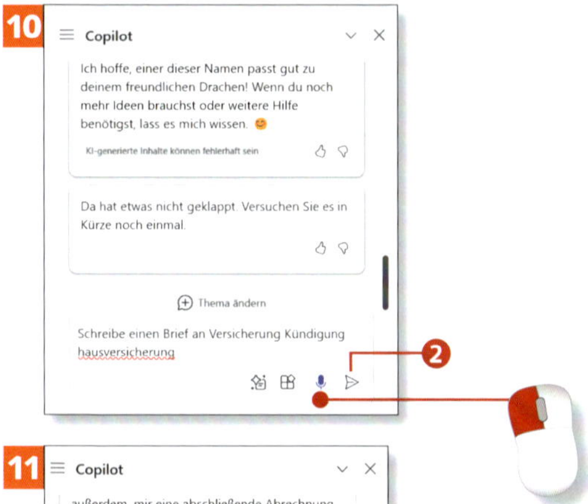

Schritt 11

Copilot präsentiert im Aufgabenbereich einen Brieftext. Diesen Text können Sie kopieren und in Ihr Dokument einfügen. Passen Sie wie beschrieben Text und Layout an. (Wenn Sie ganz nach unten scrollen, finden Sie die Schaltfläche **Kopieren**.)

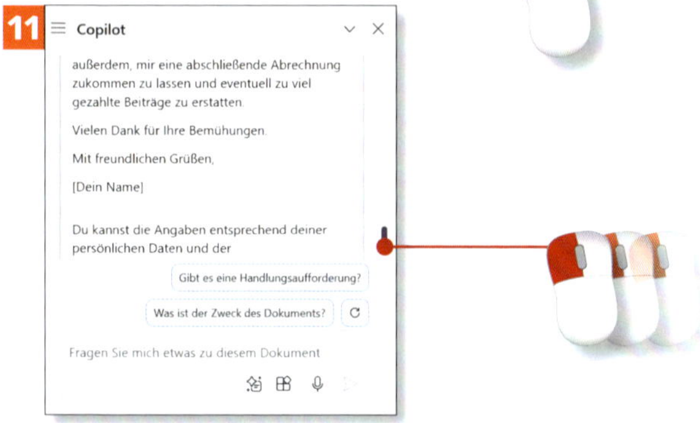

Schritt 12

Speichern Sie Ihren Brief. Klicken Sie also auf **Datei ▸ Speichern unter**, wählen Sie einen Ordner und vergeben Sie einen passenden Namen.

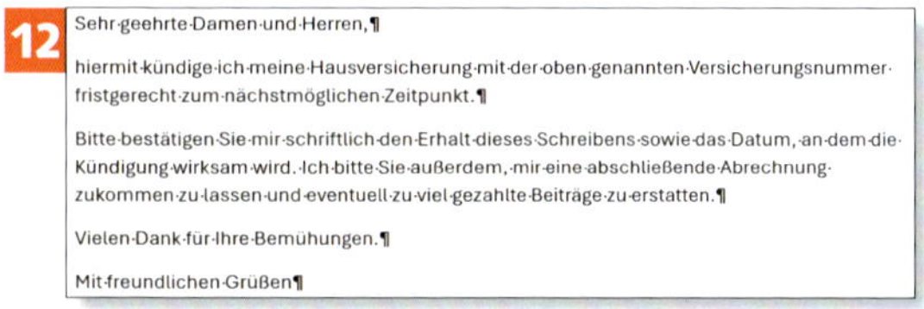
12

Sehr geehrte Damen und Herren,¶

hiermit kündige ich meine Hausversicherung mit der oben genannten Versicherungsnummer fristgerecht zum nächstmöglichen Zeitpunkt.¶

Bitte bestätigen Sie mir schriftlich den Erhalt dieses Schreibens sowie das Datum, an dem die Kündigung wirksam wird. Ich bitte Sie außerdem, mir eine abschließende Abrechnung zukommen zu lassen und eventuell zu viel gezahlte Beiträge zu erstatten.¶

Vielen Dank für Ihre Bemühungen.¶

Mit freundlichen Grüßen¶

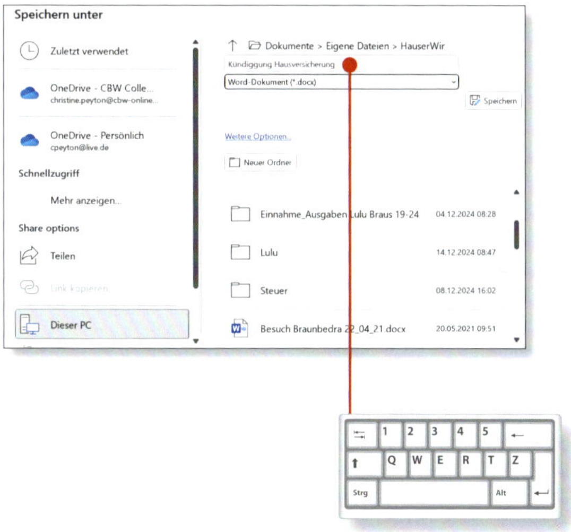

Promps

Eingaben, die Sie in Copilot machen, werden »Prompts« genannt. Sie können einen Prompt schreiben, aber auch per Sprachbefehl eingeben.

Etiketten

Für den Versand vieler Briefe in Umschlägen ohne Fenster sind Etiketten praktisch. Wir erstellen sie hier mithilfe des Seriendrucks. Ganz schnell geht das, wenn Sie eine vorhandene Empfängerliste nutzen.

1
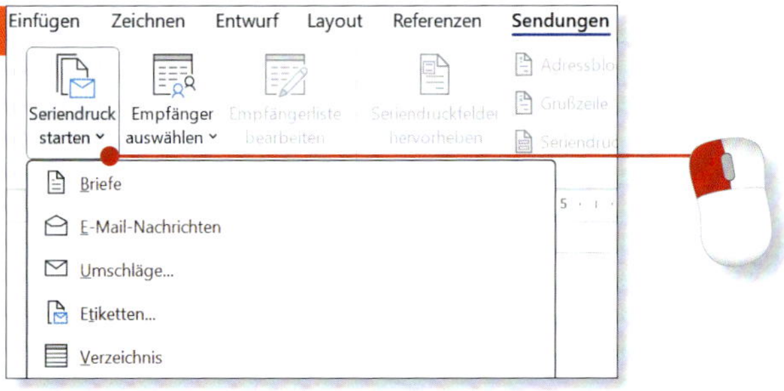

Schritt 1

Öffnen Sie eine leere Seite und klicken Sie auf der Registerkarte **Sendungen** auf **Seriendruck starten**. Im Menü wählen Sie **Etiketten**.

2
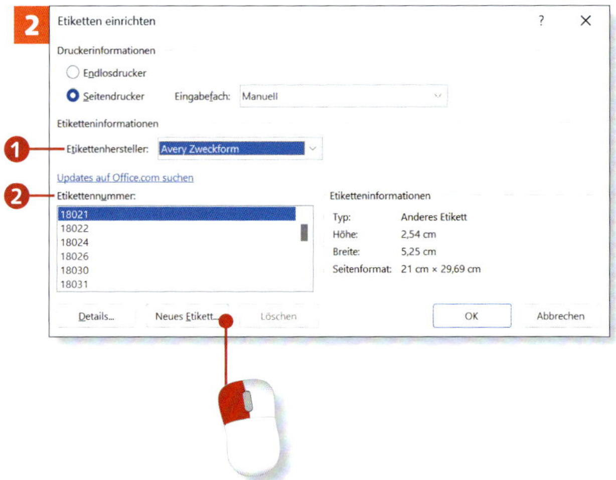

Schritt 2

Der Dialog **Etiketten einrichten** öffnet sich. Wenn Sie in den Feldern **Etikettenhersteller** ❶ und **Etikettennummer** ❷ das Etikettenpapier entdecken, das Sie für den Ausdruck verwenden werden, wählen Sie es aus (überspringen Sie dann die nächsten beiden Schritte). Ansonsten klicken Sie auf die Schaltfläche **Neues Etikett**.

3
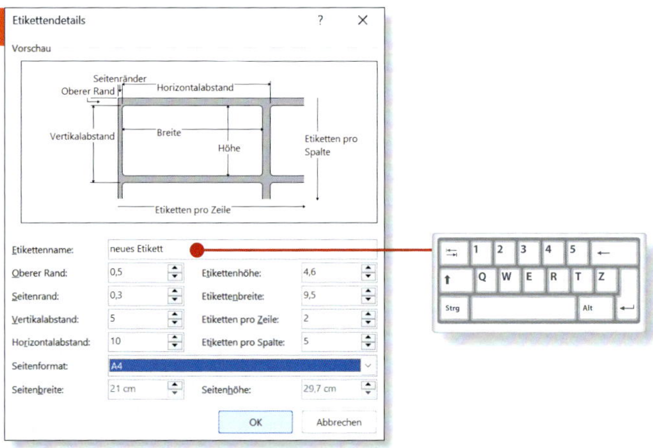

Schritt 3

Im Dialog **Etikettendetails** geben Sie die Maße für die Etiketten ein. Messen Sie Ihre Etiketten aus und geben Sie die entsprechenden Maße ein. Sie können dem Etikett auch einen Namen geben.

Schritt 4

Nach einem Klick auf **OK** sind Sie wieder im Dialog **Etiketten einrichten**. Hier werden die Maße nochmals angezeigt. Klicken Sie auf **OK**.

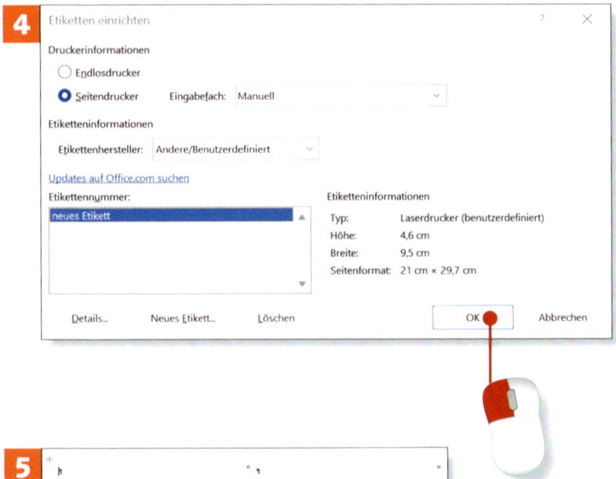

Schritt 5

Sie sehen (je nach den Maßen) zehn Leeretiketten auf Ihrem Blatt, und zwar als Tabelle. Nun wird – anstatt eine neue Datenquelle zu erstellen – dieses Dokument mit einer vorhandenen Empfängerliste verknüpft. Klicken Sie also auf **Empfänger auswählen ▸ Vorhandene Liste verwenden**.

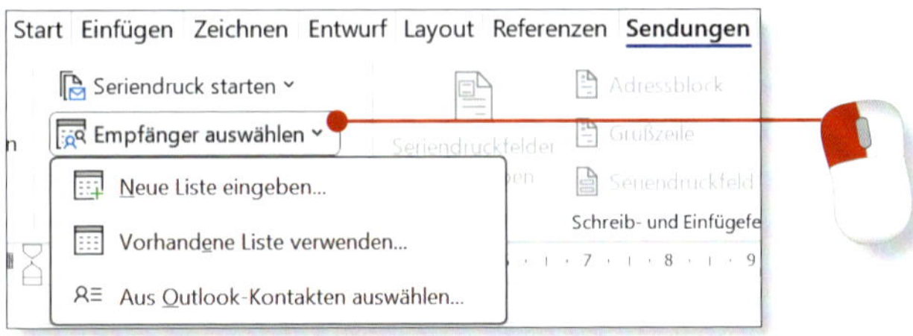

Schritt 6

Im Dialog **Datenquelle auswählen** machen Sie genau das: Wählen Sie die gewünschte Datenquelle aus und klicken Sie auf **OK**.

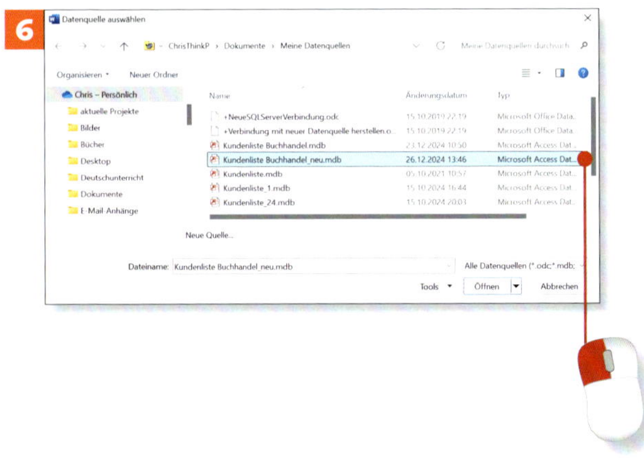

Etiketten (Forts.)

7

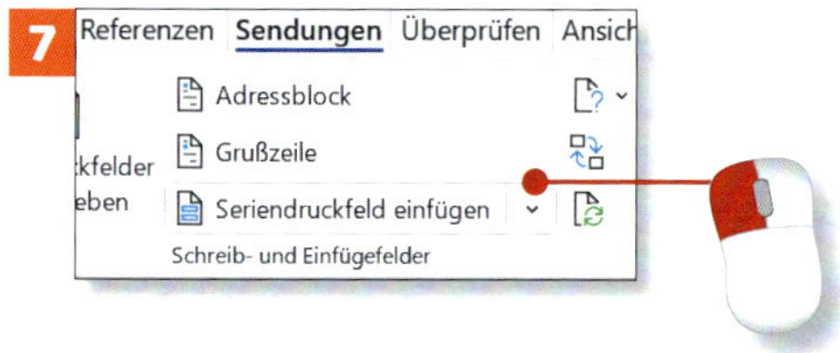

Schritt 7

Nun können Sie die Seriendruckfelder einfügen, die später durch die Angaben aus der Datenquelle ersetzt werden. Platzieren Sie den Cursor in die erste Zeile der ersten Zelle und klicken Sie auf den Pfeil neben **Seriendruckfeld einfügen**.

8

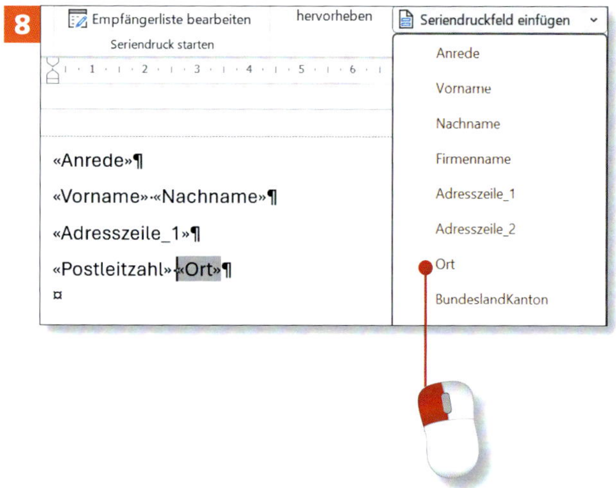

Schritt 8

Im Menü wählen Sie als Erstes **Anrede**. Eine Zeile darunter fügen Sie **Vorname** und **Nachname** ein, darunter **Adresszeile_1** (für die Straße) und dann nebeneinander **Postleitzahl** und **Ort**. (Denken Sie auch an die Leerzeichen dazwischen.)

9

Schritt 9

In den übrigen Etiketten lassen Sie den Platzhalter **«Nächster Datensatz»** 3 stehen. Er sorgt dafür, dass die Adresse bei jedem Feld neu aus der Datenbank geholt wird.

Seriendruckfelder einfügen

Die Seriendruckfelder können Sie einfach hintereinander einfügen und dann nachträglich mit [↵] die Absätze erzeugen.

Schritt 10

Klicken Sie nun auf **Etiketten aktualisieren**. Danach werden die eingefügten Felder in allen Etiketten angezeigt.

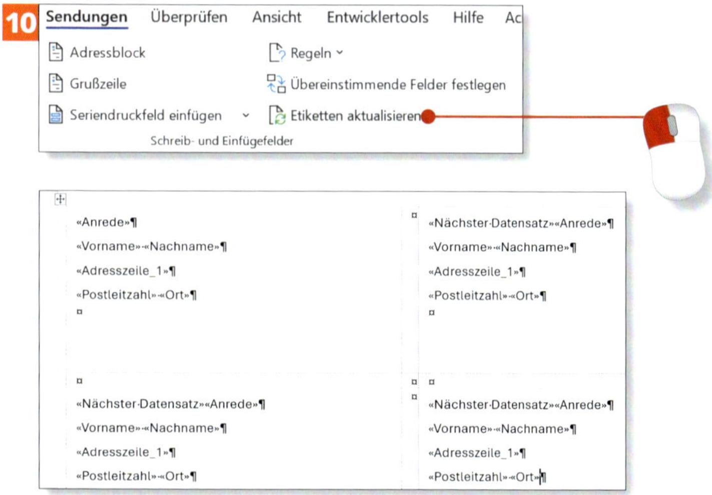

Schritt 11

Zu guter Letzt klicken Sie auf der Registerkarte **Sendungen** auf **Fertig stellen und zusammenführen**. Um die Etiketten direkt zu drucken, wählen Sie **Dokumente drucken**. Sie müssen natürlich das passende Etikettenpapier in den Drucker legen.

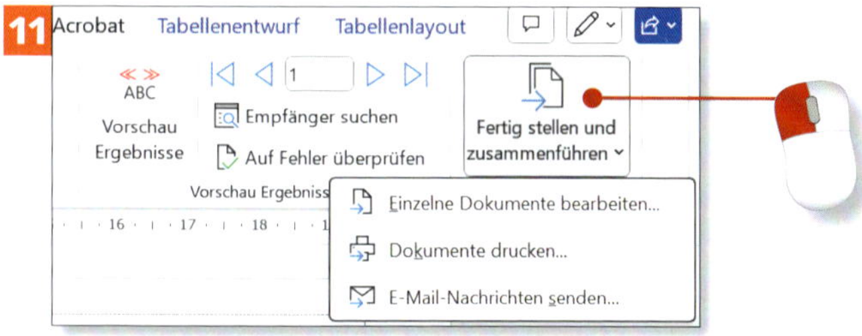

Schritt 12

Um ein selbst eingerichtetes Etikett wiederzuverwenden, wählen Sie im Dialog **Etiketten einrichten** im Feld **Etikettenhersteller** den Eintrag **Andere/Benutzerdefiniert**. Der Name des Etiketts taucht im Feld **Etikettennummer** ❶ auf. Klicken Sie auf **OK**.

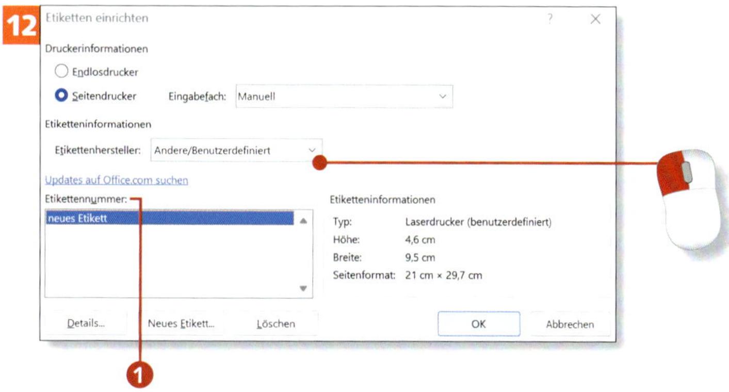

Vorschau

Um ganz am Schluss zu prüfen, ob die Etiketten in Ordnung sind, blenden Sie die Vorschau ein. Klicken Sie dazu auf **Vorschau Ergebnisse** (siehe Schritt 11).

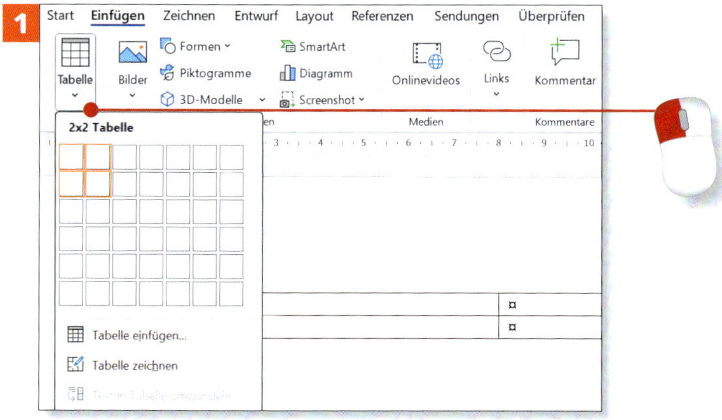

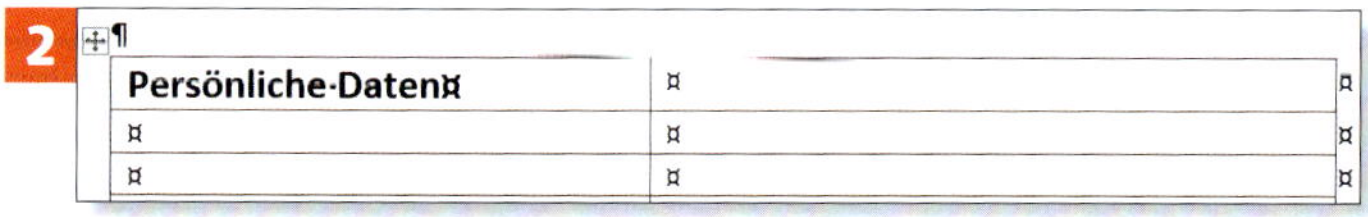

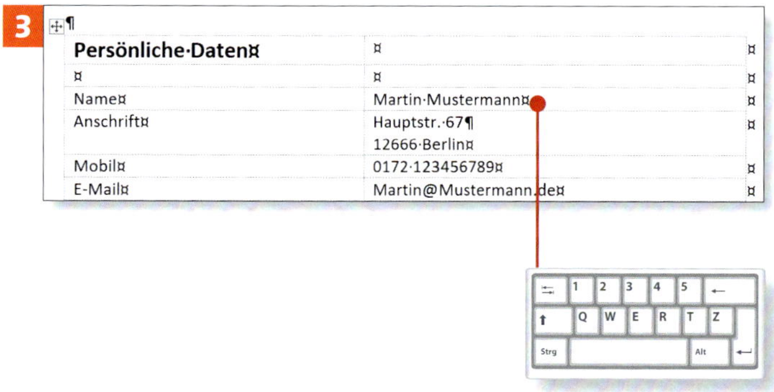

Nun gestalten Sie einen Lebenslauf und ein Deckblatt für eine Bewerbung. (Für das Anschreiben nutzen Sie einen Brief Form A, wie zuvor beschrieben.) Den Anfang macht der Lebenslauf.

Schritt 1

Belassen Sie es bei den Standardseitenrändern, drücken Sie zwei- oder dreimal [↵] und fügen Sie über **Einfügen ▸ Tabelle** eine Tabelle mit zwei Spalten ein. Die Anzahl der Zeilen spielt keine große Rolle, da sich die Tabelle ergänzen lässt.

Schritt 2

Schreiben Sie einen Text, z. B. »Persönliche Daten«, in die erste Zelle. Lassen Sie die zweite Zeile frei, d. h. ohne Text. Drücken Sie in der zweiten Spalte der zweiten Zeile die [⇆]-Taste, um die Tabelle um eine Zeile zu erweitern (sofern Sie nicht von vornherein mehrere Zeilen eingefügt haben).

Schritt 3

Schreiben Sie »Name« in die dritte Zeile und bauen Sie Zeile für Zeile den Block mit den persönlichen Daten auf. Stören Sie sich nicht an den Linien, sie werden später entfernt.

Unterschrift

Unterhalb des Lebenslaufs schreiben Sie »Ort« und »Datum« und unterschreiben das Dokument später handschriftlich.

Schritt 4

Vor dem nächsten Block, etwa »Berufliche Erfahrungen«, lassen Sie wieder eine Zeile der Tabelle leer. Ähnlich verfahren Sie dann für die weiteren Blöcke (»Berufsausbildung«, »Schulbildung«, »Sonstige Kenntnisse«, »Hobbys«).

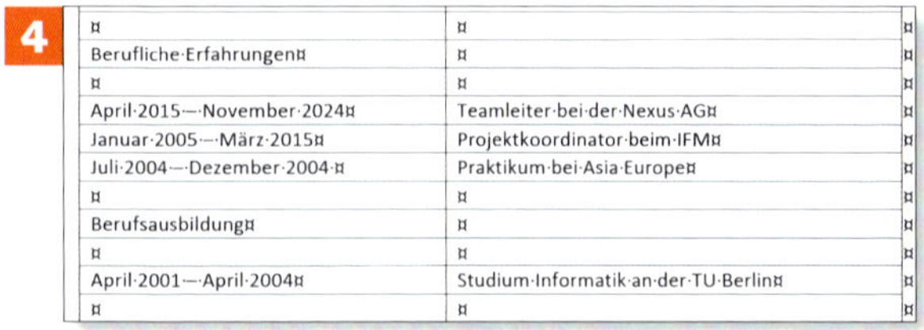

Schritt 5

Formatieren Sie nun die Überschriften. Nutzen Sie dafür die Funktion **Format übertragen**: Setzen Sie den Cursor in die erste formatierte Überschrift, klicken Sie doppelt auf **Format übertragen** und dann jeweils in die nächsten Überschriften. Der Mauszeiger hat dabei einen kleinen Pinsel im Gepäck ❶. Beenden Sie die Übertragung mit [Esc].

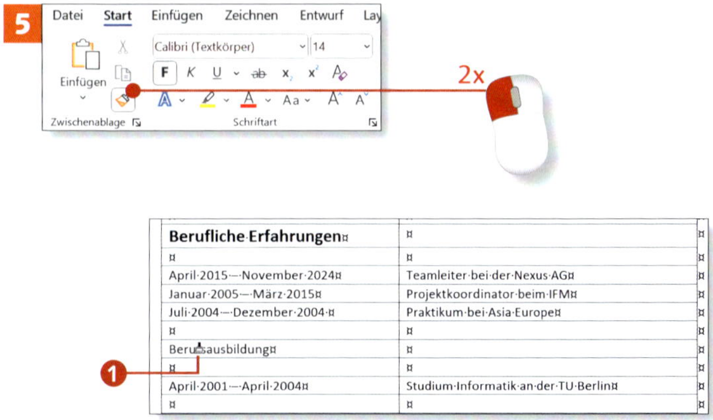

Schritt 6

Die Linien sind Hilfslinien und sollen nicht zu sehen sein. Markieren Sie die ganze Tabelle und öffnen Sie das Menü der Schaltfläche **Rahmen** (Registerkarte **Tabellenentwurf**). Wählen Sie **Kein Rahmen** ❷. Setzen Sie nach Wunsch Linien unterhalb der Zeilen mit den Überschriften (**Rahmenlinie unten**) und/oder arbeiten Sie mit Schattierungen.

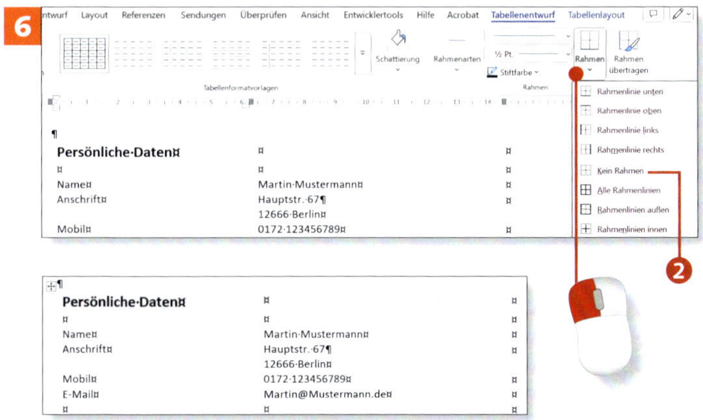

Bewerbungsunterlagen (Forts.)

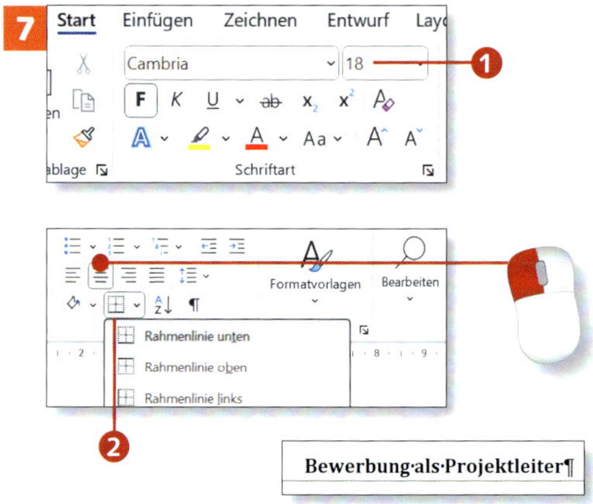

Schritt 7

Jetzt ist das Deckblatt an der Reihe. Oben (nach ein paar Leerzeilen) schreiben Sie »Bewerbung als [Berufsbezeichnung]«. Diese Zeile formatieren Sie in einer relativ großen Schriftgröße ❶, z. B. **18 Pt.**, und zentrieren sie. Über **Rahmen** ❷ ▸ **Rahmenlinie unten** fügen Sie dann eine Linie ein.

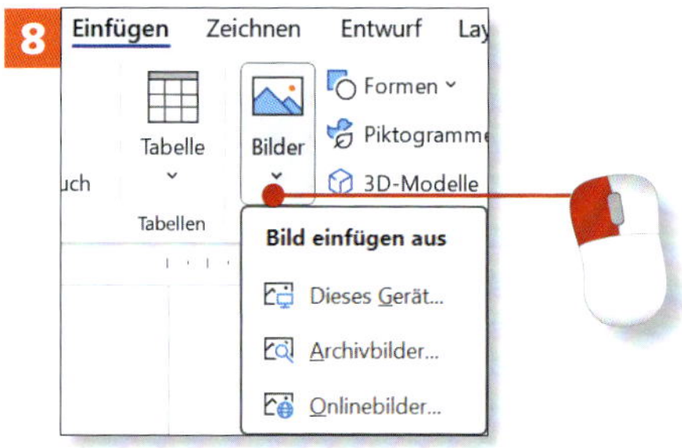

Schritt 8

Fügen Sie Ihr Bewerbungsfoto in das Deckblatt ein. Dazu klicken Sie auf der Registerkarte **Einfügen** auf **Bilder** und im Menü auf **Dieses Gerät**. Im Dialog **Grafik einfügen** öffnen Sie per Doppelklick den richtigen Ordner, markieren das gewünschte Foto und klicken auf **Einfügen** (oder doppelt auf das Foto).

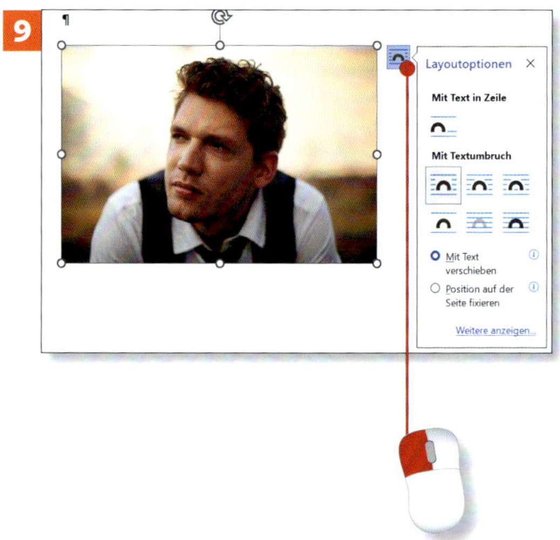

Schritt 9

Zur Weiterbearbeitung und Positionierung klicken Sie auf die Schaltfläche **Layoutoptionen** rechts am Bild und wählen im Menü als Textumbruchart **Quadrat**. Ziehen Sie das Foto mit gedrückter Maustaste an die passende Stelle.

Schritt 10

Rechts neben dem Foto sollen Ihr Name und Ihre Anschrift erscheinen. Für einen kleinen Abstand von der rechten Kante des Fotos wählen Sie im Kontextmenü des Bildes **Größe und Position**.

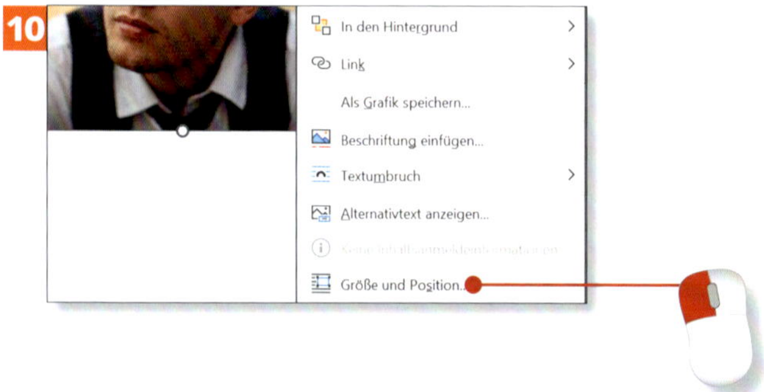

Schritt 11

Im Dialog **Layout** auf der Registerkarte **Textumbruch** ❸ geben Sie unter **Abstand vom Text** im Feld **Rechts** den Wert »0,8 cm« ein. So »kleben« die Textzeilen nicht am Bild.

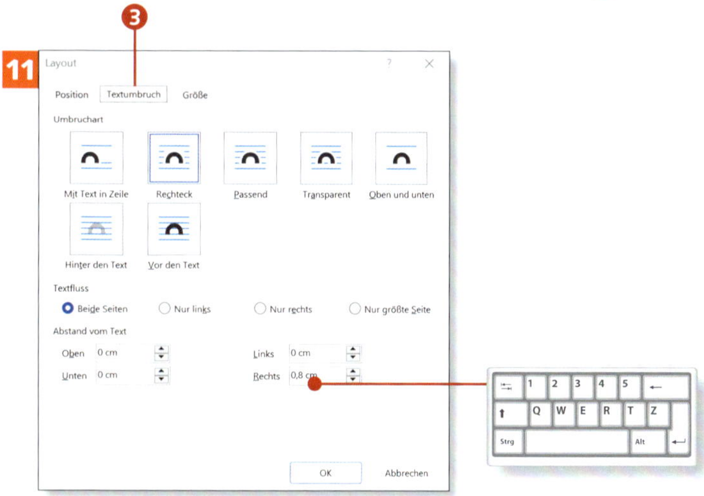

Schritt 12

Schreiben Sie nun Ihren Namen und weitere Angaben untereinander neben das Foto. Nutzen Sie einen weichen Zeilenumbruch (⇧ + ↵); auf diese Weise erzeugen Sie keine Abstände. Den Schriftgrad setzen Sie mit der Schaltfläche **Schriftart vergrößern** um 2 Pt. hoch.

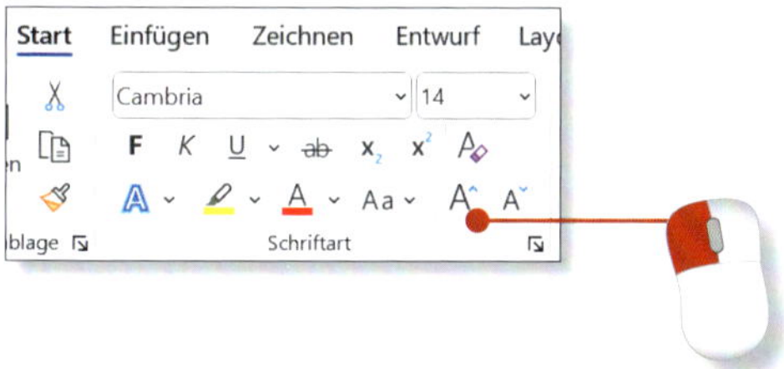

Originelle Deckblätter

Besonders in Kreativberufen können Sie ruhig weitere Gestaltungselemente in ein Deckblatt einbauen. Es ist auch möglich, besondere individuelle Stärken schon auf dem Deckblatt zu erwähnen.

Flyer

1

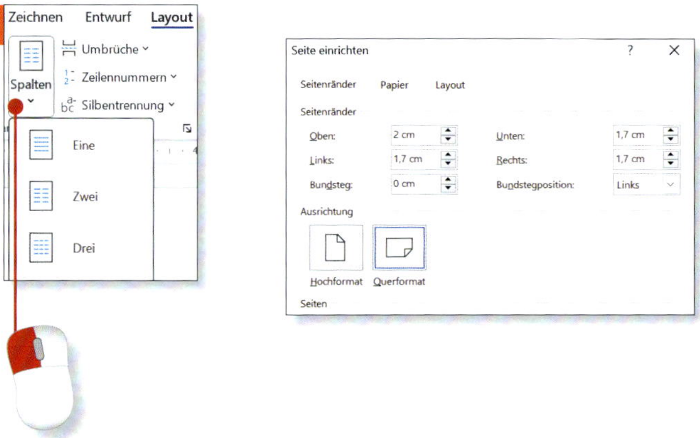

2

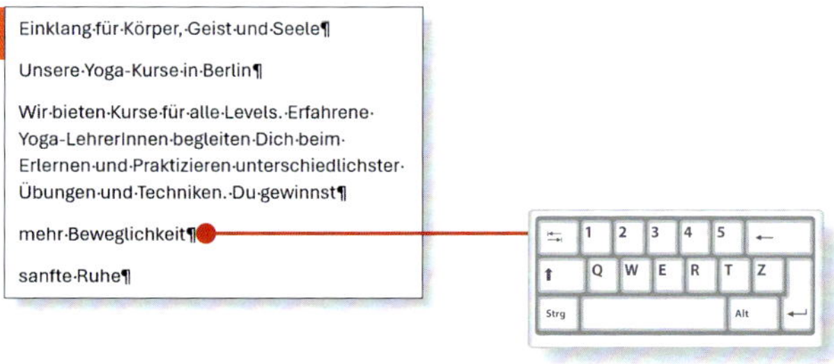

3

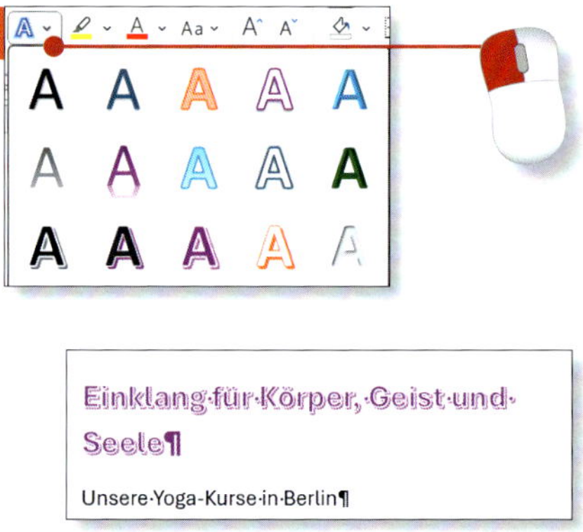

In diesem Abschnitt erstellen Sie einen Flyer, der dreimal auf eine DIN-A4-Seite im Querformat passt. Auf diese Weise können Sie ihn schnell vervielfältigen.

Schritt 1

Richten Sie für das Blatt drei Spalten ein. Wählen Sie dazu auf der Registerkarte **Layout** die Schaltfläche **Spalten** und im Menü **Drei**. Öffnen Sie über **Seitenränder ▸ Benutzerdefinierte Seitenränder** den Dialog **Seite einrichten** und legen Sie für alle Seiten relativ schmale Seitenränder fest. Aktivieren Sie auch die Option **Querformat**.

Schritt 2

Geben Sie zuerst den Text ein, der auf dem Flyer erscheinen soll. Das Ziel ist ein Flyer für ein Yoga-Studio. Die Formatierung kommt später.

Schritt 3

Formatieren Sie die erste Zeile relativ auffällig, z. B. mit einem Schriftgrad von 18 Pt., einer Schriftfarbe und/oder einem **Texteffekt** (Registerkarte **Start**).

Schritt 4

Die Auflistung erhält Aufzählungszeichen. Markieren Sie die Liste und klicken Sie auf der Registerkarte **Start** auf den Pfeil an der Schaltfläche **Aufzählungszeichen**. Wählen Sie ein Aufzählungszeichen aus der **Aufzählungszeichenbibliothek**.

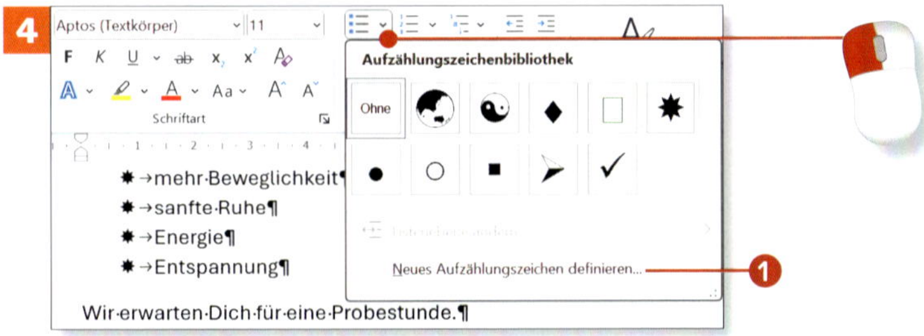

Schritt 5

Wenn Sie das gesuchte Zeichen nicht in der Bibliothek finden, klicken Sie auf **Neues Aufzählungszeichen definieren** ❶ und im nächsten Dialog auf die Schaltfläche **Symbol**.

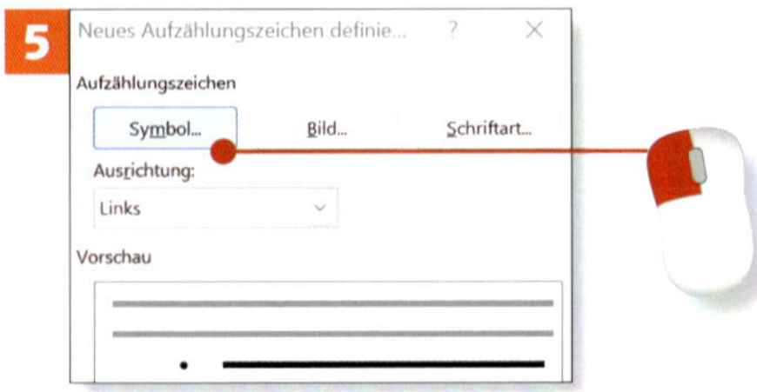

Schritt 6

Wählen Sie im Dialog **Symbol** die Schriftart **Wingdings** ❷, indem Sie auf den kleinen Pfeil klicken. Suchen Sie in der Palette der Symbole das gewünschte Zeichen, markieren Sie es und klicken Sie auf **OK**. Schließen Sie alle Dialoge.

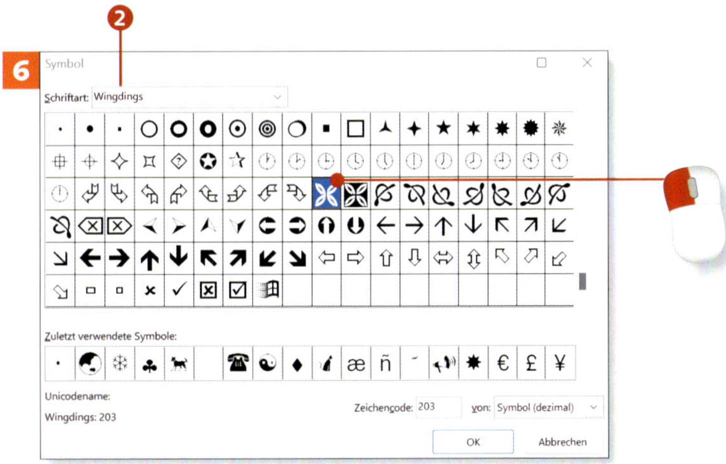

Erst schreiben, dann formatieren

Wenn Sie erst den Text schreiben und ihn dann formatieren, vermeiden Sie, dass Sie Formatierungen durch ↵ aus Versehen nach unten »mitnehmen«. Passiert das, markieren Sie diesen Text und klicken auf **Alle Formatierungen löschen** (Registerkarte **Start**).

Flyer (Forts.)

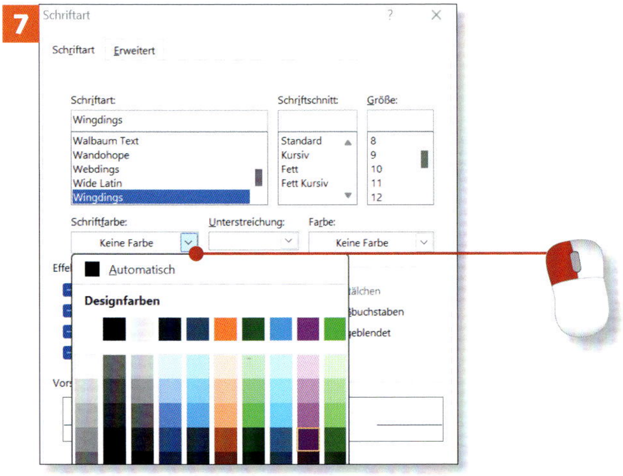

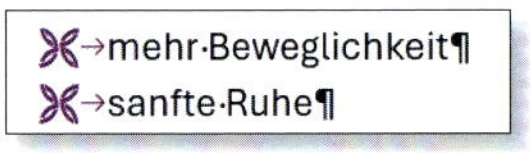

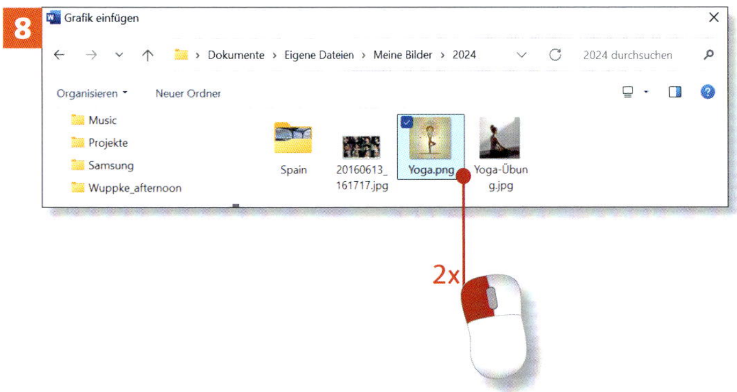

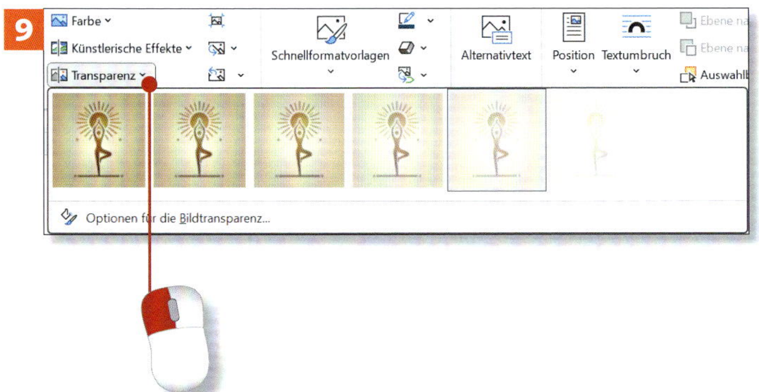

Schritt 7

Auch die Aufzählungszeichen lassen sich »einfärben«. Klicken Sie im Dialog **Neues Aufzählungszeichen definieren** (siehe Schritt 5) auf **Schriftart** und wählen Sie im neuen Dialogfenster im Menü **Schriftfarbe** eine Farbe aus der Palette.

Schritt 8

Ein Bild im Hintergrund belebt den Flyer. Sofern Sie ein passendes Bild haben, fügen Sie es in das Dokument ein (Registerkarte **Einfügen ▸ Bilder ▸ Dieses Gerät**). Klicken Sie im Dialog **Grafik einfügen** doppelt auf das gewünschte Bild, um es einzufügen.

Schritt 9

Das Bild soll etwas blasser hinter dem Text liegen. Daher klicken Sie auf der Registerkarte **Bildformat** auf den Pfeil an der Schaltfläche **Transparenz**. Wählen Sie aus der Auswahl die gewünschte Transparenz.

!

Online-Bilder nutzen

Sofern Sie ein Online-Bild nutzen, müssen Sie auch bei Bildern mit einer Creative-Commons-Lizenz die Lizenzbedingung beachten, z. B. Autor oder Quelle nennen. Wenn Sie sich nicht sicher sind, sollten Sie das Bild nicht verwenden.

Schritt 10

Markieren Sie die Grafik und klicken Sie auf **Layoutoptionen**. Wählen Sie im Menü den Textumbruch **Hinter den Text**. Aktivieren Sie die Option **Position auf der Seite fixieren** ❶, damit das Bild nicht verrutscht, falls Sie den Absatz, an dem es verankert ist, noch verschieben.

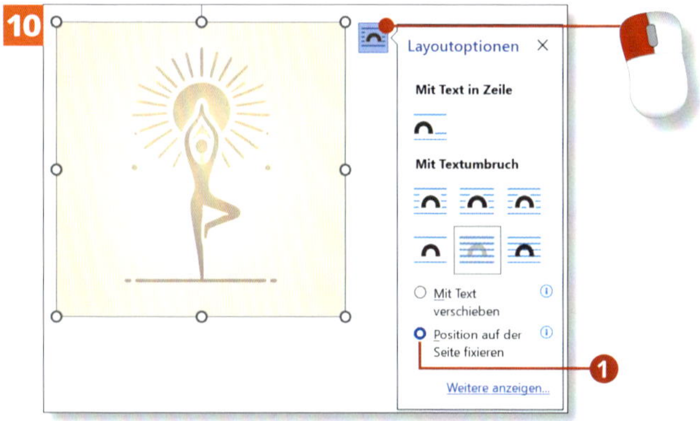

Schritt 11

Positionieren Sie die Grafik so, dass sie hinter der Aufzählung liegt, und passen Sie die Größe an. Formatieren Sie nach Wunsch weitere Textpassagen des Flyers.

Schritt 12

Nachdem Sie den ersten Flyer gestaltet haben, markieren und kopieren Sie den kompletten Inhalt (Strg+A, Strg+C) und fügen ihn in die nächsten beiden Spalten ein, indem Sie jeweils Strg+V drücken oder auf **Einfügen** klicken. Denken Sie daran, den Cursor vor dem Einfügen jeweils in die nächste Spalte zu setzen.

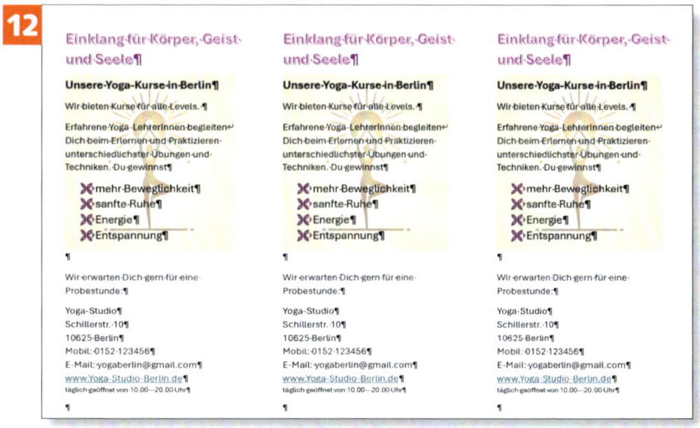

Zwischenlinien einfügen

Klicken Sie auf der Registerkarte **Layout** im Menü der Schaltfläche **Spalten** auf **Weitere Spalten**. Im Dialog aktivieren Sie die Option **Zwischenlinie**.

Einladungskarte

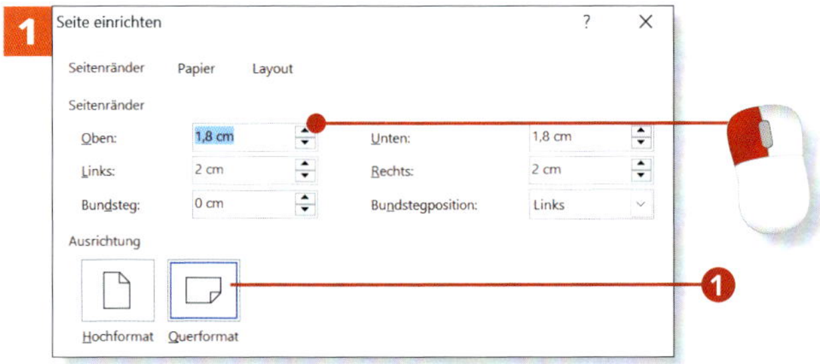

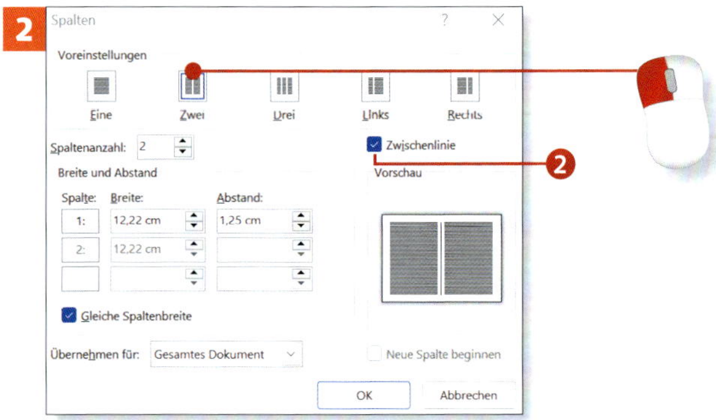

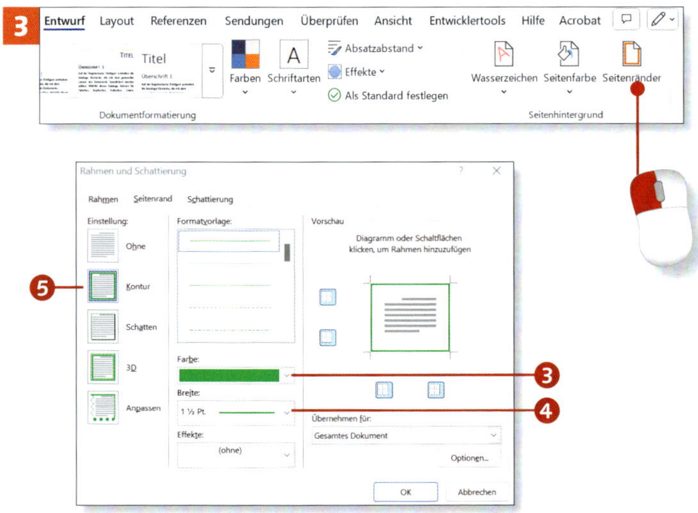

Die hier erstellte Klappkarte ist außen gestaltet und bietet innen Platz für Ihren individuellen Text. In dem Beispiel geht es um eine Einzugsparty, aber natürlich lässt sich die Karte je nach Anlass anpassen.

Schritt 1

Geben Sie im Dialog **Seite einrichten** (**Layout ▸ Seitenränder ▸ Benutzerdefinierte Seitenränder**) für den oberen und den unteren Rand »1,8 cm« ein, für den linken und rechten Rand jeweils »2 cm«. Im Bereich **Ausrichtung** wählen Sie **Querformat** ❶. Bestätigen Sie alles mit **OK**.

Schritt 2

Richten Sie die Spalten ein. Klicken Sie auf **Spalten ▸ Mehr Spalten**. Im Dialogfenster markieren Sie das Symbol für zwei Spalten und aktivieren die Option **Zwischenlinie** ❷.

Schritt 3

Für einen farbigen Seitenrand klicken Sie auf der Registerkarte **Entwurf** in der Gruppe **Seitenhintergrund** auf **Seitenränder**. Im Dialog wählen Sie auf der Registerkarte **Seitenrand** Ihre Wunschfarbe ❸ und die Stärke des Seitenrahmens ❹. Klicken Sie dann auf **Kontur** ❺.

Schritt 4

Die linke Spalte bildet die Rückseite der Klappkarte. Diese Seite enthält eine kleine Form, in die Sie Ihre Adresse schreiben. Wechseln Sie zur Registerkarte **Einfügen** und klicken Sie im Menü der Schaltfläche **Formen** ganz unten auf **Wolkenförmige Legende**.

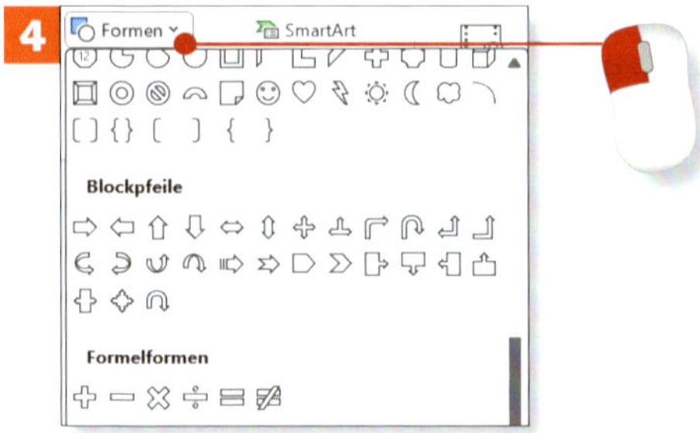

Schritt 5

Ziehen Sie die Form mit gedrückter Maustaste auf. Darin blinkt automatisch der Cursor, sodass Sie hier gleich schreiben können. Den Text formatieren Sie dann wie üblich mit den Befehlen auf der Registerkarte **Start** (Schriftgrad 16 Pt., Schriftfarbe Grün, Fett).

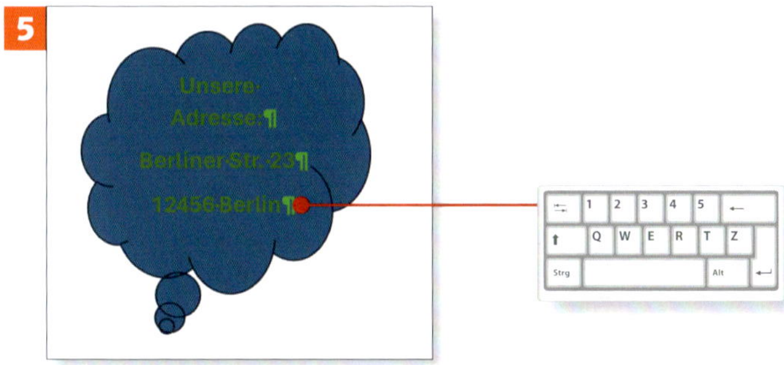

Schritt 6

Die Form soll keine farbige Füllung haben. Markieren Sie sie und klicken Sie auf der Registerkarte **Formformat** auf **Fülleffekt**. Wählen Sie im Menü **Keine Füllung**.

Einladungskarte (Forts.)

7

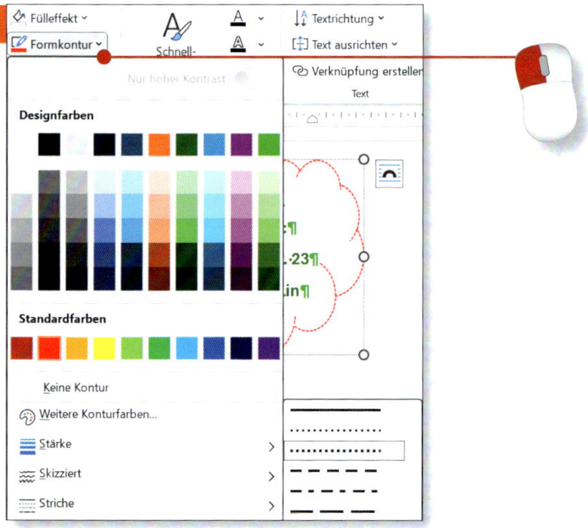

8

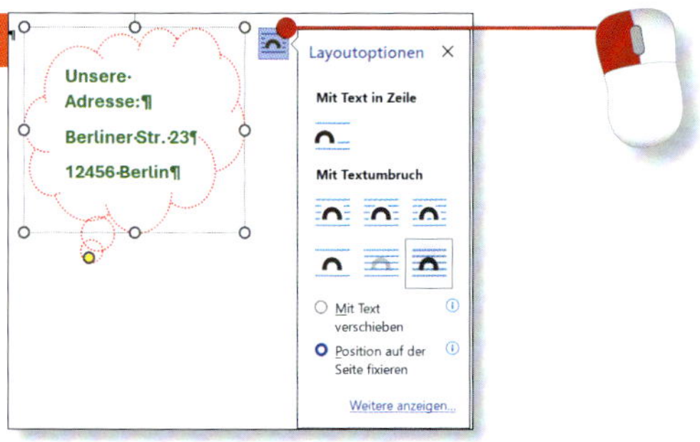

9

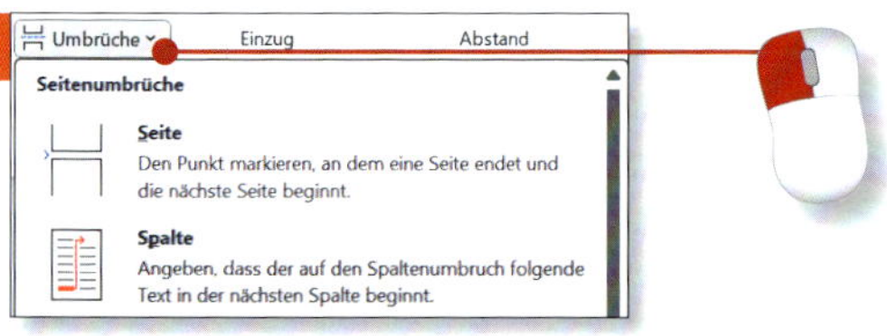

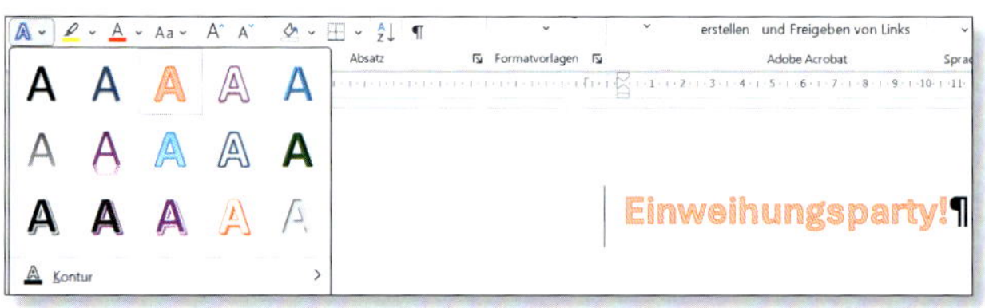

Schritt 7

Wenn Sie möchten, können Sie auch den Umriss noch ein wenig bearbeiten, z. B. mit einer Farbe und einer anderen Strichart (**Formkontur ▸ Striche**).

Schritt 8

Ziehen Sie die Form mittig auf die Seite. Klicken Sie dann auf die Schaltfläche **Layoutoptionen** und aktivieren Sie ganz unten die Option **Position auf der Seite fixieren**.

Schritt 9

Fügen Sie über **Layout ▸ Umbrüche ▸ Spalte** einen Spaltenumbruch ein. Für den Text auf der Vorderseite der Klappkarte wählen Sie einen großen Schriftgrad, z. B. **36 Pt.** und als Texteffekt (über die Schaltfläche **Texteffekte**) die Option **Füllung – Orange, Akzent 2**.

Schritt 10

Der Texteffekt wird mit einer 3D-Wirkung noch etwas »aufgepeppt«. Markieren Sie den Text und öffnen Sie über **Texteffekte ▸ Spiegelung ▸ Spiegelungsoptionen** (oder über die anderen Untermenüs der Effekte) den Aufgabenbereich **Texteffekte formatieren**.

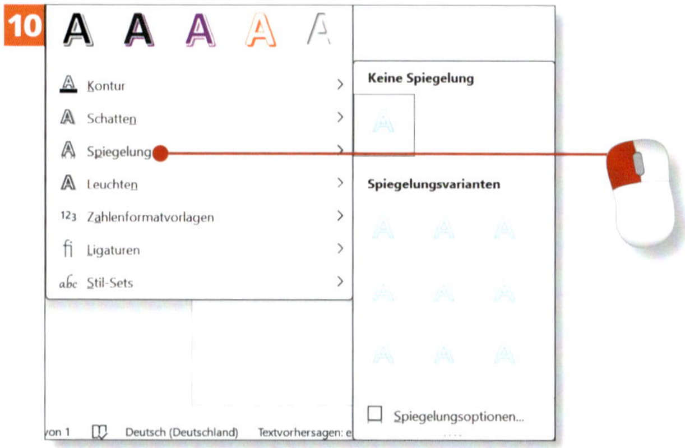

Schritt 11

Aktivieren Sie im Aufgabenbereich die Kategorie **3D-Format**. Klicken Sie auf das Symbol **Abschrägung oben** und wählen Sie **Leichte Absenkung**. Für eine kräftigere Kontur ist im Feld **Material** ❶ die Variante **Dunkle Kante** eingestellt. (Den Effekt sehen Sie in Schritt 18.)

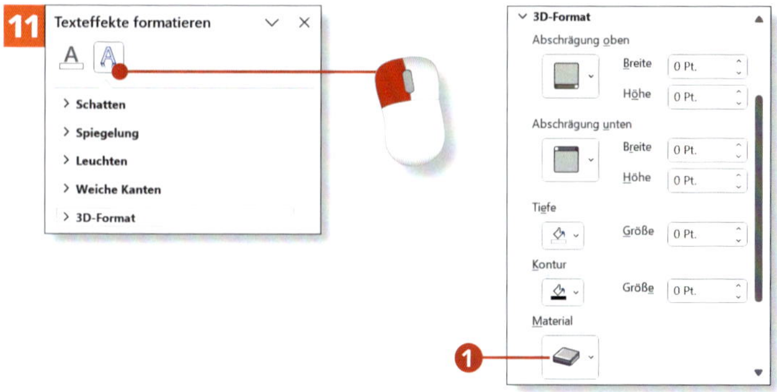

Schritt 12

Auf der Vorderseite fügen Sie ein Bild ein. Falls Sie kein passendes Bild haben, öffnen Sie **Einfügen ▸ Bilder ▸ Onlinebilder** vund suchen nach einem Bild. Markieren Sie die gewünschte Grafik und klicken Sie auf **Einfügen**.

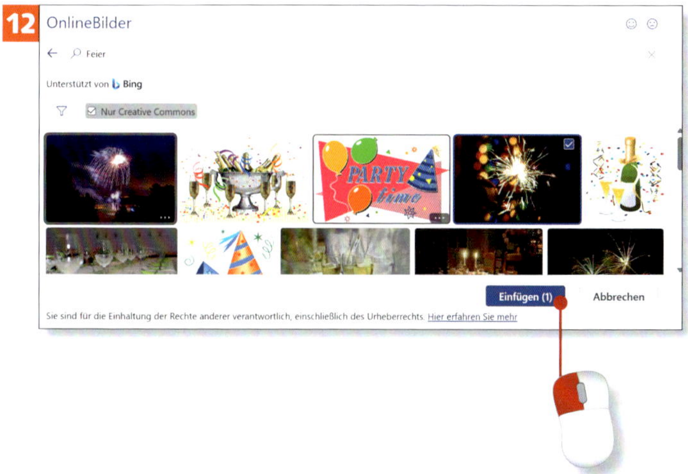

!

Lizenz beachten

Bei der Nutzung von Online-Bildern müssen Sie zwingend die Lizenzbedingungen beachten. Die Grafik aus dem Beispiel stammt von *pixabay.com*.

Einladungskarte (Forts.)

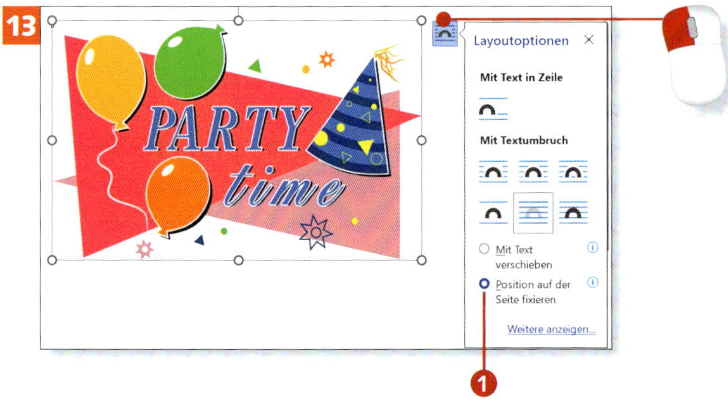

Schritt 13

Passen Sie die Größe der Grafik an, positionieren Sie sie und setzen Sie sie in den Hintergrund. Dazu klicken Sie auf **Layoutoptionen** und wählen die Textumbruchart **Hinter den Text** (wegen einer Zeile, die später noch hinzugefügt wird). Aktivieren Sie im Menü auch gleich die Option **Position auf der Seite fixieren** ❶.

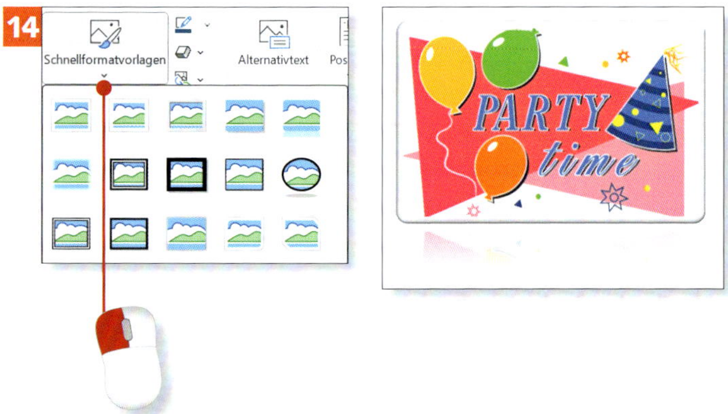

Schritt 14

Über eine Formatvorlage erhält das Bildchen einen besonderen Pfiff. Markieren Sie das Bild und klicken Sie auf der Registerkarte **Bildformat** auf den Pfeil der Rubrik **Schnellformatvorlagen**. Wählen Sie im Menü z. B. **Reflektierte Abschrägung, weiß**.

Schritt 15

Wandern Sie mit der [↵]-Taste ein wenig nach unten und schreiben Sie die nächste Zeile. Markieren Sie die Zeile, stellen Sie Schriftgrad 20 Pt. ein und nutzen Sie je nach Wunsch Texteffekte (im Beispiel **Schatten ▸ Offset: Mitte**) und/oder eine Schriftfarbe.

Schritt 16

Zu guter Letzt fügen Sie noch ein Textfeld ein, damit Sie einen Text frei auf der Seite positionieren können. Klicken Sie auf der Registerkarte **Einfügen** auf **Textfeld ▸ Textfeld erstellen**. Ziehen Sie das Textfeld mit gedrückter Maustaste auf.

Schritt 17

Schreiben Sie den Text in das Textfeld. Um es zu positionieren, zeigen Sie mit der Maus auf den Rand, sodass der Vierfachpfeil erscheint. Dann ziehen Sie das Textfeld an die passende Stelle. Formatieren Sie den Text und/oder das Textfeld (auf der Registerkarte **Formformat**) nach Lust und Laune.

Schritt 18

Stellen Sie den Zoom so ein, dass Sie beide Seiten des Flyers und alle Elemente gut sehen. Nehmen Sie Änderungen vor, wenn Sie noch nicht zufrieden sind. Speichern Sie Ihr Dokument. Soll die Karte in großen Stückzahlen anfertigt werden, speichern Sie sie am besten auch im PDF-Format.

16

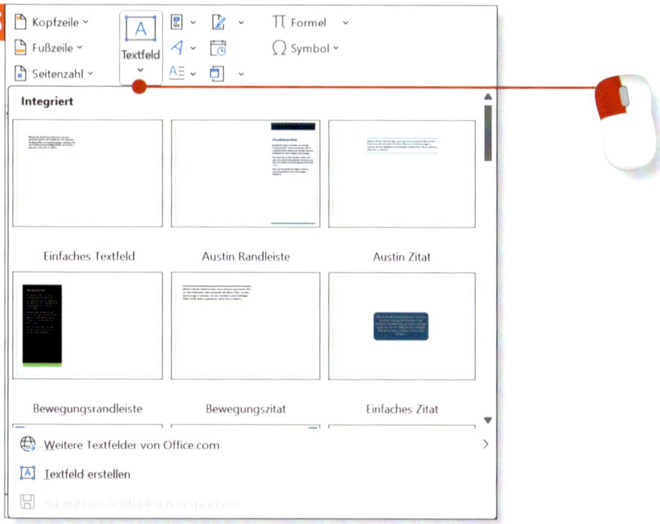

17

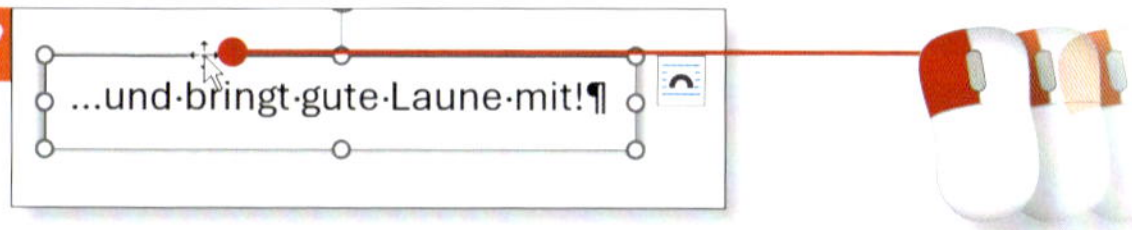

18

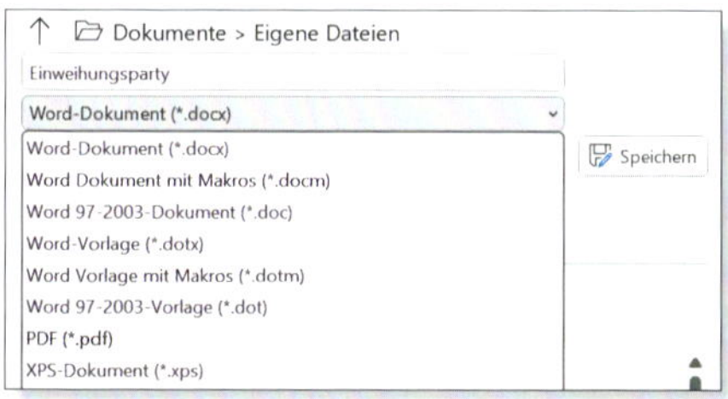

Rechnung

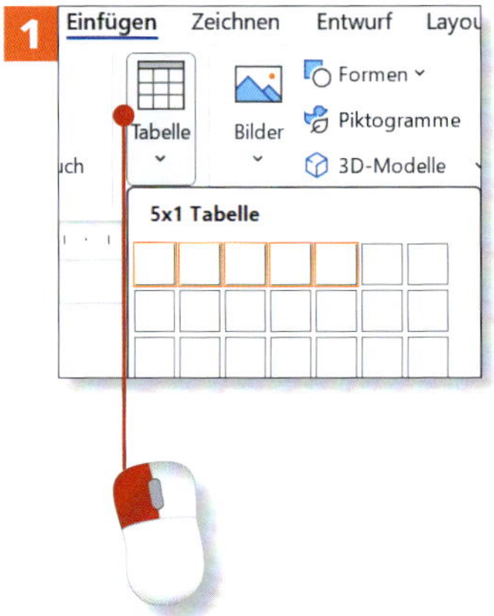

Rechnungen kann man mit Excel schreiben, aber auch Word bietet dafür gute Möglichkeiten – sogar Rechenoperationen können Sie an Word delegieren. Der Clou ist, dass sich die Ergebnisse anpassen lassen, wenn sich die zugrunde liegenden Zahlen ändern.

Schritt 1

Für eine klassische Rechnung benötigen Sie fünf Spalten. Legen Sie also über **Einfügen ▸ Tabelle** fünf Spalten an. Um die Anzahl der Zeilen brauchen Sie sich nicht zu kümmern.

Schritt 2

In der ersten Zeile der Tabelle stehen die Überschriften. Geben Sie z. B. »POS«, »Produktbezeichnung«, »Menge«, »Einzelpreis« und »Gesamt« ein.

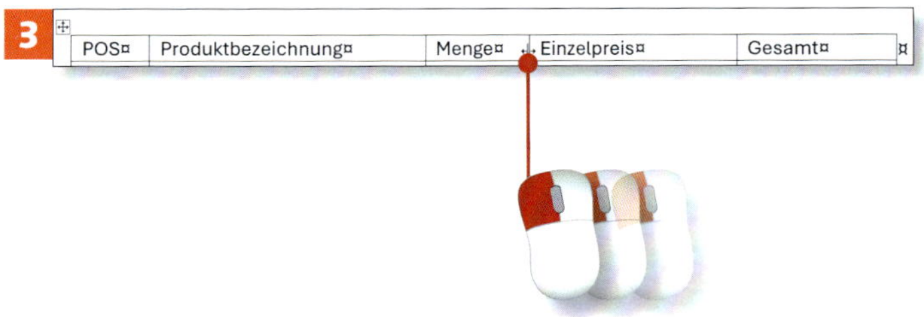

Schritt 3

Passen Sie die Spaltenbreite an. Die Spalte *POS* enthält lediglich eine Nummer, kann also sehr schmal sein, ebenso die Spalte *Menge*. Setzen Sie den Cursor an die rechte vertikale Linie und ziehen Sie sie mit gedrückter Maustaste nach links.

Euro-Zeichen

Das Euro-Zeichen erzeugen Sie, indem Sie die Taste [AltGr] gedrückt halten und [E] drücken.

Schritt 4

Setzen Sie den Cursor in die letzte Spalte und drücken Sie für eine neue Zeile die [Tab]-Taste. Schreiben Sie nun den Text für die Rechnung. Die Spalte *Gesamt* lassen Sie jeweils frei, da Sie die Aufgabe der Berechnung (Menge × Einzelpreis) später Word überlassen.

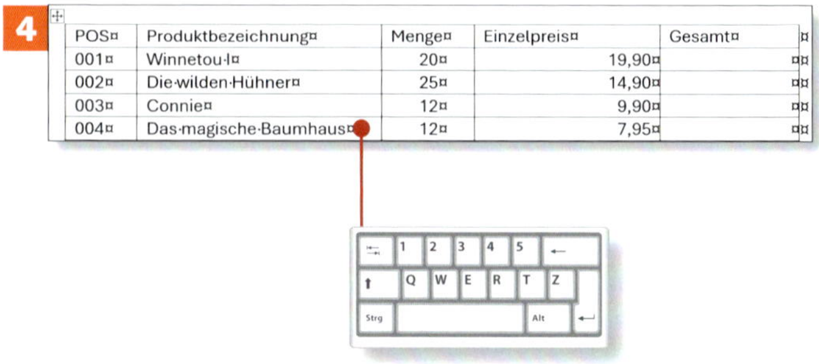

Schritt 5

Formatieren Sie nun die erste Zeile der Rechnung (markieren Sie dazu die gesamte Zeile). Wählen Sie z. B. Schriftgrad **14 Pt.** ❶ und legen Sie für die *Menge* die Ausrichtung **Zentriert** fest und für *Einzelpreis* und *Gesamt* **Rechtsbündig**.

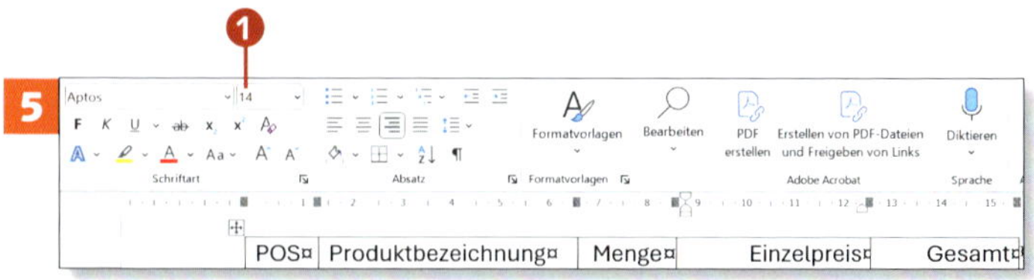

Schritt 6

Wenn die Linien teils nichts zu sehen sein sollen, markieren Sie die Tabelle und entfernen zunächst alle Linien. Klicken Sie dazu auf der Registerkarte **Tabellenentwurf** auf **Rahmen ▸ Kein Rahmen**.

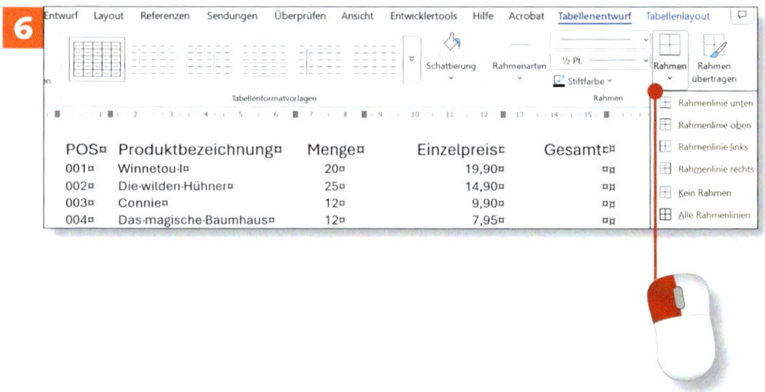

Zeilen markieren

Sie können eine Zeile markieren, indem Sie den Mauszeiger links neben die Zeile setzen (Sie sehen einen Pfeil) und dann klicken.

Rechnung (Forts.)

7

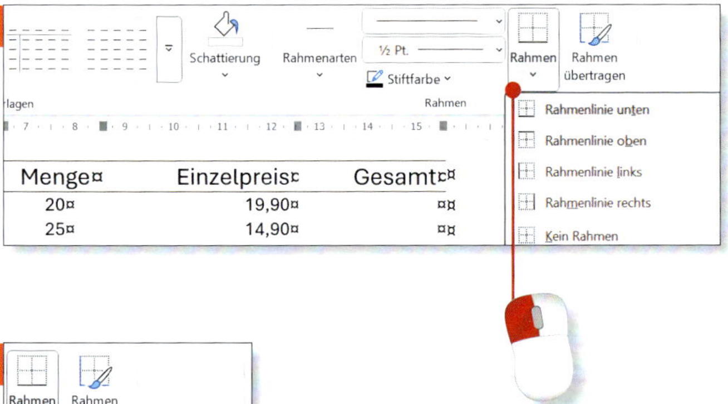

Schritt 7

Markieren Sie nun die erste Zeile. Wählen Sie im Menü der Schaltfläche **Rahmen** die Option **Rahmenlinie unten** und **Rahmenlinie oben**.

8

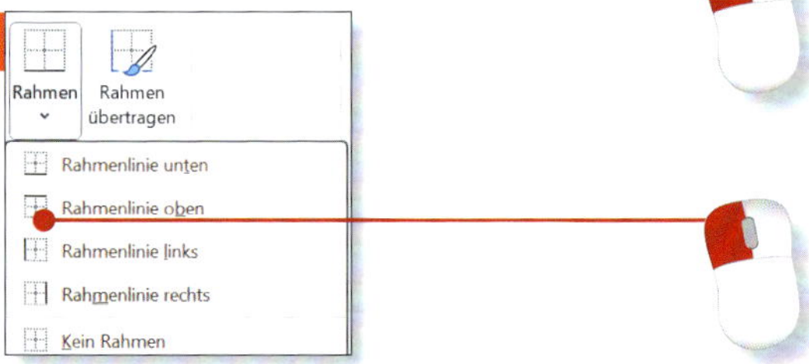

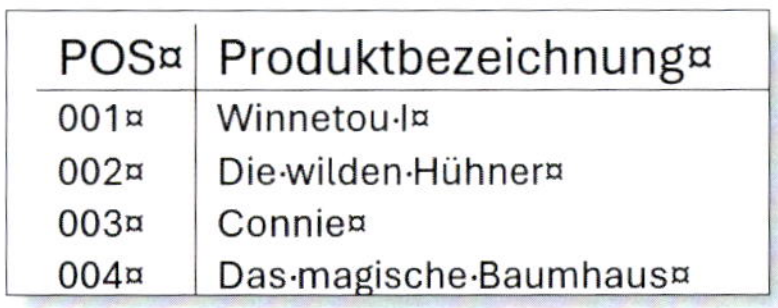

Schritt 8

Für einzelne vertikale Linien markieren Sie die entsprechende Spalte und wählen z. B. **Rahmenlinie rechts**.

9

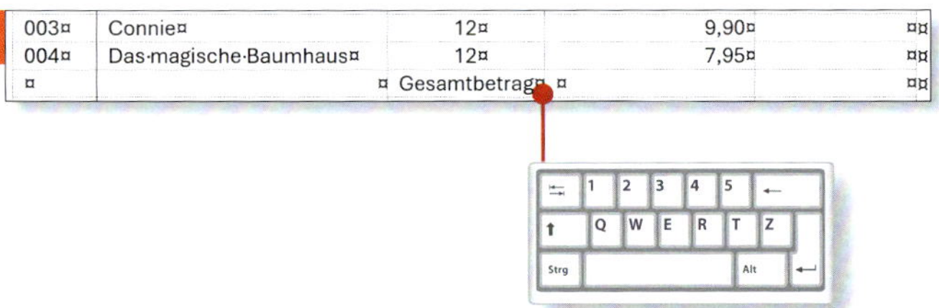

Schritt 9

Fügen Sie eine neue Zeile hinzu. Setzen Sie den Cursor dazu in die letzte Zelle und drücken Sie [Tab]. Schreiben Sie »Gesamtbetrag« in die dritte Spalte.

i

Gitternetzlinien

Ob Sie nach der Formatierung der Linien noch »zarte« Linien auf dem Bildschirm sehen oder nicht, hängt davon ab, ob Sie die Gitternetzlinien anzeigen lassen oder nicht. Sie (de)aktivieren sie auf der Registerkarte **Tabellenlayout** über die Schaltfläche **Gitternetzlinien anzeigen**.

Schritt 10

Fügen Sie zwei weitere Zeilen hinzu. Schreiben Sie »Mehrwertsteuer« in die dritte Spalte und »19 %« in die vierte. (Der Eintrag »19 %« gehört in eine neue Zelle, damit Sie mit ihm rechnen können.) In die letzte Zeile schreiben Sie »Bruttobetrag«.

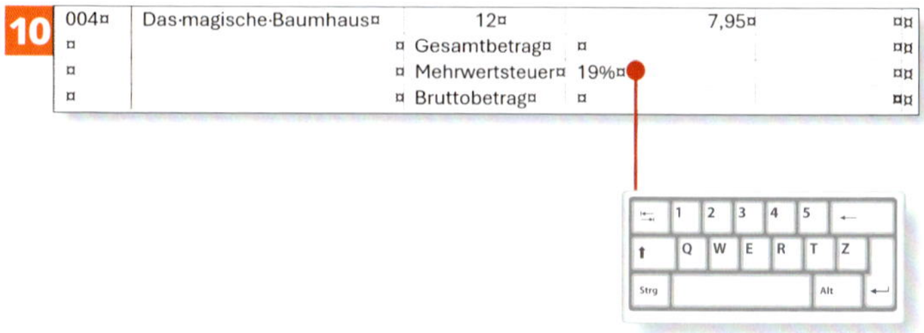

Schritt 11

Auch über der Zeile *Gesamtbetrag* soll eine Linie zu sehen sein. Markieren Sie also die Zeile und wählen Sie im Menü der Schaltfläche **Rahmen** die Option **Rahmenlinie oben**.

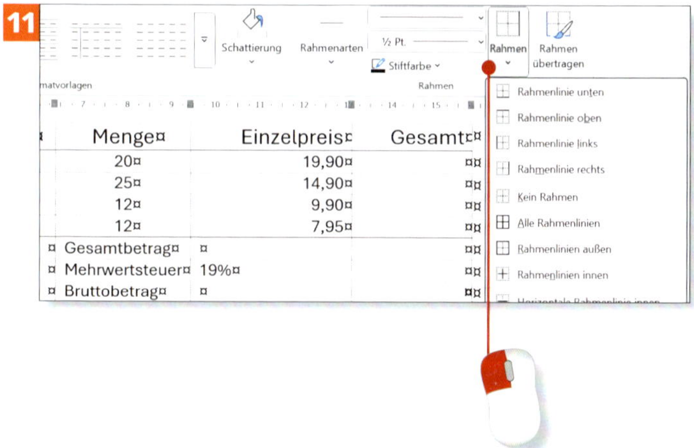

Schritt 12

Für eine doppelte Linie unterhalb der Zeile mit dem Bruttobetrag öffnen Sie den Dialog **Rahmen & Schattierung** (über **Rahmen ▸ Rahmen und Schattierung**). Wählen Sie in der Liste **Formatvorlagen** eine doppelte Linie ❷ und klicken Sie danach auf das Symbol für eine Linie unten ❸. Bestätigen Sie mit **OK**.

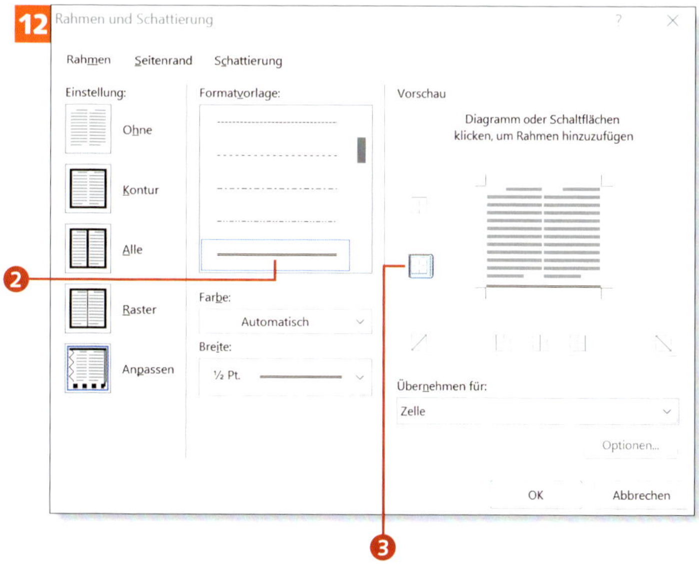

Rechnung (Forts.)

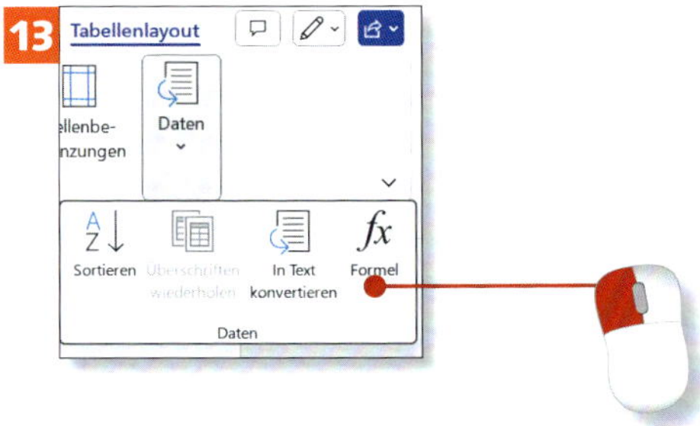

Schritt 13

Die Tabelle ist vorbereitet; nun fehlen noch die berechneten Beträge. Setzen Sie den Cursor in die erste Zeile der Spalte *Gesamt*. Klicken Sie auf der Registerkarte **Tabellenlayout** auf **Formel**.

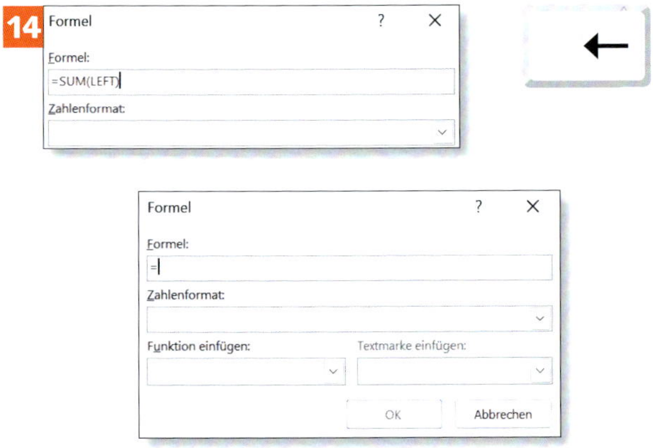

Schritt 14

Im Dialog **Formel** geben Sie die Berechnung ein. Word schlägt **SUM** vor, was an dieser Stelle nicht passt, weil Sie multiplizieren wollen. Löschen Sie die Formel, aber nicht das Gleichheitszeichen. (Die Angabe **LEFT** besagt, dass die Zahlen, mit denen Sie rechnen wollen, links vom Cursor stehen.)

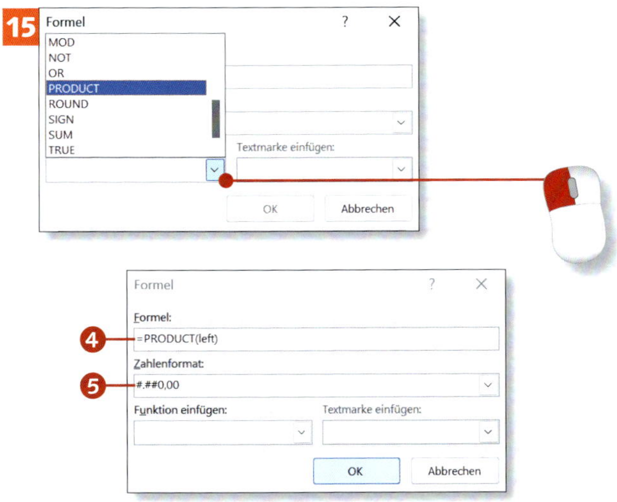

Schritt 15

Wählen Sie im Feld **Funktion einfügen** die Funktion **PRODUCT**. In die Klammer im Feld **Formel** schreiben Sie dann »left« ❹. Im Feld **Zahlenformat** wählen Sie ein Format mit zwei Nachkommastellen ❺. Bestätigen Sie die Formel mit **OK**.

»LEFT« und »ABOVE«

Word akzeptiert auch deutsche Begriffe. Anstelle von »LEFT« können Sie auch »links« schreiben; anstelle von »ABOVE« geht auch »über«.

Schritt 16

Diese Formel setzen Sie auch für die nächsten drei Zeilen ein. In der Zelle, in der der Gesamtbetrag zu errechnen ist, übernehmen Sie den Vorschlag **=SUM(ABOVE)** mit **OK**, denn es geht ja darum, die Summe der Zahlen über dem Cursor zu bilden.

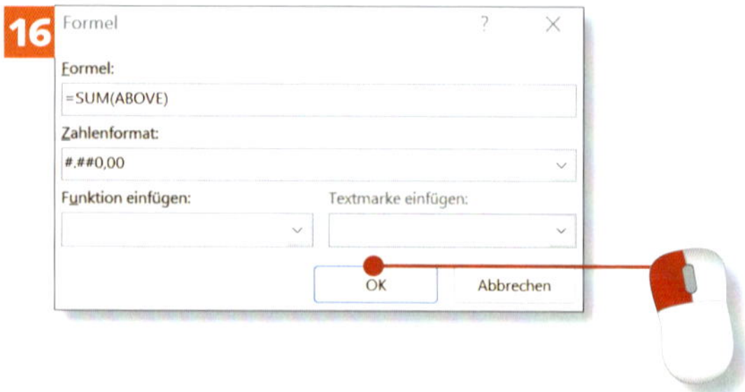

Schritt 17

Bei der Zelle mit der Mehrwertsteuer geben Sie im Feld **Formel** »=e6*19%« ein. (Angefangen bei »a« ist die letzte Spalte »e« und »6« die sechste Zeile. »e6« ist also die »Adresse« der Zelle mit dem Gesamtbetrag.) Für die Zelle mit dem Bruttobetrag schreiben Sie »=e6+e7«.

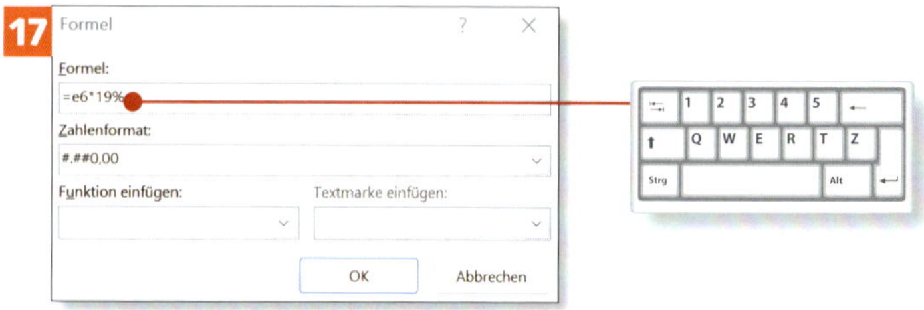

Schritt 18

Alle Beträge sind errechnet. Dass es sich um aktualisierbare Felder handelt, erkennen Sie auch an der Feldschattierung. Um die Berechnung bei Änderungen der Basisdaten zu aktualisieren, markieren Sie die gesamte Tabelle und drücken F9.

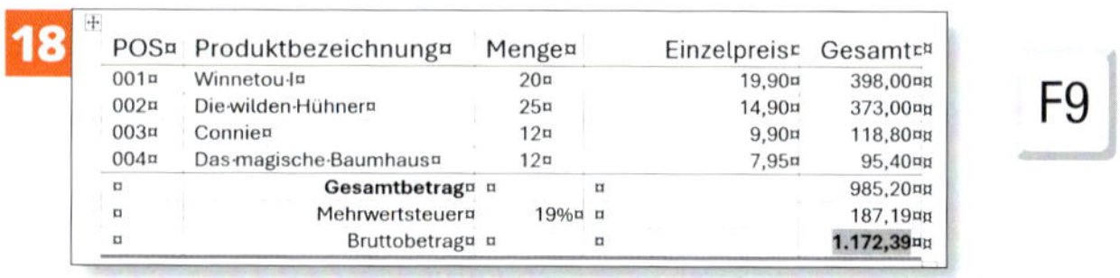

Berechnungen über Word

Die Berechnungen ließen sich auch mit einem Taschenrechner erledigen, allerdings müssten Sie dann bei Änderungen an den Basisdaten immer wieder neu rechnen und könnten nicht einfach aktualisieren.

Glossar

Absatz

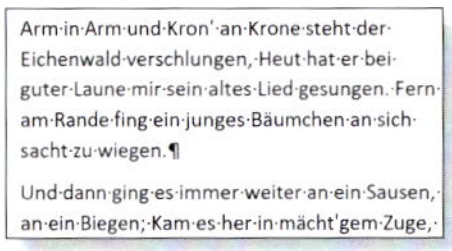

Ein Absatz ist der Text zwischen zwei Absatzmarken. Sobald Sie die [↵]-Taste drücken, erzeugen Sie einen neuen Absatz, der beendet wird, wenn Sie erneut [↵] drücken. Dazwischen steht Fließtext, also fortlaufender Text.

Absatzmarke

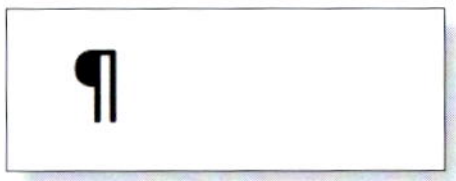

Die Absatzmarke wird erzeugt, wenn Sie in einem Word-Text [↵] drücken. Sie gehört zu den Formatierungszeichen, die im Ausdruck nicht sichtbar sind.

Ausrichtung

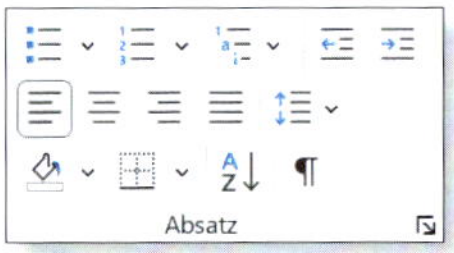

Die Ausrichtung bezieht sich auf die Anordnung von Absätzen auf einer Seite. Standardmäßig ist sie linksbündig (die ersten Zeichen stehen Zeile für Zeile untereinander). Absätze können aber auch zentriert, rechtsbündig oder im Blocksatz ausgerichtet werden.

Aufzählungszeichen

Aufzählungszeichen werden einzelnen Zeilen einer Liste vorangestellt. Sie verdeutlichen die Struktur der Liste und heben sie vom Fließtext ab.

Bildlaufleiste

Die Bildlaufleiste (auch *Scrollbalken* genannt) befindet sich in vielen Programmfenstern am rechten und am unteren Rand. Mit ihrer Hilfe können Sie innerhalb der Fenster navigieren, indem Sie mit gedrückter Maustaste an dem Balken ziehen oder auf die Pfeile klicken.

Copilot

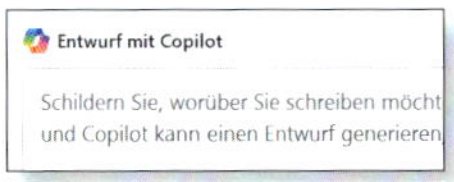

Hinter Copilot verbirgt sich die KI-Assistenz von Microsoft 365. In Word können Sie mithilfe von Copilot unter anderem Text generieren und Text durchsuchen oder zusammenfassen lassen.

Cursor

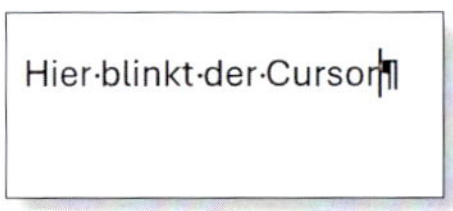

Der Cursor (auch *Einfügemarke* genannt) kennzeichnet die aktuelle Bearbeitungsposition in einem Computerprogramm. Bei einem Textverarbeitungsprogramm zeigt er z. B. die Stelle auf dem Bildschirm, an der Tastatureingaben eingefügt werden. Er wird meist als senkrechter Strich dargestellt.

Glossar

Datei

Eine Datei besteht aus inhaltlich zusammengehörigen Daten, die unter einem Dateinamen und in einem bestimmten Dateiformat auf einem Datenträger (Speichermedium) gespeichert sind. Dateien sind »persistent«, d.h., sie gehen auch dann nicht verloren, wenn Sie das Programm beenden.

Dateiformat

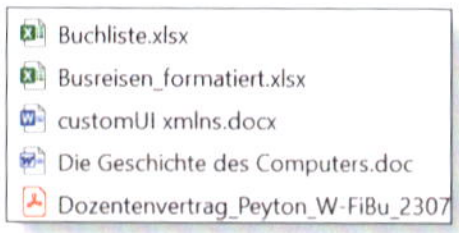

Das Dateiformat legt den Inhalt von Dateien fest und ist bestimmten Anwendungsprogrammen zugeordnet. Wichtig ist dabei die Einhaltung der vereinbarten Konventionen über die Strukturierung der Informationen eines bestimmten Datentyps (z.B. Text oder Audio). Nur so können die Anwendungsprogramme diese Dateiformate lesen. Ein Dateiformat wird durch seine Erweiterung gekennzeichnet, z.B. *.docx* für Word-Dateien.

Design

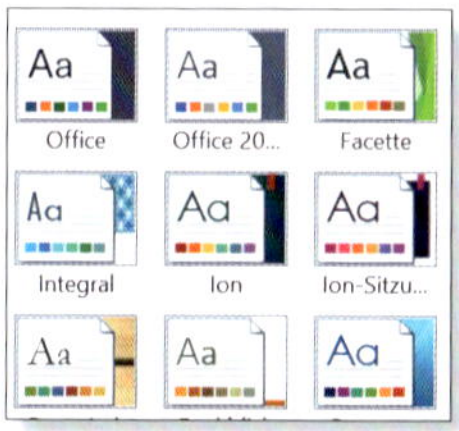

Das gewählte Design bestimmt das Aussehen des gesamten Dokuments, einschließlich seiner Schriftarten, -farben oder Texteffekte. Word bietet im Dateiformat *.docx* zahlreiche Designs an.

Drag & Drop

Drag & Drop ist eine Methode, um Text auszuschneiden und einzufügen. Sie markieren den Text und ziehen ihn (engl. *drag*) mit gedrückter Maustaste an die gewünschte Stelle im Dokument. Dort lassen Sie ihn »fallen« (engl. *drop*), indem Sie die Maustaste loslassen.

Dokumentvorlage

Dokumentvorlagen sind vorgefertigte Dokumente. Sie können Formatierungen, Text und andere Elemente enthalten. Selbst erstellte Dokumente werden unter **Benutzerdefinierte Office-Vorlagen** gesammelt. Word bietet viele Vorlagen zu unterschiedlichen Themen, die Sie aus dem Internet herunterladen können.

Einzug

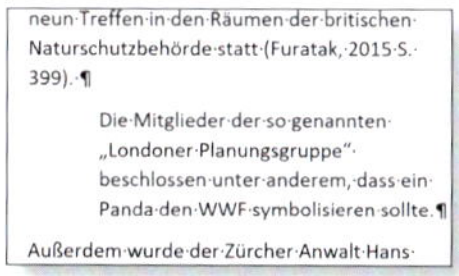

Wenn man Text ein wenig vom eingestellten Seitenrand aus einrückt (meistens vom linken Seitenrand), spricht man von einem Einzug. Der Befehl wirkt sich auf den Absatz aus, in dem der Cursor steht.

Glossar

Entwurfsansicht

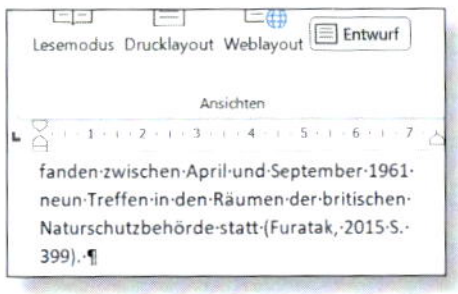

Die Entwurfsansicht ist eine der möglichen Ansichten in Word. Im Gegensatz zum Seitenlayout werden hier keine Ränder, Seitenumbrüche o. Ä. angezeigt; das Dokument sieht also nicht so aus wie der Ausdruck.

Fingereingabe

Sofern Sie an einem Touchscreen arbeiten, können Sie die Funktionen eines Programms durch Berührung mit dem Finger bedienen. Word bietet dazu einen speziellen Fingereingabemodus an, in dem die Abstände zwischen den Schaltflächen größer sind, sodass man sie besser »treffen« kann.

Formatieren

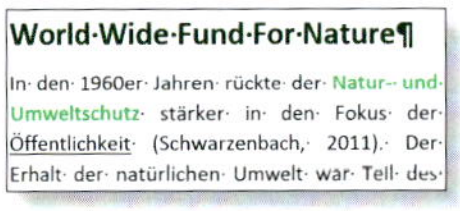

Die optische Gestaltung eines Textes nennt man Formatieren. Man unterscheidet zwischen der *Zeichenformatierung* (der Veränderung einzelner markierter Zeichen), der *Absatzformatierung* (der Bearbeitung von Absätzen) und der *Seitenformatierung* (der Bearbeitung des ganzen Dokuments oder einzelner Abschnitte).

Formatierungszeichen

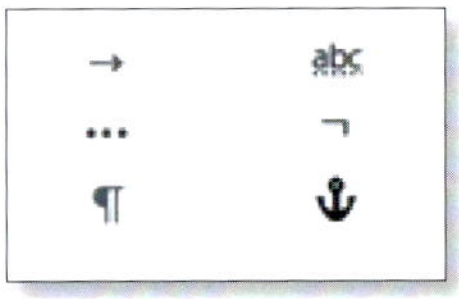

Die Formatierungszeichen wie Absatzmarken und Leerzeichen helfen Ihnen, Ihre Dokumente zu steuern, zu strukturieren und zu korrigieren. Sie sind – mit der Einstellung **Alle anzeigen** – nur auf dem Bildschirm, aber nicht im Ausdruck zu sehen.

Formatvorlage

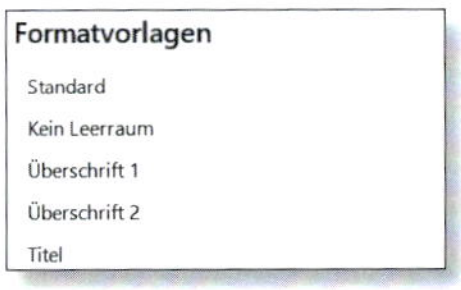

Formatvorlagen sind gebündelte Formatierungen (z. B. eine bestimmte Schriftart oder Schriftgröße), die man einem Absatz per Mausklick zuweisen kann. Auf diese Weise können Sie Textabschnitte schnell und gleichbleibend formatieren. Es gibt fertige Formatvorlagen (z. B. **Überschrift 1**), die sich anpassen lassen.

Formen

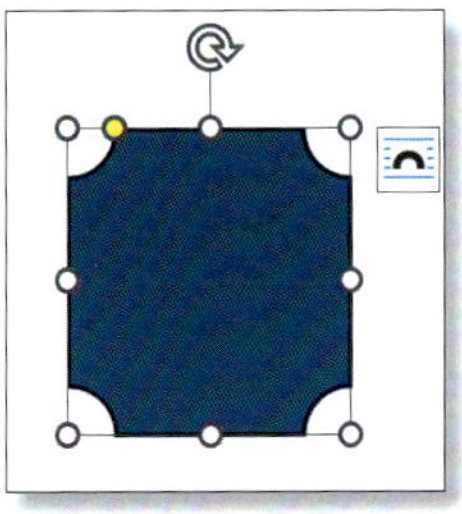

Formen sind von Office angebotene vorgefertigte grafische Elemente wie Rechtecke, Kreise, Pfeile etc., die man mit gedrückter Maustaste aufzieht. Danach können diese Formen bearbeitet und gestaltet werden.

Glossar

Fußnote

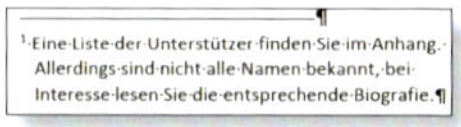

Fußnoten sind Texte, die an den Fuß einer Seite geschrieben werden. Bei ihnen handelt es sich um Ergänzungen zum Textinhalt, z. B. Literaturhinweise, Quellenangaben oder Kommentare. Fußnotenzeichen im Text verweisen auf die Fußnoten, denen das entsprechende Zeichen ebenfalls vorangestellt wird.

Fußzeile

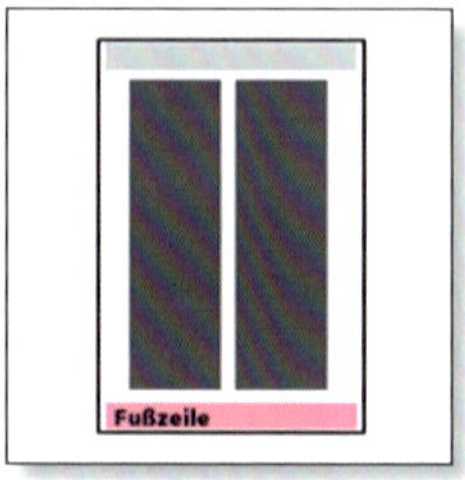

Die Fußzeile ist der Bereich am Fuß der Seite, der den Text aufnimmt, der auf jeder Seite des Dokuments stehen soll. Die Wiederholung des Textes erfolgt automatisch. Typischerweise wird der Fußzeilenbereich für Seitenzahlen, bei Briefen aber auch für Kontaktdaten, die Bankverbindung, die Handelsregisternummer etc. genutzt.

Hochformat

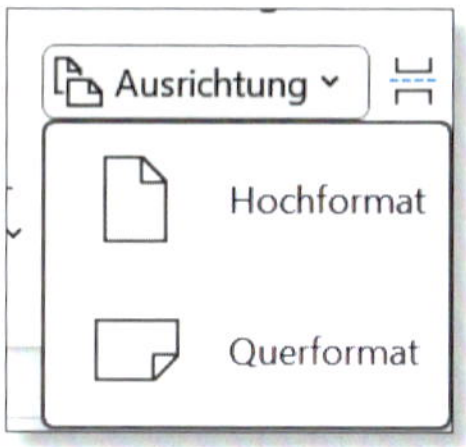

Das Hochformat beschreibt eine Seite, bei der sich die kürzeren Blattkanten oben und unten befinden. Öffnet man ein neues Dokument in Word, ist standardmäßig das Hochformat eingestellt. Das Pendant (mit den längeren Blattkanten oben und unten) ist das Querformat.

Kopfzeile

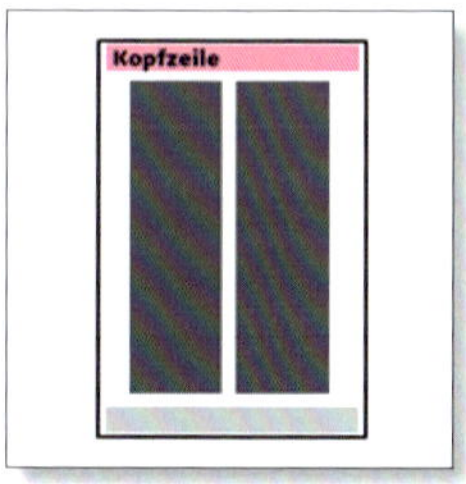

Die Kopfzeile ist der Bereich am Kopf der Seite, der Text aufnimmt, der auf jeder Seite des Dokuments stehen soll. Die Wiederholung des Textes erfolgt automatisch. Oft steht in der Kopfzeile ein Firmenname, die Überschrift des Kapitels oder der Name des Dokuments.

Kopieren

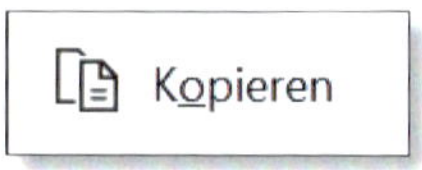

Kopieren bedeutet in der Textverarbeitung, dass eine Textpassage mithilfe des Befehls **Kopieren** dupliziert wird. Die kopierte Textpassage landet in der Zwischenablage und kann dann an anderer Stelle eingefügt werden.

Glossar

Kursivierung

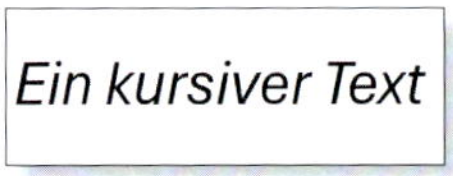

Die Kursivierung ist eine Art, Schrift besonders zu gestalten (man nennt das auch »auszeichnen«). Sie dient zur Hervorhebung innerhalb von Texten und Textpassagen. Kursivschrift läuft im Gegensatz zur normalen Schrift schräg (normalerweise nach rechts geneigt).

Laufweite

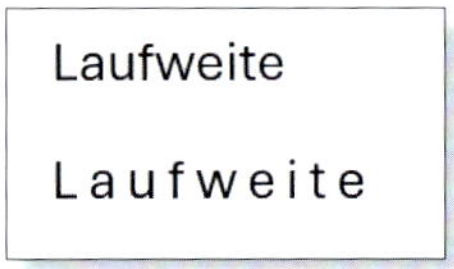

Die Laufweite bezeichnet den Abstand zwischen den Zeichen einer Schrift. In Word kann man die Standardlaufweite einer Schrift sowohl verkleinern (um die Zeichen näher zusammenrücken zu lassen) als auch erweitern (sodass sich der Abstand zwischen den Zeichen vergrößert).

Lesemodus

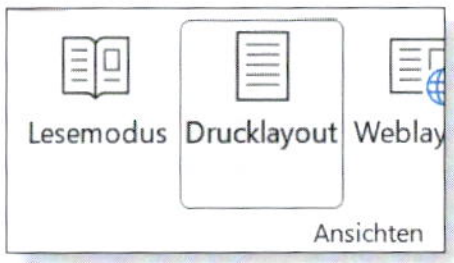

Im Lesemodus wird ein Dokument ohne Menüband wie ein Buch angezeigt. Links und rechts gibt es Pfeile zum Blättern.

Lineal

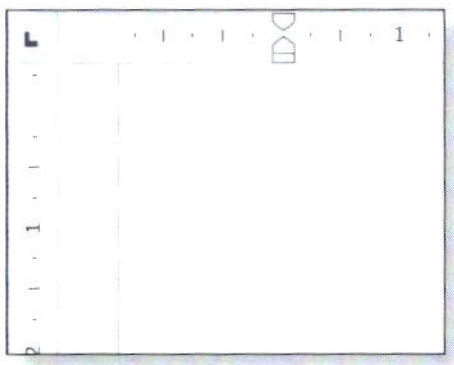

In Word lassen sich Lineale anzeigen. Es gibt das horizontale Lineal am oberen Bildschirmrand und ein vertikales Lineal am linken Rand. Beide sind in Zentimeter gegliedert und zeigen u.a. die Breite der Seitenränder an.

Link

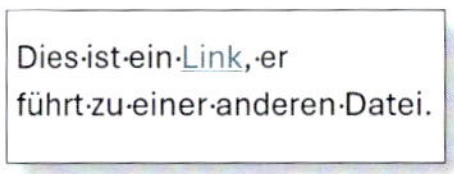

Ein Link ist eine sogenannte Sprungadresse, die zu einem anderen Ziel führt, z. B. zu einer Datei oder einer Website. Sie kennen Links vor allem vom Surfen im Internet, aber Links lassen sich auch in ein Word-Dokument einfügen.

Markieren

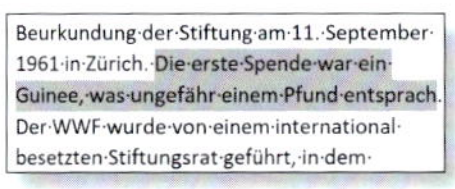

Markieren bedeutet, dass man eine Anzahl von Zeichen auswählt, um Word »mitzuteilen«, dass mit diesem Text etwas passieren soll (z. B. formatieren oder kopieren). Üblicherweise markieren Sie mit der linken Maustaste, es geht aber auch mit anderen Methoden, z. B. mit Tastenkombinationen, Mausklicks an bestimmten Stellen und Funktionen.

Glossar

Querformat

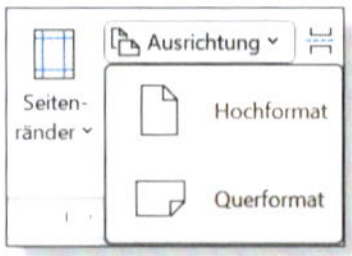

Das Querformat beschreibt eine Seite, bei der sich die längeren Blattkanten oben und unten befinden. Es eignet sich z. B. für Tabellen mit vielen Spalten.

Rechtschreib-prüfung

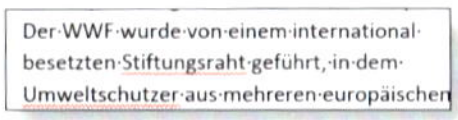

Die Rechtschreibprüfung in Word überprüft den geschriebenen Text anhand eines programmeigenen Wörterbuchs. Wurde ein Wort nicht so geschrieben, wie es im Wörterbuch steht, oder ist der Begriff unbekannt, erscheint unter dem Wort eine rote Wellenlinie.

Registerkarte

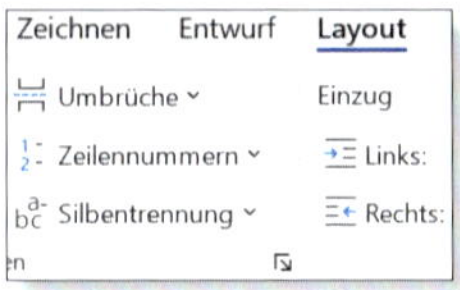

Registerkarten sind die Bereiche auf dem Menüband, auf denen zu unterschiedlichen Themen passende Befehle und Funktionen gesammelt sind. Mit einem Klick auf den jeweiligen Reiter wechseln Sie die Registerkarten. Auch Dialogfenster können mehrere Registerkarten beinhalten.

Schnellbaustein

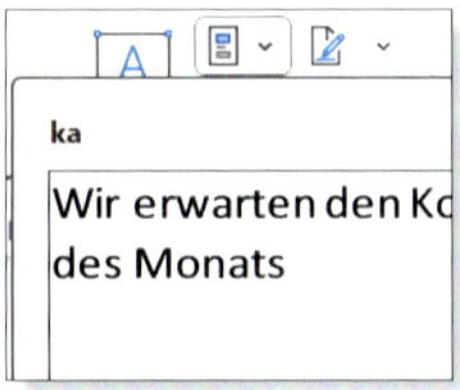

Für Texte (Sätze, Textabschnitte etc.), die man häufig schreiben muss, kann man Schnellbausteine erstellen. Mit einem einfachen Tastendruck lassen sich diese Bausteine beliebig oft in neue Dokumente einfügen.

Schriftart

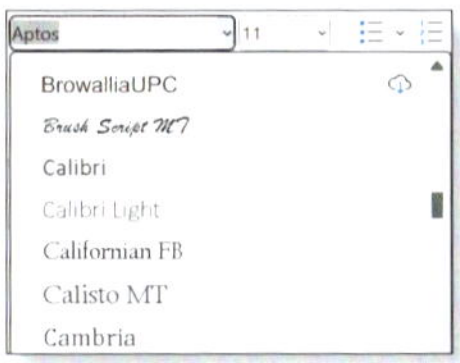

Als Schriftart bezeichnet man die grafische Gestaltung eines Zeichensatzes. Zur Unterscheidung ihrer typografischen Eigenschaften erhalten Schriften Namen, z. B. *Arial*, *Calibri* oder *Times New Roman*. Word wird standardmäßig mit einer Menge verschiedener Schriftarten ausgeliefert.

Seitenlayout

Das Seitenlayout bzw. Layout bezieht sich sowohl auf die eingestellten Seitenränder eines Dokuments als auch auf die Ausrichtung des Blattes. Dabei unterscheidet man zwischen Hochformat und Querformat.

Seitenumbruch

Wenn das Ende einer Seite erreicht ist, wandert Word automatisch auf die nächste Seite. Dies ist der Seitenumbruch. Um an einer bestimmten Stelle einen Seitenumbruch einzufügen, drücken Sie die Tasten Strg + ↵.

Glossar

Serienbrief

Ein Serienbrief ist ein Dokument, das an mehrere Empfänger versendet wird. Eine Datenquelle enthält die variablen Elemente, z. B. die Namen der Empfänger und ihre Adressen. Diese werden mithilfe von Feldern in die Textvorlage (das Dokument) integriert. Durch das Zusammenführen des Dokuments mit der Datenquelle ergeben sich die fertigen Serienbriefe.

Seriendruckfeld

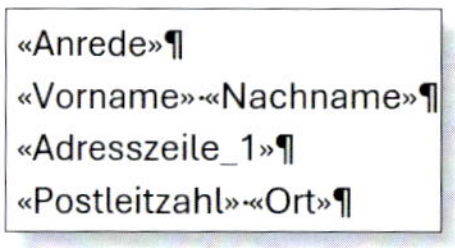

Seriendruckfelder werden als Platzhalter in das Serienbriefdokument mit den nichtvariablen Elementen eingefügt. Nach dem Zusammenführen mit der Datenquelle werden die Seriendruckfelder durch die Angaben ersetzt, die in den Datensätzen der Datenquelle gespeichert sind.

Spalte

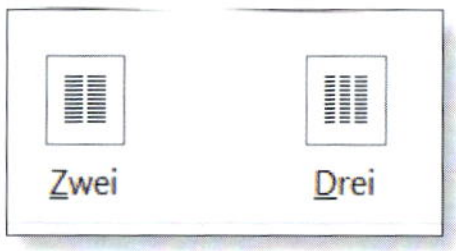

Ein Dokument kann einspaltig geschrieben sein (Standard) oder in mehrere Spalten unterteilt werden. Die Zeilen werden am Ende der Spalte umbrochen. Am Ende einer Spalte springt der Cursor zum Anfang der nächsten Spalte (oder in die erste Spalte der Folgeseite).

Statusleiste

Die Statusleiste befindet sich am unteren Rand des Word-Fensters. Hier werden unter anderem Informationen über die Anzahl der Seiten und Wörter angezeigt. Rechts in der Statusleiste können Sie den Zoom einstellen oder die Ansicht ändern.

Tabelle

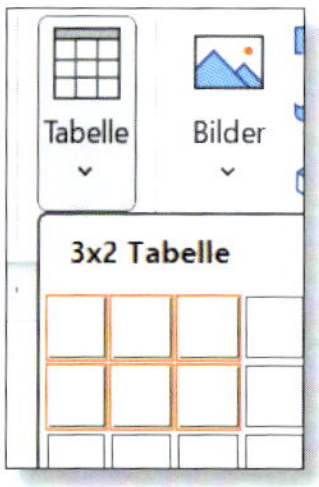

Eine Tabelle ist eine geordnete Zusammenstellung von Texten und/oder Daten. Die Inhalte werden dabei in Zeilen und Spalten gegliedert. Um in Word mit einer Tabelle zu arbeiten, fügen Sie sie einfach mit der gewünschten Spalten- und Zeilenanzahl in das Dokument ein.

Tabellenspalte

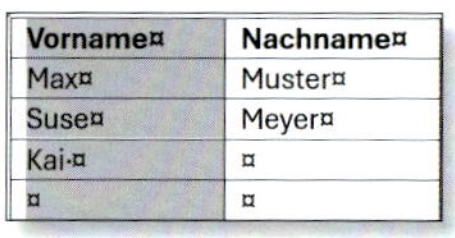

Vorname¤	Nachname¤
Max¤	Muster¤
Suse¤	Meyer¤
Kai·¤	¤
¤	¤

In den Tabellenspalten stehen die Informationen, die zur Spaltenüberschrift des jeweiligen Datensatzes passen. Unter der Überschrift *Nachname* stehen z. B. die unterschiedlichen Nachnamen, die in die Tabelle aufgenommen werden.

Tabellenzeile

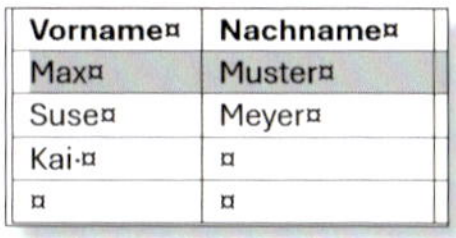

In einer Tabellenzeile stehen die Informationen, die zu einem Datensatz gehören, z. B. der Name, Vorname und der Wohnort einer Person.

Textfeld

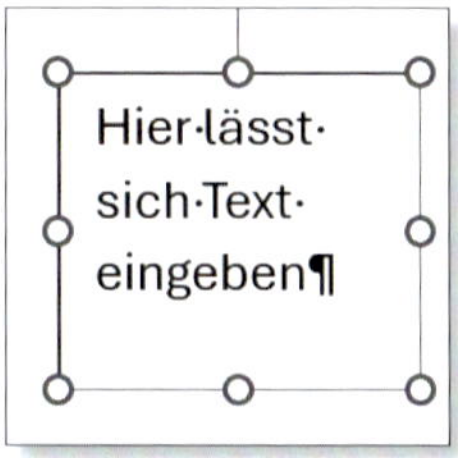

Ein Textfeld ist eine Form, die Sie in ein Dokument einfügen können, um Text an einer beliebigen Stelle zu platzieren.

Texteffekt

Mithilfe der Texteffekte wenden Sie einen Grafikeffekt auf den markierten Text an. Zu diesen Effekten zählen z. B. **Schatten**, **Spiegelung** oder **Leuchten**. Das Menü ist nur im Dateiformat *.docx* nutzbar.

Thesaurus

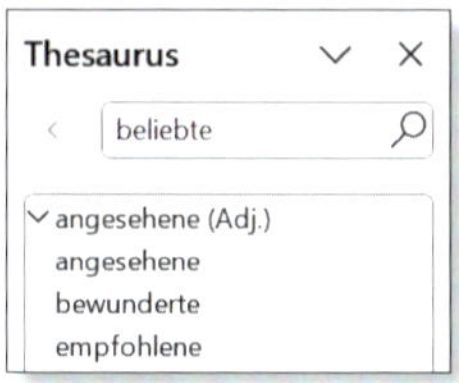

Ein Thesaurus macht für einen Begriff alternative Vorschläge; man verwendet ihn, um z. B. in einem Text Wiederholungen zu vermeiden oder um einen passenden Begriff zu finden.

WordArt

Mit WordArt kann Text dekorativ gestaltet werden. So erreichen Sie Effekte, die mit »normaler« Formatierung nicht einzustellen wären, z. B. Konturen und unterschiedlichste Verformungen von Schriftzügen (z. B. Bogen oder Wellen).

Zeilenumbruch

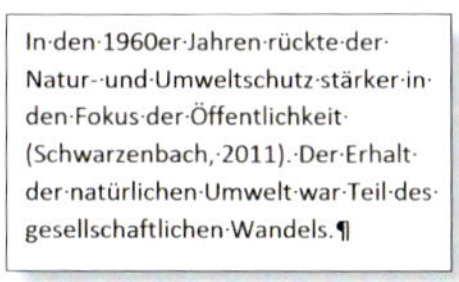

Text wird in Word automatisch umbrochen, wenn das Ende der Zeile, also der rechte Seitenrand, erreicht ist. Das heißt, der Cursor springt dann in die nächste Zeile. ↵ drücken Sie nur, um bewusst einen neuen Absatz zu beginnen.

Zoom

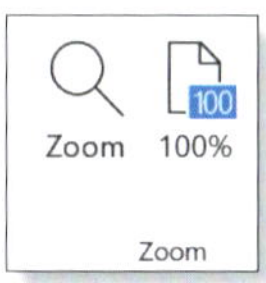

Mit dem Zoom wird die Anzeige auf dem Bildschirm gesteuert. Je höher der Zoomwert ist, desto größer wird die Anzeige der Schrift; doch der Ausschnitt des Dokuments, das Sie betrachten, verkleinert sich entsprechend.

Stichwortverzeichnis

Stichwortverzeichnis

Stichwortverzeichnis

Stichwortverzeichnis

K

L

M

N

O

Stichwortverzeichnis

Stichwortverzeichnis

Stichwortverzeichnis